TARIFS

DES CENTIMES AU FRANC,

OU

TABLES DE MULTIPLICATIONS

ET COMPTES FAITS

POUR LA RÉPARTITION DES CONTRIBUTIONS,

ET POUVANT REMPLACER, DANS LE SYSTÊME DÉCIMAL, LES ANCIENS COMPTES FAITS DE BARÊME.

PAR LE C^{EN}. CADET,

DIRECTEUR DES CONTRIBUTIONS DU BAS-RHIN.

A PARIS,

CHEZ VALADE, IMPRIMEUR, RUE COQUILLIÈRE.

AN X.

AVERTISSEMENT
SUR L'USAGE DES TARIFS.

ASSURER l'exactitude et la célérité des opérations relatives à la confection des Rôles des Contributions directes, procurer à chaque Administration locale un moyen infaillible de répartir dans une juste proportion les charges communes, fournir à tous les administrés celui de reconnaître la précision ou l'inexactitude de ces diverses opérations, établir enfin des comptes faits pour trouver, non-seulement les sommes du prix des marchandises, mais aussi tous les rapports des mesures et monnaies des pays étrangers avec celles de France, et de celles de l'ancien système avec celles du nouveau; tels ont été les motifs de la composition de ces Tables Décimales.

L'explication de leur usage va se donner dans le même ordre que l'on vient de suivre, en indiquant les motifs de leur formation.

RÉPARTITION DU CONTINGENT, OU SOMME IMPOSÉE SUR UNE COMMUNE.

L'on peut, l'on doit même considérer toute somme à répartir sur les produits nets, ou sur les loyers des propriétaires ou habitans d'une commune, comme une certaine quantité de fractions de francs, c'est-à-dire de décimes, de centimes, de millésimes et de dix millésimes, dont chaque franc du produit net des propriétés foncières, ou des loyers, doit supporter un nombre égal. La première opération sera donc la conversion de cette somme en décimes, centimes, millésimes, dix millésimes.

Elle se fait en ajoutant aux francs de la somme à répartir un zéro pour former des décimes au lieu de francs, deux zéros pour convertir ces mêmes francs en centimes, trois pour en faire des millésimes, quatre pour qu'ils deviennent des dix millésimes, etc.; car la fraction décimale peut être poussée aussi loin que l'on veut. Il est clair que si l'on avait des décimes et des centimes joints aux francs du contingent, les zéros, pour ces ordres de quantité, seraient superflus, et l'on n'aurait à poser que ceux des millésimes et des dix millésimes.

Par cette opération l'on a beaucoup multiplié toutes les parties qui constituent le contingent, et l'on conservra facilement, sans doute, qu'en en divisant le grand nombre par la somme des produits nets ou des loyers composés de francs, l'on obtiendra pour quotient ce que devra supporter chaque franc du produit net ou du loyer. La division, en effet, a partagé ce contingent ou cette quantité de décimes, de centimes, de millésimes et de dix millésimes en autant de portions qu'il y a de francs dans le montant des produits nets au des loyers sur lesquels est assis le contingent.

Cette division fait donc connaître les décimes, centimes et millésimes payables par chaque franc, c'est-à-dire, les vrais centimes ou franc (autrefois le marc la livre) de la contribution pour la commune.

Avec cette base ou donnée, l'on pourrait déterminer la cote de chaque contribuable, par la multiplication du centime au franc par le produit net de chaque article. Cette opération minutieuse et lente même pour les communes les moins populeuses, et pour celles qui le sont beaucoup, donne lieu à de grandes erreurs, et souvent à des retards nuisibles au service. Mais au moyen des tables de multiplication de tous les centimes au franc, depuis 1 jusqu'à 9,999, cette opération se fait avec précision, promptitude et facilité.

(2)

E X E M P L E.

Le contingent d'une commune est de . . . . 3,581 fr. 82 cen.

Le produit net des immeubles de la même commune, ou le montant des loyers
des contribuables est de . . . . 10,692 »

La division dont l'on vient de parler a donné pour quotient $\frac{335}{1000}$ ou trois décimes, trois centimes, cinq millésimes à payer par franc; avec ce résultat l'on cherche dans les tables la série 335, et cette série indique à côté de chacun des francs imposables, (l'on appellera dorénavant ces chiffres indicateurs) depuis un jusqu'à cent, combien ils auront de décimes, de centimes et de millésimes à supporter : c'est précisément la cote pour chaque quotité de francs. L'on pourrait la placer de suite à chacun des articles du rôle; mais pour s'assurer que l'on a trouvé l'exacte proportion du centime au franc, on opère d'abord sur le produit net total des immeubles, ou sur le montant des loyers.

Ainsi dans l'hypothèse d'un contingent de 3,581 fr. 82 cen. supportable par 10,692 fr., l'on cherchera dans la série 335, l'indicateur 10, à côté duquel on trouvera 3,350 pour cote du produit. Il est bien entendu que les chiffres de cette cote, ou produit, sont d'un ordre d'autant supérieur à la cote de l'indicateur dix francs, que dix mille francs est supérieur lui-même à ce simple indicateur dix francs, et comme ce dernier eût donné pour cote 3 francs, d'abord pour 10; il est clair que dix mille francs donneront pour un chiffre trois mille franc, pour second trois cents, etc.

L'on remonte ensuite au 6, dont la cote est de 2010, et réfléchissant que ce 6 étant de l'ordre des unités simples de francs eût produit une cote dont le premier chiffre est lui-même 2 francs, doit donner ici pour premier chiffre 2^{cent}. fr., puisque l'indicateur est 6 francs; il reste à prendre le centime au franc de 92 : l'indicateur de cette quantité de franc donne pour cote 30 francs 820, additionnant ensuite toutes ces cotes ; savoir :

Celle de 10,000 qui est de 3,350 000
Celle de   600 qui est de 201 000
Celle de   92 qui est de 30 820

L'on a pour somme. . . . . . 3,581 82 précisément égale au contingent, ce qui prouve l'exactitude de la division faite pour obtenir le centime au franc.

C'est ainsi qu'il convient d'opérer pour la répartition du contingent sur les contribuables.

Si des décimes et des centimes fesaient parties des produits nets ou des loyers imposables, il serait nécessaire d'ajouter au contingent, avant de le diviser par cette somme imposable, autant de zéros qu'il y aurait de chiffres formant fractions de franc.

La connaissance du système décimal et des premières règles d'arithmétique est indispensable pour exécuter et concevoir ce que l'on vient de dire; elle est nécessaire pour employer les tarifs à tous les usages du commerce auxquels le travail de Barême servait autrefois.

Dans le commencement leur emploi ne paraît point facile; mais après quelques jours d'exercice on trouve de soi-même des méthodes abrégées, qu'il serait trop long d'indiquer, et dont l'usage fait économiser beaucoup de temps. De ce nombre est celle de vérifier, au bas de chaque page, l'addition de la somme imposable sur l'addition des cotes établies d'après le tarif.

Par l'exercice, on apprend à classer avec une prompte exactitude les chiffres dans les colonnes de leurs vrais valeurs, et l'on conçoit le jeu, les rapports, l'ordre vraiment admirable, par sa simplicité, du système décimal. Lorsque l'on s'en doutera le moins, par exemple, on verra que l'indicateur 4 peut servir pour 4 décimes, pour 4 francs, pour 40 francs, 400 francs, 4,000 francs, 40,000 francs, etc., et qu'il suffit, lorsque l'indicateur se décuple, se centuple, de faire suivre la même proportion à la cote ou produit.

Il n'est peut-être pas inutile d'observer que si, dans l'opération de la cotisation individuelle, on rencontre des millimes au-dessous de cinq, on les abandonne, à moins qu'ils ne se présente très-fréquemment.

ÉVALUATION DES OBJETS DE COMMERCE.

Veut-on savoir combien valent 35 kilogrames ou livres, lorsqu'un seul vaut 47 francs 35 centimes, on cherche dans la série 47, 35, l'indicateur 35, et l'on a, pour produit 166625.

Dans cette série l'on a pris les 4735 pour 47 fr. 35 cen., l'on considèrera donc le produit 166625 sous le même rapport, c'est-à-dire, les deux derniers chiffres pour des centimes et les autres pour des francs.

Une attention essentielle est de s'assurer si la série doit être considérée comme franc ou comme fraction de franc.

RAPPORT DES POIDS, MESURES ET MONNAIES.

Les tarifs sont terminés par trois tables : l'une des rapports de chacune des mesures anciennes ou étrangères, principales avec les mesures françaises. La seconde présente le rapport des poids anciens ou étrangers, avec ceux du nouveau système. La troisième enfin, des monnaies anciennes ou étrangères, avec les monnaies de la république française : au moyen de ces tables ou pourra résoudre les questions sur le rapport de la valeur ancienne des poids, mesures et monnaies, avec leur valeur, suivant le système actuel.

EXEMPLE.

L'on demande quelles mesures françaises sont équivalentes à 87 pieds de Lorraine ? La table des mesures indique qu'un pied de Lorraine répond à , 0, mètre, 291 millimètres, avec cette donnée l'on cherche le tarif 291, puis suivant la colonne des indicateurs jusqu'à 87, l'on trouve à côté 25317, c'est-à-dire, 25 mètres, 31 centimètres, 7 millimètres.

Desire-t-on de convertir en mesures nouvelles 73 arpens, mesures anciennes ? L'on voit sur la même table qu'un arpent de 484000 pieds carrés, répond à , 0, hectare, 51 ares, 01 centiare, l'on cherche donc la série 5101, et descendant à l'indicateur 73, l'on voit, à côté, 37, 23, 73, que l'on conçoit devoir être 37 hectares, 23 ares, 73 centiares.

L'on veut enfin savoir combien 86 écus de 6 liv. font de francs. La table des monnaies apprend qu'un écu de 6 liv. vaut 5 francs 93 cen., l'on regarde donc à la série 593, l'indicateur 86, et l'on obtient pour produit 509 francs 98 centimes.

Paris, le 14 Germinal an 9 de la République française.

LE MINISTRE DES FINANCES,

Au Citoyen CADET, Directeur des Contributions directes du Département du Bas-Rhin.

J'AI examiné, Citoyen, avec beaucoup d'attention et d'intérêt, les Tables de Centimes le franc que vous avez rédigées, et je me suis convaincu qu'elles seront de la plus grande utilité pour assurer la promptitude et la précision dans les calculs de la répartition des contributions directes. Elles seront également infiniment utiles aux Maires, Adjoints ou répartiteurs des villes, bourgs et villages, à tous les propriétaires ou habitans, à tous ceux enfin qui ont à faire des répartitions au marc la livre, ou centime le franc.

Je ne puis, Citoyen, que vous témoigner toute ma satisfaction d'avoir entrepris et exécuté un travail aussi considérable : je vous invite à le publier le plus promptement possible, il épargnera beaucoup de temps, de frais et de travaux à tous vos collègues, et rendra la confection des rôles plus prompte et plus régulière.

Je vous salue. *Signé* GAUDIN.

	101		102		103		104		105		106		107		108		109		110
1	101	1	102	1	103	1	104	1	105	1	106	1	107	1	108	1	109	1	110
2	202	2	204	2	206	2	208	2	210	2	212	2	214	2	216	2	218	2	220
3	303	3	306	3	309	3	312	3	315	3	318	3	321	3	324	3	327	3	330
4	404	4	408	4	412	4	416	4	420	4	424	4	428	4	432	4	436	4	440
5	505	5	510	5	515	5	520	5	525	5	530	5	535	5	540	5	545	5	550
6	606	6	612	6	618	6	624	6	630	6	636	6	642	6	648	6	654	6	660
7	707	7	714	7	721	7	728	7	735	7	742	7	749	7	756	7	763	7	770
8	808	8	816	8	824	8	832	8	840	8	848	8	856	8	864	8	872	8	880
9	909	9	918	9	927	9	936	9	945	9	954	9	963	9	972	9	981	9	990
10	1010	10	1020	10	1030	10	1040	10	1050	10	1060	10	1070	10	1080	10	1090	10	1100
11	1111	11	1122	11	1133	11	1144	11	1155	11	1166	11	1177	11	1188	11	1199	11	1210
12	1212	12	1224	12	1236	12	1248	12	1260	12	1272	12	1284	12	1296	12	1308	12	1320
13	1313	13	1326	13	1339	13	1352	13	1365	13	1378	13	1391	13	1404	13	1417	13	1430
14	1414	14	1428	14	1442	14	1456	14	1470	14	1484	14	1498	14	1512	14	1526	14	1540
15	1515	15	1530	15	1545	15	1560	15	1575	15	1590	15	1605	15	1620	15	1635	15	1650
16	1616	16	1632	16	1648	16	1664	16	1680	16	1696	16	1712	16	1728	16	1744	16	1760
17	1717	17	1734	17	1751	17	1768	17	1785	17	1802	17	1819	17	1836	17	1853	17	1870
18	1818	18	1836	18	1854	18	1872	18	1890	18	1908	18	1926	18	1944	18	1962	18	1980
19	1919	19	1938	19	1957	19	1976	19	1995	19	2014	19	2033	19	2052	19	2071	19	2090
20	2020	20	2040	20	2060	20	2080	20	2100	20	2120	20	2140	20	2160	20	2180	20	2200
21	2121	21	2142	21	2163	21	2184	21	2205	21	2226	21	2247	21	2268	21	2289	21	2310
22	2222	22	2244	22	2266	22	2288	22	2310	22	2332	22	2354	22	2376	22	2398	22	2420
23	2323	23	2346	23	2369	23	2392	23	2415	23	2438	23	2461	23	2484	23	2507	23	2530
24	2424	24	2448	24	2472	24	2496	24	2520	24	2544	24	2568	24	2592	24	2616	24	2640
25	2525	25	2550	25	2575	25	2600	25	2625	25	2650	25	2675	25	2700	25	2725	25	2750
26	2626	26	2652	26	2678	26	2704	26	2730	26	2756	26	2782	26	2808	26	2834	26	2860
27	2727	27	2754	27	2781	27	2808	27	2835	27	2862	27	2889	27	2916	27	2943	27	2970
28	2828	28	2856	28	2884	28	2912	28	2940	28	2968	28	2996	28	3024	28	3052	28	3080
29	2929	29	2958	29	2987	29	3016	29	3045	29	3074	29	3103	29	3132	29	3161	29	3190
30	3030	30	3060	30	3090	30	3120	30	3150	30	3180	30	3210	30	3240	30	3270	30	3300
31	3131	31	3162	31	3193	31	3224	31	3255	31	3286	31	3317	31	3348	31	3379	31	3410
32	3232	32	3264	32	3296	32	3328	32	3360	32	3392	32	3424	32	3456	32	3488	32	3520
33	3333	33	3366	33	3399	33	3432	33	3465	33	3498	33	3531	33	3564	33	3597	33	3630
34	3434	34	3468	34	3502	34	3536	34	3570	34	3604	34	3638	34	3672	34	3706	34	3740
35	3535	35	3570	35	3605	35	3640	35	3675	35	3710	35	3745	35	3780	35	3815	35	3850
36	3636	36	3672	36	3708	36	3744	36	3780	36	3816	36	3852	36	3888	36	3924	36	3960
37	3737	37	3774	37	3811	37	3848	37	3885	37	3922	37	3959	37	3996	37	4033	37	4070
38	3838	38	3876	38	3914	38	3952	38	3990	38	4028	38	4066	38	4104	38	4142	38	4180
39	3939	39	3978	39	4017	39	4056	39	4095	39	4134	39	4173	39	4212	39	4251	39	4290
40	4040	40	4080	40	4120	40	4160	40	4200	40	4240	40	4280	40	4320	40	4360	40	4400
41	4141	41	4182	41	4223	41	4264	41	4305	41	4346	41	4387	41	4428	41	4469	41	4510
42	4242	42	4284	42	4326	42	4368	42	4410	42	4452	42	4494	42	4536	42	4578	42	4620
43	4343	43	4386	43	4429	43	4472	43	4515	43	4558	43	4601	43	4644	43	4687	43	4730
44	4444	44	4488	44	4532	44	4576	44	4620	44	4664	44	4708	44	4752	44	4796	44	4840
45	4545	45	4590	45	4635	45	4680	45	4725	45	4770	45	4815	45	4860	45	4905	45	4950
46	4646	46	4692	46	4738	46	4784	46	4830	46	4876	46	4922	46	4968	46	5014	46	5060
47	4747	47	4794	47	4841	47	4888	47	4935	47	4982	47	5029	47	5076	47	5123	47	5170
48	4848	48	4896	48	4944	48	4992	48	5040	48	5088	48	5136	48	5184	48	5232	48	5280
49	4949	49	4998	49	5047	49	5096	49	5145	49	5194	49	5243	49	5292	49	5341	49	5390
50	5050	50	5100	50	5150	50	5200	50	5250	50	5300	50	5350	50	5400	50	5450	50	5500
51	5151	51	5202	51	5253	51	5304	51	5355	51	5406	51	5457	51	5508	51	5559	51	5610
52	5252	52	5304	52	5356	52	5408	52	5460	52	5512	52	5564	52	5616	52	5668	52	5720
53	5353	53	5406	53	5459	53	5512	53	5565	53	5618	53	5671	53	5724	53	5777	53	5830
54	5454	54	5508	54	5562	54	5616	54	5670	54	5724	54	5778	54	5832	54	5886	54	5940
55	5555	55	5610	55	5665	55	5720	55	5775	55	5830	55	5885	55	5940	55	5995	55	6050
56	5656	56	5712	56	5768	56	5824	56	5880	56	5936	56	5992	56	6048	56	6104	56	6160
57	5757	57	5814	57	5871	57	5928	57	5985	57	6042	57	6099	57	6156	57	6213	57	6270
58	5858	58	5916	58	5974	58	6032	58	6090	58	6148	58	6206	58	6264	58	6322	58	6380
59	5959	59	6018	59	6077	59	6136	59	6195	59	6254	59	6313	59	6372	59	6431	59	6490
60	6060	60	6120	60	6180	60	6240	60	6300	60	6360	60	6420	60	6480	60	6540	60	6600
61	6161	61	6222	61	6283	61	6344	61	6405	61	6466	61	6527	61	6588	61	6649	61	6710
62	6262	62	6324	62	6386	62	6448	62	6510	62	6572	62	6634	62	6696	62	6758	62	6820
63	6363	63	6426	63	6489	63	6552	63	6615	63	6678	63	6741	63	6804	63	6867	63	6930
64	6464	64	6528	64	6592	64	6656	64	6720	64	6784	64	6848	64	6912	64	6976	64	7040
65	6565	65	6630	65	6695	65	6760	65	6825	65	6890	65	6955	65	7020	65	7085	65	7150
66	6666	66	6732	66	6798	66	6864	66	6930	66	6996	66	7062	66	7128	66	7194	66	7260
67	6767	67	6834	67	6901	67	6968	67	7035	67	7102	67	7169	67	7236	67	7303	67	7370
68	6868	68	6936	68	7004	68	7072	68	7140	68	7208	68	7276	68	7344	68	7412	68	7480
69	6969	69	7038	69	7107	69	7176	69	7245	69	7314	69	7383	69	7452	69	7521	69	7590
70	7070	70	7140	70	7210	70	7280	70	7350	70	7420	70	7490	70	7560	70	7630	70	7700
71	7171	71	7242	71	7313	71	7384	71	7455	71	7526	71	7597	71	7668	71	7739	71	7810
72	7272	72	7344	72	7416	72	7488	72	7560	72	7632	72	7704	72	7776	72	7848	72	7920
73	7373	73	7446	73	7519	73	7592	73	7665	73	7738	73	7811	73	7884	73	7957	73	8030
74	7474	74	7548	74	7622	74	7696	74	7770	74	7844	74	7918	74	7992	74	8066	74	8140
75	7575	75	7650	75	7725	75	7800	75	7875	75	7950	75	8025	75	8100	75	8175	75	8250
76	7676	76	7752	76	7828	76	7904	76	7980	76	8056	76	8132	76	8208	76	8284	76	8360
77	7777	77	7854	77	7931	77	8008	77	8085	77	8162	77	8239	77	8316	77	8393	77	8470
78	7878	78	7956	78	8034	78	8112	78	8190	78	8268	78	8346	78	8424	78	8502	78	8580
79	7979	79	8058	79	8137	79	8216	79	8295	79	8374	79	8453	79	8532	79	8611	79	8690
80	8080	80	8160	80	8240	80	8320	80	8400	80	8480	80	8560	80	8640	80	8720	80	8800
81	8181	81	8262	81	8343	81	8424	81	8505	81	8586	81	8667	81	8748	81	8829	81	8910
82	8282	82	8364	82	8446	82	8528	82	8610	82	8692	82	8774	82	8856	82	8938	82	9020
83	8383	83	8466	83	8549	83	8632	83	8715	83	8798	83	8881	83	8964	83	9047	83	9130
84	8484	84	8568	84	8652	84	8736	84	8820	84	8904	84	8988	84	9072	84	9156	84	9240
85	8585	85	8670	85	8755	85	8840	85	8925	85	9010	85	9095	85	9180	85	9265	85	9350
86	8686	86	8772	86	8858	86	8944	86	9030	86	9116	86	9202	86	9288	86	9374	86	9460
87	8787	87	8874	87	8961	87	9048	87	9135	87	9222	87	9309	87	9396	87	9483	87	9570
88	8888	88	8976	88	9064	88	9152	88	9240	88	9328	88	9416	88	9504	88	9592	88	9680
89	8989	89	9078	89	9167	89	9256	89	9345	89	9434	89	9523	89	9612	89	9701	89	9790
90	9090	90	9180	90	9270	90	9360	90	9450	90	9540	90	9630	90	9720	90	9810	90	9900
91	9191	91	9282	91	9373	91	9464	91	9555	91	9646	91	9737	91	9828	91	9919	91	10010
92	9292	92	9384	92	9476	92	9568	92	9660	92	9752	92	9844	92	9936	92	10028	92	10120
93	9393	93	9486	93	9579	93	9672	93	9765	93	9858	93	9951	93	10044	93	10137	93	10230
94	9494	94	9588	94	9682	94	9776	94	9870	94	9964	94	10058	94	10152	94	10246	94	10340
95	9595	95	9690	95	9785	95	9880	95	9975	95	10070	95	10165	95	10260	95	10355	95	10450
96	9696	96	9792	96	9888	96	9984	96	10080	96	10176	96	10272	96	10368	96	10464	96	10560
97	9797	97	9894	97	9991	97	10088	97	10185	97	10282	97	10379	97	10476	97	10573	97	10670
98	9898	98	9996	98	10094	98	10192	98	10290	98	10388	98	10486	98	10584	98	10682	98	10780
99	9999	99	10098	99	10197	99	10296	99	10395	99	10494	99	10593	99	10692	99	10791	99	10890
100	10100	100	10200	100	10300	100	10400	100	10500	100	10600	100	10700	100	10800	100	10900	100	11000

A

	111		112		113		114		115		116		117		118		119		120
1	111	1	112	1	113	1	114	1	115	1	116	1	117	1	118	1	119	1	120
2	222	2	224	2	226	2	228	2	230	2	232	2	234	2	236	2	238	2	240
3	333	3	336	3	339	3	342	3	345	3	348	3	351	3	354	3	357	3	360
4	444	4	448	4	452	4	456	4	460	4	464	4	468	4	472	4	476	4	480
5	555	5	560	5	565	5	570	5	575	5	580	5	585	5	590	5	595	5	600
6	666	6	672	6	678	6	684	6	690	6	696	6	702	6	708	6	714	6	720
7	777	7	784	7	791	7	798	7	805	7	812	7	819	7	826	7	833	7	840
8	888	8	896	8	904	8	912	8	920	8	928	8	936	8	944	8	952	8	960
9	999	9	1008	9	1017	9	1026	9	1035	9	1044	9	1053	9	1062	9	1071	9	1080
10	1110	10	1120	10	1130	10	1140	10	1150	10	1160	10	1170	10	1180	10	1190	10	1200
11	1221	11	1232	11	1243	11	1254	11	1265	11	1276	11	1287	11	1298	11	1309	11	1320
12	1332	12	1344	12	1356	12	1368	12	1380	12	1392	12	1404	12	1416	12	1428	12	1440
13	1443	13	1456	13	1469	13	1482	13	1495	13	1508	13	1521	13	1534	13	1547	13	1560
14	1554	14	1568	14	1582	14	1596	14	1610	14	1624	14	1638	14	1652	14	1666	14	1680
15	1665	15	1680	15	1695	15	1710	15	1725	15	1740	15	1755	15	1770	15	1785	15	1800
16	1776	16	1792	16	1808	16	1824	16	1840	16	1856	16	1872	16	1888	16	1904	16	1920
17	1887	17	1904	17	1921	17	1938	17	1955	17	1972	17	1989	17	2006	17	2023	17	2040
18	1998	18	2016	18	2034	18	2052	18	2070	18	2088	18	2106	18	2124	18	2142	18	2160
19	2109	19	2128	19	2147	19	2166	19	2185	19	2204	19	2223	19	2242	19	2261	19	2280
20	2220	20	2240	20	2260	20	2280	20	2300	20	2320	20	2340	20	2360	20	2380	20	2400
21	2331	21	2352	21	2373	21	2394	21	2415	21	2436	21	2457	21	2478	21	2499	21	2520
22	2442	22	2464	22	2486	22	2508	22	2530	22	2552	22	2574	22	2596	22	2618	22	2640
23	2553	23	2576	23	2599	23	2622	23	2645	23	2668	23	2691	23	2714	23	2737	23	2760
24	2664	24	2688	24	2712	24	2736	24	2750	24	2784	24	2808	24	2832	24	2856	24	2880
25	2775	25	2800	25	2825	25	2850	25	2875	25	2900	25	2925	25	2950	25	2975	25	3000
26	2886	26	2912	26	2938	26	2964	26	2990	26	3016	26	3042	26	3068	26	3094	26	3120
27	2997	27	3024	27	3051	27	3078	27	3105	27	3132	27	3159	27	3186	27	3213	27	3240
28	3108	28	3136	28	3164	28	3192	28	3220	28	3248	28	3276	28	3304	28	3332	28	3360
29	3219	29	3248	29	3277	29	3306	29	3335	29	3364	29	3393	29	3422	29	3451	29	3480
30	3330	30	3360	30	3390	30	3420	30	3450	30	3480	30	3510	30	3540	30	3570	30	3600
31	3441	31	3472	31	3503	31	3534	31	3565	31	3596	31	3627	31	3658	31	3689	31	3720
32	3552	32	3584	32	3616	32	3648	32	3680	32	3712	32	3744	32	3776	32	3808	32	3840
33	3663	33	3696	33	3729	33	3762	33	3795	33	3828	33	3861	33	3894	33	3927	33	3960
34	3774	34	3808	34	3842	34	3876	34	3910	34	3944	34	3978	34	4012	34	4046	34	4080
35	3885	35	3920	35	3955	35	3990	35	4025	35	4060	35	4095	35	4130	35	4165	35	4200
36	3996	36	4032	36	4068	36	4104	36	4140	36	4176	36	4212	36	4248	36	4284	36	4320
37	4107	37	4144	37	4181	37	4218	37	4255	37	4292	37	4329	37	4366	37	4403	37	4440
38	4218	38	4256	38	4294	38	4332	38	4370	38	4408	38	4446	38	4484	38	4522	38	4560
39	4329	39	4368	39	4407	39	4446	39	4485	39	4524	39	4563	39	4602	39	4641	39	4680
40	4440	40	4480	40	4520	40	4560	40	4600	40	4640	40	4680	40	4720	40	4760	40	4800
41	4551	41	4592	41	4633	41	4674	41	4715	41	4756	41	4797	41	4838	41	4879	41	4920
42	4662	42	4704	42	4746	42	4788	42	4830	42	4872	42	4914	42	4956	42	4998	42	5040
43	4773	43	4816	43	4859	43	4902	43	4945	43	4988	43	5031	43	5074	43	5117	43	5160
44	4884	44	4928	44	4972	44	5016	44	5060	44	5104	44	5148	44	5192	44	5236	44	5280
45	4995	45	5040	45	5085	45	5130	45	5175	45	5220	45	5265	45	5310	45	5355	45	5400
46	5106	46	5152	46	5198	46	5244	46	5290	46	5336	46	5382	46	5428	46	5474	46	5520
47	5217	47	5264	47	5311	47	5358	47	5405	47	5452	47	5499	47	5546	47	5593	47	5640
48	5328	48	5376	48	5424	48	5472	48	5520	48	5568	48	5616	48	5664	48	5712	48	5760
49	5439	49	5488	49	5537	49	5586	49	5635	49	5684	49	5733	49	5782	49	5831	49	5880
50	5550	50	5600	50	5650	50	5700	50	5750	50	5800	50	5850	50	5900	50	5950	50	6000
51	5661	51	5712	51	5763	51	5814	51	5865	51	5916	51	5967	51	6018	51	6069	51	6120
52	5772	52	5824	52	5876	52	5928	52	5980	52	6032	52	6084	52	6136	52	6188	52	6240
53	5883	53	5936	53	5989	53	6042	53	6095	53	6148	53	6201	53	6254	53	6307	53	6360
54	5994	54	6048	54	6102	54	6156	54	6210	54	6264	54	6318	54	6372	54	6426	54	6480
55	6105	55	6160	55	6215	55	6270	55	6325	55	6380	55	6435	55	6490	55	6545	55	6600
56	6216	56	6272	56	6328	56	6384	56	6440	56	6496	56	6552	56	6608	56	6664	56	6720
57	6327	57	6384	57	6441	57	6498	57	6555	57	6612	57	6669	57	6726	57	6783	57	6840
58	6438	58	6496	58	6554	58	6612	58	6670	58	6728	58	6786	58	6844	58	6902	58	6960
59	6549	59	6608	59	6667	59	6726	59	6785	59	6844	59	6903	59	6962	59	7021	59	7080
60	6660	60	6720	60	6780	60	6840	60	6900	60	6960	60	7020	60	7080	60	7140	60	7200
61	6771	61	6832	61	6893	61	6954	61	7015	61	7076	61	7137	61	7198	61	7259	61	7320
62	6882	62	6944	62	7006	62	7068	62	7130	62	7192	62	7254	62	7316	62	7378	62	7440
63	6993	63	7056	63	7119	63	7182	63	7245	63	7308	63	7371	63	7434	63	7497	63	7560
64	7104	64	7168	64	7232	64	7296	64	7360	64	7424	64	7488	64	7552	64	7616	64	7680
65	7215	65	7280	65	7345	65	7410	65	7475	65	7540	65	7605	65	7670	65	7735	65	7800
66	7326	66	7392	66	7458	66	7524	66	7590	66	7656	66	7722	66	7788	66	7854	66	7920
67	7437	67	7504	67	7571	67	7638	67	7705	67	7772	67	7839	67	7906	67	7973	67	8040
68	7548	68	7616	68	7684	68	7752	68	7820	68	7888	68	7956	68	8024	68	8092	68	8160
69	7659	69	7728	69	7797	69	7866	69	7935	69	8004	69	8073	69	8142	69	8211	69	8280
70	7770	70	7840	70	7910	70	7980	70	8050	70	8120	70	8190	70	8260	70	8330	70	8400
71	7881	71	7952	71	8028	71	8094	71	8165	71	8236	71	8307	71	8378	71	8449	71	8520
72	7992	72	8064	72	8136	72	8208	72	8280	72	8352	72	8424	72	8496	72	8568	72	8640
73	8103	73	8176	73	8249	73	8322	73	8395	73	8468	73	8541	73	8614	73	8687	73	8760
74	8214	74	8288	74	8362	74	8436	74	8510	74	8584	74	8658	74	8732	74	8806	74	8880
75	8325	75	8400	75	8475	75	8550	75	8625	75	8700	75	8775	75	8850	75	8925	75	9000
76	8436	76	8512	76	8588	76	8664	76	8740	76	8816	76	8892	76	8968	76	9044	76	9120
77	8547	77	8624	77	8701	77	8778	77	8855	77	8932	77	9009	77	9085	77	9163	77	9240
78	8658	78	8736	78	8814	78	8892	78	8970	78	9048	78	9126	78	9204	78	9282	78	9360
79	8769	79	8848	79	8927	79	9006	79	9085	79	9164	79	9243	79	9322	79	9401	79	9480
80	8880	80	8960	80	9040	80	9120	80	9200	80	9280	80	9360	80	9440	80	9520	80	9600
81	8991	81	9072	81	9153	81	9234	81	9315	81	9396	81	9477	81	9558	81	9639	81	9720
82	9102	82	9184	82	9266	82	9348	82	9430	82	9512	82	9594	82	9676	82	9758	82	9840
83	9213	83	9296	83	9379	83	9462	83	9545	83	9628	83	9711	83	9794	83	9877	83	9960
84	9324	84	9408	84	9492	84	9576	84	9660	84	9744	84	9828	84	9912	84	9996	84	10080
85	9435	85	9520	85	9605	85	9690	85	9775	85	9860	85	9945	85	10030	85	10115	85	10200
86	9546	86	9632	86	9718	86	9804	86	9890	86	9976	86	10062	86	10148	86	10234	86	10320
87	9657	87	9744	87	9831	87	9918	87	10005	87	10092	87	10179	87	10266	87	10353	87	10440
88	9768	88	9856	88	9944	88	10032	88	10120	88	10208	88	10296	88	10384	88	10472	88	10560
89	9879	89	9968	89	10057	89	10146	89	10235	89	10324	89	10413	89	10502	89	10591	89	10680
90	9990	90	10080	90	10170	90	10260	90	10350	90	10440	90	10530	90	10620	90	10710	90	10800
91	10101	91	10192	91	10283	91	10374	91	10465	91	10556	91	10647	91	10738	91	10829	91	10920
92	10212	92	10304	92	10396	92	10488	92	10580	92	10672	92	10764	92	10856	92	10948	92	11040
93	10323	93	10416	93	10509	93	10602	93	10695	93	10788	93	10881	93	10974	93	11067	93	11160
94	10434	94	10528	94	10622	94	10716	94	10810	94	10904	94	10998	94	11092	94	11186	94	11280
95	10545	95	10640	95	10735	95	10830	95	10925	95	11020	95	11115	95	11210	95	11305	95	11400
96	10656	96	10752	96	10848	96	10944	96	11040	96	11136	96	11232	96	11328	96	11424	96	11520
97	10767	97	10864	97	10961	97	11058	97	11155	97	11252	97	11349	97	11446	97	11543	97	11640
98	10878	98	10976	98	11074	98	11172	98	11270	98	11368	98	11466	98	11564	98	11662	98	11760
99	10989	99	11088	99	11187	99	11286	99	11385	99	11484	99	11583	99	11682	99	11781	99	11880
100	11100	100	11200	100	11300	100	11400	100	11500	100	11600	100	11700	100	11800	100	11900	100	12000

	121		122		123		124		125		126		127		128		129		130
1	121	1	122	1	123	1	124	1	125	1	126	1	127	1	128	1	129	1	130
2	242	2	244	2	246	2	248	2	250	2	252	2	254	2	256	2	258	2	260
3	363	3	366	3	369	3	372	3	375	3	378	3	381	3	384	3	387	3	390
4	484	4	488	4	492	4	496	4	500	4	504	4	508	4	512	4	516	4	520
5	605	5	610	5	615	5	620	5	625	5	630	5	635	5	640	5	645	5	650
6	726	6	732	6	738	6	744	6	750	6	756	6	762	6	768	6	774	6	780
7	847	7	854	7	861	7	868	7	875	7	882	7	889	7	896	7	903	7	910
8	968	8	976	8	984	8	992	8	1000	8	1008	8	1016	8	1024	8	1032	8	1040
9	1089	9	1098	9	1107	9	1116	9	1125	9	1134	9	1143	9	1152	9	1161	9	1170
10	1210	10	1220	10	1230	10	1240	10	1250	10	1260	10	1270	10	1280	10	1290	10	1300
11	1331	11	1342	11	1353	11	1364	11	1375	11	1386	11	1397	11	1408	11	1419	11	1430
12	1452	12	1464	12	1476	12	1488	12	1500	12	1512	12	1524	12	1536	12	1548	12	1560
13	1573	13	1586	13	1599	13	1612	13	1625	13	1638	13	1651	13	1664	13	1677	13	1690
14	1694	14	1708	14	1722	14	1736	14	1750	14	1764	14	1778	14	1792	14	1806	14	1820
15	1815	15	1830	15	1845	15	1860	15	1875	15	1890	15	1905	15	1920	15	1935	15	1950
16	1936	16	1952	16	1968	16	1984	16	2000	16	2016	16	2032	16	2048	16	2064	16	2080
17	2057	17	2074	17	2091	17	2108	17	2125	17	2142	17	2159	17	2176	17	2193	17	2210
18	2178	18	2196	18	2214	18	2232	18	2250	18	2268	18	2286	18	2304	18	2322	18	2340
19	2299	19	2318	19	2337	19	2356	19	2375	19	2394	19	2413	19	2432	19	2451	19	2470
20	2420	20	2440	20	2460	20	2480	20	2500	20	2520	20	2540	20	2560	20	2580	20	2600
21	2541	21	2562	21	2583	21	2604	21	2625	21	2646	21	2667	21	2688	21	2709	21	2730
22	2662	22	2684	22	2706	22	2728	22	2750	22	2772	22	2794	22	2816	22	2838	22	2860
23	2783	23	2806	23	2829	23	2852	23	2875	23	2898	23	2921	23	2944	23	2967	23	2990
24	2904	24	2928	24	2952	24	2976	24	3000	24	3024	24	3048	24	3072	24	3096	24	3120
25	3025	25	3050	25	3075	25	3100	25	3125	25	3150	25	3175	25	3200	25	3225	25	3250
26	3146	26	3172	26	3198	26	3224	26	3250	26	3276	26	3302	26	3328	26	3354	26	3380
27	3267	27	3294	27	3321	27	3348	27	3375	27	3402	27	3429	27	3456	27	3483	27	3510
28	3388	28	3416	28	3444	28	3472	28	3500	28	3528	28	3556	28	3584	28	3612	28	3640
29	3509	29	3538	29	3567	29	3596	29	3625	29	3654	29	3683	29	3712	29	3741	29	3770
30	3630	30	3660	30	3690	30	3720	30	3750	30	3780	30	3810	30	3840	30	3870	30	3900
31	3751	31	3782	31	3813	31	3844	31	3875	31	3906	31	3937	31	3968	31	3999	31	4030
32	3872	32	3904	32	3936	32	3968	32	4000	32	4032	32	4064	32	4096	32	4128	32	4160
33	3993	33	4036	33	4059	33	4092	33	4125	33	4158	33	4191	33	4224	33	4257	33	4290
34	4114	34	4148	34	4182	34	4216	34	4250	34	4284	34	4318	34	4352	34	4386	34	4420
35	4235	35	4270	35	4305	35	4340	35	4375	35	4410	35	4445	35	4480	35	4515	35	4550
36	4356	36	4392	36	4428	36	4464	36	4500	36	4536	36	4572	36	4608	36	4644	36	4680
37	4477	37	4514	37	4551	37	4588	37	4625	37	4662	37	4699	37	4736	37	4773	37	4810
38	4598	38	4636	38	4674	38	4712	38	4750	38	4788	38	4826	38	4864	38	4902	38	4940
39	4719	39	4758	39	4797	39	4836	39	4875	39	4914	39	4953	39	4992	39	5031	39	5070
40	4840	40	4880	40	4920	40	4960	40	5000	40	5040	40	5080	40	5120	40	5160	40	5200
41	4961	41	5002	41	5043	41	5084	41	5125	41	5166	41	5207	41	5248	41	5289	41	5330
42	5082	42	5124	42	5166	42	5208	42	5250	42	5292	42	5334	42	5376	42	5418	42	5460
43	5203	43	5246	43	5289	43	5332	43	5375	43	5418	43	5461	43	5504	43	5547	43	5590
44	5324	44	5368	44	5412	44	5456	44	5500	44	5544	44	5588	44	5632	44	5676	44	5720
45	5445	45	5490	45	5535	45	5580	45	5625	45	5670	45	5715	45	5760	45	5805	45	5850
46	5566	46	5612	46	5658	46	5704	46	5750	46	5796	46	5842	46	5888	46	5934	46	5980
47	5687	47	5734	47	5781	47	5828	47	5875	47	5922	47	5969	47	6016	47	6063	47	6110
48	5808	48	5856	48	5904	48	5952	48	6000	48	6048	48	6096	48	6144	48	6192	48	6240
49	5929	49	5978	49	6027	49	6076	49	6125	49	6174	49	6223	49	6272	49	6321	49	6370
50	6050	50	6100	50	6150	50	6200	50	6250	50	6300	50	6350	50	6400	50	6450	50	6500
51	6171	51	6222	51	6273	51	6324	51	6375	51	6426	51	6477	51	6528	51	6579	51	6630
52	6292	52	6344	52	6396	52	6448	52	6500	52	6552	52	6604	52	6656	52	6708	52	6760
53	6413	53	6466	53	6519	53	6572	53	6625	53	6678	53	6731	53	6784	53	6837	53	6890
54	6534	54	6588	54	6642	54	6696	54	6750	54	6804	54	6858	54	6912	54	6966	54	7020
55	6655	55	6710	55	6765	55	6820	55	6875	55	6930	55	6985	55	7040	55	7095	55	7150
56	6776	56	6832	56	6888	56	6944	56	7000	56	7056	56	7112	56	7168	56	7224	56	7280
57	6897	57	6954	57	7011	57	7068	57	7125	57	7182	57	7239	57	7296	57	7353	57	7410
58	7018	58	7076	58	7134	58	7192	58	7250	58	7308	58	7366	58	7424	58	7482	58	7540
59	7139	59	7198	59	7257	59	7316	59	7375	59	7434	59	7493	59	7552	59	7611	59	7670
60	7260	60	7320	60	7380	60	7440	60	7500	60	7560	60	7620	60	7680	60	7740	60	7800
61	7381	61	7442	61	7503	61	7564	61	7625	61	7686	61	7747	61	7808	61	7869	61	7930
62	7502	62	7564	62	7626	62	7688	62	7750	62	7812	62	7874	62	7936	62	7998	62	8060
63	7623	63	7686	63	7749	63	7812	63	7875	63	7938	63	8001	63	8064	63	8127	63	8190
64	7744	64	7808	64	7872	64	7936	64	8000	64	8064	64	8128	64	8192	64	8256	64	8320
65	7865	65	7930	65	7995	65	8060	65	8125	65	8190	65	8255	65	8320	65	8385	65	8450
66	7986	66	8052	66	8118	66	8184	66	8250	66	8316	66	8382	66	8448	66	8514	66	8580
67	8107	67	8174	67	8241	67	8308	67	8375	67	8442	67	8509	67	8576	67	8643	67	8710
68	8228	68	8296	68	8364	68	8432	68	8500	68	8568	68	8636	68	8704	68	8772	68	8840
69	8349	69	8418	69	8487	69	8556	69	8625	69	8694	69	8763	69	8832	69	8901	69	8970
70	8470	70	8540	70	8610	70	8680	70	8750	70	8820	70	8890	70	8960	70	9030	70	9100
71	8591	71	8662	71	8733	71	8804	71	8875	71	8946	71	9017	71	9088	71	9159	71	9230
72	8712	72	8784	72	8856	72	8928	72	9000	72	9072	72	9144	72	9216	72	9288	72	9360
73	8833	73	8906	73	8979	73	9052	73	9125	73	9198	73	9271	73	9344	73	9417	73	9490
74	8954	74	9028	74	9102	74	9176	74	9250	74	9324	74	9398	74	9472	74	9546	74	9620
75	9075	75	9150	75	9225	75	9300	75	9375	75	9450	75	9525	75	9600	75	9675	75	9750
76	9196	76	9272	76	9348	76	9424	76	9500	76	9576	76	9652	76	9728	76	9804	76	9880
77	9317	77	9394	77	9471	77	9548	77	9625	77	9702	77	9779	77	9856	77	9933	77	10010
78	9438	78	9516	78	9594	78	9672	78	9750	78	9828	78	9906	78	9984	78	10062	78	10140
79	9559	79	9638	79	9717	79	9796	79	9875	79	9954	79	10033	79	10112	79	10191	79	10270
80	9680	80	9760	80	9840	80	9920	80	10000	80	10080	80	10160	80	10240	80	10320	80	10400
81	9801	81	9882	81	9963	81	10044	81	10125	81	10206	81	10287	81	10368	81	10449	81	10530
82	9922	82	10004	82	10086	82	10168	82	10250	82	10332	82	10414	82	10496	82	10578	82	10660
83	10043	83	10126	83	10209	83	10292	83	10375	83	10458	83	10541	83	10624	83	10707	83	10790
84	10164	84	10248	84	10332	84	10416	84	10500	84	10584	84	10668	84	10752	84	10836	84	10920
85	10285	85	10370	85	10455	85	10540	85	10625	85	10710	85	10795	85	10880	85	10965	85	11050
86	10406	86	10492	86	10578	86	10664	86	10750	86	10836	86	10922	86	11008	86	11094	86	11180
87	10527	87	10614	87	10701	87	10788	87	10875	87	10962	87	11049	87	11136	87	11223	87	11310
88	10648	88	10736	88	10824	88	10912	88	11000	88	11088	88	11176	88	11264	88	11352	88	11440
89	10769	89	10858	89	10947	89	11036	89	11125	89	11214	89	11303	89	11392	89	11491	89	11570
90	10890	90	10980	90	11070	90	11160	90	11250	90	11340	90	11430	90	11520	90	11610	90	11700
91	11011	91	11102	91	11193	91	11284	91	11375	91	11466	91	11557	91	11648	91	11749	91	11830
92	11132	92	11224	92	11316	92	11408	92	11500	92	11592	92	11684	92	11776	92	11868	92	11960
93	11253	93	11346	93	11439	93	11532	93	11625	93	11718	93	11811	93	11904	93	11997	93	12090
94	11374	94	11468	94	11562	94	11656	94	11750	94	11844	94	11938	94	12032	94	12126	94	12220
95	11495	95	11590	95	11685	95	11780	95	11875	95	11970	95	12065	95	12160	95	12255	95	12350
96	11616	96	11712	96	11808	96	11904	96	12000	96	12096	96	12192	96	12288	96	12384	96	12480
97	11737	97	11834	97	11931	97	12028	97	12125	97	12222	97	12319	97	12416	97	12513	97	12610
98	11858	98	11956	98	12054	98	12152	98	12250	98	12348	98	12446	98	12544	98	12642	98	12740
99	11979	99	12078	99	12177	99	12276	99	12375	99	12474	99	12573	99	12672	99	12781	99	12870
100	12100	100	12200	100	12300	100	12400	100	12500	100	12600	100	12700	100	12800	100	12900	100	13000

n	131	132	133	134	135	136	137	138	139	140
1	131	132	133	134	135	136	137	138	139	140
2	262	264	266	268	270	272	274	275	278	280
3	393	396	399	402	405	408	411	414	417	420
4	524	528	532	536	540	544	548	552	556	560
5	655	660	665	670	675	680	685	690	695	700
6	786	792	798	804	810	816	822	828	834	840
7	917	924	931	938	945	952	959	966	973	980
8	1048	1056	1064	1072	1080	1088	1096	1104	1112	1120
9	1179	1188	1197	1206	1215	1224	1233	1242	1251	1260
10	1310	1320	1330	1340	1350	1360	1370	1380	1390	1400
11	1441	1452	1463	1474	1485	1496	1507	1518	1529	1540
12	1572	1584	1596	1608	1620	1632	1644	1655	1668	1680
13	1703	1716	1729	1742	1755	1768	1781	1794	1807	1820
14	1834	1848	1862	1876	1890	1904	1918	1932	1946	1960
15	1965	1980	1995	2010	2025	2040	2055	2070	2085	2100
16	2096	2112	2128	2144	2160	2176	2192	2208	2224	2240
17	2227	2244	2261	2278	2295	2312	2329	2346	2363	2380
18	2358	2376	2394	2412	2430	2448	2466	2484	2502	2520
19	2489	2508	2527	2546	2565	2584	2603	2622	2641	2660
20	2620	2640	2660	2680	2700	2720	2740	2760	2780	2800
21	2751	2772	2793	2814	2835	2856	2877	2898	2919	2940
22	2882	2904	2926	2948	2970	2992	3014	3036	3058	3080
23	3013	3036	3059	3082	3105	3128	3151	3174	3197	3220
24	3144	3168	3192	3216	3240	3264	3288	3312	3336	3360
25	3275	3300	3325	3350	3375	3400	3425	3450	3475	3500
26	3406	3432	3458	3484	3510	3536	3562	3588	3614	3640
27	3537	3564	3591	3618	3645	3672	3699	3726	3753	3780
28	3668	3696	3724	3752	3780	3808	3836	3864	3892	3920
29	3799	3828	3857	3886	3915	3944	3973	4002	4031	4060
30	3930	3960	3990	4020	4050	4080	4110	4140	4170	4200
31	4061	4092	4123	4154	4185	4216	4247	4278	4309	4340
32	4192	4224	4256	4288	4320	4352	4384	4416	4448	4480
33	4323	4356	4389	4422	4455	4488	4521	4554	4587	4620
34	4454	4488	4522	4556	4590	4624	4658	4692	4726	4760
35	4585	4620	4655	4690	4725	4760	4795	4830	4865	4900
36	4716	4752	4788	4824	4860	4896	4932	4968	5004	5040
37	4847	4884	4921	4958	4995	5032	5069	5106	5143	5180
38	4978	5016	5054	5092	5130	5168	5206	5244	5282	5320
39	5109	5148	5187	5226	5265	5304	5343	5382	5421	5460
40	5240	5280	5320	5360	5400	5440	5480	5520	5560	5600
41	5371	5412	5453	5494	5535	5576	5617	5658	5699	5740
42	5502	5544	5586	5628	5670	5712	5754	5796	5838	5880
43	5633	5676	5719	5762	5805	5848	5891	5934	5977	6020
44	5764	5808	5852	5896	5940	5984	6028	6072	6116	6160
45	5895	5940	5985	6030	6075	6120	6165	6210	6255	6300
46	6026	6072	6118	6164	6210	6256	6302	6348	6394	6440
47	6157	6204	6251	6298	6345	6392	6439	6486	6533	6580
48	6288	6336	6384	6432	6480	6528	6576	6624	6672	6720
49	6419	6468	6517	6566	6615	6664	6713	6762	6811	6860
50	6550	6600	6650	6700	6750	6800	6850	6900	6950	7000
51	6681	6732	6783	6834	6885	6936	6987	7038	7089	7140
52	6812	6864	6916	6968	7020	7072	7124	7176	7228	7280
53	6943	6996	7049	7102	7155	7208	7261	7314	7367	7420
54	7074	7128	7182	7236	7290	7344	7398	7452	7506	7560
55	7205	7260	7315	7370	7425	7480	7535	7590	7645	7700
56	7336	7392	7448	7504	7560	7616	7672	7728	7784	7840
57	7467	7524	7581	7638	7695	7752	7809	7856	7923	7980
58	7598	7656	7714	7772	7830	7888	7946	8004	8062	8120
59	7729	7788	7847	7906	7965	8024	8083	8142	8201	8260
60	7860	7920	7980	8040	8100	8160	8220	8280	8340	8400
61	7991	8052	8113	8174	8235	8296	8357	8418	8479	8540
62	8122	8184	8246	8308	8370	8432	8494	8556	8618	8680
63	8253	8316	8379	8442	8505	8568	8631	8694	8757	8820
64	8384	8448	8512	8576	8640	8704	8768	8832	8896	8960
65	8515	8580	8645	8710	8775	8840	8905	8970	9035	9100
66	8646	8712	8778	8844	8910	8976	9042	9108	9174	9240
67	8777	8844	8911	8978	9045	9112	9179	9246	9313	9380
68	8908	8976	9044	9112	9180	9248	9316	9384	9452	9520
69	9039	9108	9177	9246	9315	9384	9453	9522	9591	9660
70	9170	9240	9310	9380	9450	9520	9590	9660	9730	9800
71	9301	9372	9443	9514	9585	9656	9727	9798	9869	9940
72	9432	9504	9576	9648	9720	9792	9864	9936	10008	10080
73	9563	9636	9709	9782	9855	9928	10001	10074	10147	10220
74	9694	9768	9842	9916	9990	10064	10138	10212	10286	10360
75	9825	9900	9975	10050	10125	10200	10275	10350	10425	10500
76	9956	10032	10108	10184	10260	10336	10412	10488	10564	10640
77	10087	10164	10241	10318	10395	10472	10549	10626	10703	10780
78	10218	10296	10374	10452	10530	10608	10686	10764	10842	10920
79	10349	10428	10507	10586	10665	10744	10823	10902	10981	11060
80	10480	10560	10640	10720	10800	10880	10960	11040	11120	11200
81	10611	10692	10773	10854	10935	11016	11097	11178	11259	11340
82	10742	10824	10906	10988	11070	11152	11234	11316	11398	11480
83	10873	10956	11039	11122	11205	11288	11371	11454	11537	11620
84	11004	11088	11172	11256	11340	11424	11508	11592	11676	11760
85	11135	11220	11305	11390	11475	11560	11645	11730	11815	11900
86	11266	11352	11438	11584	11610	11696	11782	11868	11954	12040
87	11397	11484	11571	11658	11745	11832	11919	12006	12093	12180
88	11528	11616	11704	11792	11880	11968	12056	12144	12232	12320
89	11659	11748	11837	11926	12015	12104	12193	12282	12371	12460
90	11790	11880	11970	12060	12150	12240	12330	12420	12510	12600
91	11921	12012	12103	12194	12285	12376	12467	12558	12649	12740
92	12052	12144	12236	12328	12420	12512	12604	12696	12788	12880
93	12183	12276	12369	12462	12555	12648	12741	12834	12927	13020
94	12314	12408	12502	12596	12690	12784	12878	12972	13066	13160
95	12445	12540	12635	12730	12825	12920	13015	13110	13205	13300
96	12576	12672	12768	12864	12960	13056	13152	13248	13344	13440
97	12707	12804	12901	12998	13095	13192	13289	13386	13483	13580
98	12838	12936	13034	13132	13230	13328	13426	13524	13622	13720
99	12969	13068	13167	13266	13365	13464	13563	13662	13761	13860
100	13100	13200	13300	13400	13500	13600	13700	13800	13900	14000

	141	142	143	144	145	146	147	148	149	150
1	141	142	143	144	145	146	147	148	149	150
2	282	284	286	288	290	292	294	296	298	300
3	423	426	429	432	435	438	441	444	447	450
4	564	568	572	576	580	584	588	592	596	600
5	705	710	715	720	725	730	735	740	745	750
6	846	852	858	864	870	876	882	888	894	900
7	987	994	1001	1008	1015	1022	1029	1036	1043	1050
8	1128	1136	1144	1152	1160	1168	1176	1184	1192	1200
9	1269	1278	1287	1296	1305	1314	1323	1332	1341	1350
10	1410	1420	1430	1440	1450	1460	1470	1480	1490	1500
11	1551	1562	1573	1584	1595	1606	1617	1628	1639	1650
12	1692	1704	1716	1728	1740	1752	1764	1776	1788	1800
13	1833	1846	1859	1872	1885	1898	1911	1924	1937	1950
14	1974	1988	2002	2016	2030	2044	2058	2072	2086	2100
15	2115	2130	2145	2160	2175	2190	2205	2220	2235	2250
16	2256	2272	2288	2304	2320	2336	2352	2368	2384	2400
17	2397	2414	2431	2448	2465	2482	2499	2516	2533	2550
18	2538	2556	2574	2592	2610	2628	2646	2664	2682	2700
19	2679	2698	2717	2736	2755	2774	2793	2812	2831	2850
20	2820	2840	2860	2880	2900	2920	2940	2960	2980	3000
21	2961	2982	3003	3024	3045	3066	3087	3108	3129	3150
22	3102	3124	3146	3168	3190	3212	3234	3256	3278	3300
23	3243	3266	3289	3312	3335	3358	3381	3404	3427	3450
24	3384	3408	3432	3456	3480	3504	3528	3552	3576	3600
25	3525	3550	3575	3600	3625	3650	3675	3700	3725	3750
26	3666	3692	3718	3744	3770	3796	3822	3848	3874	3900
27	3807	3834	3861	3888	3915	3942	3969	3996	4023	4050
28	3948	3976	4004	4032	4060	4088	4116	4144	4172	4200
29	4089	4118	4147	4176	4205	4234	4263	4292	4321	4350
30	4230	4260	4290	4320	4350	4380	4410	4440	4470	4500
31	4371	4402	4433	4464	4495	4526	4557	4588	4619	4650
32	4512	4544	4576	4608	4640	4672	4704	4736	4768	4800
33	4653	4686	4719	4752	4785	4818	4851	4884	4917	4950
34	4794	4828	4862	4896	4930	4964	4998	5032	5066	5100
35	4935	4970	5005	5040	5075	5110	5145	5180	5215	5250
36	5076	5112	5148	5184	5220	5256	5292	5328	5364	5400
37	5217	5254	5291	5328	5365	5402	5439	5476	5513	5550
38	5358	5396	5434	5472	5510	5548	5586	5624	5662	5700
39	5499	5538	5577	5616	5655	5694	5733	5772	5811	5850
40	5640	5680	5720	5760	5800	5840	5880	5920	5960	6000
41	5781	5822	5863	5904	5945	5986	6027	6068	6109	6150
42	5922	5964	6006	6048	6090	6132	6174	6216	6258	6300
43	6063	6106	6149	6192	6235	6278	6321	6364	6407	6450
44	6204	6248	6292	6336	6380	6424	6468	6512	6556	6600
45	6345	6390	6435	6480	6525	6570	6615	6660	6705	6750
46	6486	6532	6578	6624	6670	6716	6762	6808	6854	6900
47	6627	6674	6721	6768	6815	6862	6909	6956	7003	7050
48	6768	6816	6864	6912	6960	7008	7056	7104	7152	7200
49	6909	6958	7007	7056	7105	7154	7203	7252	7301	7350
50	7050	7100	7150	7200	7250	7300	7350	7400	7450	7500
51	7191	7242	7293	7344	7395	7446	7497	7548	7599	7650
52	7332	7384	7436	7488	7540	7592	7644	7696	7748	7800
53	7473	7526	7579	7632	7685	7738	7791	7844	7897	7950
54	7614	7668	7722	7776	7830	7884	7938	7992	8046	8100
55	7755	7810	7865	7920	7975	8030	8085	8140	8195	8250
56	7896	7952	8008	8064	8120	8176	8232	8288	8344	8400
57	8037	8094	8151	8208	8265	8322	8379	8436	8493	8550
58	8178	8236	8294	8352	8410	8468	8526	8584	8642	8700
59	8319	8378	8437	8496	8555	8614	8673	8732	8791	8850
60	8460	8520	8580	8640	8700	8760	8820	8880	8940	9000
61	8601	8662	8723	8784	8845	8906	8967	9028	9089	9150
62	8742	8804	8866	8928	8990	9052	9114	9176	9238	9300
63	8883	8946	9009	9072	9135	9198	9261	9324	9387	9450
64	9024	9088	9152	9216	9280	9344	9408	9472	9536	9600
65	9165	9230	9295	9360	9425	9490	9555	9620	9685	9750
66	9306	9372	9438	9504	9570	9636	9702	9768	9834	9900
67	9447	9514	9581	9648	9715	9782	9849	9916	9983	10050
68	9588	9656	9724	9792	9860	9928	9996	10064	10132	10200
69	9729	9798	9867	9936	10005	10074	10143	10212	10281	10350
70	9870	9940	10010	10080	10150	10220	10290	10360	10430	10500
71	10011	10082	10153	10224	10295	10366	10437	10508	10579	10650
72	10152	10224	10296	10368	10440	10512	10584	10656	10728	10800
73	10293	10366	10439	10512	10585	10658	10731	10804	10877	10950
74	10434	10508	10582	10656	10730	10804	10878	10952	11026	11100
75	10575	10650	10725	10800	10875	10950	11025	11100	11175	11250
76	10716	10792	10868	10944	11020	11096	11172	11248	11324	11400
77	10857	10934	11011	11088	11165	11242	11319	11396	11473	11550
78	10998	11076	11154	11232	11310	11388	11466	11544	11622	11700
79	11139	11218	11297	11376	11455	11534	11613	11692	11771	11850
80	11280	11360	11440	11520	11600	11680	11760	11840	11920	12000
81	11421	11502	11583	11664	11745	11826	11907	11988	12069	12150
82	11562	11644	11726	11808	11890	11972	12054	12136	12218	12300
83	11703	11786	11869	11952	12035	12118	12201	12284	12367	12450
84	11844	11928	12012	12096	12180	12264	12348	12432	12516	12600
85	11985	12070	12155	12240	12325	12410	12495	12580	12665	12750
86	12126	12212	12298	12384	12470	12556	12642	12728	12814	12900
87	12267	12354	12441	12528	12615	12702	12789	12876	12963	13050
88	12408	12496	12584	12672	12760	12848	12936	13024	13112	13200
89	12549	12638	12727	12816	12905	12994	13083	13172	13261	13350
90	12690	12780	12870	12960	13050	13140	13230	13320	13410	13500
91	12831	12922	13013	13104	13195	13286	13377	13468	13559	13650
92	12972	13064	13156	13248	13340	13432	13524	13616	13708	13800
93	13113	13206	13299	13392	13485	13578	13671	13764	13857	13950
94	13254	13348	13442	13536	13630	13724	13818	13912	14006	14100
95	13395	13490	13585	13680	13775	13870	13965	14060	14155	14250
96	13536	13632	13728	13824	13920	14016	14112	14208	14304	14400
97	13677	13774	13871	13968	14065	14162	14259	14356	14453	14550
98	13818	13916	14014	14112	14210	14308	14406	14504	14602	14700
99	13959	14058	14157	14256	14355	14454	14553	14652	14751	14850
100	14100	14200	14300	14400	14500	14600	14700	14800	14900	15000

n	×151	n	×152	n	×153	n	×154	n	×155	n	×156	n	×157	n	×158	n	×159	n	×160
1	151	1	152	1	153	1	154	1	155	1	156	1	157	1	158	1	159	1	160
2	302	2	304	2	306	2	308	2	310	2	312	2	314	2	316	2	318	2	320
3	453	3	456	3	459	3	462	3	465	3	468	3	471	3	474	3	477	3	480
4	604	4	608	4	612	4	616	4	620	4	624	4	628	4	632	4	636	4	640
5	755	5	760	5	765	5	770	5	775	5	780	5	785	5	790	5	795	5	800
6	906	6	912	6	918	6	924	6	930	6	936	6	942	6	948	6	954	6	960
7	1057	7	1064	7	1071	7	1078	7	1085	7	1092	7	1099	7	1106	7	1113	7	1120
8	1208	8	1216	8	1224	8	1232	8	1240	8	1248	8	1256	8	1264	8	1272	8	1280
9	1359	9	1368	9	1377	9	1386	9	1395	9	1404	9	1413	9	1422	9	1431	9	1440
10	1510	10	1520	10	1530	10	1540	10	1550	10	1560	10	1570	10	1580	10	1590	10	1600
11	1661	11	1672	11	1683	11	1694	11	1705	11	1716	11	1727	11	1738	11	1749	11	1760
12	1812	12	1824	12	1836	12	1848	12	1860	12	1872	12	1884	12	1896	12	1908	12	1920
13	1963	13	1976	13	1989	13	2002	13	2015	13	2028	13	2041	13	2054	13	2067	13	2080
14	2114	14	2128	14	2142	14	2156	14	2170	14	2184	14	2198	14	2212	14	2226	14	2240
15	2265	15	2280	15	2295	15	2310	15	2325	15	2340	15	2355	15	2370	15	2385	15	2400
16	2416	16	2432	16	2448	16	2464	16	2480	16	2496	16	2512	16	2528	16	2544	16	2560
17	2567	17	2584	17	2601	17	2618	17	2635	17	2652	17	2669	17	2686	17	2703	17	2720
18	2718	18	2736	18	2754	18	2772	18	2790	18	2808	18	2826	18	2844	18	2862	18	2880
19	2869	19	2888	19	2907	19	2926	19	2945	19	2964	19	2983	19	3002	19	3021	19	3040
20	3020	20	3040	20	3060	20	3080	20	3100	20	3120	20	3140	20	3160	20	3180	20	3200
21	3171	21	3192	21	3213	21	3234	21	3255	21	3276	21	3297	21	3318	21	3339	21	3360
22	3322	22	3344	22	3366	22	3388	22	3410	22	3432	22	3454	22	3476	22	3498	22	3520
23	3473	23	3496	23	3519	23	3542	23	3565	23	3588	23	3611	23	3634	23	3657	23	3680
24	3624	24	3648	24	3672	24	3696	24	3720	24	3744	24	3768	24	3792	24	3816	24	3840
25	3775	25	3800	25	3825	25	3850	25	3875	25	3900	25	3925	25	3950	25	3975	25	4000
26	3926	26	3952	26	3978	26	4004	26	4030	26	4056	26	4082	26	4108	26	4134	26	4160
27	4077	27	4104	27	4131	27	4158	27	4185	27	4212	27	4239	27	4266	27	4293	27	4320
28	4228	28	4256	28	4284	28	4312	28	4340	28	4368	28	4396	28	4424	28	4452	28	4480
29	4379	29	4408	29	4437	29	4466	29	4495	29	4524	29	4553	29	4582	29	4611	29	4640
30	4530	30	4560	30	4590	30	4620	30	4650	30	4680	30	4710	30	4740	30	4770	30	4800
31	4681	31	4712	31	4743	31	4774	31	4805	31	4836	31	4867	31	4898	31	4929	31	4960
32	4832	32	4864	32	4896	32	4928	32	4960	32	4992	32	5024	32	5056	32	5088	32	5120
33	4983	33	5016	33	5049	33	5082	33	5115	33	5148	33	5181	33	5214	33	5247	33	5280
34	5134	34	5168	34	5202	34	5236	34	5270	34	5304	34	5338	34	5372	34	5406	34	5440
35	5285	35	5320	35	5355	35	5390	35	5425	35	5460	35	5495	35	5530	35	5565	35	5600
36	5436	36	5472	36	5508	36	5544	36	5580	36	5616	36	5652	36	5688	36	5724	36	5760
37	5587	37	5624	37	5661	37	5698	37	5735	37	5772	37	5809	37	5846	37	5883	37	5920
38	5738	38	5776	38	5814	38	5852	38	5890	38	5928	38	5966	38	6004	38	6042	38	6080
39	5889	39	5928	39	5967	39	6006	39	6045	39	6084	39	6123	39	6162	39	6201	39	6240
40	6040	40	6080	40	6120	40	6160	40	6200	40	6240	40	6280	40	6320	40	6360	40	6400
41	6191	41	6232	41	6273	41	6314	41	6355	41	6396	41	6437	41	6478	41	6519	41	6560
42	6342	42	6384	42	6426	42	6468	42	6510	42	6552	42	6594	42	6636	42	6678	42	6720
43	6493	43	6536	43	6579	43	6622	43	6665	43	6708	43	6751	43	6794	43	6837	43	6880
44	6644	44	6688	44	6732	44	6776	44	6820	44	6864	44	6908	44	6952	44	6996	44	7040
45	6795	45	6840	45	6885	45	6930	45	6975	45	7020	45	7065	45	7110	45	7155	45	7200
46	6946	46	6992	46	7038	46	7084	46	7130	46	7176	46	7222	46	7268	46	7314	46	7360
47	7097	47	7144	47	7191	47	7238	47	7285	47	7332	47	7379	47	7426	47	7473	47	7520
48	7248	48	7296	48	7344	48	7392	48	7440	48	7488	48	7536	48	7584	48	7632	48	7680
49	7399	49	7448	49	7497	49	7546	49	7595	49	7644	49	7693	49	7742	49	7791	49	7840
50	7550	50	7600	50	7650	50	7700	50	7750	50	7800	50	7850	50	7900	50	7950	50	8000
51	7701	51	7752	51	7803	51	7854	51	7905	51	7956	51	8007	51	8058	51	8109	51	8160
52	7852	52	7904	52	7956	52	8008	52	8060	52	8112	52	8164	52	8216	52	8268	52	8320
53	8003	53	8056	53	8109	53	8162	53	8215	53	8268	53	8321	53	8374	53	8427	53	8480
54	8154	54	8208	54	8262	54	8316	54	8370	54	8424	54	8478	54	8532	54	8586	54	8640
55	8305	55	8360	55	8415	55	8470	55	8525	55	8580	55	8635	55	8690	55	8745	55	8800
56	8456	56	8512	56	8568	56	8624	56	8680	56	8736	56	8792	56	8848	56	8904	56	8960
57	8607	57	8664	57	8721	57	8778	57	8835	57	8892	57	8949	57	9006	57	9063	57	9120
58	8758	58	8816	58	8874	58	8932	58	8990	58	9048	58	9106	58	9164	58	9222	58	9280
59	8909	59	8968	59	9027	59	9086	59	9145	59	9204	59	9263	59	9322	59	9381	59	9440
60	9060	60	9120	60	9180	60	9240	60	9300	60	9360	60	9420	60	9480	60	9540	60	9600
61	9211	61	9272	61	9333	61	9394	61	9455	61	9516	61	9577	61	9638	61	9699	61	9760
62	9362	62	9424	62	9486	62	9548	62	9610	62	9672	62	9734	62	9796	62	9858	62	9920
63	9513	63	9576	63	9639	63	9702	63	9765	63	9828	63	9891	63	9954	63	10017	63	10080
64	9664	64	9728	64	9792	64	9856	64	9920	64	9984	64	10048	64	10112	64	10176	64	10240
65	9815	65	9880	65	9945	65	10010	65	10075	65	10140	65	10205	65	10270	65	10335	65	10400
66	9966	66	10032	66	10098	66	10164	66	10230	66	10296	66	10362	66	10428	66	10494	66	10560
67	10117	67	10184	67	10251	67	10318	67	10385	67	10452	67	10519	67	10586	67	10653	67	10720
68	10268	68	10336	68	10404	68	10472	68	10540	68	10608	68	10676	68	10744	68	10812	68	10880
69	10419	69	10488	69	10557	69	10626	69	10695	69	10764	69	10833	69	10902	69	10971	69	11040
70	10570	70	10640	70	10710	70	10780	70	10850	70	10920	70	10990	70	11060	70	11130	70	11200
71	10721	71	10792	71	10863	71	10934	71	11005	71	11076	71	11147	71	11218	71	11289	71	11360
72	10872	72	10944	72	11016	72	11088	72	11160	72	11232	72	11304	72	11376	72	11448	72	11520
73	11023	73	11096	73	11169	73	11242	73	11315	73	11388	73	11461	73	11534	73	11607	73	11680
74	11174	74	11248	74	11322	74	11396	74	11470	74	11544	74	11618	74	11692	74	11766	74	11840
75	11325	75	11400	75	11475	75	11550	75	11625	75	11700	75	11775	75	11850	75	11925	75	12000
76	11476	76	11552	76	11628	76	11704	76	11780	76	11856	76	11932	76	12008	76	12084	76	12160
77	11627	77	11704	77	11781	77	11858	77	11935	77	12012	77	12089	77	12166	77	12243	77	12320
78	11778	78	11856	78	11934	78	12012	78	12090	78	12168	78	12246	78	12324	78	12402	78	12480
79	11929	79	12008	79	12087	79	12166	79	12245	79	12324	79	12403	79	12482	79	12561	79	12640
80	12080	80	12160	80	12240	80	12320	80	12400	80	12480	80	12560	80	12640	80	12720	80	12800
81	12231	81	12312	81	12393	81	12474	81	12555	81	12636	81	12717	81	12798	81	12879	81	12960
82	12382	82	12464	82	12546	82	12628	82	12710	82	12792	82	12874	82	12956	82	13038	82	13120
83	12533	83	12616	83	12699	83	12782	83	12865	83	12948	83	13031	83	13114	83	13197	83	13280
84	12684	84	12768	84	12852	84	12936	84	13020	84	13104	84	13188	84	13272	84	13356	84	13440
85	12835	85	12920	85	13005	85	13090	85	13175	85	13260	85	13345	85	13430	85	13515	85	13600
86	12986	86	13072	86	13158	86	13244	86	13330	86	13416	86	13502	86	13588	86	13674	86	13760
87	13137	87	13224	87	13311	87	13398	87	13485	87	13572	87	13659	87	13746	87	13833	87	13920
88	13288	88	13376	88	13464	88	13552	88	13640	88	13728	88	13816	88	13904	88	13992	88	14080
89	13439	89	13528	89	13617	89	13706	89	13795	89	13884	89	13973	89	14062	89	14151	89	14240
90	13590	90	13680	90	13770	90	13860	90	13950	90	14040	90	14130	90	14220	90	14310	90	14400
91	13741	91	13832	91	13923	91	14014	91	14105	91	14196	91	14287	91	14378	91	14469	91	14560
92	13892	92	13984	92	14076	92	14168	92	14260	92	14352	92	14444	92	14536	92	14628	92	14720
93	14043	93	14136	93	14229	93	14322	93	14415	93	14508	93	14601	93	14694	93	14787	93	14880
94	14194	94	14288	94	14382	94	14476	94	14570	94	14664	94	14758	94	14852	94	14946	94	15040
95	14345	95	14440	95	14535	95	14630	95	14725	95	14820	95	14915	95	15010	95	15105	95	15200
96	14496	96	14592	96	14688	96	14784	96	14880	96	14976	96	15072	96	15168	96	15264	96	15360
97	14647	97	14744	97	14841	97	14938	97	15035	97	15132	97	15229	97	15326	97	15423	97	15520
98	14798	98	14896	98	14994	98	15092	98	15190	98	15288	98	15386	98	15484	98	15582	98	15680
99	14949	99	15048	99	15147	99	15246	99	15345	99	15444	99	15543	99	15642	99	15741	99	15840
100	15100	100	15200	100	15300	100	15400	100	15500	100	15600	100	15700	100	15800	100	15900	100	16000

	161	162	163	164	165	166	167	168	169	170
1	161	162	163	164	165	166	167	168	169	170
2	322	324	326	328	330	332	334	336	338	340
3	483	486	489	492	495	498	501	504	507	510
4	644	648	652	656	660	664	668	672	676	680
5	805	810	815	820	825	830	835	840	845	850
6	966	972	978	984	990	996	1002	1008	1014	1020
7	1127	1134	1141	1148	1155	1162	1169	1176	1183	1190
8	1288	1296	1304	1312	1320	1328	1336	1344	1352	1360
9	1449	1458	1467	1476	1485	1494	1503	1512	1521	1530
10	1610	1520	1630	1640	1650	1660	1670	1680	1690	1700
11	1771	1782	1793	1804	1815	1826	1837	1848	1859	1870
12	1932	1944	1956	1968	1980	1992	2004	2016	2028	2040
13	2093	2106	2119	2132	2145	2158	2171	2184	2197	2210
14	2254	2268	2282	2296	2310	2324	2338	2352	2366	2380
15	2415	2430	2445	2460	2475	2490	2505	2520	2535	2550
16	2576	2592	2608	2624	2640	2656	2672	2688	2704	2720
17	2737	2754	2771	2788	2805	2822	2839	2856	2873	2890
18	2898	2916	2934	2952	2970	2988	3006	3024	3042	3060
19	3059	3078	3097	3116	3135	3154	3173	3192	3211	3230
20	3220	3240	3260	3280	3300	3320	3340	3360	3380	3400
21	3381	3402	3423	3444	3465	3486	3507	3528	3549	3570
22	3542	3564	3586	3608	3630	3652	3674	3696	3718	3740
23	3703	3726	3749	3772	3795	3818	3841	3864	3887	3910
24	3864	3888	3912	3936	3960	3984	4008	4032	4056	4080
25	4025	4050	4075	4100	4125	4150	4175	4200	4225	4250
26	4186	4212	4238	4264	4290	4316	4342	4368	4394	4420
27	4347	4374	4401	4428	4455	4482	4509	4536	4563	4590
28	4508	4536	4564	4592	4620	4648	4676	4704	4732	4760
29	4669	4698	4727	4756	4785	4814	4843	4872	4901	4930
30	4830	4860	4890	4920	4950	4980	5010	5040	5070	5100
31	4991	5022	5053	5084	5115	5146	5177	5208	5239	5270
32	5152	5184	5216	5248	5280	5312	5344	5376	5408	5440
33	5313	5346	5379	5412	5445	5478	5511	5544	5577	5610
34	5474	5508	5542	5576	5610	5644	5678	5712	5746	5780
35	5635	5670	5705	5740	5775	5810	5845	5880	5915	5950
36	5796	5832	5868	5904	5940	5976	6012	6048	6084	6120
37	5957	5994	6031	6068	6105	6142	6179	6216	6253	6290
38	6118	6156	6194	6232	6270	6308	6346	6384	6422	6460
39	6279	6318	6357	6396	6435	6474	6513	6552	6591	6630
40	6440	6480	6520	6560	6600	6640	6680	6720	6760	6800
41	6601	6642	6683	6724	6765	6806	6847	6888	6929	6970
42	6762	6804	6846	6888	6930	6972	7014	7056	7098	7140
43	6923	6966	7009	7052	7095	7138	7181	7224	7267	7310
44	7084	7128	7172	7216	7260	7304	7348	7392	7436	7480
45	7245	7290	7335	7380	7425	7470	7515	7560	7605	7650
46	7406	7452	7498	7544	7590	7636	7682	7728	7774	7820
47	7567	7614	7661	7708	7755	7802	7849	7896	7943	7990
48	7728	7776	7824	7872	7920	7968	8016	8064	8112	8160
49	7889	7938	7987	8036	8085	8134	8183	8232	8281	8330
50	8050	8100	8150	8200	8250	8300	8350	8400	8450	8500
51	8211	8262	8313	8364	8415	8466	8517	8568	8619	8670
52	8372	8424	8476	8528	8580	8632	8684	8736	8788	8840
53	8533	8586	8639	8692	8745	8798	8851	8904	8957	9010
54	8694	8748	8802	8856	8910	8964	9018	9072	9126	9180
55	8855	8910	8965	9020	9075	9130	9185	9240	9295	9350
56	9016	9072	9128	9184	9240	9296	9352	9408	9464	9520
57	9177	9234	9291	9348	9405	9462	9519	9576	9633	9690
58	9338	9396	9454	9512	9570	9628	9686	9744	9802	9860
59	9499	9558	9617	9676	9735	9794	9853	9912	9971	10030
60	9660	9720	9780	9840	9900	9960	10020	10080	10140	10200
61	9821	9882	9943	10004	10065	10126	10187	10248	10309	10370
62	9982	10044	10106	10168	10230	10292	10354	10416	10478	10540
63	10143	10206	10269	10332	10395	10458	10521	10584	10647	10710
64	10304	10368	10432	10496	10560	10624	10688	10752	10816	10880
65	10465	10530	10595	10660	10725	10790	10855	10920	10985	11050
66	10626	10692	10758	10824	10890	10956	11022	11088	11154	11220
67	10787	10854	10921	10988	11055	11122	11189	11256	11323	11390
68	10948	11016	11084	11152	11220	11288	11356	11424	11492	11560
69	11109	11178	11247	11316	11385	11454	11523	11592	11661	11730
70	11270	11340	11410	11480	11550	11620	11690	11760	11830	11900
71	11431	11502	11573	11644	11715	11786	11857	11928	11999	12070
72	11592	11664	11736	11808	11880	11952	12024	12096	12168	12240
73	11753	11826	11899	11972	12045	12118	12191	12264	12337	12410
74	11914	11988	12062	12136	12210	12284	12358	12432	12506	12580
75	12075	12150	12225	12300	12375	12450	12525	12600	12675	12750
76	12236	12312	12388	12464	12540	12616	12692	12768	12844	12920
77	12397	12474	12551	12628	12705	12782	12859	12936	13013	13090
78	12558	12636	12714	12792	12870	12948	13026	13104	13182	13260
79	12719	12798	12877	12956	13035	13114	13193	13272	13351	13430
80	12880	12960	13040	13120	13200	13280	13360	13440	13520	13600
81	13041	13122	13203	13284	13365	13446	13527	13608	13689	13770
82	13202	13284	13366	13448	13530	13612	13694	13776	13858	13940
83	13363	13446	13529	13612	13695	13778	13861	13944	14027	14110
84	13524	13608	13692	13776	13860	13944	14028	14112	14196	14280
85	13685	13770	13855	13940	14025	14110	14195	14280	14365	14450
86	13846	13932	14018	14104	14190	14276	14362	14448	14534	14620
87	14007	14094	14181	14268	14355	14442	14529	14616	14703	14790
88	14168	14256	14344	14432	14520	14608	14696	14784	14872	14960
89	14329	14418	14507	14596	14685	14774	14863	14952	15041	15130
90	14490	14580	14670	14760	14850	14940	15030	15120	15210	15300
91	14651	14742	14833	14924	15015	15106	15197	15288	15379	15470
92	14812	14904	14996	15088	15180	15272	15364	15456	15548	15640
93	14973	15066	15159	15252	15345	15438	15531	15624	15717	15810
94	15134	15228	15322	15416	15510	15604	15698	15792	15886	15980
95	15295	15390	15485	15580	15675	15770	15865	15960	16055	16150
96	15456	15552	15648	15744	15840	15936	16032	16128	16224	16320
97	15617	15714	15811	15908	16005	16102	16199	16296	16393	16490
98	15778	15876	15974	16072	16170	16268	16366	16464	16562	16660
99	15939	16038	16137	16236	16335	16434	16533	16632	16731	16830
100	16100	16200	16300	16400	16500	16600	16700	16800	16900	17000

	171	172	173	174	175	176	177	178	179	180
1	171	172	173	174	175	176	177	178	179	180
2	342	344	346	348	350	352	354	356	358	360
3	513	516	519	522	525	528	531	534	537	540
4	684	688	692	696	700	704	708	712	716	720
5	855	860	865	870	875	880	885	890	895	900
6	1026	1032	1038	1044	1050	1056	1062	1068	1074	1080
7	1197	1204	1211	1218	1225	1232	1239	1246	1253	1260
8	1368	1376	1384	1392	1400	1408	1416	1424	1432	1440
9	1539	1548	1557	1566	1575	1584	1593	1602	1611	1620
10	1710	1720	1730	1740	1750	1760	1770	1780	1790	1800
11	1881	1892	1903	1914	1925	1936	1947	1958	1969	1980
12	2052	2064	2076	2088	2100	2112	2124	2136	2148	2160
13	2223	2236	2249	2262	2275	2288	2301	2314	2327	2340
14	2394	2408	2422	2436	2450	2464	2478	2492	2506	2520
15	2565	2580	2595	2610	2625	2640	2655	2670	2685	2700
16	2736	2752	2768	2784	2800	2816	2832	2848	2864	2880
17	2907	2924	2941	2958	2975	2992	3009	3026	3043	3060
18	3078	3096	3114	3132	3150	3168	3186	3204	3222	3240
19	3249	3268	3287	3306	3325	3344	3363	3382	3401	3420
20	3420	3440	3460	3480	3500	3520	3540	3560	3580	3600
21	3591	3612	3633	3654	3675	3696	3717	3738	3759	3780
22	3762	3784	3806	3828	3850	3872	3894	3916	3938	3960
23	3933	3956	3979	4002	4025	4048	4071	4094	4117	4140
24	4104	4128	4152	4176	4200	4224	4248	4272	4296	4320
25	4275	4300	4325	4350	4375	4400	4425	4450	4475	4500
26	4446	4472	4498	4524	4550	4576	4602	4628	4654	4680
27	4617	4644	4671	4698	4725	4752	4779	4806	4833	4860
28	4788	4816	4844	4872	4900	4928	4956	4984	5012	5040
29	4959	4988	5017	5046	5075	5104	5133	5162	5191	5220
30	5130	5160	5190	5220	5250	5280	5310	5340	5370	5400
31	5301	5332	5363	5394	5425	5456	5487	5518	5549	5580
32	5472	5504	5536	5568	5600	5632	5664	5696	5728	5760
33	5643	5676	5709	5742	5775	5808	5841	5874	5907	5940
34	5814	5848	5882	5916	5950	5984	6018	6052	6086	6120
35	5985	6020	6055	6090	6125	6160	6195	6230	6265	6300
36	6156	6192	6228	6264	6300	6336	6372	6408	6444	6480
37	6327	6364	6401	6438	6475	6512	6549	6586	6623	6660
38	6498	6536	6574	6612	6650	6688	6726	6764	6802	6840
39	6669	6708	6747	6786	6825	6864	6903	6942	6981	7020
40	6840	6880	6920	6960	7000	7040	7080	7120	7160	7200
41	7011	7052	7093	7134	7175	7216	7257	7298	7339	7380
42	7182	7224	7266	7308	7350	7392	7434	7476	7518	7560
43	7353	7396	7439	7482	7525	7568	7611	7654	7697	7740
44	7524	7568	7612	7656	7700	7744	7788	7832	7876	7920
45	7695	7740	7785	7830	7875	7920	7965	8010	8055	8100
46	7866	7912	7958	8004	8050	8096	8142	8188	8234	8280
47	8037	8084	8131	8178	8225	8272	8319	8366	8413	8460
48	8208	8256	8304	8352	8400	8448	8496	8544	8592	8640
49	8379	8428	8477	8526	8575	8624	8673	8722	8771	8820
50	8550	8600	8650	8700	8750	8800	8850	8900	8950	9000
51	8721	8772	8823	8874	8925	8976	9027	9078	9129	9180
52	8892	8944	8996	9048	9100	9152	9204	9256	9308	9360
53	9063	9116	9169	9222	9275	9328	9381	9434	9487	9540
54	9234	9288	9342	9396	9450	9504	9558	9612	9666	9720
55	9405	9460	9515	9570	9625	9680	9735	9790	9845	9900
56	9576	9632	9688	9744	9800	9856	9912	9968	10024	10080
57	9747	9804	9861	9918	9975	10032	10089	10146	10203	10260
58	9918	9976	10034	10092	10150	10208	10266	10324	10382	10440
59	10089	10148	10207	10266	10325	10384	10443	10502	10561	10620
60	10260	10320	10380	10440	10500	10560	10620	10680	10740	10800
61	10431	10492	10553	10614	10675	10736	10797	10858	10919	10980
62	10602	10664	10726	10788	10850	10912	10974	11036	11098	11160
63	10773	10836	10899	10962	11025	11088	11151	11214	11277	11340
64	10944	11008	11072	11136	11200	11264	11328	11392	11456	11520
65	11115	11180	11245	11310	11375	11440	11505	11570	11635	11700
66	11286	11352	11418	11484	11550	11616	11682	11748	11814	11880
67	11457	11524	11591	11658	11725	11792	11859	11926	11993	12060
68	11628	11696	11764	11832	11900	11968	12036	12104	12172	12240
69	11799	11868	11937	12006	12075	12144	12213	12282	12351	12420
70	11970	12040	12110	12180	12250	12320	12390	12460	12530	12600
71	12141	12212	12283	12354	12425	12496	12567	12638	12709	12780
72	12312	12384	12456	12528	12600	12672	12744	12816	12888	12960
73	12483	12556	12629	12702	12775	12848	12921	12994	13067	13140
74	12654	12728	12802	12876	12950	13024	13098	13172	13246	13320
75	12825	12900	12975	13050	13125	13200	13275	13350	13425	13500
76	12996	13072	13148	13224	13300	13376	13452	13528	13604	13680
77	13167	13244	13321	13398	13475	13552	13629	13706	13783	13860
78	13338	13416	13494	13572	13650	13728	13806	13884	13962	14040
79	13509	13588	13667	13746	13825	13904	13983	14062	14141	14220
80	13680	13760	13840	13920	14000	14080	14160	14240	14320	14400
81	13851	13932	14013	14094	14175	14256	14337	14418	14499	14580
82	14022	14104	14186	14268	14350	14432	14514	14596	14678	14760
83	14193	14276	14359	14442	14525	14608	14691	14774	14857	14940
84	14364	14448	14532	14616	14700	14784	14868	14952	15036	15120
85	14535	14620	14705	14790	14875	14960	15045	15130	15215	15300
86	14706	14792	14878	14964	15050	15136	15222	15308	15394	15480
87	14877	14964	15051	15138	15225	15312	15399	15486	15573	15660
88	15048	15136	15224	15312	15400	15488	15576	15664	15752	15840
89	15219	15308	15397	15486	15575	15664	15753	15842	15931	16020
90	15390	15480	15570	15660	15750	15840	15930	16020	16110	16200
91	15561	15652	15743	15834	15925	16016	16107	16198	16289	16380
92	15732	15824	15916	16008	16100	16192	16284	16376	16468	16560
93	15903	15996	16089	16182	16275	16368	16461	16554	16647	16740
94	16074	16168	16262	16356	16450	16544	16638	16732	16826	16920
95	16245	16340	16435	16530	16625	16720	16815	16910	17005	17100
96	16416	16512	16608	16704	16800	16896	16992	17088	17184	17280
97	16587	16684	16781	16878	16975	17072	17169	17266	17363	17460
98	16758	16856	16954	17052	17150	17248	17346	17444	17542	17640
99	16929	17028	17127	17226	17325	17424	17523	17622	17731	17820
100	17100	17200	17300	17400	17500	17600	17700	17800	17900	18000

I	181	182	183	184	185	186	187	188	189	190
1	181	182	183	184	185	186	187	188	189	190
2	362	364	366	368	370	372	374	376	378	380
3	543	546	549	552	555	558	561	564	567	570
4	724	728	732	736	740	744	748	752	756	760
5	905	910	915	920	925	930	935	940	945	950
6	1086	1092	1098	1104	1110	1116	1122	1128	1134	1140
7	1267	1274	1281	1288	1295	1302	1309	1316	1323	1330
8	1448	1456	1464	1472	1480	1488	1496	1504	1512	1520
9	1629	1638	1647	1656	1665	1674	1683	1692	1701	1710
10	1810	1820	1830	1840	1850	1860	1870	1880	1890	1900
11	1991	2002	2013	2024	2035	2046	2057	2068	2079	2090
12	2172	2184	2196	2208	2220	2232	2244	2256	2268	2280
13	2353	2366	2379	2392	2405	2418	2431	2444	2457	2470
14	2534	2548	2562	2576	2590	2604	2618	2632	2646	2660
15	2715	2730	2745	2760	2775	2790	2805	2820	2835	2850
16	2896	2912	2928	2944	2960	2976	2992	3008	3024	3040
17	3077	3094	3111	3128	3145	3162	3179	3196	3213	3230
18	3258	3276	3294	3312	3330	3348	3366	3384	3402	3420
19	3439	3458	3477	3496	3515	3534	3553	3572	3591	3610
20	3620	3640	3660	3680	3700	3720	3740	3760	3780	3800
21	3801	3822	3843	3864	3885	3906	3927	3948	3969	3990
22	3982	4004	4026	4048	4070	4092	4114	4136	4158	4180
23	4163	4186	4209	4232	4255	4278	4301	4324	4347	4370
24	4344	4368	4392	4416	4440	4464	4488	4512	4536	4560
25	4525	4550	4575	4600	4625	4650	4675	4700	4725	4750
26	4706	4732	4758	4784	4810	4836	4862	4888	4914	4940
27	4887	4914	4941	4968	4995	5022	5049	5076	5103	5130
28	5068	5096	5124	5152	5180	5208	5236	5264	5292	5320
29	5249	5278	5307	5336	5365	5394	5423	5452	5481	5510
30	5430	5460	5490	5520	5550	5580	5610	5640	5670	5700
31	5611	5642	5673	5704	5735	5766	5797	5828	5859	5890
32	5792	5824	5856	5888	5920	5952	5984	6016	6048	6080
33	5973	6006	6039	6072	6105	6138	6171	6204	6237	6270
34	6154	6188	6222	6256	6290	6324	6358	6392	6426	6460
35	6335	6370	6405	6440	6475	6510	6545	6580	6615	6650
36	6516	6552	6588	6624	6660	6696	6732	6768	6804	6840
37	6697	6734	6771	6808	6845	6882	6919	6956	6993	7030
38	6878	6916	6954	6992	7030	7068	7106	7144	7182	7220
39	7059	7098	7137	7176	7215	7254	7293	7332	7371	7410
40	7240	7280	7320	7360	7400	7440	7480	7520	7560	7600
41	7421	7462	7503	7544	7585	7626	7667	7708	7749	7790
42	7602	7644	7686	7728	7770	7812	7854	7896	7938	7980
43	7783	7826	7869	7912	7955	7998	8041	8084	8127	8170
44	7964	8008	8052	8096	8140	8184	8228	8272	8316	8360
45	8145	8190	8235	8280	8325	8370	8415	8460	8505	8550
46	8326	8372	8418	8464	8510	8556	8602	8648	8694	8740
47	8507	8554	8601	8648	8695	8742	8789	8836	8883	8930
48	8688	8736	8784	8832	8880	8928	8976	9024	9072	9120
49	8869	8918	8967	9016	9065	9114	9163	9212	9261	9310
50	9050	9100	9150	9200	9250	9300	9350	9400	9450	9500
51	9231	9282	9333	9384	9435	9486	9537	9588	9639	9690
52	9412	9464	9516	9568	9620	9672	9724	9776	9848	9880
53	9593	9646	9699	9752	9805	9858	9911	9964	10017	10070
54	9774	9828	9882	9936	9990	10044	10098	10152	10206	10260
55	9955	10010	10065	10120	10175	10230	10285	10340	10395	10450
56	10136	10192	10248	10304	10360	10416	10472	10528	10584	10640
57	10317	10374	10431	10488	10545	10602	10659	10716	10773	10830
58	10498	10556	10614	10672	10730	10788	10846	10904	10962	11020
59	10679	10738	10797	10856	10915	10974	11033	11092	11151	11210
60	10860	10920	10980	11040	11100	11160	11220	11280	11340	11400
61	11041	11102	11163	11224	11285	11346	11407	11468	11529	11590
62	11222	11284	11346	11408	11470	11532	11594	11656	11718	11780
63	11403	11466	11529	11592	11655	11718	11781	11844	11907	11970
64	11584	11648	11712	11776	11840	11904	11968	12032	12096	12160
65	11765	11830	11895	11960	12025	12090	12155	12220	12285	12350
66	11946	12012	12078	12144	12210	12276	12342	12408	12474	12540
67	12127	12194	12261	12328	12395	12462	12529	12596	12663	12730
68	12308	12376	12444	12512	12580	12648	12716	12784	12852	12920
69	12489	12558	12627	12696	12765	12834	12903	12972	13041	13110
70	12670	12740	12810	12880	12950	13020	13090	13160	13230	13300
71	12851	12922	12993	13064	13135	13206	13277	13348	13419	13490
72	13032	13104	13176	13248	13320	13392	13464	13536	13608	13680
73	13213	13286	13359	13432	13505	13578	13651	13724	13797	13870
74	13394	13468	13542	13616	13690	13764	13838	13912	13986	14060
75	13575	13650	13725	13800	13875	13950	14025	14100	14175	14250
76	13756	13832	13908	13984	14060	14136	14212	14288	14364	14440
77	13937	14014	14091	14168	14245	14322	14399	14476	14553	14630
78	14118	14196	14274	14352	14430	14508	14586	14664	14742	14820
79	14299	14378	14457	14536	14615	14694	14773	14852	14931	15010
80	14480	14560	14640	14720	14800	14880	14960	15040	15120	15200
81	14661	14742	14823	14904	14985	15066	15147	15228	15309	15390
82	14842	14924	15006	15088	15170	15252	15334	15416	15498	15580
83	15023	15106	15189	15272	15355	15438	15521	15604	15687	15770
84	15204	15288	15372	15456	15540	15624	15708	15792	15876	15960
85	15385	15470	15555	15640	15725	15810	15895	15980	16065	16150
86	15566	15652	15738	15824	15910	15996	16082	16168	16254	16340
87	15747	15834	15921	16008	16095	16182	16269	16356	16443	16530
88	15928	16016	16104	16192	16280	16368	16456	16544	16632	16720
89	16109	16198	16287	16376	16465	16554	16643	16732	16821	16910
90	16290	16380	16470	16560	16650	16740	16830	16920	17010	17100
91	16471	16562	16653	16744	16835	16926	17017	17108	17199	17290
92	16652	16744	16836	16928	17020	17112	17204	17296	17388	17480
93	16833	16926	17019	17112	17205	17298	17391	17484	17577	17670
94	17014	17108	17202	17296	17390	17484	17578	17672	17766	17860
95	17195	17290	17385	17480	17575	17670	17765	17860	17955	18050
96	17376	17472	17568	17664	17760	17856	17952	18048	18144	18240
97	17557	17654	17751	17848	17945	18052	18139	18236	18333	18430
98	17738	17836	17934	18032	18130	18238	18326	18424	18522	18520
99	17919	18018	18117	18216	18315	18424	18513	18612	18711	18810
100	18100	18200	18300	18400	18500	18600	18700	18800	18900	19000

I	191	192	193	194	195	196	197	198	199	200
1	191	192	193	194	195	196	197	198	199	200
2	382	384	386	388	390	392	394	396	398	400
3	573	576	579	582	585	588	591	594	597	600
4	764	768	772	776	780	784	788	792	796	800
5	955	960	965	970	975	980	985	990	995	1000
6	1146	1152	1158	1164	1170	1176	1182	1188	1194	1200
7	1337	1344	1351	1358	1365	1372	1379	1386	1393	1400
8	1528	1536	1544	1552	1560	1568	1576	1584	1592	1600
9	1719	1728	1737	1746	1755	1764	1773	1782	1791	1800
10	1910	1920	1930	1940	1950	1960	1970	1980	1990	2000
11	2101	2112	2123	2134	2145	2156	2167	2178	2189	2200
12	2292	2304	2316	2328	2340	2352	2364	2376	2388	2400
13	2483	2496	2509	2522	2535	2548	2561	2574	2587	2600
14	2674	2688	2702	2716	2730	2744	2758	2772	2786	2800
15	2865	2880	2895	2910	2925	2940	2955	2970	2985	3000
16	3056	3072	3088	3104	3120	3136	3152	3168	3184	3200
17	3247	3264	3281	3298	3315	3332	3349	3366	3383	3400
18	3438	3456	3474	3492	3510	3528	3546	3564	3582	3600
19	3629	3648	3667	3686	3705	3724	3743	3762	3781	3800
20	3820	3840	3860	3880	3900	3920	3940	3960	3980	4000
21	4011	4032	4053	4074	4095	4116	4137	4158	4179	4200
22	4202	4224	4246	4258	4290	4312	4334	4356	4378	4400
23	4393	4416	4439	4462	4485	4508	4531	4554	4577	4600
24	4584	4608	4632	4656	4680	4704	4728	4752	4776	4800
25	4775	4800	4825	4850	4875	4900	4925	4950	4975	5000
26	4966	4992	5018	5044	5070	5096	5122	5148	5174	5200
27	5157	5184	5211	5238	5265	5292	5319	5346	5373	5400
28	5348	5376	5404	5432	5460	5488	5516	5544	5572	5600
29	5539	5568	5597	5626	5655	5684	5713	5742	5771	5800
30	5730	5760	5790	5820	5850	5880	5910	5940	5970	6000
31	5921	5952	5983	6014	6045	6076	6107	6138	6169	6200
32	6112	6144	6176	6208	6240	6272	6304	6336	6368	6400
33	6303	6336	6369	6402	6435	6468	6501	6534	6567	6600
34	6494	6528	6562	6596	6630	6664	6698	6732	6766	6800
35	6685	6720	6755	6790	6825	6860	6895	6930	6965	7000
36	6876	6912	6948	6984	7020	7056	7092	7128	7164	7200
37	7067	7104	7141	7178	7215	7252	7289	7326	7363	7400
38	7258	7296	7334	7372	7410	7448	7486	7524	7562	7600
39	7449	7488	7527	7566	7605	7644	7683	7722	7761	7800
40	7640	7680	7720	7760	7800	7840	7880	7920	7960	8000
41	7831	7872	7913	7954	7995	8036	8077	8118	8159	8200
42	8022	8064	8106	8148	8190	8232	8274	8316	8358	8400
43	8213	8256	8299	8342	8385	8428	8471	8514	8557	8600
44	8404	8448	8492	8536	8580	8624	8668	8712	8756	8800
45	8595	8640	8685	8730	8775	8820	8865	8910	8955	9000
46	8786	8832	8878	8924	8970	9016	9062	9108	9154	9200
47	8977	9024	9071	9118	9165	9212	9259	9306	9353	9400
48	9168	9216	9264	9312	9360	9408	9456	9504	9552	9600
49	9359	9408	9457	9506	9555	9604	9653	9702	9751	9800
50	9550	9600	9650	9700	9750	9800	9850	9900	9950	10000
51	9741	9792	9843	9894	9945	9996	10047	10098	10149	10200
52	9932	9984	10036	10088	10140	10192	10244	10296	10348	10400
53	10123	10176	10229	10282	10335	10388	10441	10494	10547	10600
54	10314	10368	10422	10476	10530	10584	10638	10692	10746	10800
55	10505	10560	10615	10670	10725	10780	10835	10890	10945	11000
56	10696	10752	10808	10864	10920	10976	11032	11088	11144	11200
57	10887	10944	11001	11058	11115	11172	11229	11286	11343	11400
58	11078	11136	11194	11252	11310	11368	11426	11484	11542	11600
59	11269	11328	11387	11446	11505	11564	11623	11682	11741	11800
60	11460	11520	11580	11640	11700	11760	11820	11880	11940	12000
61	11651	11712	11773	11834	11895	11956	12017	12078	12139	12200
62	11842	11904	11966	12028	12090	12152	12214	12276	12338	12400
63	12033	12096	12159	12222	12285	12348	12411	12474	12537	12600
64	12224	12288	12352	12416	12480	12544	12608	12672	12736	12800
65	12415	12480	12545	12610	12675	12740	12805	12870	12935	13000
66	12606	12672	12738	12804	12870	12936	13002	13068	13134	13200
67	12797	12864	12931	12998	13065	13132	13199	13266	13333	13400
68	12988	13056	13124	13192	13260	13328	13396	13464	13532	13600
69	13179	13248	13317	13386	13455	13524	13593	13662	13731	13800
70	13370	13440	13510	13580	13650	13720	13790	13860	13930	14000
71	13561	13632	13703	13774	13845	13916	13987	14058	14129	14200
72	13752	13824	13896	13968	14040	14112	14184	14256	14328	14400
73	13943	14016	14089	14162	14235	14308	14381	14454	14527	14600
74	14134	14208	14282	14356	14430	14504	14578	14652	14726	14800
75	14325	14400	14475	14550	14625	14700	14775	14850	14925	15000
76	14516	14592	14668	14744	14820	14896	14972	15048	15124	15200
77	14707	14784	14861	14938	15015	15092	15169	15246	15323	15400
78	14898	14976	15054	15132	15210	15288	15366	15444	15522	15600
79	15089	15168	15247	15326	15405	15484	15563	15642	15721	15800
80	15280	15360	15440	15520	15600	15680	15760	15840	15920	16000
81	15471	15552	15633	15714	15795	15876	15957	16038	16119	16200
82	15662	15744	15826	15908	15990	16072	16154	16236	16318	16400
83	15853	15936	16019	16102	16185	16268	16351	16434	16517	16600
84	16044	16128	16212	16296	16380	16464	16548	16632	16716	16800
85	16235	16320	16405	16490	16575	16660	16745	16830	16915	17000
86	16426	16512	16598	16684	16770	16856	16942	17028	17114	17200
87	16617	16704	16791	16878	16965	17052	17139	17226	17313	17400
88	16808	16896	16984	17072	17160	17248	17336	17424	17512	17600
89	16999	17088	17177	17266	17355	17444	17533	17622	17711	17800
90	17190	17280	17370	17460	17550	17640	17730	17820	17910	18000
91	17381	17472	17563	17654	17745	17836	17927	18018	18109	18200
92	17572	17664	17756	17848	17940	18032	18124	18216	18308	18400
93	17763	17856	17949	18042	18135	18228	18321	18414	18507	18600
94	17954	18048	18142	18236	18330	18424	18518	18612	18706	18800
95	18145	18240	18335	18430	18525	18620	18715	18810	18905	19000
96	18336	18432	18528	18624	18720	18816	18912	19008	19104	19200
97	18527	18624	18721	18818	18915	19012	19109	19206	19303	19400
98	18718	18816	18914	19012	19110	19208	19306	19404	19502	19600
99	18909	19008	19107	19206	19305	19404	19503	19602	19701	19800
100	19100	19200	19300	19400	19500	19600	19700	19800	19900	20000

1	201	1	202	1	203	1	204	1	205	1	206	1	207	1	208	1	209	1	210
1	201	1	202	1	203	1	204	1	205	1	206	1	207	1	208	1	209	1	210
2	402	2	404	2	406	2	408	2	410	2	412	2	414	2	416	2	418	2	420
3	603	3	606	3	609	3	612	3	615	3	618	3	621	4	624	3	627	3	630
4	804	4	808	4	812	4	816	4	820	4	824	4	828	3	832	4	836	4	840
5	1005	5	1010	5	1015	5	1020	5	1025	5	1030	5	1035	5	1040	5	1045	5	1050
6	1206	6	1212	6	1218	6	1224	6	1230	6	1236	6	1242	6	1248	6	1254	6	1260
7	1407	7	1414	7	1421	7	1428	7	1435	7	1442	7	1449	7	1456	7	1463	7	1470
8	1608	8	1616	8	1624	8	1632	8	1640	8	1648	8	1656	8	1664	8	1672	8	1680
9	1809	9	1818	9	1827	9	1836	9	1845	9	1854	9	1863	9	1872	9	1881	9	1890
10	2010	10	2020	10	2030	10	2040	10	2050	10	2060	10	2070	10	2080	10	2090	10	2100
11	2211	11	2222	11	2233	11	2244	11	2255	11	2266	11	2277	11	2288	11	2299	11	2310
12	2412	12	2424	12	2436	12	2448	12	2460	12	2472	12	2484	12	2496	12	2508	12	2520
13	2613	13	2626	13	2639	13	2652	13	2665	13	2578	13	2691	13	2704	13	2717	13	2730
14	2814	14	2828	14	2842	14	2856	14	2870	14	2884	14	2898	14	2912	14	2926	14	2940
15	3015	15	3030	15	3045	15	3060	15	3075	15	3090	15	3105	15	3120	15	3135	15	3150
16	3216	16	3232	16	3248	16	3264	16	3280	16	3296	16	3312	16	3328	16	3344	16	3360
17	3417	17	3434	17	3451	17	3468	17	3485	17	3502	17	3519	17	3536	17	3553	17	3570
18	3618	18	3636	18	3654	18	3672	18	3690	18	3708	18	3726	18	3744	18	3762	18	3780
19	3819	19	3838	19	3857	19	3876	19	3895	19	3914	19	3933	19	3952	19	3971	19	3990
20	4020	20	4040	20	4060	20	4080	20	4100	20	4120	20	4140	20	4160	20	4180	20	4200
21	4221	21	4242	21	4263	21	4284	21	4305	21	4326	21	4347	21	4368	21	4389	21	4410
22	4422	22	4444	22	4466	22	4488	22	4510	22	4532	22	4554	22	4576	22	4598	22	4620
23	4623	23	4646	23	4669	23	4692	23	4715	23	4738	23	4761	23	4784	23	4807	23	4830
24	4824	24	4848	24	4872	24	4896	24	4920	24	4944	24	4968	24	4992	24	5016	24	5040
25	5025	25	5050	25	5075	25	5100	25	5125	25	5150	25	5175	25	5200	25	5225	25	5250
26	5226	26	5252	26	5278	26	5304	26	5330	26	5356	26	5382	26	5408	26	5434	26	5460
27	5427	27	5454	27	5481	27	5508	27	5535	27	5562	27	5589	27	5616	27	5643	27	5670
28	5628	28	5656	28	5684	28	5712	28	5740	28	5768	28	5796	28	5824	28	5852	28	5880
29	5829	29	5858	29	5887	29	5916	29	5945	29	5974	29	6003	29	6032	29	6061	29	6090
30	6030	30	6060	30	6090	30	6120	30	6150	30	6180	30	6210	30	6240	30	6270	30	6300
31	6231	31	6262	31	6293	31	6324	31	6355	31	6386	31	6417	31	6448	31	6479	31	6510
32	6432	32	6464	32	6496	32	6528	32	6560	32	6592	32	6624	32	6656	32	6688	32	6720
33	6633	33	6666	33	6699	33	6732	33	6765	33	6798	33	6831	33	6864	33	6897	33	6930
34	6834	34	6868	34	6902	34	6936	34	6970	34	7004	34	7038	34	7072	34	7106	34	7140
35	7035	35	7070	35	7105	35	7140	35	7175	35	7210	35	7245	35	7280	35	7315	35	7350
36	7236	36	7272	36	7308	36	7344	36	7380	36	7416	36	7452	36	7488	36	7524	36	7560
37	7437	37	7474	37	7511	37	7548	37	7585	37	7622	37	7659	37	7696	37	7733	37	7770
38	7638	38	7676	38	7714	38	7752	38	7790	38	7828	38	7866	38	7904	38	7942	38	7980
39	7839	39	7878	39	7917	39	7956	39	7995	39	8034	39	8073	39	8112	39	8151	39	8190
40	8040	40	8080	40	8120	40	8160	40	8200	40	8240	40	8280	40	8320	40	8360	40	8400
41	8241	41	8282	41	8323	41	8364	41	8405	41	8446	41	8487	41	8528	41	8569	41	8610
42	8442	42	8484	42	8526	42	8568	42	8610	42	8652	42	8694	42	8736	42	8778	42	8820
43	8643	43	8686	43	8729	43	8772	43	8815	43	8858	43	8901	43	8944	43	8987	43	9030
44	8844	44	8888	44	8932	44	8976	44	9020	44	9064	44	9108	44	9152	44	9196	44	9240
45	9045	45	9090	45	9135	45	9180	45	9225	45	9270	45	9315	45	9360	45	9405	45	9450
46	9246	46	9292	46	9338	46	9384	46	9430	46	9476	46	9522	46	9568	46	9614	46	9660
47	9447	47	9494	47	9541	47	9588	47	9635	47	9682	47	9729	47	9776	47	9823	47	9870
48	9648	48	9696	48	9744	48	9792	48	9840	48	9888	48	9936	48	9984	48	10032	48	10080
49	9849	49	9898	49	9947	49	9996	49	10045	49	10094	49	10143	49	10192	49	10241	49	10290
50	10050	50	10100	50	10150	50	10200	50	10250	50	10300	50	10350	50	10400	50	10450	50	10500
51	10251	51	10302	51	10353	51	10404	51	10455	51	10506	51	10557	51	10608	51	10659	51	10710
52	10452	52	10504	52	10556	52	10608	52	10660	52	10712	52	10764	52	10816	52	10868	52	10920
53	10653	53	10706	53	10759	53	10812	53	10865	53	10918	53	10971	53	11024	53	11077	53	11130
54	10854	54	10908	54	10962	54	11016	54	11070	54	11124	54	11178	54	11232	54	11286	54	11340
55	11055	55	11110	55	11165	55	11220	55	11275	55	11330	55	11385	55	11440	55	11495	55	11550
56	11256	56	11312	56	11368	56	11424	56	11480	56	11536	56	11592	56	11648	56	11704	56	11760
57	11457	57	11514	57	11571	57	11628	57	11685	57	11742	57	11799	57	11856	57	11913	57	11970
58	11658	58	11716	58	11774	58	11832	58	11890	58	11948	58	12006	58	12064	58	12122	58	12180
59	11859	59	11918	59	11977	59	12036	59	12095	59	12154	59	12213	59	12272	59	12331	59	12390
60	12060	60	12120	60	12180	60	12240	60	12300	60	12360	60	12420	60	12480	60	12540	60	12600
61	12261	61	12322	61	12383	61	12444	61	12505	61	12566	61	12627	61	12688	61	12749	61	12810
62	12462	62	12524	62	12586	62	12648	62	12710	62	12772	62	12834	62	12896	62	12958	62	13020
63	12663	63	12726	63	12789	63	12852	63	12915	63	12978	63	13041	63	13104	63	13167	63	13230
64	12864	64	12928	64	12992	64	13056	64	13120	64	13184	64	13248	64	13312	64	13376	64	13440
65	13065	65	13130	65	13195	65	13260	65	13325	65	13390	65	13455	65	13520	65	13585	65	13650
66	13266	66	13332	66	13398	66	13464	66	13530	66	13596	66	13662	66	13728	66	13794	66	13860
67	13467	67	13534	67	13601	67	13668	67	13735	67	13802	67	13869	67	13936	67	14003	67	14070
68	13668	68	13736	68	13804	68	13872	68	13940	68	14008	68	14076	68	14144	68	14212	68	14280
69	13869	69	13938	69	14007	69	14076	69	14145	69	14214	69	14283	69	14352	69	14421	69	14490
70	14070	70	14140	70	14210	70	14280	70	14350	70	14420	70	14490	70	14560	70	14630	70	14700
71	14271	71	14342	71	14413	71	14484	71	14555	71	14626	71	14697	71	14768	71	14839	71	14910
72	14472	72	14544	72	14616	72	14688	72	14760	72	14832	72	14904	72	14976	72	15048	72	15120
73	14673	73	14746	73	14819	73	14892	73	14965	73	15038	73	15111	73	15184	73	15257	73	15330
74	14874	74	14948	74	15022	74	15096	74	15170	74	15244	74	15318	74	15392	74	15466	74	15540
75	15075	75	15150	75	15225	75	15300	75	15375	75	15450	75	15525	75	15600	75	15675	75	15750
76	15276	76	15352	76	15428	76	15504	76	15580	76	15656	76	15732	76	15808	76	15884	76	15960
77	15477	77	15554	77	15631	77	15708	77	15785	77	15862	77	15939	77	16016	77	16093	77	16170
78	15678	78	15756	78	15834	78	15912	78	15990	78	16068	78	16146	78	16224	78	16302	78	16380
79	15879	79	15958	79	16037	79	16116	79	16195	79	16274	79	16353	79	16432	79	16511	79	16590
80	16080	80	16160	80	16240	80	16320	80	16400	80	16480	80	16560	80	16640	80	16720	80	16800
81	16281	81	16362	81	16443	81	16524	81	16605	81	16686	81	16767	81	16848	81	16929	81	17010
82	16482	82	16564	82	16646	82	16728	82	16810	82	16892	82	16974	82	17056	82	17138	82	17220
83	16683	83	16766	83	16849	83	16932	83	17015	83	17098	83	17181	83	17264	83	17347	83	17430
84	16884	84	16968	84	17052	84	17136	84	17220	84	17304	84	17388	84	17472	84	17556	84	17640
85	17085	85	17170	85	17255	85	17340	85	17425	85	17510	85	17595	85	17680	85	17765	85	17850
86	17286	86	17372	86	17458	86	17544	86	17630	86	17716	86	17802	86	17888	86	17974	86	18060
87	17487	87	17574	87	17661	87	17748	87	17835	87	17922	87	18009	87	18096	87	18183	87	18270
88	17688	88	17776	88	17864	88	17952	88	18040	88	18128	88	18216	88	18304	88	18392	88	18480
89	17889	89	17978	89	18067	89	18156	89	18245	89	18334	89	18423	89	18512	89	18601	89	18690
90	18090	90	18180	90	18270	90	18360	90	18450	90	18540	90	18630	90	18720	90	18810	90	18900
91	18291	91	18382	91	18473	91	18564	91	18655	91	18746	91	18837	91	18928	91	19019	91	19110
92	18492	92	18584	92	18676	92	18768	92	18860	92	18952	92	19044	92	19136	92	19228	92	19320
93	18693	93	18786	93	18879	93	18972	93	19065	93	19158	93	19251	93	19344	93	19437	93	19530
94	18894	94	18988	94	19082	94	19176	94	19270	94	19364	94	19458	94	19552	94	19646	94	19740
95	19095	95	19190	95	19285	95	19380	95	19475	95	19570	95	19665	95	19760	95	19855	95	19950
96	19296	96	19392	96	19488	96	19584	96	19680	96	19776	96	19872	96	19968	96	20064	96	20160
97	19497	97	19594	97	19691	97	19788	97	19885	97	19982	97	20079	97	20176	97	20273	97	20370
98	19698	98	19796	98	19894	98	19992	98	20090	98	20188	98	20286	98	20384	98	20482	98	20580
99	19899	99	19998	99	20097	99	20196	99	20295	99	20394	99	20493	99	20592	99	20691	99	20790
100	20100	100	20200	100	20300	100	20400	100	20500	100	20600	100	20700	100	20800	100	20900	100	21000

	211	212	213	214	215	216	217	218	219	220
1	211	212	213	214	215	216	217	218	219	220
2	422	424	426	428	430	432	434	436	438	440
3	633	636	639	642	645	648	651	654	657	660
4	844	848	852	856	860	864	868	872	876	880
5	1055	1060	1065	1070	1075	1080	1085	1090	1095	1100
6	1266	1272	1278	1284	1290	1296	1302	1308	1314	1320
7	1477	1484	1491	1498	1505	1512	1519	1526	1533	1540
8	1688	1696	1704	1712	1720	1728	1736	1744	1752	1760
9	1899	1908	1917	1926	1935	1944	1953	1962	1971	1980
10	2110	2120	2130	2140	2150	2160	2170	2180	2190	2200
11	2321	2332	2343	2354	2365	2376	2387	2398	2409	2420
12	2532	2544	2556	2568	2580	2592	2604	2616	2628	2640
13	2743	2756	2769	2782	2795	2808	2821	2834	2847	2860
14	2954	2968	2982	2996	3010	3024	3038	3052	3066	3080
15	3165	3180	3195	3210	3225	3240	3255	3270	3285	3300
16	3376	3392	3408	3424	3440	3456	3472	3488	3504	3520
17	3587	3604	3621	3638	3655	3672	3689	3706	3723	3740
18	3798	3816	3834	3852	3870	3888	3906	3924	3942	3960
19	4009	4028	4047	4066	4085	4104	4123	4142	4161	4180
20	4220	4240	4260	4280	4300	4320	4340	4360	4380	4400
21	4431	4452	4473	4494	4515	4536	4557	4578	4599	4620
22	4642	4664	4686	4708	4730	4752	4774	4796	4818	4840
23	4853	4876	4899	4922	4945	4968	4991	5014	5037	5060
24	5064	5088	5112	5136	5160	5184	5208	5232	5256	5280
25	5275	5300	5325	5350	5375	5400	5425	5450	5475	5500
26	5486	5512	5538	5564	5590	5616	5642	5668	5694	5720
27	5697	5724	5751	5778	5805	5832	5859	5886	5913	5940
28	5908	5936	5964	5992	6020	6048	6076	6104	6132	6160
29	6119	6148	6177	6206	6235	6264	6293	6322	6351	6380
30	6330	6360	6390	6420	6450	6480	6510	6540	6570	6600
31	6541	6572	6603	6634	6665	6696	6727	6758	6789	6820
32	6752	6784	6816	6848	6880	6912	6944	6976	7008	7040
33	6963	6996	7029	7062	7095	7128	7161	7194	7227	7260
34	7174	7208	7242	7276	7310	7344	7378	7412	7446	7480
35	7385	7420	7455	7490	7525	7560	7595	7630	7665	7700
36	7596	7632	7668	7704	7740	7776	7812	7848	7884	7920
37	7807	7844	7881	7918	7955	7992	8029	8066	8103	8140
38	8018	8056	8094	8132	8170	8208	8246	8284	8322	8360
39	8229	8268	8307	8346	8385	8424	8463	8502	8541	8580
40	8440	8480	8520	8560	8600	8640	8680	8720	8760	8800
41	8651	8692	8733	8774	8815	8856	8897	8938	8979	9020
42	8862	8904	8946	8988	9030	9072	9114	9156	9198	9240
43	9073	9116	9159	9202	9245	9288	9331	9374	9417	9460
44	9284	9328	9372	9416	9460	9504	9548	9592	9636	9680
45	9495	9540	9585	9630	9675	9720	9765	9810	9855	9900
46	9706	9752	9798	9844	9890	9936	9982	10028	10074	10120
47	9917	9964	10011	10058	10105	10152	10199	10246	10293	10340
48	10128	10176	10224	10272	10320	10368	10416	10464	10512	10560
49	10339	10388	10437	10486	10535	10584	10633	10682	10731	10780
50	10550	10600	10650	10700	10750	10800	10850	10900	10950	11000
51	10761	10812	10863	10914	10965	11016	11067	11118	11169	11220
52	10972	11024	11076	11128	11180	11232	11284	11336	11388	11440
53	11183	11236	11289	11342	11395	11448	11501	11554	11607	11660
54	11394	11448	11502	11556	11610	11664	11718	11772	11826	11880
55	11605	11660	11715	11770	11825	11880	11935	11990	12045	12100
56	11816	11872	11928	11984	12040	12096	12152	12208	12264	12320
57	12027	12084	12141	12198	12255	12312	12369	12426	12483	12540
58	12238	12296	12354	12412	12470	12528	12586	12644	12702	12760
59	12449	12508	12567	12626	12685	12744	12803	12862	12921	12980
60	12660	12720	12780	12840	12900	12960	13020	13080	13140	13200
61	12871	12932	12993	13054	13115	13176	13237	13298	13359	13420
62	13082	13144	13206	13268	13330	13392	13454	13516	13578	13640
63	13293	13356	13419	13482	13545	13608	13671	13734	13797	13860
64	13504	13568	13632	13696	13760	13824	13888	13952	14016	14080
65	13715	13780	13845	13910	13975	14040	14105	14170	14235	14300
66	13926	13992	14058	14124	14190	14256	14322	14388	14454	14520
67	14137	14204	14271	14338	14405	14472	14539	14606	14673	14740
68	14348	14416	14484	14552	14620	14688	14756	14824	14892	14960
69	14559	14628	14697	14766	14835	14904	14973	15042	15111	15180
70	14770	14840	14910	14980	15050	15120	15190	15260	15330	15400
71	14981	15052	15123	15194	15265	15336	15407	15478	15549	15620
72	15192	15264	15336	15408	15480	15552	15624	15696	15768	15840
73	15403	15476	15549	15622	15695	15768	15841	15914	15987	16060
74	15614	15688	15762	15836	15910	15984	16058	16132	16206	16280
75	15825	15900	15975	16050	16125	16200	16275	16350	16425	16500
76	16036	16112	16188	16264	16340	16416	16492	16568	16644	16720
77	16247	16324	16401	16478	16555	16632	16709	16786	16863	16940
78	16458	16536	16614	16692	16770	16848	16926	17004	17082	17160
79	16669	16748	16827	16906	16985	17064	17143	17222	17301	17380
80	16880	16960	17040	17120	17200	17280	17360	17440	17520	17600
81	17091	17172	17253	17334	17415	17496	17577	17658	17739	17820
82	17302	17384	17466	17548	17630	17712	17794	17876	17958	18040
83	17513	17596	17679	17762	17845	17928	18011	18094	18177	18260
84	17724	17808	17892	17976	18060	18144	18228	18312	18396	18480
85	17935	18020	18105	18190	18275	18360	18445	18530	18615	18700
86	18146	18232	18318	18404	18490	18576	18662	18748	18834	18920
87	18357	18444	18531	18618	18705	18792	18879	18966	19053	19140
88	18568	18656	18744	18832	18920	19008	19096	19184	19272	19360
89	18779	18868	18957	19046	19135	19224	19313	19402	19491	19580
90	18990	19080	19170	19260	19350	19440	19530	19620	19710	19800
91	19201	19292	19383	19474	19565	19656	19747	19838	19929	20020
92	19412	19504	19596	19688	19780	19872	19964	20056	20148	20240
93	19623	19716	19809	19902	19995	20088	20181	20274	20367	20460
94	19834	19928	20022	20116	20210	20304	20398	20492	20586	20680
95	20045	20140	20235	20330	20425	20520	20615	20710	20805	20900
96	20256	20352	20448	20544	20640	20736	20832	20928	21024	21120
97	20467	20564	20661	20758	20855	20952	21049	21146	21243	21340
98	20678	20776	20874	20972	21070	21168	21266	21364	21462	21560
99	20889	20988	21087	21186	21285	21384	21483	21582	21681	21780
100	21100	21200	21300	21400	21500	21600	21700	21800	21900	22000

	221	222	223	224	225	226	227	228	229	230
1	221	222	223	224	225	226	227	228	229	230
2	442	444	446	448	450	452	454	456	458	460
3	663	666	669	672	675	678	681	684	687	690
4	884	888	892	896	900	904	908	912	916	920
5	1105	1110	1115	1120	1125	1130	1135	1140	1145	1150
6	1326	1332	1338	1344	1350	1356	1362	1368	1374	1380
7	1547	1554	1561	1568	1575	1582	1589	1596	1603	1610
8	1768	1776	1784	1792	1800	1808	1816	1824	1832	1840
9	1989	1998	2007	2016	2025	2034	2043	2052	2061	2070
10	2210	2220	2230	2240	2250	2260	2270	2280	2290	2300
11	2431	2442	2453	2464	2475	2486	2497	2508	2519	2530
12	2652	2664	2676	2688	2700	2712	2724	2736	2748	2760
13	2873	2886	2899	2912	2925	2938	2951	2964	2977	2990
14	3094	3108	3122	3136	3150	3164	3178	3192	3206	3220
15	3315	3330	3345	3360	3375	3390	3405	3420	3435	3450
16	3536	3552	3568	3584	3600	3616	3632	3648	3664	3680
17	3757	3774	3791	3808	3825	3842	3859	3876	3893	3910
18	3978	3996	4014	4032	4050	4068	4086	4104	4122	4140
19	4199	4218	4237	4256	4275	4294	4313	4332	4351	4370
20	4420	4440	4460	4480	4500	4520	4540	4560	4580	4600
21	4641	4662	4683	4704	4725	4746	4767	4788	4809	4830
22	4862	4884	4906	4928	4950	4972	4994	5016	5038	5060
23	5083	5106	5129	5152	5175	5198	5221	5244	5267	5290
24	5304	5328	5352	5376	5400	5424	5448	5472	5496	5520
25	5525	5550	5575	5600	5625	5650	5675	5700	5725	5750
26	5746	5772	5798	5824	5850	5876	5902	5928	5954	5980
27	5967	5994	6021	6048	6075	6102	6129	6156	6183	6210
28	6188	6216	6244	6272	6300	6328	6356	6384	6412	6440
29	6409	6438	6467	6496	6525	6554	6583	6612	6641	6670
30	6630	6660	6690	6720	6750	6780	6810	6840	6870	6900
31	6851	6882	6913	6944	6975	7006	7037	7068	7099	7130
32	7072	7104	7136	7168	7200	7232	7264	7296	7328	7360
33	7293	7326	7359	7392	7425	7458	7491	7524	7557	7590
34	7514	7548	7582	7616	7650	7684	7718	7752	7786	7820
35	7735	7770	7805	7840	7875	7910	7945	7980	8015	8050
36	7956	7992	8028	8064	8100	8136	8172	8208	8244	8280
37	8177	8214	8251	8288	8325	8362	8399	8436	8473	8510
38	8398	8436	8474	8512	8550	8588	8626	8664	8702	8740
39	8619	8658	8697	8736	8775	8814	8853	8892	8931	8970
40	8840	8880	8920	8960	9000	9040	9080	9120	9160	9200
41	9061	9102	9143	9184	9225	9266	9307	9348	9389	9430
42	9282	9324	9366	9408	9450	9492	9534	9576	9618	9660
43	9503	9546	9589	9632	9675	9718	9761	9804	9847	9890
44	9724	9768	9812	9856	9900	9944	9988	10032	10076	10120
45	9945	9990	10035	10080	10125	10170	10215	10260	10305	10350
46	10166	10212	10258	10304	10350	10396	10442	10488	10534	10580
47	10387	10434	10481	10528	10575	10622	10669	10716	10763	10810
48	10608	10656	10704	10752	10800	10848	10896	10944	10992	11040
49	10829	10878	10927	10976	11025	11074	11123	11172	11221	11270
50	11050	11100	11150	11200	11250	11300	11350	11400	11450	11500
51	11271	11322	11373	11424	11475	11526	11577	11628	11679	11730
52	11492	11544	11596	11648	11700	11752	11804	11856	11908	11960
53	11713	11766	11819	11872	11925	11978	12031	12084	12137	12190
54	11934	11988	12042	12096	12150	12204	12258	12312	12366	12420
55	12155	12210	12265	12320	12375	12430	12485	12540	12595	12650
56	12376	12432	12488	12544	12600	12656	12712	12768	12824	12880
57	12597	12654	12711	12768	12825	12882	12939	12996	13053	13110
58	12818	12876	12934	12992	13050	13108	13166	13224	13282	13340
59	13039	13098	13157	13216	13275	13334	13393	13452	13511	13570
60	13260	13320	13380	13440	13500	13560	13620	13680	13740	13800
61	13481	13542	13603	13664	13725	13786	13847	13908	13969	14030
62	13702	13764	13826	13888	13950	14012	14074	14136	14198	14260
63	13923	13986	14049	14112	14175	14238	14301	14364	14427	14490
64	14144	14208	14272	14336	14400	14464	14528	14592	14656	14720
65	14365	14430	14495	14560	14625	14690	14755	14820	14885	14950
66	14586	14652	14718	14784	14850	14916	14982	15048	15114	15180
67	14807	14874	14941	15008	15075	15142	15209	15276	15343	15410
68	15028	15096	15164	15232	15300	15368	15436	15504	15572	15640
69	15249	15318	15387	15456	15525	15594	15663	15732	15801	15870
70	15470	15540	15610	15680	15750	15820	15890	15960	16030	16100
71	15691	15762	15833	15904	15975	16046	16117	16188	16259	16330
72	15912	15984	16056	16128	16200	16272	16344	16416	16488	16560
73	16133	16206	16279	16352	16425	16498	16571	16644	16717	16790
74	16354	16428	16502	16576	16650	16724	16798	16872	16946	17020
75	16575	16650	16725	16800	16875	16950	17025	17100	17175	17250
76	16796	16872	16948	17024	17100	17176	17252	17328	17404	17480
77	17017	17094	17171	17248	17325	17402	17479	17556	17633	17710
78	17238	17316	17394	17472	17550	17628	17706	17784	17862	17940
79	17459	17538	17617	17696	17775	17854	17933	18012	18091	18170
80	17680	17760	17840	17920	18000	18080	18160	18240	18320	18400
81	17901	17982	18063	18144	18225	18306	18387	18468	18549	18630
82	18122	18204	18286	18368	18450	18532	18614	18696	18778	18860
83	18343	18426	18509	18592	18675	18758	18841	18924	19007	19090
84	18564	18648	18732	18816	18900	18984	19068	19152	19236	19320
85	18785	18870	18955	19040	19125	19210	19295	19380	19465	19550
86	19006	19092	19178	19264	19350	19436	19522	19608	19694	19780
87	19227	19314	19401	19488	19575	19662	19749	19836	19923	20010
88	19448	19536	19624	19712	19800	19888	19976	20064	20152	20240
89	19669	19758	19847	19936	20025	20114	20203	20292	20381	20470
90	19890	19980	20070	20160	20250	20340	20430	20520	20610	20700
91	20111	20202	20293	20384	20475	20566	20657	20748	20839	20930
92	20332	20424	20516	20608	20700	20792	20884	20976	21068	21160
93	20553	20646	20739	20832	20925	21018	21111	21204	21297	21390
94	20774	20868	20962	21056	21150	21244	21338	21432	21526	21620
95	20995	21090	21185	21280	21375	21470	21565	21660	21755	21850
96	21216	21312	21408	21504	21600	21696	21792	21888	21984	22080
97	21437	21534	21631	21728	21825	21922	22019	22116	22213	22310
98	21658	21756	21854	21952	22050	22148	22246	22344	22442	22540
99	21879	21978	22077	22176	22275	22374	22473	22572	22671	22770
100	22100	22200	22300	22400	22500	22600	22700	22800	22900	23000

	231	232	233	234	235	236	237	238	239	240
1	231	232	233	234	235	236	237	238	239	240
2	462	464	466	468	470	472	474	476	478	480
3	693	696	699	702	705	708	711	714	717	720
4	924	928	932	936	940	944	948	952	956	960
5	1155	1160	1165	1170	1175	1180	1185	1190	1195	1200
6	1386	1392	1398	1404	1410	1416	1422	1428	1434	1440
7	1617	1624	1631	1638	1645	1652	1659	1666	1673	1680
8	1848	1856	1864	1872	1880	1888	1896	1904	1912	1920
9	2079	2088	2097	2106	2115	2124	2133	2142	2151	2160
10	2310	2320	2330	2340	2350	2360	2370	2380	2390	2400
11	2541	2552	2563	2574	2585	2596	2607	2618	2629	2640
12	2772	2784	2796	2808	2820	2832	2844	2856	2868	2880
13	3003	3016	3029	3042	3055	3068	3081	3094	3107	3120
14	3234	3248	3262	3276	3290	3304	3318	3332	3346	3360
15	3465	3480	3495	3510	3525	3540	3555	3570	3585	3600
16	3696	3712	3728	3744	3760	3776	3792	3808	3824	3840
17	3927	3944	3961	3978	3995	4012	4029	4046	4063	4080
18	4158	4176	4194	4212	4230	4248	4266	4284	4302	4320
19	4389	4408	4427	4446	4465	4484	4503	4522	4541	4560
20	4620	4640	4660	4680	4700	4720	4740	4760	4780	4800
21	4851	4872	4893	4914	4935	4956	4977	4998	5019	5040
22	5082	5104	5126	5148	5170	5192	5214	5236	5258	5280
23	5313	5336	5359	5382	5405	5428	5451	5474	5497	5520
24	5544	5568	5592	5616	5640	5664	5688	5712	5736	5760
25	5775	5800	5825	5850	5875	5900	5925	5950	5975	6000
26	6006	6032	6058	6084	6110	6136	6162	6188	6214	6240
27	6237	6264	6291	6318	6345	6372	6399	6426	6453	6480
28	6468	6496	6524	6552	6580	6608	6636	6664	6692	6720
29	6699	6728	6757	6786	6815	6844	6873	6902	6931	6960
30	6930	6960	6990	7020	7050	7080	7110	7140	7170	7200
31	7161	7192	7223	7254	7285	7316	7347	7378	7409	7440
32	7392	7424	7456	7488	7520	7552	7584	7616	7648	7680
33	7623	7656	7689	7722	7755	7788	7821	7854	7887	7920
34	7854	7888	7922	7956	7990	8024	8058	8092	8126	8160
35	8085	8120	8155	8190	8225	8260	8295	8330	8365	8400
36	8316	8352	8388	8424	8460	8496	8532	8568	8604	8640
37	8547	8584	8621	8658	8695	8732	8769	8806	8843	8880
38	8778	8816	8854	8892	8930	8968	9006	9044	9082	9120
39	9009	9048	9087	9126	9165	9204	9243	9282	9321	9360
40	9240	9280	9320	9360	9400	9440	9480	9520	9560	9600
41	9471	9512	9553	9594	9635	9676	9717	9758	9799	9840
42	9702	9744	9786	9828	9870	9912	9954	9996	10038	10080
43	9933	9976	10019	10062	10105	10148	10191	10234	10277	10320
44	10164	10208	10252	10296	10340	10384	10428	10472	10516	10560
45	10395	10440	10485	10530	10575	10620	10665	10710	10755	10800
46	10626	10672	10718	10764	10810	10856	10902	10948	10994	11040
47	10857	10904	10951	10998	11045	11092	11139	11186	11233	11280
48	11088	11136	11184	11232	11280	11328	11376	11424	11472	11520
49	11319	11368	11417	11466	11515	11564	11613	11662	11711	11760
50	11550	11600	11650	11700	11750	11800	11850	11900	11950	12000
51	11781	11832	11883	11934	11985	12036	12087	12138	12189	12240
52	12012	12064	12116	12168	12220	12272	12324	12376	12428	12480
53	12243	12296	12349	12402	12455	12508	12561	12614	12667	12720
54	12474	12528	12582	12636	12690	12744	12798	12852	12906	12960
55	12705	12760	12815	12870	12925	12980	13035	13090	13145	13200
56	12936	12992	13048	13104	13160	13216	13272	13328	13384	13440
57	13167	13224	13281	13338	13395	13452	13509	13566	13623	13680
58	13398	13456	13514	13572	13630	13688	13746	13804	13862	13920
59	13629	13688	13747	13806	13865	13924	13983	14042	14101	14160
60	13860	13920	13980	14040	14100	14160	14220	14280	14340	14400
61	14091	14152	14213	14274	14335	14396	14457	14518	14579	14640
62	14322	14384	14446	14508	14570	14632	14694	14756	14818	14880
63	14553	14616	14679	14742	14805	14868	14931	14994	15057	15120
64	14784	14848	14912	14976	15040	15104	15168	15232	15296	15360
65	15015	15080	15145	15210	15275	15340	15405	15470	15535	15600
66	15246	15312	15378	15444	15510	15576	15642	15708	15774	15840
67	15477	15544	15611	15678	15745	15812	15879	15946	16013	16080
68	15708	15776	15844	15912	15980	16048	16116	16184	16252	16320
69	15939	16008	16077	16146	16215	16284	16353	16422	16491	16560
70	16170	16240	16310	16380	16450	16520	16590	16660	16730	16800
71	16401	16472	16543	16614	16685	16756	16827	16898	16969	17040
72	16632	16704	16776	16848	16920	16992	17064	17136	17208	17280
73	16863	16936	17009	17082	17155	17228	17301	17374	17447	17520
74	17094	17168	17242	17316	17390	17464	17538	17612	17686	17760
75	17325	17400	17475	17550	17625	17700	17775	17850	17925	18000
76	17556	17632	17708	17784	17860	17936	18012	18088	18164	18240
77	17787	17864	17941	18018	18095	18172	18249	18326	18403	18480
78	18018	18096	18174	18252	18330	18408	18486	18564	18642	18720
79	18249	18328	18407	18486	18565	18644	18723	18802	18881	18960
80	18480	18560	18640	18720	18800	18880	18960	19040	19120	19200
81	18711	18792	18873	18954	19035	19116	19197	19278	19359	19440
82	18942	19024	19106	19188	19270	19352	19434	19516	19598	19680
83	19173	19256	19339	19422	19505	19588	19671	19754	19837	19920
84	19404	19488	19572	19656	19740	19824	19908	19992	20076	20160
85	19635	19720	19805	19890	19975	20060	20145	20230	20315	20400
86	19866	19952	20038	20124	20210	20296	20382	20468	20554	20640
87	20097	20184	20271	20358	20445	20532	20619	20706	20793	20880
88	20328	20416	20504	20592	20680	20768	20856	20944	21032	21120
89	20559	20648	20737	20826	20915	21004	21093	21182	21271	21360
90	20790	20880	20970	21060	21150	21240	21330	21420	21510	21600
91	21021	21112	21203	21294	21385	21476	21567	21658	21749	21840
92	21252	21344	21436	21528	21620	21712	21804	21896	21988	22080
93	21483	21576	21669	21762	21855	21948	22041	22134	22227	22320
94	21714	21808	21902	21996	22090	22184	22278	22372	22466	22560
95	21945	22040	22135	22230	22325	22420	22515	22610	22705	22800
96	22176	22272	22368	22464	22560	22656	22752	22848	22944	23040
97	22407	22504	22601	22698	22795	22892	22989	23086	23183	23280
98	22638	22736	22834	22932	23030	23128	23226	23324	23422	23520
99	22869	22968	23067	23166	23265	23364	23463	23562	23661	23760
100	23100	23200	23300	23400	23500	23600	23700	23800	23900	24000

n	241	n	242	n	243	n	244	n	245	n	246	n	247	n	248	n	249	n	250
1	241	1	242	1	243	1	244	1	245	1	246	1	247	1	248	1	249	1	250
2	482	2	484	2	486	2	488	2	490	2	492	2	494	2	496	2	498	2	500
3	723	3	726	3	729	3	732	3	735	3	738	3	741	3	744	3	747	3	750
4	964	4	968	4	972	4	976	4	980	4	984	4	988	4	992	4	996	4	1000
5	1205	5	1210	5	1215	5	1220	5	1225	5	1230	5	1235	5	1240	5	1245	5	1250
6	1446	6	1452	6	1458	6	1464	6	1470	6	1476	6	1482	6	1488	6	1494	6	1500
7	1687	7	1694	7	1701	7	1708	7	1715	7	1722	7	1729	7	1736	7	1743	7	1750
8	1928	8	1936	8	1944	8	1952	8	1960	8	1968	8	1976	8	1984	8	1992	8	2000
9	2169	9	2178	9	2187	9	2196	9	2205	9	2214	9	2223	9	2232	9	2241	9	2250
10	2410	10	2420	10	2430	10	2440	10	2450	10	2460	10	2470	10	2480	10	2490	10	2500
11	2651	11	2662	11	2673	11	2684	11	2695	11	2706	11	2717	11	2728	11	2739	11	2750
12	2892	12	2904	12	2916	12	2928	12	2940	12	2952	12	2964	12	2976	12	2988	12	3000
13	3133	13	3146	13	3159	13	3172	13	3185	13	3198	13	3211	13	3224	13	3237	13	3250
14	3374	14	3388	14	3402	14	3416	14	3430	14	3444	14	3458	14	3472	14	3486	14	3500
15	3615	15	3630	15	3645	15	3660	15	3675	15	3690	15	3705	15	3720	15	3735	15	3750
16	3856	16	3872	16	3888	16	3904	16	3920	16	3936	16	3952	16	3968	16	3984	16	4000
17	4097	17	4114	17	4131	17	4148	17	4165	17	4182	17	4199	17	4216	17	4233	17	4250
18	4338	18	4356	18	4374	18	4392	18	4410	18	4428	18	4446	18	4464	18	4482	18	4500
19	4579	19	4598	19	4617	19	4636	19	4655	19	4674	19	4693	19	4712	19	4731	19	4750
20	4820	20	4840	20	4860	20	4880	20	4900	20	4920	20	4940	20	4960	20	4980	20	5000
21	5061	21	5082	21	5103	21	5124	21	5145	21	5166	21	5187	21	5208	21	5229	21	5250
22	5302	22	5324	22	5346	22	5368	22	5390	22	5412	22	5434	22	5456	22	5478	22	5500
23	5543	23	5566	23	5589	23	5612	23	5635	23	5658	23	5681	23	5704	23	5727	23	5750
24	5784	24	5808	24	5832	24	5856	24	5880	24	5904	24	5928	24	5952	24	5976	24	6000
25	6025	25	6050	25	6075	25	6100	25	6125	25	6150	25	6175	25	6200	25	6225	25	6250
26	6266	26	6292	26	6318	26	6344	26	6370	26	6396	26	6422	26	6448	26	6474	26	6500
27	6507	27	6534	27	6561	27	6588	27	6615	27	6642	27	6669	27	6696	27	6723	27	6750
28	6748	28	6776	28	6804	28	6832	28	6860	28	6888	28	6916	28	6944	28	6972	28	7000
29	6989	29	7018	29	7047	29	7076	29	7105	29	7134	29	7163	29	7192	29	7221	29	7250
30	7230	30	7260	30	7290	30	7320	30	7350	30	7380	30	7410	30	7440	30	7470	30	7500
31	7471	31	7502	31	7533	31	7564	31	7595	31	7626	31	7657	31	7688	31	7719	31	7750
32	7712	32	7744	32	7776	32	7808	32	7840	32	7872	32	7904	32	7936	32	7968	32	8000
33	7953	33	7986	33	8019	33	8052	33	8085	33	8118	33	8151	33	8184	33	8217	33	8250
34	8194	34	8228	34	8262	34	8296	34	8330	34	8364	34	8398	34	8432	34	8466	34	8500
35	8435	35	8470	35	8505	35	8540	35	8575	35	8610	35	8645	35	8680	35	8715	35	8750
36	8676	36	8712	36	8748	36	8784	36	8820	36	8856	36	8892	36	8928	36	8964	36	9000
37	8917	37	8954	37	8991	37	9028	37	9065	37	9102	37	9139	37	9176	37	9213	37	9250
38	9158	38	9196	38	9234	38	9272	38	9310	38	9348	38	9386	38	9424	38	9462	38	9500
39	9399	39	9438	39	9477	39	9516	39	9555	39	9594	39	9633	39	9672	39	9711	39	9750
40	9640	40	9680	40	9720	40	9760	40	9800	40	9840	40	9880	40	9920	40	9960	40	10000
41	9881	41	9922	41	9963	41	10004	41	10045	41	10086	41	10127	41	10168	41	10209	41	10250
42	10122	42	10164	42	10206	42	10248	42	10290	42	10332	42	10374	42	10416	42	10458	42	10500
43	10363	43	10406	43	10449	43	10492	43	10535	43	10578	43	10621	43	10664	43	10707	43	10750
44	10604	44	10648	44	10692	44	10736	44	10780	44	10824	44	10868	44	10912	44	10956	44	11000
45	10845	45	10890	45	10935	45	10980	45	11025	45	11070	45	11115	45	11160	45	11205	45	11250
46	11086	46	11132	46	11178	46	11224	46	11270	46	11316	46	11362	46	11408	46	11454	46	11500
47	11327	47	11374	47	11421	47	11468	47	11515	47	11562	47	11609	47	11656	47	11703	47	11750
48	11568	48	11616	48	11664	48	11712	48	11760	48	11808	48	11856	48	11904	48	11952	48	12000
49	11809	49	11858	49	11907	49	11956	49	12005	49	12054	49	12103	49	12152	49	12201	49	12250
50	12050	50	12100	50	12150	50	12200	50	12250	50	12300	50	12350	50	12400	50	12450	50	12500
51	12291	51	12342	51	12393	51	12444	51	12495	51	12546	51	12597	51	12648	51	12699	51	12750
52	12532	52	12584	52	12636	52	12688	52	12740	52	12792	52	12844	52	12896	52	12948	52	13000
53	12773	53	12826	53	12879	53	12932	53	12985	53	13038	53	13091	53	13144	53	13197	53	13250
54	13014	54	13068	54	13122	54	13176	54	13230	54	13284	54	13338	54	13392	54	13446	54	13500
55	13255	55	13310	55	13365	55	13420	55	13475	55	13530	55	13585	55	13640	55	13695	55	13750
56	13496	56	13552	56	13608	56	13664	56	13720	56	13776	56	13832	56	13888	56	13944	56	14000
57	13737	57	13794	57	13851	57	13908	57	13965	57	14022	57	14079	57	14136	57	14193	57	14250
58	13978	58	14036	58	14094	58	14152	58	14210	58	14268	58	14326	58	14384	58	14442	58	14500
59	14219	59	14278	59	14337	59	14396	59	14455	59	14514	59	14573	59	14632	59	14691	59	14750
60	14460	60	14520	60	14580	60	14640	60	14700	60	14760	60	14820	60	14880	60	14940	60	15000
61	14701	61	14762	61	14823	61	14884	61	14945	61	15006	61	15067	61	15128	61	15189	61	15250
62	14942	62	15004	62	15066	62	15128	62	15190	62	15252	62	15314	62	15376	62	15438	62	15500
63	15183	63	15246	63	15309	63	15372	63	15435	63	15498	63	15561	63	15624	63	15687	63	15750
64	15424	64	15488	64	15552	64	15616	64	15680	64	15744	64	15808	64	15872	64	15936	64	16000
65	15665	65	15730	65	15795	65	15860	65	15925	65	15990	65	16055	65	16120	65	16185	65	16250
66	15906	66	15972	66	16038	66	16104	66	16170	66	16236	66	16302	66	16368	66	16434	66	16500
67	16147	67	16214	67	16281	67	16348	67	16415	67	16482	67	16549	67	16616	67	16683	67	16750
68	16388	68	16456	68	16524	68	16592	68	16660	68	16728	68	16796	68	16864	68	16932	68	17000
69	16629	69	16698	69	16767	69	16836	69	16905	69	16974	69	17043	69	17112	69	17181	69	17250
70	16870	70	16940	70	17010	70	17080	70	17150	70	17220	70	17290	70	17360	70	17430	70	17500
71	17111	71	17182	71	17253	71	17324	71	17395	71	17466	71	17537	71	17608	71	17679	71	17750
72	17352	72	17424	72	17496	72	17568	72	17640	72	17712	72	17784	72	17856	72	17928	72	18000
73	17593	73	17666	73	17739	73	17812	73	17885	73	17958	73	18031	73	18104	73	18177	73	18250
74	17834	74	17908	74	17982	74	18056	74	18130	74	18204	74	18278	74	18352	74	18426	74	18500
75	18075	75	18150	75	18225	75	18300	75	18375	75	18450	75	18525	75	18600	75	18675	75	18750
76	18316	76	18392	76	18468	76	18544	76	18620	76	18696	76	18772	76	18848	76	18924	76	19000
77	18557	77	18634	77	18711	77	18788	77	18865	77	18942	77	19019	77	19096	77	19173	77	19250
78	18798	78	18876	78	18954	78	19032	78	19110	78	19188	78	19266	78	19344	78	19422	78	19500
79	19039	79	19118	79	19197	79	19276	79	19355	79	19434	79	19513	79	19592	79	19671	79	19750
80	19280	80	19360	80	19440	80	19520	80	19600	80	19680	80	19760	80	19840	80	19920	80	20000
81	19521	81	19602	81	19683	81	19764	81	19845	81	19926	81	20007	81	20088	81	20169	81	20250
82	19762	82	19844	82	19926	82	20008	82	20090	82	20172	82	20254	82	20336	82	20418	82	20500
83	20003	83	20086	83	20169	83	20252	83	20335	83	20418	83	20501	83	20584	83	20667	83	20750
84	20244	84	20328	84	20412	84	20496	84	20580	84	20664	84	20748	84	20832	84	20916	84	21000
85	20485	85	20570	85	20655	85	20740	85	20825	85	20910	85	20995	85	21080	85	21165	85	21250
86	20726	86	20812	86	20898	86	20984	86	21070	86	21156	86	21242	86	21328	86	21414	86	21500
87	20967	87	21054	87	21141	87	21228	87	21315	87	21402	87	21489	87	21576	87	21663	87	21750
88	21208	88	21296	88	21384	88	21472	88	21560	88	21648	88	21736	88	21824	88	21912	88	22000
89	21449	89	21538	89	21627	89	21716	89	21805	89	21894	89	21983	89	22072	89	22161	89	22250
90	21690	90	21780	90	21870	90	21960	90	22050	90	22140	90	22230	90	22320	90	22410	90	22500
91	21931	91	22022	91	22113	91	22204	91	22295	91	22386	91	22477	91	22568	91	22659	91	22750
92	22172	92	22264	92	22356	92	22448	92	22540	92	22632	92	22724	92	22816	92	22908	92	23000
93	22413	93	22506	63	22599	93	22692	93	22785	93	22878	93	22971	93	23064	93	23157	93	23250
94	22654	94	22748	94	22842	94	22936	94	23030	94	23124	94	23218	94	23312	94	23406	94	23500
95	22895	95	22990	95	23085	95	23180	95	23275	95	23370	95	23465	95	23560	95	23655	95	23750
96	23136	96	23222	96	23328	96	23424	96	23520	96	23616	96	23712	96	23808	96	23904	96	24000
97	23377	97	23474	97	23571	97	23668	97	23765	97	23862	97	23959	97	24056	97	24153	97	24250
98	23618	98	23716	98	23814	98	23912	98	24010	98	24108	98	24206	98	24304	98	24402	98	24500
99	23859	99	23958	99	24057	99	24156	99	24255	99	24354	99	24453	99	24552	99	24651	99	24750
100	24100	100	24200	100	24300	100	24400	100	24500	100	24600	100	24700	100	24800	100	24900	100	25000

	251	252	253	254	255	256	257	258	259	260
1	251	252	253	254	255	256	257	258	259	260
2	502	504	506	508	510	512	514	516	518	520
3	753	756	759	762	765	768	771	774	777	780
4	1004	1008	1012	1016	1020	1024	1028	1032	1036	1040
5	1255	1260	1265	1270	1275	1280	1285	1290	1295	1300
6	1506	1512	1518	1524	1530	1536	1542	1548	1554	1560
7	1757	1764	1771	1778	1785	1792	1799	1806	1813	1820
8	2008	2016	2024	2032	2040	2048	2056	2064	2072	2080
9	2259	2268	2277	2286	2295	2304	2313	2322	2331	2340
10	2510	2520	2530	2540	2550	2560	2570	2580	2590	2600
11	2761	2772	2783	2794	2805	2816	2827	2838	2849	2860
12	3012	3024	3036	3048	3060	3072	3084	3096	3108	3120
13	3263	3276	3289	3302	3315	3328	3341	3354	3367	3380
14	3514	3528	3542	3556	3570	3584	3598	3612	3626	3640
15	3765	3780	3795	3810	3825	3840	3855	3870	3885	3900
16	4016	4032	4048	4064	4080	4096	4112	4128	4144	4160
17	4267	4284	4301	4318	4335	4352	4369	4386	4403	4420
18	4518	4536	4554	4572	4590	4608	4626	4644	4662	4680
19	4769	4788	4807	4826	4845	4864	4883	4902	4921	4940
20	5020	5040	5060	5080	5100	5120	5140	5160	5180	5200
21	5271	5292	5313	5334	5355	5376	5397	5418	5439	5460
22	5522	5544	5566	5588	5610	5632	5654	5676	5698	5720
23	5773	5796	5819	5842	5865	5888	5911	5934	5957	5980
24	6024	6048	6072	6096	6120	6144	6168	6192	6216	6240
25	6275	6300	6325	6350	6375	6400	6425	6450	6475	6500
26	6526	6552	6578	6604	6630	6656	6682	6708	6734	6760
27	6777	6804	6831	6858	6885	6912	6939	6966	6993	7020
28	7028	7056	7084	7112	7140	7168	7196	7224	7252	7280
29	7279	7308	7337	7366	7395	7424	7453	7482	7511	7540
30	7530	7560	7590	7620	7650	7680	7710	7740	7770	7800
31	7781	7812	7843	7874	7905	7936	7967	7998	8029	8060
32	8032	8064	8096	8128	8160	8192	8224	8256	8288	8320
33	8283	8316	8349	8382	8415	8448	8481	8514	8547	8580
34	8534	8568	8602	8636	8670	8704	8738	8772	8806	8840
35	8785	8820	8855	8890	8925	8960	8995	9030	9065	9100
36	9036	9072	9108	9144	9180	9216	9252	9288	9324	9360
37	9287	9324	9361	9398	9435	9472	9509	9546	9583	9620
38	9538	9576	9614	9652	9690	9728	9766	9804	9842	9880
39	9789	9828	9867	9906	9945	9984	10023	10062	10101	10140
40	10040	10080	10120	10160	10200	10240	10280	10320	10360	10400
41	10291	10332	10373	10414	10455	10496	10537	10578	10619	10660
42	10542	10584	10626	10668	10710	10752	10794	10836	10878	10920
43	10793	10836	10879	10922	10965	11008	11051	11094	11137	11180
44	11044	11088	11132	11176	11220	11264	11308	11352	11396	11440
45	11295	11340	11385	11430	11475	11520	11565	11610	11655	11700
46	11546	11592	11638	11684	11730	11776	11822	11868	11914	11960
47	11797	11844	11891	11938	11985	12032	12079	12126	12173	12220
48	12048	12096	12144	12192	12240	12288	12336	12384	12432	12480
49	12299	12348	12397	12446	12495	12544	12593	12642	12691	12740
50	12550	12600	12650	12700	12750	12800	12850	12900	12950	13000
51	12801	12852	12903	12954	13005	13056	13107	13158	13209	13260
52	13052	13104	13156	13208	13260	13312	13364	13416	13468	13520
53	13303	13356	13409	13462	13515	13568	13621	13674	13727	13780
54	13554	13608	13662	13716	13770	13824	13878	13932	13986	14040
55	13805	13860	13915	13970	14025	14080	14135	14190	14245	14300
56	14056	14112	14168	14224	14280	14336	14392	14448	14504	14560
57	14307	14364	14421	14478	14535	14592	14649	14706	14763	14820
58	14558	14616	14674	14732	14790	14848	14906	14964	15022	15080
59	14809	14868	14927	14986	15045	15104	15163	15222	15281	15340
60	15060	15120	15180	15240	15300	15360	15420	15480	15540	15600
61	15311	15372	15433	15494	15555	15616	15677	15738	15799	15860
62	15562	15624	15686	15748	15810	15872	15934	15996	16058	16120
63	15813	15876	15939	16002	16065	16128	16191	16254	16317	16380
64	16064	16128	16192	16256	16320	16384	16448	16512	16576	16640
65	16315	16380	16445	16510	16575	16640	16705	16770	16835	16900
66	16566	16632	16698	16764	16830	16896	16962	17028	17094	17160
67	16817	16884	16951	17018	17085	17152	17219	17286	17353	17420
68	17068	17136	17204	17272	17340	17408	17476	17544	17612	17680
69	17319	17388	17457	17526	17595	17664	17733	17802	17871	17940
70	17570	17640	17710	17780	17850	17920	17990	18060	18130	18200
71	17821	17892	17963	18034	18105	18176	18247	18318	18389	18460
72	18072	18144	18216	18288	18360	18432	18504	18576	18648	18720
73	18323	18396	18469	18542	18615	18688	18761	18834	18907	18980
74	18574	18648	18722	18796	18870	18944	19018	19092	19166	19240
75	18825	18900	18975	19050	19125	19200	19275	19350	19425	19500
76	19076	19152	19228	19304	19380	19456	19532	19608	19684	19760
77	19327	19404	19481	19558	19635	19712	19789	19866	19943	20020
78	19578	19656	19734	19812	19890	19968	20046	20124	20202	20280
79	19829	19908	19987	20066	20145	20224	20303	20382	20461	20540
80	20080	20160	20240	20320	20400	20480	20560	20640	20720	20800
81	20331	20412	20493	20574	20655	20736	20817	20898	20979	21060
82	20582	20664	20746	20828	20910	20992	21074	21156	21238	21320
83	20833	20916	20999	21082	21165	21248	21331	21414	21497	21580
84	21084	21168	21252	21336	21420	21504	21588	21672	21756	21840
85	21335	21420	21505	21590	21675	21760	21845	21930	22015	22100
86	21586	21672	21758	21844	21930	22016	22102	22188	22274	22360
87	21837	21924	22011	22098	22185	22272	22359	22446	22533	22620
88	22088	22176	22264	22352	22440	22528	22616	22704	22792	22880
89	22339	22428	22517	22606	22695	22784	22873	22962	23051	23140
90	22590	22680	22770	22860	22950	23040	23130	23220	23310	23400
91	22841	22932	23023	23114	23205	23296	23387	23478	23569	23660
92	23092	23184	23276	23368	23460	23552	23644	23736	23828	23920
93	23343	23436	23529	23622	23715	23808	23901	23994	24087	24180
94	23594	23688	23782	23876	23970	24064	24158	24252	24346	24440
95	23845	23940	24035	24130	24225	24320	24415	24510	24605	24700
96	24096	24192	24288	24384	24480	24576	24672	24768	24864	24960
97	24347	24444	24541	24638	24735	24832	24929	25026	25123	25220
98	24598	24696	24794	24892	24990	25088	25186	25284	25382	25480
99	24849	24948	25047	25146	25245	25344	25443	25542	25641	25740
100	25100	25200	25300	25400	25500	25600	25700	25800	25900	26000

n	261	262	263	264	265	266	267	268	269	270
1	261	262	263	264	265	266	267	268	269	270
2	522	524	526	528	530	532	534	536	538	540
3	783	786	789	792	795	798	801	804	807	810
4	1044	1048	1052	1056	1060	1064	1068	1072	1076	1080
5	1305	1310	1315	1320	1325	1330	1335	1340	1345	1350
6	1566	1572	1578	1584	1590	1596	1602	1608	1614	1620
7	1827	1834	1841	1848	1855	1862	1869	1876	1883	1890
8	2088	2096	2104	2112	2120	2128	2136	2144	2152	2160
9	2349	2358	2367	2376	2385	2394	2403	2412	2421	2430
10	2610	2620	2630	2640	2650	2660	2670	2680	2690	2700
11	2871	2882	2893	2904	2915	2926	2937	2948	2959	2970
12	3132	3144	3156	3168	3180	3192	3204	3216	3228	3240
13	3393	3406	3419	3432	3445	3458	3471	3484	3497	3510
14	3654	3668	3682	3696	3710	3724	3738	3752	3766	3780
15	3915	3930	3945	3960	3975	3990	4005	4020	4035	4050
16	4176	4192	4208	4224	4240	4256	4272	4288	4304	4320
17	4437	4454	4471	4488	4505	4522	4539	4556	4573	4590
18	4698	4716	4734	4752	4770	4788	4806	4824	4842	4860
19	4959	4978	4997	5016	5035	5054	5073	5092	5111	5130
20	5220	5240	5260	5280	5300	5320	5340	5360	5380	5400
21	5481	5502	5523	5544	5565	5586	5607	5628	5649	5670
22	5742	5764	5786	5808	5830	5852	5874	5896	5918	5940
23	6003	6026	6049	6072	6095	6118	6141	6164	6187	6210
24	6264	6288	6312	6336	6360	6384	6408	6432	6456	6480
25	6525	6550	6575	6600	6625	6650	6675	6700	6725	6750
26	6786	6812	6838	6864	6890	6916	6942	6968	6994	7020
27	7047	7074	7101	7128	7155	7182	7209	7236	7263	7290
28	7308	7336	7364	7392	7420	7448	7476	7504	7532	7560
29	7569	7598	7627	7656	7685	7714	7743	7772	7801	7830
30	7830	7860	7890	7920	7950	7980	8010	8040	8070	8100
31	8091	8122	8153	8184	8215	8246	8277	8308	8339	8370
32	8352	8384	8416	8448	8480	8512	8544	8576	8608	8640
33	8613	8646	8679	8712	8745	8778	8811	8844	8877	8910
34	8874	8908	8942	8976	9010	9044	9078	9112	9146	9180
35	9135	9170	9205	9240	9275	9310	9345	9380	9415	9450
36	9396	9432	9468	9504	9540	9576	9612	9648	9684	9720
37	9657	9694	9731	9768	9805	9842	9879	9916	9953	9990
38	9918	9956	9994	10032	10070	10108	10146	10184	10222	10260
39	10179	10218	10257	10296	10335	10374	10413	10452	10491	10530
40	10440	10480	10520	10560	10600	10640	10680	10720	10760	10800
41	10701	10742	10783	10824	10865	10906	10947	10988	11029	11070
42	10962	11004	11046	11088	11130	11172	11214	11256	11298	11340
43	11223	11266	11309	11352	11395	11438	11481	11524	11567	11610
44	11484	11528	11572	11616	11660	11704	11748	11792	11836	11880
45	11745	11790	11835	11880	11925	11970	12015	12060	12105	12150
46	12006	12052	12098	12144	12190	12236	12282	12328	12374	12420
47	12267	12314	12361	12408	12455	12502	12549	12596	12643	12690
48	12528	12576	12624	12672	12720	12768	12816	12864	12912	12960
49	12789	12838	12887	12936	12985	13034	13083	13132	13181	13230
50	13050	13100	13150	13200	13250	13300	13350	13400	13450	13500
51	13311	13362	13413	13464	13515	13566	13617	13668	13719	13770
52	13572	13624	13676	13728	13780	13832	13884	13936	13988	14040
53	13833	13886	13939	13992	14045	14098	14151	14204	14257	14310
54	14094	14148	14202	14256	14310	14364	14418	14472	14526	14580
55	14355	14410	14465	14520	14575	14630	14685	14740	14795	14850
56	14616	14672	14728	14784	14840	14896	14952	15008	15064	15120
57	14877	14934	14991	15048	15105	15162	15219	15276	15333	15390
58	15138	15196	15254	15312	15370	15428	15486	15544	15602	15660
59	15399	15458	15517	15576	15635	15694	15753	15812	15871	15930
60	15660	15720	15780	15840	15900	15960	16020	16080	16140	16200
61	15921	15982	16043	16104	16165	16226	16287	16348	16409	16470
62	16182	16244	16306	16368	16430	16492	16554	16616	16678	16740
63	16443	16506	16569	16632	16695	16758	16821	16884	16947	17010
64	16704	16768	16832	16896	16960	17024	17088	17152	17216	17280
65	16965	17030	17095	17160	17225	17290	17355	17420	17485	17550
66	17226	17292	17358	17424	17490	17556	17622	17688	17754	17820
67	17487	17554	17621	17688	17755	17822	17889	17956	18023	18090
68	17748	17816	17884	17952	18020	18088	18156	18224	18292	18360
69	18009	18078	18147	18216	18285	18354	18423	18492	18561	18630
70	18270	18340	18410	18480	18550	18620	18690	18760	18830	18900
71	18531	18602	18673	18744	18815	18886	18957	19028	19099	19170
72	18792	18864	18936	19008	19080	19152	19224	19296	19368	19440
73	19053	19126	19199	19272	19345	19418	19491	19564	19637	19710
74	19314	19388	19462	19536	19610	19684	19758	19832	19906	19980
75	19575	19650	19725	19800	19875	19950	20025	20100	20175	20250
76	19836	19912	19988	20064	20140	20216	20292	20368	20444	20520
77	20097	20174	20251	20328	20405	20482	20559	20636	20713	20790
78	20358	20436	20514	20592	20670	20748	20826	20904	20982	21060
79	20619	20698	20777	20856	20935	21014	21093	21172	21251	21330
80	20880	20960	21040	21120	21200	21280	21360	21440	21520	21600
81	21141	21222	21303	21384	21465	21546	21627	21708	21789	21870
82	21402	21484	21566	21648	21730	21812	21894	21976	22058	22140
83	21663	21746	21829	21912	21995	22078	22161	22244	22327	22410
84	21924	22008	22092	22176	22260	22344	22428	22512	22596	22680
85	22185	22270	22355	22440	22525	22610	22695	22780	22865	22950
86	22446	22532	22618	22704	22790	22876	22962	23048	23134	23220
87	22707	22794	22881	22968	23055	23142	23229	23316	23403	23490
88	22968	23056	23144	23232	23320	23408	23496	23584	23672	23760
89	23229	23318	23407	23496	23585	23674	23763	23852	23941	24030
90	23490	23580	23670	23760	23850	23940	24030	24120	24210	24300
91	23751	23842	23933	24024	24115	24206	24297	24388	24479	24570
92	24012	24104	24196	24288	24380	24472	24564	24656	24748	24840
93	24273	24366	24459	24552	24645	24738	24831	24924	25017	25110
94	24534	24628	24722	24816	24910	25004	25098	25192	25286	25380
95	24795	24890	24985	25080	25175	25270	25365	25460	25555	25650
96	25056	25152	25248	25344	25440	25536	25632	25728	25824	25920
97	25317	25414	25511	25608	25705	25802	25899	25996	26093	26190
98	25578	25676	25774	25872	25970	26068	26166	26264	26362	26460
99	25839	25908	26037	26136	26235	26334	26433	26532	26631	26730
100	26100	26200	26300	26400	26500	26600	26700	26800	26900	27000

n	271	272	273	274	275	276	277	278	279	280
1	271	272	273	274	275	276	277	278	279	280
2	542	544	546	548	550	552	554	556	558	560
3	813	816	819	822	825	828	831	834	837	840
4	1084	1088	1092	1096	1100	1104	1108	1112	1116	1120
5	1355	1360	1365	1370	1375	1380	1385	1390	1395	1400
6	1626	1632	1638	1644	1650	1656	1662	1668	1674	1680
7	1897	1904	1911	1918	1925	1932	1939	1946	1953	1960
8	2168	2176	2184	2192	2200	2208	2216	2224	2232	2240
9	2439	2448	2457	2466	2475	2484	2493	2502	2511	2520
10	2710	2720	2730	2740	2750	2760	2770	2780	2790	2800
11	2981	2992	3003	3014	3025	3036	3047	3058	3069	3080
12	3252	3264	3276	3288	3300	3312	3324	3336	3348	3360
13	3523	3536	3549	3562	3575	3588	3601	3614	3627	3640
14	3794	3808	3822	3836	3850	3864	3878	3892	3906	3920
15	4065	4080	4095	4110	4125	4140	4155	4170	4185	4200
16	4336	4352	4368	4384	4400	4416	4432	4448	4464	4480
17	4607	4624	4641	4658	4675	4692	4709	4726	4743	4760
18	4878	4896	4914	4932	4950	4968	4986	5004	5022	5040
19	5149	5168	5187	5206	5225	5244	5263	5282	5301	5320
20	5420	5440	5460	5480	5500	5520	5540	5560	5580	5600
21	5691	5712	5733	5754	5775	5796	5817	5838	5859	5880
22	5962	5984	6006	6028	6050	6072	6094	6116	6138	6160
23	6233	6256	6279	6302	6325	6348	6371	6394	6417	6440
24	6504	6528	6552	6576	6600	6624	6648	6672	6696	6720
25	6775	6800	6825	6850	6875	6900	6925	6950	6975	7000
26	7046	7072	7098	7124	7150	7176	7202	7228	7254	7280
27	7317	7344	7371	7398	7425	7452	7479	7506	7533	7560
28	7588	7616	7644	7672	7700	7728	7756	7784	7812	7840
29	7859	7888	7917	7946	7975	8004	8033	8062	8091	8120
30	8130	8160	8190	8220	8250	8280	8310	8340	8370	8400
31	8401	8432	8463	8494	8525	8556	8587	8618	8649	8680
32	8672	8704	8736	8768	8800	8832	8864	8896	8928	8960
33	8943	8976	9009	9042	9075	9108	9141	9174	9207	9240
34	9214	9248	9282	9316	9350	9384	9418	9452	9486	9520
35	9485	9520	9555	9590	9625	9660	9695	9730	9765	9800
36	9756	9792	9828	9864	9900	9936	9972	10008	10044	10080
37	10027	10064	10101	10138	10175	10212	10249	10286	10323	10360
38	10298	10336	10374	10412	10450	10488	10526	10564	10602	10640
39	10569	10608	10647	10686	10725	10764	10803	10842	10881	10920
40	10840	10880	10920	10960	11000	11040	11080	11120	11160	11200
41	11111	11152	11193	11234	11275	11316	11357	11398	11439	11480
42	11382	11424	11466	11508	11550	11592	11634	11676	11718	11760
43	11653	11696	11739	11782	11825	11868	11911	11954	11997	12040
44	11924	11968	12012	12056	12100	12144	12188	12232	12276	12320
45	12195	12240	12285	12330	12375	12420	12465	12510	12555	12600
46	12466	12512	12558	12604	12650	12696	12742	12788	12834	12880
47	12737	12784	12831	12878	12925	12972	13019	13066	13113	13160
48	13008	13056	13104	13152	13200	13248	13296	13344	13392	13440
49	13279	13328	13377	13426	13475	13524	13573	13622	13671	13720
50	13550	13600	13650	13700	13750	13800	13850	13900	13950	14000
51	13821	13872	13923	13974	14025	14076	14127	14178	14229	14280
52	14092	14144	14196	14248	14300	14352	14404	14456	14508	14560
53	14363	14416	14469	14522	14575	14628	14681	14734	14787	14840
54	14634	14688	14742	14796	14850	14904	14958	15012	15066	15120
55	14905	14960	15015	15070	15125	15180	15235	15290	15345	15400
56	15176	15232	15288	15344	15400	15456	15512	15568	15624	15680
57	15447	15504	15561	15618	15675	15732	15789	15846	15903	15960
58	15718	15776	15834	15892	15950	16008	16066	16124	16182	16240
59	15989	16048	16107	16166	16225	16284	16343	16402	16461	16520
60	16260	16320	16380	16440	16500	16560	16620	16680	16740	16800
61	16531	16592	16653	16714	16775	16836	16897	16958	17019	17080
62	16802	16864	16926	16988	17050	17112	17174	17236	17298	17360
63	17073	17136	17199	17262	17325	17388	17451	17514	17577	17640
64	17344	17408	17472	17536	17600	17664	17728	17792	17856	17920
65	17615	17680	17745	17810	17875	17940	18005	18070	18135	18200
66	17886	17952	18018	18084	18150	18216	18282	18348	18414	18480
67	18157	18224	18291	18358	18425	18492	18559	18626	18693	18760
68	18428	18496	18564	18632	18700	18768	18836	18904	18972	19040
69	18699	18768	18837	18906	18975	19044	19113	19182	19251	19320
70	18970	19040	19110	19180	19250	19320	19390	19460	19530	19600
71	19241	19312	19383	19454	19525	19596	19667	19738	19809	19880
72	19512	19584	19656	19728	19800	19872	19944	20016	20088	20160
73	19783	19856	19929	20002	20075	20148	20221	20294	20367	20440
74	20054	20128	20202	20276	20350	20424	20498	20572	20646	20720
75	20325	20400	20475	20550	20625	20700	20775	20850	20925	21000
76	20596	20672	20748	20824	20900	20976	21052	21128	21204	21280
77	20867	20944	21021	21098	21175	21252	21329	21406	21483	21560
78	21138	21216	21294	21372	21450	21528	21606	21684	21762	21840
79	21409	21488	21567	21646	21725	21804	21883	21962	22041	22120
80	21680	21760	21840	21920	22000	22080	22160	22240	22320	22400
81	21951	22032	22113	22194	22275	22356	22437	22518	22599	22680
82	22222	22304	22386	22468	22550	22632	22714	22796	22878	22960
83	22493	22576	22659	22742	22825	22908	22991	23074	23157	23240
84	22764	22848	22932	23016	23100	23184	23268	23352	23436	23520
85	23035	23120	23205	23290	23375	23460	23545	23630	23715	23800
86	23306	23392	23478	23564	23650	23736	23822	23908	23994	24080
87	23577	23664	23751	23838	23925	24012	24099	24186	24273	24360
88	23848	23936	24024	24112	24200	24288	24376	24464	24552	24640
89	24119	24208	24297	24386	24475	24564	24653	24742	24831	24920
90	24390	24480	24570	24660	24750	24840	24930	25020	25110	25200
91	24661	24752	24843	24934	25025	25116	25207	25298	25389	25480
92	24932	25024	25116	25208	25300	25392	25484	25576	25668	25760
93	25203	25296	25389	25482	25575	25668	25761	25854	25947	26040
94	25474	25568	25662	25756	25850	25944	26038	26132	26226	26320
95	25745	25840	25935	26030	26125	26220	26315	26410	26505	26600
96	26016	26112	26208	26304	26400	26496	26592	26688	26784	26880
97	26287	26384	26481	26578	26675	26772	26869	26966	27063	27160
98	26558	26656	26754	26852	26950	27048	27146	27244	27342	27440
99	26829	26928	27027	27126	27225	27324	27423	27522	27621	27720
100	27100	27200	27300	27400	27500	27600	27700	27800	27900	28000

	281	282	283	284	285	286	287	288	289	290
1	281	282	283	284	285	286	287	288	289	290
2	562	564	566	568	570	572	574	576	578	580
3	843	846	849	852	855	858	861	864	867	870
4	1124	1128	1132	1136	1140	1144	1148	1152	1156	1160
5	1405	1410	1415	1420	1425	1430	1435	1440	1445	1450
6	1686	1692	1698	1704	1710	1716	1722	1728	1734	1740
7	1967	1974	1981	1988	1995	2002	2009	2016	2023	2030
8	2248	2256	2264	2272	2280	2288	2296	2304	2312	2320
9	2529	2538	2547	2556	2565	2574	2583	2592	2601	2610
10	2810	2820	2830	2840	2850	2860	2870	2880	2890	2900
11	3091	3102	3113	3124	3135	3146	3157	3168	3179	3190
12	3372	3384	3396	3408	3420	3432	3444	3456	3468	3480
13	3653	3666	3679	3692	3705	3718	3731	3744	3757	3770
14	3934	3948	3962	3976	3990	4004	4018	4032	4046	4060
15	4215	4230	4245	4260	4275	4290	4305	4320	4335	4350
16	4496	4512	4528	4544	4560	4576	4592	4608	4624	4640
17	4777	4794	4811	4828	4845	4862	4879	4896	4913	4930
18	5058	5076	5094	5112	5130	5148	5166	5184	5202	5220
19	5339	5358	5377	5396	5415	5434	5453	5472	5491	5510
20	5620	5640	5660	5680	5700	5720	5740	5760	5780	5800
21	5901	5922	5943	5964	5985	6006	6027	6048	6069	6090
22	6182	6204	6226	6248	6270	6292	6314	6336	6358	6380
23	6463	6486	6509	6532	6555	6578	6601	6624	6647	6670
24	6744	6768	6792	6816	6840	6864	6888	6912	6936	6960
25	7025	7050	7075	7100	7125	7150	7175	7200	7225	7250
26	7306	7332	7358	7384	7410	7436	7462	7488	7514	7540
27	7587	7614	7641	7668	7695	7722	7749	7776	7803	7830
28	7868	7896	7924	7952	7980	8008	8036	8064	8092	8120
29	8149	8178	8207	8236	8265	8294	8323	8352	8381	8410
30	8430	8460	8490	8520	8550	8580	8610	8640	8670	8700
31	8711	8742	8773	8804	8835	8866	8897	8928	8959	8990
32	8992	9024	9056	9088	9120	9152	9184	9216	9248	9280
33	9273	9306	9339	9372	9405	9438	9471	9504	9537	9570
34	9554	9588	9622	9656	9690	9724	9758	9792	9826	9860
35	9835	9870	9905	9940	9975	10010	10045	10080	10115	10150
36	10116	10152	10188	10224	10260	10296	10332	10368	10404	10440
37	10397	10434	10471	10508	10545	10582	10619	10656	10693	10730
38	10678	10710	10754	10792	10830	10868	10906	10944	10982	11020
39	10959	10998	11037	11076	11115	11154	11193	11232	11271	11310
40	11240	11280	11320	11360	11400	11440	11480	11520	11560	11600
41	11521	11562	11603	11644	11685	11726	11767	11808	11849	11890
42	11802	11844	11886	11928	11970	12012	12054	12096	12138	12180
43	12083	12126	12169	12212	12255	12298	12341	12384	12427	12470
44	12364	12408	12452	12496	12540	12584	12628	12672	12716	12760
45	12645	12690	12735	12780	12825	12870	12915	12960	13005	13050
46	12926	12972	13018	13064	13110	13156	13202	13248	13294	13340
47	13207	13254	13301	13348	13395	13442	13489	13536	13583	13630
48	13488	13536	13584	13632	13680	13728	13776	13824	13872	13920
49	13769	13818	13867	13916	13965	14014	14063	14112	14161	14210
50	14050	14100	14150	14200	14250	14300	14350	14400	14450	14500
51	14331	14382	14433	14484	14535	14586	14637	14688	14739	14790
52	14612	14664	14716	14768	14820	14872	14924	14976	15028	15080
53	14893	14946	14999	15052	15105	15158	15211	15264	15317	15370
54	15174	15228	15282	15336	15390	15444	15498	15552	15606	15660
55	15455	15510	15565	15620	15675	15730	15785	15840	15895	15950
56	15736	15792	15848	15904	15960	16016	16072	16128	16184	16240
57	16017	16074	16131	16188	16245	16302	16359	16416	16473	16530
58	16298	16356	16414	16472	16530	16588	16646	16704	16762	16820
59	16579	16638	16697	16756	16815	16874	16933	16992	17051	17110
60	16860	16920	16980	17040	17100	17160	17220	17280	17340	17400
61	17141	17202	17263	17324	17385	17446	17507	17568	17629	17690
62	17422	17484	17546	17608	17670	17732	17794	17856	17918	17980
63	17703	17766	17829	17892	17955	18018	18081	18144	18207	18270
64	17984	18048	18112	18176	18240	18304	18368	18432	18496	18560
65	18265	18330	18395	18460	18525	18590	18655	18720	18785	18850
66	18546	18612	18678	18744	18810	18876	18942	19008	19074	19140
67	18827	18894	18961	19028	19095	19162	19229	19296	19363	19430
68	19108	19176	19244	19312	19380	19448	19516	19584	19652	19720
69	19389	19458	19527	19596	19665	19734	19803	19872	19941	20010
70	19670	19740	19810	19880	19950	20020	20090	20160	20230	20300
71	19951	20022	20093	20164	20235	20306	20377	20448	20519	20590
72	20232	20304	20376	20448	20520	20592	20664	20736	20808	20880
73	20513	20586	20659	20732	20805	20878	20951	21024	21097	21170
74	20794	20868	20942	21016	21090	21164	21238	21312	21386	21460
75	21075	21150	21225	21300	21375	21450	21525	21600	21675	21750
76	21356	21432	21508	21584	21660	21736	21812	21888	21964	22040
77	21637	21714	21791	21868	21945	22022	22099	22176	22253	22330
78	21918	21996	22074	22152	22230	22308	22386	22464	22542	22620
79	22199	22278	22357	22436	22515	22594	22673	22752	22831	22910
80	22480	22560	22640	22720	22800	22880	22960	23040	23120	23200
81	22761	22842	22923	23004	23085	23166	23247	23328	23409	23490
82	23042	23124	23206	23288	23370	23452	23534	23616	23698	23780
83	23323	23406	23489	23572	23655	23738	23821	23904	23987	24070
84	23604	23688	23772	23856	23940	24024	24108	24192	24276	24360
85	23885	23970	24055	24140	24225	24310	24395	24480	24565	24650
86	24166	24252	24338	24424	24510	24596	24682	24768	24854	24940
87	24447	24534	24621	24708	24795	24882	24969	25056	25143	25230
88	24728	24816	24904	24992	25080	25168	25256	25344	25432	25520
89	25009	25098	25187	25276	25365	25454	25543	25632	25721	25810
90	25290	25380	25470	25560	25650	25740	25830	25920	26010	26100
91	25571	25662	25753	25844	25935	26026	26117	26208	26299	26390
92	25852	25944	26036	26128	26220	26312	26404	26496	26588	26680
93	26133	26226	26319	26412	26505	26598	26691	26784	26877	26970
94	26414	26508	26602	26696	26790	26884	26978	27072	27166	27260
95	26695	26790	26885	26980	27075	27170	27265	27360	27455	27550
96	26976	27072	27168	27264	27360	27456	27552	27648	27744	27840
97	27257	27354	27451	27548	27645	27742	27839	27936	28033	28130
98	27538	27636	27734	27832	27930	28028	28126	28224	28322	28420
99	27819	27918	28017	28116	28215	28314	28413	28512	28611	28710
100	28100	28200	28300	28400	28500	28600	28700	28800	28900	29000

n	291	292	293	294	295	296	297	298	299	300
1	291	292	293	294	295	296	297	298	299	300
2	582	584	586	588	590	592	594	596	598	600
3	873	876	879	882	885	888	891	894	897	900
4	1164	1168	1172	1176	1180	1184	1188	1192	1196	1200
5	1455	1460	1465	1470	1475	1480	1485	1490	1495	1500
6	1746	1752	1758	1764	1770	1776	1782	1788	1794	1800
7	2037	2044	2051	2058	2065	2072	2079	2086	2093	2100
8	2328	2336	2344	2352	2360	2368	2376	2384	2392	2400
9	2619	2628	2637	2646	2655	2664	2673	2682	2691	2700
10	2910	2920	2930	2940	2950	2960	2970	2980	2990	3000
11	3201	3212	3223	3234	3245	3256	3267	3278	3289	3300
12	3492	3504	3516	3528	3540	3552	3564	3576	3588	3600
13	3783	3796	3809	3822	3835	3848	3861	3874	3887	3900
14	4074	4088	4102	4116	4130	4144	4158	4172	4186	4200
15	4365	4380	4395	4410	4425	4440	4455	4470	4485	4500
16	4656	4672	4688	4704	4720	4736	4752	4768	4784	4800
17	4947	4964	4981	4998	5015	5032	5049	5066	5083	5100
18	5238	5256	5274	5292	5310	5328	5346	5364	5382	5400
19	5529	5548	5567	5586	5605	5624	5643	5662	5681	5700
20	5820	5840	5860	5880	5900	5920	5940	5960	5980	6000
21	6111	6132	6153	6174	6195	6216	6237	6258	6279	6300
22	6402	6424	6446	6468	6490	6512	6534	6556	6578	6600
23	6693	6716	6739	6762	6785	6808	6831	6854	6877	6900
24	6984	7008	7032	7056	7080	7104	7128	7152	7176	7200
25	7275	7300	7325	7350	7375	7400	7425	7450	7475	7500
26	7566	7592	7618	7644	7670	7696	7722	7748	7774	7800
27	7857	7884	7911	7938	7965	7992	8019	8046	8073	8100
28	8148	8176	8204	8232	8260	8288	8316	8344	8372	8400
29	8439	8468	8497	8526	8555	8584	8613	8642	8671	8700
30	8730	8760	8790	8820	8850	8880	8910	8940	8970	9000
31	9021	9052	9083	9114	9145	9176	9207	9238	9269	9300
32	9312	9344	9376	9408	9440	9472	9504	9536	9568	9600
33	9603	9636	9669	9702	9735	9768	9801	9834	9867	9900
34	9894	9928	9962	9996	10030	10064	10098	10132	10166	10200
35	10185	10220	10255	10290	10325	10360	10395	10430	10465	10500
36	10476	10512	10548	10584	10620	10656	10692	10728	10764	10800
37	10767	10804	10841	10878	10915	10952	10989	11026	11063	11100
38	11058	11096	11134	11172	11210	11248	11286	11324	11362	11400
39	11349	11388	11427	11466	11505	11544	11583	11622	11661	11700
40	11640	11680	11720	11760	11800	11840	11880	11920	11960	12000
41	11931	11972	12013	12054	12095	12136	12177	12218	12259	12300
42	12222	12264	12306	12348	12390	12432	12474	12516	12558	12600
43	12513	12556	12599	12642	12685	12728	12771	12814	12857	12900
44	12804	12848	12892	12936	12980	13024	13068	13112	13156	13200
45	13095	13140	13185	13230	13275	13320	13365	13410	13455	13500
46	13386	13432	13478	13524	13570	13616	13662	13708	13754	13800
47	13677	13724	13771	13818	13865	13912	13959	14006	14053	14100
48	13968	14016	14064	14112	14160	14208	14256	14304	14352	14400
49	14259	14308	14357	14406	14455	14504	14553	14602	14651	14700
50	14550	14600	14650	14700	14750	14800	14850	14900	14950	15000
51	14841	14892	14943	14994	15045	15096	15147	15198	15249	15300
52	15132	15184	15236	15288	15340	15392	15444	15496	15548	15600
53	15423	15476	15529	15582	15635	15688	15741	15794	15847	15900
54	15714	15768	15822	15876	15930	15984	16038	16092	16146	16200
55	16005	16060	16115	16170	16225	16280	16335	16390	16445	16500
56	16296	16352	16408	16464	16520	16576	16632	16688	16744	16800
57	16587	16644	16701	16758	16815	16872	16929	16986	17043	17100
58	16878	16936	16994	17052	17110	17168	17226	17284	17342	17400
59	17169	17228	17287	17346	17405	17464	17523	17582	17641	17700
60	17460	17520	17580	17640	17700	17760	17820	17880	17940	18000
61	17751	17812	17873	17934	17995	18056	18117	18178	18239	18300
62	18042	18104	18166	18228	18290	18352	18414	18476	18538	18600
63	18333	18396	18459	18522	18585	18648	18711	18774	18837	18900
64	18624	18688	18752	18816	18880	18944	19008	19072	19136	19200
65	18915	18980	19045	19110	19175	19240	19305	19370	19435	19500
66	19206	19272	19338	19404	19470	19536	19602	19668	19734	19800
67	19497	19564	19631	19698	19765	19832	19899	19966	20033	20100
68	19788	19856	19924	19992	20060	20128	20196	20264	20332	20400
69	20079	20148	20217	20286	20355	20424	20493	20562	20631	20700
70	20370	20440	20510	20580	20650	20720	20790	20860	20930	21000
71	20661	20732	20803	20874	20945	21016	21087	21158	21229	21300
72	20952	21024	21096	21168	21240	21312	21384	21456	21528	21600
73	21243	21316	21389	21462	21535	21608	21681	21754	21827	21900
74	21534	21608	21682	21756	21830	21904	21978	22052	22126	22200
75	21825	21900	21975	22050	22125	22200	22275	22350	22425	22500
76	22116	22192	22268	22344	22420	22496	22572	22648	22724	22800
77	22407	22484	22561	22638	22715	22792	22869	22946	23023	23100
78	22698	22776	22854	22932	23010	23088	23166	23244	23322	23400
79	22989	23068	23147	23226	23305	23384	23463	23542	23621	23700
80	23280	23360	23440	23520	23600	23680	23760	23840	23920	24000
81	23571	23652	23733	23814	23895	23976	24057	24138	24219	24300
82	23862	23944	24026	24108	24190	24272	24354	24436	24518	24600
83	24153	24236	24319	24402	24485	24568	24651	24734	24817	24900
84	24444	24528	24612	24696	24780	24864	24948	25032	25116	25200
85	24735	24820	24905	24990	25075	25160	25245	25330	25415	25500
86	25026	25112	25198	25284	25370	25456	25542	25628	25714	25800
87	25317	25404	25491	25578	25665	25752	25839	25926	26013	26100
88	25608	25696	25784	25872	25960	26048	26136	26224	26312	26400
89	25899	25988	26077	26166	26255	26344	26433	26522	26611	26700
90	26190	26280	26370	26460	26550	26640	26730	26820	26910	27000
91	26481	26572	26663	26754	26845	26936	27027	27118	27209	27300
92	26772	26864	26956	27048	27140	27232	27324	27416	27508	27600
93	27063	27156	27249	27342	27435	27528	27621	27714	27807	27900
94	27354	27448	27542	27636	27730	27824	27918	28012	28106	28200
95	27645	27740	27835	27930	28025	28120	28215	28310	28405	28500
96	27936	28032	28128	28224	28320	28416	28512	28608	28704	28800
97	28227	28324	28421	28518	28615	28712	28809	28906	29003	29100
98	28318	28616	28714	28812	28910	29008	29106	29204	29302	29400
99	28809	28908	29007	29106	29205	29304	29403	29502	29601	29700
100	29100	29200	29300	29400	29500	29600	29700	29800	29900	30000

	301	302	303	304	305	306	307	308	309	310
1	301	302	303	304	305	306	307	308	309	310
2	602	604	606	608	610	612	614	616	618	620
3	903	906	909	912	915	918	921	924	927	930
4	1204	1208	1212	1216	1220	1224	1228	1232	1236	1240
5	1505	1510	1515	1520	1525	1530	1535	1540	1545	1550
6	1806	1812	1818	1824	1830	1836	1842	1848	1854	1860
7	2107	2114	2121	2128	2135	2142	2149	2156	2163	2170
8	2408	2416	2424	2432	2440	2448	2456	2464	2472	2480
9	2709	2718	2727	2736	2745	2754	2763	2772	2781	2790
10	3010	3020	3030	3040	3050	3060	3070	3080	3090	3100
11	3311	3322	3333	3344	3355	3366	3377	3388	3399	3410
12	3612	3624	3636	3648	3660	3672	3684	3696	3708	3720
13	3913	3926	3939	3952	3965	3978	3991	4094	4017	4030
14	4214	4228	4242	4256	4270	4284	4298	4312	4326	4340
15	4515	4530	4545	4560	4575	4590	4605	4520	4635	4650
16	4816	4832	4848	4864	4880	4896	4912	4928	4944	4960
17	5117	5134	5151	5168	5185	5202	5219	5236	5253	5270
18	5418	5436	5454	5472	5490	5508	5526	5544	5562	5580
19	5719	5738	5757	5776	5795	5814	5833	5852	5871	5890
20	6020	6040	6060	6080	6100	6120	6140	6160	6180	6200
21	6321	6342	6363	6384	6405	6426	6447	6468	6489	6510
22	6622	6644	6666	6688	6710	6732	6754	6776	6798	6820
23	6923	6946	6969	6992	7015	7038	7061	7084	7107	7130
24	7224	7248	7272	7296	7320	7344	7368	7392	7416	7440
25	7525	7550	7575	7600	7625	7650	7675	7700	7725	7750
26	7826	7852	7878	7904	7930	7956	7982	8008	8034	8060
27	8127	8154	8181	8208	8235	8262	8289	8316	8343	8370
28	8428	8456	8484	8512	8540	8568	8596	8624	8652	8680
29	8729	8758	8787	8816	8845	8874	8903	8932	8961	8990
30	9030	9060	9090	9120	9150	9180	9210	9240	9270	9300
31	9331	9362	9393	9424	9455	9486	9517	9548	9579	9610
32	9632	9664	9696	9728	9760	9792	9824	9856	9888	9920
33	9933	9966	9999	10032	10065	10098	10131	10164	10197	10230
34	10234	10268	10302	10336	10370	10404	10438	10472	10506	10540
35	10535	10570	10605	10640	10675	10710	10745	10780	10815	10850
36	10836	10872	10908	10944	10980	11016	11052	11088	11124	11160
37	11137	11174	11211	11248	11285	11322	11359	11396	11433	11470
38	11438	11476	11514	11552	11590	11628	11666	11704	11742	11780
39	11739	11778	11817	11856	11895	11934	11973	12012	12051	12090
40	12040	12080	12120	12160	12200	12240	12280	12320	12360	12400
41	12341	12382	12423	12464	12505	12546	12587	12628	12669	12710
42	12642	12684	12726	12768	12810	12852	12894	12936	12978	13020
43	12943	12986	13029	13072	13115	13158	13201	13244	13287	13330
44	13244	13288	13332	13376	13420	13464	13508	13552	13596	13640
45	13545	13590	13635	13680	13725	13770	13815	13860	13905	13950
46	13846	13892	13938	13984	14030	14076	14122	14168	14214	14260
47	14147	14194	14241	14288	14335	14382	14429	14476	14523	14570
48	14448	14496	14544	14592	14640	14688	14736	14784	14832	14880
49	14749	14798	14847	14896	14945	14994	15043	15092	15141	15190
50	15050	15100	15150	15200	15250	15300	15350	15400	15450	15500
51	15351	15402	15453	15504	15555	15606	15657	15708	15759	15810
52	15652	15704	15756	15808	15860	15912	15964	16016	16068	16120
53	15953	16006	16059	16112	16165	16218	16271	16324	16377	16430
54	16254	16308	16362	16416	16470	16524	16578	16632	16686	16740
55	16555	16610	16665	16720	16775	16830	16885	16940	16995	17050
56	16856	16912	16968	17024	17080	17136	17192	17248	17304	17360
57	17157	17214	17271	17328	17385	17442	17499	17556	17613	17670
58	17458	17516	17574	17632	17690	17748	17806	17864	17922	17980
59	17759	17818	17877	17936	17995	18054	18113	18172	18231	18290
60	18060	18120	18180	18240	18300	18360	18420	18480	18540	18600
61	18361	18422	18483	18544	18605	18666	18727	18788	18849	18910
62	18662	18724	18786	18848	18910	18972	19034	19096	19158	19220
63	18963	19026	19089	19152	19215	19278	19341	19404	19467	19530
64	19264	19328	19392	19456	19520	19584	19648	19712	19776	19840
65	19565	19630	19695	19760	19825	19890	19955	20020	20085	20150
66	19866	19932	19998	20064	20130	20196	20262	20328	20394	20460
67	20167	20234	20301	20368	20435	20502	20569	20636	20703	20770
68	20468	20536	20604	20672	20740	20808	20876	20944	21012	21080
69	20769	20838	20907	20976	21045	21114	21183	21252	21321	21390
70	21070	21140	21210	21280	21350	21420	21490	21560	21630	21700
71	21371	21442	21513	21584	21655	21726	21797	21868	21939	22010
72	21672	21744	21816	21888	21960	22032	22104	22176	22248	22320
73	21973	22046	22119	22192	22265	22338	22411	22484	22557	22630
74	22274	22348	22422	22496	22570	22644	22718	22792	22866	22940
75	22575	22650	22725	22800	22875	22950	23025	23100	23175	23250
76	22876	22952	23028	23104	23180	23256	23332	23408	23484	23560
77	23177	23254	23331	23408	23485	23562	23639	23716	23793	23870
78	23478	23556	23634	23712	23790	23868	23946	24024	24102	24180
79	23779	23858	23937	24016	24095	24174	24253	24332	24411	24490
80	24080	24160	24240	24320	24400	24480	24560	24640	24720	24800
81	24381	24462	24543	24624	24705	24786	24867	24948	25029	25110
82	24682	24764	24846	24928	25010	25092	25174	25256	25338	25420
83	24983	25066	25149	25232	25315	25398	25481	25564	25647	25730
84	25284	25368	25452	25536	25620	25704	25788	25872	25956	26040
85	25585	25670	25755	25840	25925	26010	26095	26180	26265	26350
86	25886	25972	26058	26144	26230	26316	26402	26488	26574	26660
87	26187	26274	26361	26448	26535	26622	26709	26796	26883	26970
88	26488	26576	26664	26752	26840	26928	27016	27104	27192	27280
89	26789	26878	26967	27056	27145	27234	27323	27412	27501	27590
90	27090	27180	27270	27360	27450	27540	27630	27720	27810	27900
91	27391	27482	27573	27664	27755	27846	27937	28028	28119	28210
92	27692	27784	27876	27968	28060	28152	28244	28336	28428	28520
93	27993	28086	28179	28272	28365	28458	28551	28644	28737	28830
94	28294	28388	28482	28576	28670	28764	28858	28952	29046	29140
95	28595	28690	28785	28880	28975	29070	29165	29260	29355	29450
96	28896	28992	29088	29184	29280	29376	29472	29568	29664	29760
97	29197	29294	29391	29488	29585	29682	29779	29876	29973	30070
98	29498	29596	29694	29792	29890	29988	30086	30184	30282	30380
99	29799	29898	29997	30096	30195	30294	30393	30294	30393	30492
100	30100	30200	30300	30400	30500	30600	30700	30800	30900	31000

n	311	312	313	314	315	316	317	318	319	320
1	311	312	313	314	315	316	317	318	319	320
2	622	624	626	628	630	632	634	636	638	640
3	933	936	939	942	945	948	951	954	957	960
4	1244	1248	1252	1256	1260	1264	1268	1272	1276	1280
5	1555	1560	1565	1570	1575	1580	1585	1590	1595	1600
6	1866	1872	1878	1884	1890	1896	1902	1908	1914	1920
7	2177	2184	2191	2198	2205	2212	2219	2226	2233	2240
8	2488	2496	2504	2512	2520	2528	2536	2544	2552	2560
9	2799	2808	2817	2826	2835	2844	2853	2862	2871	2880
10	3110	3120	3130	3140	3150	3160	3170	3180	3190	3200
11	3421	3432	3443	3454	3465	3476	3487	3498	3509	3520
12	3732	3744	3756	3768	3780	3792	3804	3816	3828	3840
13	4043	4056	4069	4082	4095	4108	4121	4134	4147	4160
14	4354	4368	4382	4396	4410	4424	4438	4452	4466	4480
15	4665	4680	4695	4710	4725	4740	4755	4770	4785	4800
16	4976	4992	5008	5024	5040	5056	5072	5088	5104	5120
17	5287	5304	5321	5338	5355	5372	5389	5406	5423	5440
18	5598	5616	5634	5652	5670	5688	5706	5724	5742	5760
19	5909	5928	5947	5966	5985	6004	6023	6042	6061	6080
20	6220	6240	6260	6280	6300	6320	6340	6360	6380	6400
21	6531	6552	6573	6594	6615	6636	6657	6678	6699	6720
22	6842	6864	6886	6908	6930	6952	6974	6996	7018	7040
23	7153	7176	7199	7222	7245	7268	7291	7314	7337	7360
24	7464	7488	7512	7536	7560	7584	7608	7632	7656	7680
25	7775	7800	7825	7850	7875	7900	7925	7950	7975	8000
26	8086	8112	8138	8164	8190	8216	8242	8268	8294	8320
27	8397	8424	8451	8478	8505	8532	8559	8586	8613	8640
28	8708	8736	8764	8792	8820	8848	8876	8904	8932	8960
29	9019	9048	9077	9106	9135	9164	9193	9222	9251	9280
30	9330	9360	9390	9420	9450	9480	9510	9540	9570	9600
31	9641	9672	9703	9734	9765	9796	9827	9858	9889	9920
32	9952	9984	10016	10048	10080	10112	10144	10176	10208	10240
33	10263	10296	10329	10362	10395	10428	10461	10494	10527	10560
34	10574	10608	10642	10676	10710	10744	10778	10812	10846	10880
35	10885	10920	10955	10990	11025	11060	11095	11130	11165	11200
36	11196	11232	11268	11304	11340	11376	11412	11448	11484	11520
37	11507	11544	11581	11618	11655	11692	11729	11766	11803	11840
38	11818	11856	11894	11932	11970	12008	12046	12084	12122	12160
39	12129	12168	12207	12246	12285	12324	12363	12402	12441	12480
40	12440	12480	12520	12560	12600	12640	12680	12720	12760	12800
41	12751	12792	12833	12874	12915	12956	12997	13038	13079	13120
42	13062	13104	13146	13188	13230	13272	13314	13356	13398	13440
43	13373	13416	13459	13502	13545	13588	13631	13674	13717	13760
44	13684	13728	13772	13816	13860	13904	13948	13992	14036	14080
45	13995	14040	14085	14130	14175	14220	14265	14310	14355	14400
46	14306	14352	14398	14444	14490	14536	14582	14628	14674	14720
47	14617	14664	14711	14758	14805	14852	14899	14946	14993	15040
48	14928	14976	15024	15072	15120	15168	15216	15264	15312	15360
49	15239	15288	15337	15386	15435	15484	15533	15582	15631	15680
50	15550	15600	15650	15700	15750	15800	15850	15900	15950	16000
51	15861	15912	15963	16014	16065	16116	16167	16218	16269	16320
52	16172	16224	16276	16328	16380	16432	16484	16536	16588	16640
53	16483	16536	16589	16642	16695	16748	16801	16854	16907	16960
54	16794	16848	16902	16956	17010	17064	17118	17172	17226	17280
55	17105	17160	17215	17270	17325	17380	17435	17490	17545	17600
56	17416	17472	17528	17584	17640	17696	17752	17808	17864	17920
57	17727	17784	17841	17898	17955	18012	18069	18126	18183	18240
58	18038	18096	18154	18212	18270	18328	18386	18444	18502	18560
59	18349	18408	18467	18526	18585	18644	18703	18762	18821	18880
60	18660	18720	18780	18840	18900	18960	19020	19080	19140	19200
61	18971	19032	19093	19154	19215	19276	19337	19398	19459	19520
62	19282	19344	19406	19468	19530	19592	19654	19716	19778	19840
63	19593	19656	19719	19782	19845	19908	19971	20034	20097	20160
64	19904	19968	20032	20096	20160	20224	20288	20352	20416	20480
65	20215	20280	20345	20410	20475	20540	20605	20670	20735	20700
66	20526	20592	20658	20724	20790	20856	20922	20988	21054	21020
67	20837	20904	20971	21038	21105	21172	21239	21306	21373	21440
68	21148	21216	21284	21352	21420	21488	21556	21624	21692	21760
69	21459	21528	21597	21666	21735	21804	21873	21942	22011	22080
70	21770	21840	21910	21980	22050	22120	22190	22260	22330	22400
71	22081	22152	22223	22294	22365	22436	22507	22578	22649	22720
72	22392	22464	22536	22608	22680	22752	22824	22896	22968	23040
73	22703	22776	22849	22922	22995	23068	23141	23214	23287	23360
74	23014	23088	23162	23236	23310	23384	23458	23532	23606	23680
75	23325	23400	23475	23550	23625	23700	23775	23850	23925	24000
76	23636	23712	23788	23864	23940	24016	24092	24168	24244	24320
77	23947	24024	24101	24178	24255	24332	24409	24486	24563	24640
78	24258	24336	24414	24492	24570	24648	24726	24804	24882	24960
79	24569	24648	24727	24806	24885	24964	25043	25122	25201	25280
80	24880	24960	25040	25120	25200	25280	25360	25440	25520	25600
81	25191	25272	25353	25434	25515	25596	25677	25758	25839	25920
82	25502	25584	25666	25748	25830	25912	25994	26076	26158	26240
83	25813	25896	25979	26062	26145	26228	26311	26394	26477	26560
84	26124	26208	26292	26376	26460	26544	26628	26712	26796	26880
85	26435	26520	26605	26690	26775	26860	26945	27030	27115	27200
86	26746	26832	26918	27004	27090	27176	27262	27348	27434	27520
87	27057	27144	27231	27318	27405	27492	27579	27666	27753	27840
88	27368	27456	27544	27632	27720	27808	27896	27984	28072	28160
89	27679	27768	27857	27946	28035	28124	28213	28302	28391	28480
90	27990	28080	28170	28260	28350	28440	28530	28620	28710	28800
91	28301	28392	28483	28574	28665	28756	28847	28938	29029	29120
92	28612	28704	28796	28888	28980	29072	29164	29256	29348	29440
93	28923	29016	29109	29202	29295	29388	29481	29574	29667	29760
94	29234	29328	29422	29516	29610	29704	29798	29892	29986	30080
95	29545	29640	29735	29830	29925	30020	30115	30210	30305	30400
96	29856	29952	30048	30144	30240	30336	30432	30528	30624	30720
97	30167	30264	30361	30458	30555	30652	30749	30846	30943	31040
98	30478	30576	30674	30772	30870	30968	31066	31164	31262	31360
99	30789	30888	30987	31086	31185	31284	31383	31482	31581	31680
100	31100	31200	31300	31400	31500	31600	31700	31800	31900	32000

	321	322	323	324	325	326	327	328	329	330
1	321	322	323	324	325	326	327	328	329	330
2	642	644	646	648	650	652	654	656	658	660
3	963	966	969	972	975	978	981	984	987	990
4	1284	1288	1292	1296	1300	1304	1308	1312	1316	1320
5	1605	1610	1615	1620	1625	1630	1635	1640	1645	1650
6	1926	1932	1938	1944	1950	1956	1962	1968	1974	1980
7	2247	2254	2261	2268	2275	2282	2289	2296	2303	2310
8	2568	2576	2584	2592	2600	2608	2616	2624	2632	2640
9	2889	2898	2907	2916	2925	2934	2943	2952	2961	2970
10	3210	3220	3230	3240	3250	3260	3270	3280	3290	3300
11	3531	3542	3553	3564	3575	3586	3597	3608	3619	3630
12	3852	3864	3876	3888	3900	3912	3924	3936	3948	3960
13	4173	4186	4199	4212	4225	4238	4251	4264	4277	4290
14	4494	4508	4522	4536	4550	4564	4578	4592	4606	4620
15	4815	4830	4845	4860	4875	4890	4905	4920	4935	4950
16	5136	5152	5168	5184	5200	5216	5232	5248	5264	5280
17	5457	5474	5491	5508	5525	5542	5559	5576	5593	5610
18	5778	5796	5814	5832	5850	5868	5886	5904	5922	5940
19	6099	6118	6137	6156	6175	6194	6213	6232	6251	6270
20	6420	6440	6460	6480	6500	6520	6540	6560	6580	6600
21	6741	6762	6783	6804	6825	6846	6867	6888	6909	6930
22	7062	7084	7106	7128	7150	7172	7194	7216	7238	7260
23	7383	7406	7429	7452	7475	7498	7521	7544	7567	7590
24	7704	7728	7752	7776	7800	7824	7848	7872	7896	7920
25	8025	8050	8075	8100	8125	8150	8175	8200	8225	8250
26	8346	8372	8398	8424	8450	8476	8502	8528	8554	8580
27	8667	8694	8721	8748	8775	8802	8829	8856	8883	8910
28	8988	9016	9044	9072	9100	9128	9156	9184	9212	9240
29	9309	9338	9357	9396	9425	9454	9483	9512	9541	9570
30	9630	9660	9690	9720	9750	9780	9810	9840	9870	9900
31	9951	9982	10013	10044	10075	10106	10137	10168	10199	10230
32	10272	10304	10336	10368	10400	10432	10464	10496	10528	10560
33	10593	10626	10659	10692	10725	10758	10791	10824	10857	10890
34	10914	10948	10982	11016	11050	11084	11118	11152	11186	11220
35	11235	11270	11305	11340	11375	11410	11445	11480	11515	11550
36	11556	11592	11628	11664	11700	11736	11772	11808	11844	11880
37	11877	11914	11951	11988	12025	12062	12099	12136	12173	12210
38	12198	12236	12274	12312	12350	12388	12426	12464	12502	12540
39	12519	12558	12597	12636	12675	12714	12753	12792	12831	12870
40	12840	12880	12920	12960	13000	13040	13080	13120	13160	13200
41	13161	13202	13243	13284	13325	13366	13407	13448	13489	13530
42	13482	13524	13566	13608	13650	13692	13734	13776	13818	13860
43	13803	13846	13889	13932	13975	14018	14061	14104	14147	14190
44	14124	14168	14212	14256	14300	14344	14388	14432	14476	14520
45	14445	14490	14535	14580	14625	14670	14715	14760	14805	14850
46	14766	14812	14858	14904	14950	14996	15042	15088	15134	15180
47	15087	15134	15181	15228	15275	15322	15369	15416	15463	15510
48	15408	15456	15504	15552	15600	15648	15696	15744	15792	15840
49	15729	15778	15827	15876	15925	15974	16023	16072	16121	16170
50	16050	16100	16150	16200	16250	16300	16350	16400	16450	16500
51	16371	16422	16473	16524	16575	16626	16677	16728	16779	16830
52	16692	16744	16796	16848	16900	16952	17004	17056	17108	17160
53	17013	17066	17119	17172	17225	17278	17331	17384	17437	17490
54	17334	17388	17442	17496	17550	17604	17658	17712	17766	17820
55	17655	17710	17765	17820	17875	17930	17985	18040	18095	18150
56	17976	18032	18088	18144	18200	18256	18312	18368	18424	18480
57	18297	18354	18411	18468	18525	18582	18639	18696	18753	18810
58	18618	18676	18734	18792	18850	18908	18966	19024	19082	19140
59	18939	18998	19057	19116	19175	19234	19293	19352	19411	19470
60	19260	19320	19380	19440	19500	19560	19620	19680	19740	19800
61	19581	19642	19703	19764	19825	19886	19947	20008	20069	20130
62	19902	19964	20026	20088	20150	20212	20274	20336	20398	20460
63	20223	20286	20349	20412	20475	20538	20601	20664	20727	20790
64	20544	20608	20672	20736	20800	20864	20928	20992	21056	21120
65	20865	20930	20995	21060	21125	21190	21255	21320	21385	21450
66	21186	21252	21318	21384	21450	21516	21582	21648	21714	21780
67	21507	21574	21641	21708	21775	21842	21909	21976	22043	22110
68	21828	21896	21964	22032	22100	22168	22236	22304	22372	22440
69	22149	22218	22287	22356	22425	22494	22563	22632	22701	22770
70	22470	22540	22610	22680	22750	22820	22890	22960	23030	23100
71	22791	22862	22933	23004	23075	23146	23217	23288	23359	23430
72	23112	23184	23256	23328	23400	23472	23544	23616	23688	23760
73	23433	23506	23579	23652	23725	23798	23871	23944	24017	24090
74	23754	23828	23902	23976	24050	24124	24198	24272	24346	24420
75	24075	24150	24225	24300	24375	24450	24525	24600	24675	24750
76	24396	24472	24548	24624	24700	24776	24852	24928	25004	25080
77	24717	24794	24871	24948	25025	25102	25179	25256	25333	25410
78	25038	25116	25194	25272	25350	25428	25506	25584	25662	25740
79	25359	25438	25517	25596	25675	25754	25833	25912	25991	26070
80	25680	25760	25840	25920	26000	26080	26160	26240	26320	26400
81	26001	26082	26163	26244	26325	26406	26487	26568	26649	26730
82	26322	26404	26486	26568	26650	26732	26814	26896	26978	27060
83	26643	26726	26809	26892	26975	27058	27141	27224	27307	27390
84	26964	27048	27132	27216	27300	27384	27468	27552	27636	27720
85	27285	27370	27455	27540	27625	27710	27795	27880	27965	28050
86	27606	27692	27778	27864	27950	28036	28122	28208	28294	28380
87	27927	28014	28101	28188	28275	28362	28449	28536	28623	28710
88	28248	28336	28424	28512	28600	28688	28776	28864	28952	29040
89	28569	28658	28747	28836	28925	29014	29103	29192	29281	29370
90	28890	28980	29070	29160	29250	29340	29430	29520	29610	29700
91	29211	29302	29393	29484	29575	29666	29757	29848	29939	30030
92	29532	29624	29716	29808	29900	29992	30084	30176	30268	30360
93	29853	29946	30039	30132	30225	30318	30411	30504	30597	30690
94	30174	30268	30362	30456	30550	30644	30738	30832	30926	31020
95	30495	30590	30685	30780	30875	30970	31065	31160	31255	31350
96	30816	30912	31008	31104	31200	31296	31392	31488	31584	31680
97	31137	31234	31331	31428	31525	31622	31719	31816	31913	32010
98	31458	31556	31654	31752	31850	31948	32046	32144	32242	32340
99	31779	31878	31977	32076	32175	32274	32373	32472	32571	32670
100	32100	32200	32300	32400	32500	32600	32700	32800	32900	33000

1	331	1	332	1	333	1	334	1	335	1	336	1	337	1	338	1	339	1	340
1	331	1	332	1	333	1	334	1	335	1	336	1	337	1	338	1	339	1	340
2	662	2	664	2	666	2	668	2	670	2	672	2	674	2	676	2	678	2	680
3	993	3	996	3	999	3	1002	3	1005	3	1008	3	1011	3	1014	3	1017	3	1020
4	1324	4	1328	4	1332	4	1336	4	1340	4	1344	4	1348	4	1352	4	1356	4	1360
5	1655	5	1660	5	1665	5	1670	5	1675	5	1680	5	1685	5	1690	5	1695	5	1700
6	1986	6	1992	6	1998	6	2004	6	2010	6	2016	6	2022	6	2028	6	2034	6	2040
7	2317	7	2324	7	2331	7	2338	7	2345	7	2352	7	2359	7	2366	7	2373	7	2380
8	2648	8	2656	8	2664	8	2672	8	2680	8	2688	8	2696	8	2704	8	2712	8	2720
9	2979	9	2988	9	2997	9	3006	9	3015	9	3024	9	3033	9	3042	9	3051	9	3060
10	3310	10	3320	10	3330	10	3340	10	3350	10	3360	10	3370	10	3380	10	3390	10	3400
11	3641	11	3652	11	3663	11	3674	11	3685	11	3696	11	3707	11	3718	11	3729	11	3740
12	3972	12	3984	12	3996	12	4008	12	4020	12	4032	12	4044	12	4056	12	4068	12	4080
13	4303	13	4316	13	4329	13	4342	13	4355	13	4368	13	4381	13	4394	13	4407	13	4420
14	4634	14	4648	14	4662	14	4676	14	4690	14	4704	14	4718	14	4732	14	4746	14	4760
15	4965	15	4980	15	4995	15	5010	15	5025	15	5040	15	5055	15	5070	15	5085	15	5100
16	5296	16	5312	16	5328	16	5344	16	5360	16	5376	16	5392	16	5408	16	5424	16	5440
17	5627	17	5644	17	5661	17	5678	17	5695	17	5712	17	5729	17	5746	17	5763	17	5780
18	5958	18	5976	18	5994	18	6012	18	6030	18	6048	18	6066	18	6084	18	6102	18	6120
19	6289	19	6308	19	6327	19	6346	19	6365	19	6384	19	6403	19	6422	19	6441	19	6460
20	6620	20	6640	20	6660	20	6680	20	6700	20	6720	20	6740	20	6760	20	6780	20	6800
21	6951	21	6972	21	6993	21	7014	21	7035	21	7056	21	7077	21	7098	21	7119	21	7140
22	7282	22	7304	22	7326	22	7348	22	7370	22	7392	22	7414	22	7436	22	7458	22	7480
23	7613	23	7636	23	7659	23	7682	23	7705	23	7728	23	7751	23	7774	23	7797	23	7820
24	7944	24	7968	24	7992	24	8016	24	8040	24	8064	24	8088	24	8112	24	8136	24	8160
25	8275	25	8300	25	8325	25	8350	25	8375	25	8400	25	8425	25	8450	25	8475	25	8500
26	8606	26	8632	26	8658	26	8684	26	8710	26	8736	26	8762	26	8788	26	8814	26	8840
27	8937	27	8964	27	8991	27	9018	27	9045	27	9072	27	9099	27	9126	27	9153	27	9180
28	9268	28	9296	28	9324	28	9352	28	9380	28	9408	28	9436	28	9464	28	9492	28	9520
29	9599	29	9628	29	9657	29	9686	29	9715	29	9744	29	9773	29	9802	29	9831	29	9860
30	9930	30	9960	30	9990	30	10020	30	10050	30	10080	30	10110	30	10140	30	10170	30	10200
31	10261	31	10292	31	10323	31	10354	31	10385	31	10416	31	10447	31	10478	31	10509	31	10540
32	10592	32	10624	32	10656	32	10688	32	10720	32	10752	32	10784	32	10816	32	10848	32	10880
33	10923	33	10956	33	10989	33	11022	33	11055	33	11088	33	11121	33	11154	33	11187	33	11220
34	11254	34	11288	34	11322	34	11356	34	11390	34	11424	34	11458	34	11492	34	11526	34	11560
35	11585	35	11620	35	11655	35	11690	35	11725	35	11760	35	11795	35	11830	35	11865	35	11900
36	11916	36	11952	36	11988	36	12024	36	12060	36	12096	36	12132	36	12168	36	12204	36	12240
37	12247	37	12284	37	12321	37	12358	37	12395	37	12432	37	12469	37	12506	37	12543	37	12580
38	12578	38	12616	38	12654	38	12692	38	12730	38	12768	38	12806	38	12844	38	12882	38	12920
39	12909	39	12948	39	12987	39	13026	39	13065	39	13104	39	13143	39	13182	39	13221	39	13260
40	13240	40	13280	40	13320	40	13360	40	13400	40	13440	40	13480	40	13520	40	13560	40	13600
41	13571	41	13612	41	13653	41	13694	41	13735	41	13776	41	13817	41	13858	41	13899	41	13940
42	13902	42	13944	42	13986	42	14028	42	14070	42	14112	42	14154	42	14196	42	14238	42	14280
43	14233	43	14276	43	14319	43	14362	43	14405	43	14448	43	14491	43	14534	43	14577	43	14620
44	14564	44	14608	44	14652	44	14696	44	14740	44	14784	44	14828	44	14872	44	14916	44	14960
45	14895	45	14940	45	14985	45	15030	45	15075	45	15120	45	15165	45	15210	45	15255	45	15300
46	15226	46	15272	46	15318	46	15364	46	15410	46	15456	46	15502	46	15548	46	15594	46	15640
47	15557	47	15604	47	15651	47	15698	47	15745	47	15792	47	15839	47	15886	47	15933	47	15980
48	15888	48	15936	48	15984	48	16032	48	16080	48	16128	48	16176	48	16224	48	16272	48	16320
49	16219	49	16268	49	16317	49	16366	49	16415	49	16464	49	16513	49	16562	49	16611	49	16660
50	16550	50	16600	50	16650	50	16700	50	16750	50	16800	50	16850	50	16900	50	16950	50	17000
51	16881	51	16932	51	16983	51	17034	51	17085	51	17136	51	17187	51	17238	51	17289	51	17340
52	17212	52	17264	52	17316	52	17368	52	17420	52	17472	52	17524	52	17576	52	17628	52	17680
53	17543	53	17596	53	17649	53	17702	53	17755	53	17808	53	17861	53	17914	53	17967	53	18020
54	17874	54	17928	54	17982	54	18036	54	18090	54	18144	54	18198	54	18252	54	18306	54	18360
55	18205	55	18260	55	18315	55	18370	55	18425	55	18480	55	18535	55	18590	55	18645	55	18700
56	18536	56	18592	56	18648	56	18704	56	18760	56	18816	56	18872	56	18928	56	18984	56	19040
57	18867	57	18924	57	18981	57	19038	57	19095	57	19152	57	19209	57	19266	57	19323	57	19380
58	19198	58	19256	58	19314	58	19372	58	19430	58	19488	58	19546	58	19604	58	19662	58	19720
59	19529	59	19588	59	19647	59	19706	59	19765	59	19824	59	19883	59	19942	59	20001	59	20060
60	19860	60	19920	60	19980	60	20040	60	20100	60	20160	60	20220	60	20280	60	20340	60	20400
61	20191	61	20252	61	20313	61	20374	61	20435	61	20496	61	20557	61	20618	61	20679	61	20740
62	20522	62	20584	62	20646	62	20708	62	20770	62	20832	62	20894	62	20956	62	21018	62	21080
63	20853	63	20916	63	20979	63	21042	63	21105	63	21168	63	21231	63	21294	63	21357	63	21420
64	21184	64	21248	64	21312	64	21376	64	21440	64	21504	64	21568	64	21632	64	21696	64	21760
65	21515	65	21580	65	21645	65	21710	65	21775	65	21840	65	21905	65	21970	65	22035	65	22100
66	21846	66	21912	66	21978	66	22044	66	22110	66	22176	66	22242	66	22308	66	22374	66	22440
67	22177	67	22244	67	22311	67	22378	67	22445	67	22512	67	22579	67	22646	67	22713	67	22780
68	22508	68	22576	68	22644	68	22712	68	22780	68	22848	68	22916	68	22984	68	23052	68	23120
69	22839	69	22908	69	22977	69	23046	69	23115	69	23184	69	23253	69	23322	69	23391	69	23460
70	23170	70	23240	70	23310	70	23380	70	23450	70	23520	70	23590	70	23660	70	23730	70	23800
71	23501	71	23572	71	23643	71	23714	71	23785	71	23856	71	23927	71	23998	71	24069	71	24140
72	23832	72	23904	72	23976	72	24048	72	24120	72	24192	72	24264	72	24336	72	24408	72	24480
73	24163	73	24236	73	24309	73	24382	73	24455	73	24528	73	24601	73	24674	73	24747	73	24820
74	24494	74	24568	74	24642	74	24716	74	24790	74	24864	74	24938	74	25012	74	25086	74	25160
75	24825	75	24900	75	24975	75	25050	75	25125	75	25200	75	25275	75	25350	75	25425	75	25500
76	25156	76	25232	76	25308	76	25384	76	25460	76	25536	76	25612	76	25688	76	25764	76	25840
77	25487	77	25564	77	25641	77	25718	77	25795	77	25872	77	25949	77	26026	77	26103	77	26180
78	25818	78	25896	78	25974	78	26052	78	26130	78	26208	78	26286	78	26364	78	26442	78	26520
79	26149	79	26228	79	26307	79	26386	79	26465	79	26544	79	26623	79	26702	79	26781	79	26860
80	26480	80	26560	80	26640	80	26720	80	26800	80	26880	80	26960	80	27040	80	27120	80	27200
81	26811	81	26892	81	26973	81	27054	81	27135	81	27216	81	27297	81	27378	81	27459	81	27540
82	27142	82	27224	82	27306	82	27388	82	27470	82	27552	82	27634	82	27716	82	27798	82	27880
83	27473	83	27556	83	27639	83	27722	83	27805	83	27888	83	27971	83	28054	83	28137	83	28220
84	27804	84	27888	84	27972	84	28056	84	28140	84	28224	84	28308	84	28392	84	28476	84	28560
85	28135	85	28220	85	28305	85	28390	85	28475	85	28560	85	28645	85	28730	85	28815	85	28900
86	28466	86	28552	86	28638	86	28724	86	28810	86	28896	86	28982	86	29068	86	29154	86	29240
87	28797	87	28884	87	28971	87	29058	87	29145	87	29232	87	29319	87	29406	87	29493	87	29580
88	29128	88	29216	88	29304	88	29392	88	29480	88	29568	88	29656	88	29744	88	29832	88	29920
89	29459	89	29548	89	29637	89	29726	89	29815	89	29904	89	29993	89	30082	89	30171	89	30260
90	29790	90	29880	90	29970	90	30060	90	30150	90	30240	90	30330	90	30420	90	30510	90	30600
91	30121	91	30212	91	30303	91	30394	91	30485	91	30576	91	30667	91	30758	91	30849	91	30940
92	30452	92	30544	92	30636	92	30728	92	30820	92	30912	92	31004	92	31096	92	31188	92	31280
93	30783	93	30876	93	30969	93	31062	93	31155	93	31248	93	31341	93	31434	93	31527	93	31620
94	31114	94	31208	94	31302	94	31396	94	31490	94	31584	94	31678	94	31772	94	31866	94	31960
95	31445	95	31540	95	31635	95	31730	95	31825	95	31920	95	32015	95	32110	95	32205	95	32300
96	31776	96	31872	96	31968	96	32064	96	32160	96	32256	96	32352	96	32448	96	32544	96	32640
97	32107	97	32204	97	32301	97	32398	97	32495	97	32592	97	32689	97	32786	97	32883	97	32980
98	32438	98	32536	98	32634	98	32732	98	32830	98	32928	98	33026	98	33124	98	33222	98	33320
99	32769	99	32868	99	32967	99	33066	99	33165	99	33264	99	33363	99	33462	99	33561	99	33660
100	33100	100	33200	100	33300	100	33400	100	33500	100	33600	100	33700	100	33800	100	33900	100	34000

	341	342	343	344	345	346	347	348	349	350
1	341	342	343	344	345	346	347	348	349	350
2	682	684	686	688	690	692	694	696	698	700
3	1023	1026	1029	1032	1035	1038	1041	1044	1047	1050
4	1364	1368	1372	1376	1380	1384	1388	1392	1396	1400
5	1705	1710	1715	1720	1725	1730	1735	1740	1745	1750
6	2046	2052	2058	2064	2070	2076	2082	2088	2094	2100
7	2387	2394	2401	2408	2415	2422	2429	2436	2443	2450
8	2728	2736	2744	2752	2760	2768	2776	2784	2792	2800
9	3069	3078	3087	3096	3105	3114	3123	3132	3141	3150
10	3410	3420	3430	3440	3450	3460	3470	3480	3490	3500
11	3751	3762	3773	3784	3795	3806	3817	3828	3839	3850
12	4092	4104	4116	4128	4140	4152	4164	4176	4188	4200
13	4433	4446	4459	4472	4485	4498	4511	4524	4537	4550
14	4774	4788	4802	4816	4830	4844	4858	4872	4886	4900
15	5115	5130	5145	5160	5175	5190	5205	5220	5235	5250
16	5456	5472	5488	5504	5520	5536	5552	5568	5584	5600
17	5797	5814	5831	5848	5865	5882	5899	5916	5933	5950
18	6138	6156	6174	6192	6210	6228	6246	6264	6282	6300
19	6479	6498	6517	6536	6555	6574	6593	6612	6631	6650
20	6820	6840	6860	6880	6900	6920	6940	6960	6980	7000
21	7161	7182	7203	7224	7245	7266	7287	7308	7329	7350
22	7502	7524	7546	7568	7590	7612	7634	7656	7678	7700
23	7843	7866	7889	7912	7935	7958	7981	8004	8027	8050
24	8184	8208	8232	8256	8280	8304	8328	8352	8376	8400
25	8525	8550	8575	8600	8625	8650	8675	8700	8725	8750
26	8866	8892	8918	8944	8970	8996	9022	9048	9074	9100
27	9207	9234	9261	9288	9315	9342	9369	9396	9423	9450
28	9548	9576	9604	9632	9660	9688	9716	9744	9772	9800
29	9889	9918	9947	9976	10005	10034	10063	10092	10121	10150
30	10230	10260	10290	10320	10350	10380	10410	10440	10470	10500
31	10571	10602	10633	10664	10695	10726	10757	10788	10819	10850
32	10912	10944	10976	11008	11040	11072	11104	11136	11168	11200
33	11253	11286	11319	11352	11385	11418	11451	11484	11517	11550
34	11594	11628	11662	11696	11730	11764	11798	11832	11866	11900
35	11935	11970	12005	12040	12075	12110	12145	12180	12215	12250
36	12276	12312	12348	12384	12420	12456	12492	12528	12564	12600
37	12617	12654	12691	12728	12765	12802	12839	12876	12913	12950
38	12958	12996	13034	13072	13110	13148	13186	13224	13262	13300
39	13299	13338	13377	13416	13455	13494	13533	13572	13611	13650
40	13640	13680	13720	13760	13800	13840	13880	13920	13960	14000
41	13981	14022	14063	14104	14145	14186	14227	14268	14309	14350
42	14322	14364	14406	14448	14490	14532	14574	14616	14658	14700
43	14663	14706	14749	14792	14835	14878	14921	14964	15007	15050
44	15004	15048	15092	15136	15180	15224	15268	15312	15356	15400
45	15345	15390	15435	15480	15525	15570	15615	15660	15705	15750
46	15686	15732	15778	15824	15870	15916	15962	16008	16054	16100
47	16027	16074	16121	16168	16215	16262	16309	16356	16403	16450
48	16368	16416	16464	16512	16560	16608	16656	16704	16752	16800
49	16709	16758	16807	16856	16905	16954	17003	17052	17101	17150
50	17050	17100	17150	17200	17250	17300	17350	17400	17450	17500
51	17391	17442	17493	17544	17595	17646	17697	17748	17799	17850
52	17732	17784	17836	17888	17940	17992	18044	18096	18148	18200
53	18073	18126	18179	18232	18285	18338	18391	18444	18497	18550
54	18414	18468	18522	18576	18630	18684	18738	18792	18846	18900
55	18755	18810	18865	18920	18975	19030	19085	19140	19195	19250
56	19096	19152	19208	19264	19320	19376	19432	19488	19544	19600
57	19437	19494	19551	19608	19665	19722	19779	19836	19893	19950
58	19778	19836	19894	19952	20010	20068	20126	20184	20242	20300
59	20119	20178	20237	20296	20355	20414	20473	20532	20591	20650
60	20460	20520	20580	20640	20700	20760	20820	20880	20940	21000
61	20801	20862	20923	20984	21045	21106	21167	21228	21289	21350
62	21142	21204	21266	21328	21390	21452	21514	21576	21638	21700
63	21483	21546	21609	21672	21735	21798	21861	21924	21987	22050
64	21824	21888	21952	22016	22080	22144	22208	22272	22336	22400
65	22165	22230	22295	22360	22425	22490	22555	22620	22685	22750
66	22506	22572	22638	22704	22770	22836	22902	22968	23034	23100
67	22847	22914	22981	23048	23115	23182	23249	23316	23383	23450
68	23188	23256	23324	23392	23460	23528	23596	23664	23732	23800
69	23529	23598	23667	23736	23805	23874	23943	24012	24081	24150
70	23870	23940	24010	24080	24150	24220	24290	24360	24430	24500
71	24211	24282	24353	24424	24495	24566	24637	24708	24779	24850
72	24552	24624	24696	24768	24840	24912	24984	25056	25128	25200
73	24893	24966	25039	25112	25185	25258	25331	25404	25477	25550
74	25234	25308	25382	25456	25530	25604	25678	25752	25826	25900
75	25575	25650	25725	25800	25875	25950	26025	26100	26175	26250
76	25916	25992	26068	26144	26220	26296	26372	26448	26524	26600
77	26257	26334	26411	26488	26565	26642	26719	26796	26873	26950
78	26598	26676	26754	26832	26910	26988	27066	27144	27222	27300
79	26939	27018	27097	27175	27255	27334	27413	27492	27571	27650
80	27280	27360	27440	27520	27600	27680	27760	27840	27920	28000
81	27621	27702	27783	27864	27945	28026	28107	28188	28269	28350
82	27962	28044	28126	28208	28290	28372	28454	28536	28618	28700
83	28303	28386	28469	28552	28635	28718	28801	28884	28967	29050
84	28644	28728	28812	28896	28980	29064	29148	29232	29316	29400
85	28985	29070	29155	29240	29325	29410	29495	29580	29665	29750
86	29326	29412	29498	29584	29670	29756	29842	29928	30014	30100
87	29667	29754	29841	29928	30015	30102	30189	30276	30363	30450
88	30008	30096	30184	30272	30360	30448	30536	30624	30712	30800
89	30349	30438	30527	30616	30705	30794	30883	30972	31061	31150
90	30690	30780	30870	30960	31050	31140	31230	31320	31410	31500
91	31031	31122	31213	31304	31395	31486	31577	31668	31759	31850
92	31372	31464	31556	31648	31740	31832	31924	32016	32108	32200
93	31713	31806	31899	31992	32085	32178	32271	32364	32457	32550
94	32054	32148	32242	32336	32430	32524	32618	32712	32806	32900
95	32395	32490	32585	32680	32775	32870	32965	33060	33155	33250
96	32736	32832	32928	33024	33120	33216	33312	33408	33504	33600
97	33077	33174	33271	33368	33465	33562	33659	33756	33853	33950
98	33418	33516	33614	33712	33810	33908	34006	34104	34202	34300
99	33759	33858	33957	34056	34155	34254	34353	34452	34551	34650
100	34100	34200	34300	34400	34500	34600	34700	34800	34900	35000

	351		352		353		354		355		356		357		358		359		360
1	351	1	352	1	353	1	354	1	355	1	356	1	357	1	358	1	359	1	360
2	702	2	704	2	706	2	708	2	710	2	712	2	714	2	716	2	718	2	720
3	1053	3	1056	3	1059	3	1062	3	1065	3	1068	3	1071	4	1074	3	1077	3	1080
4	1404	4	1408	4	1412	4	1416	4	1420	4	1424	4	1428	3	1432	4	1436	4	1440
5	1755	5	1760	5	1765	5	1770	5	1775	5	1780	5	1785	5	1790	5	1795	5	1800
6	2106	6	2112	6	2118	6	2124	6	2130	6	2136	6	2142	6	2148	6	2154	6	2160
7	2457	7	2464	7	2471	7	2478	7	2485	7	2492	7	2499	7	2506	7	2513	7	2520
8	2808	8	2816	8	2824	8	2832	8	2840	8	2848	8	2856	8	2864	8	2872	8	2880
9	3159	9	3168	9	3177	9	3186	9	3195	9	3204	9	3213	9	3222	9	3231	9	3240
10	3510	10	3520	10	3530	10	3540	10	3550	10	3560	10	3570	10	3580	10	3590	10	3600
11	3861	11	3872	11	3883	11	3894	11	3905	11	3916	11	3927	11	3938	11	3949	11	3960
12	4212	12	4224	12	4236	12	4248	12	4260	12	4272	12	4284	12	4296	12	4308	12	4320
13	4563	13	4576	13	4589	13	4602	13	4615	13	4628	13	4641	13	4654	13	4667	13	4680
14	4914	14	4928	14	4942	14	4956	14	4970	14	4984	14	4998	14	5012	14	5026	14	5040
15	5265	15	5280	15	5295	15	5310	15	5325	15	5340	15	5355	15	5370	15	5385	15	5400
16	5616	16	5632	16	5648	16	5664	16	5680	16	5696	16	5712	16	5728	16	5744	16	5760
17	5967	17	5984	17	6001	17	6018	17	6035	17	6052	17	6069	17	6086	17	6103	17	6120
18	6318	18	6336	18	6354	18	6372	18	6390	18	6408	18	6426	18	6444	18	6462	18	6480
19	6669	19	6688	19	6707	19	6726	19	6745	19	6764	19	6783	19	6802	19	6821	19	6840
20	7020	20	7040	20	7060	20	7080	20	7100	20	7120	20	7140	20	7160	20	7180	20	7200
21	7371	21	7392	21	7413	21	7434	21	7455	21	7476	21	7497	21	7518	21	7539	21	7560
22	7722	22	7744	22	7766	22	7788	22	7810	22	7832	22	7854	22	7876	22	7898	22	7920
23	8073	23	8096	23	8119	23	8142	23	8165	23	8188	23	8211	23	8234	23	8257	23	8280
24	8424	24	8448	24	8472	24	8496	24	8520	24	8544	24	8568	24	8592	24	8616	24	8640
25	8775	25	8800	25	8825	25	8850	25	8875	25	8900	25	8925	25	8950	25	8975	25	9000
26	9126	26	9152	26	9178	26	9204	26	9230	26	9256	26	9282	26	9308	26	9334	26	9360
27	9477	27	9504	27	9531	27	9558	27	9585	27	9612	27	9639	27	9666	27	9693	27	9720
28	9828	28	9856	28	9884	28	9912	28	9940	28	9968	28	9996	28	10024	28	10052	28	10080
29	10179	29	10208	29	10237	29	10266	29	10295	29	10324	29	10353	29	10382	29	10411	29	10440
30	10530	30	10560	30	10590	30	10620	30	10650	30	10680	30	10710	30	10740	30	10770	30	10800
31	10881	31	10912	31	10943	31	10974	31	11005	31	11036	31	11067	31	11098	31	11129	31	11160
32	11232	32	11264	32	11296	32	11328	32	11360	32	11392	32	11424	32	11456	32	11488	32	11520
33	11583	33	11616	33	11649	33	11682	33	11715	33	11748	33	11781	33	11814	33	11847	33	11880
34	11934	34	11968	34	12002	34	12036	34	12070	34	12104	34	12138	34	12172	34	12206	34	12240
35	12285	35	12320	35	12355	35	12390	35	12425	35	12460	35	12495	35	12530	35	12565	35	12600
36	12636	36	12672	36	12708	36	12744	36	12780	36	12816	36	12852	36	12888	36	12924	36	12960
37	12987	37	13024	37	13061	37	13098	37	13135	37	13172	37	13209	37	13246	37	13283	37	13320
38	13338	38	13376	38	13414	38	13452	38	13490	38	13528	38	13566	38	13604	38	13642	38	13680
39	13689	39	13728	39	13767	39	13806	39	13845	39	13884	39	13923	39	13962	39	14001	39	14040
40	14040	40	14080	40	14120	40	14160	40	14200	40	14240	40	14280	40	14320	40	14360	40	14400
41	14391	41	14432	41	14473	41	14514	41	14555	41	14596	41	14637	41	14678	41	14719	41	14760
42	14742	42	14784	42	14826	42	14868	42	14910	42	14952	42	14994	42	15036	42	15078	42	15120
43	15093	43	15136	43	15179	43	15222	43	15265	43	15308	43	15351	43	15394	43	15437	43	15480
44	15444	44	15488	44	15532	44	15576	44	15620	44	15664	44	15708	44	15752	44	15796	44	15840
45	15795	45	15840	45	15885	45	15930	45	15975	45	16020	45	16065	45	16110	45	16155	45	16200
46	16146	46	16192	46	16238	46	16284	46	16330	46	16376	46	16422	46	16468	46	16514	46	16560
47	16497	47	16544	47	16591	47	16638	47	16685	47	16732	47	16779	47	16826	47	16873	47	16920
48	16848	48	16896	48	16944	48	16992	48	17040	48	17088	48	17136	48	17184	48	17232	48	17280
49	17199	49	17248	49	17297	49	17346	49	17395	49	17444	49	17493	49	17542	49	17591	49	17640
50	17550	50	17600	50	17650	50	17700	50	17750	50	17800	50	17850	50	17900	50	17950	50	18000
51	17901	51	17952	51	18003	51	18054	51	18105	51	18156	51	18207	51	18258	51	18309	51	18360
52	18252	52	18304	52	18356	52	18408	52	18460	52	18512	52	18564	52	18616	52	18668	52	18720
53	18603	53	18656	53	18709	53	18762	53	18815	53	18868	53	18921	53	18974	53	19027	53	19080
54	18954	54	19008	54	19062	54	19116	54	19170	54	19224	54	19278	54	19332	54	19386	54	19440
55	19305	55	19360	55	19415	55	19470	55	19525	55	19580	55	19635	55	19690	55	19745	55	19800
56	19656	56	19712	56	19768	56	19824	56	19880	56	19936	56	19992	56	20048	56	20104	56	20160
57	20007	57	20064	57	20121	57	20178	57	20235	57	20292	57	20349	57	20406	57	20463	57	20520
58	20358	58	20416	58	20474	58	20532	58	20590	58	20648	58	20706	58	20764	58	20822	58	20880
59	20709	59	20768	59	20827	59	20886	59	20945	59	21004	59	21063	59	21122	59	21181	59	21240
60	21060	60	21120	60	21180	60	21240	60	21300	60	21360	60	21420	60	21480	60	21540	60	21600
61	21411	61	21472	61	21533	61	21594	61	21655	61	21716	61	21777	61	21838	61	21899	61	21960
62	21762	62	21824	62	21886	62	21948	62	22010	62	22072	62	22134	62	22196	62	22258	62	22320
63	22113	63	22176	63	22239	63	22302	63	22365	63	22428	63	22491	63	22554	63	22617	63	22680
64	22464	64	22528	64	22592	64	22656	64	22720	64	22784	64	22848	64	22912	64	22976	64	23040
65	22815	65	22880	65	22945	65	23010	65	23075	65	23140	65	23205	65	23270	65	23335	65	23400
66	23166	66	23232	66	23298	66	23364	66	23430	66	23496	66	23562	66	23628	66	23694	66	23760
67	23517	67	23584	67	23651	67	23718	67	23785	67	23852	67	23919	67	23986	67	24053	67	24120
68	23868	68	23936	68	24004	68	24072	68	24140	68	24208	68	24276	68	24344	68	24412	68	24480
69	24219	69	24288	69	24357	69	24426	69	24495	69	24564	69	24633	69	24702	69	24771	69	24840
70	24570	70	24640	70	24710	70	24780	70	24850	70	24920	70	24990	70	25060	70	25130	70	25200
71	24921	71	24992	71	25063	71	25134	71	25205	71	25276	71	25347	71	25418	71	25489	71	25560
72	25272	72	25344	72	25416	72	25488	72	25560	72	25632	72	25704	72	25776	72	25848	72	25920
73	25623	73	25696	73	25769	73	25842	73	25915	73	25988	73	26061	73	26134	73	26207	73	26280
74	25974	74	26048	74	26122	74	26196	74	26270	74	26344	74	26418	74	26492	74	26566	74	26640
75	26325	75	26400	75	26475	75	26550	75	26625	75	26700	75	26775	75	26850	75	26925	75	27000
76	26676	76	26752	76	26828	76	26904	76	26980	76	27056	76	27132	76	27208	76	27284	76	27360
77	27027	77	27104	77	27181	77	27258	77	27335	77	27412	77	27489	77	27566	77	27643	77	27720
78	27378	78	27456	78	27534	78	27612	78	27690	78	27768	78	27846	78	27924	78	28002	78	28080
79	27729	79	27808	79	27887	79	27966	79	28045	79	28124	79	28203	79	28282	79	28361	79	28440
80	28080	80	28160	80	28240	80	28320	80	28400	80	28480	80	28560	80	28640	80	28720	80	28800
81	28431	81	28512	81	28593	81	28674	81	28755	81	28836	81	28917	81	28998	81	29079	81	29160
82	28782	82	28864	82	28946	82	29028	82	29110	82	29192	82	29274	82	29356	82	29438	82	29520
83	29133	83	29216	83	29299	83	29382	83	29465	83	29548	83	29631	83	29714	83	29797	83	29880
84	29484	84	29568	84	29652	84	29736	84	29820	84	29904	84	29988	84	30072	84	30156	84	30240
85	29835	85	29920	85	30005	85	30090	85	30175	85	30260	85	30345	85	30430	85	30515	85	30600
86	30186	86	30272	86	30358	86	30444	86	30530	86	30616	86	30702	86	30788	86	30874	86	30960
87	30537	87	30624	87	30711	87	30798	87	30885	87	30972	87	31059	87	31146	87	31233	87	31320
88	30888	88	30976	88	31064	88	31152	88	31240	88	31328	88	31416	88	31504	88	31592	88	31680
89	31239	89	31328	89	31417	89	31506	89	31595	89	31684	89	31773	89	31862	89	31951	89	32040
90	31590	90	31680	90	31770	90	31860	90	31950	90	32040	90	32130	90	32220	90	32310	90	32400
91	31941	91	32032	91	32123	91	32214	91	32305	91	32396	91	32487	91	32578	91	32669	91	32760
92	32292	92	32384	92	32476	92	32568	92	32660	92	32752	92	32844	92	32936	92	33028	92	33120
93	32643	93	32736	93	32829	93	32922	93	33015	93	33108	93	33201	93	33294	93	33387	93	33480
94	32994	94	33088	94	33182	94	33276	94	33370	94	33464	94	33558	94	33652	94	33746	94	33840
95	33345	95	33440	95	33535	95	33630	95	33725	95	33820	95	33915	95	34010	95	34105	95	34200
96	33696	96	33792	96	33888	96	33984	96	34080	96	34176	96	34272	96	34368	96	34464	96	34560
97	34047	97	34144	97	34241	97	34338	97	34435	97	34532	97	34629	97	34726	97	34823	97	34920
98	34398	98	34496	98	34594	98	34692	98	34790	98	34888	98	34986	98	35084	98	35182	98	35280
99	34749	99	34848	99	34947	99	35046	99	35145	99	35244	99	35343	99	35442	99	35541	99	35640
100	35100	100	35200	100	35300	100	35400	100	35500	100	35600	100	35700	100	35800	100	35900	100	36000

	361	362	363	364	365	366	367	368	369	370
1	361	362	363	364	365	366	367	368	369	370
2	722	724	726	728	730	732	734	736	738	740
3	1083	1086	1089	1092	1095	1098	1101	1104	1107	1110
4	1444	1448	1452	1456	1460	1464	1468	1472	1476	1480
5	1805	1810	1815	1820	1825	1830	1835	1840	1845	1850
6	2166	2172	2178	2184	2190	2196	2202	2208	2214	2220
7	2537	2534	2541	2548	2555	2562	2569	2576	2583	2590
8	2888	2896	2904	2912	2920	2928	2936	2944	2952	2960
9	3249	3258	3267	3276	3285	3294	3303	3312	3321	3330
10	3610	3620	3630	3640	3650	3660	3670	3680	3690	3700
11	3971	3982	3993	4004	4015	4026	4037	4048	4059	4070
12	4332	4344	4356	4368	4380	4392	4404	4416	4428	4440
13	4693	4706	4719	4732	4745	4758	4771	4784	4797	4810
14	5054	5068	5082	5096	5110	5124	5138	5152	5166	5180
15	5415	5430	5445	5460	5475	5490	5505	5520	5535	5550
16	5776	5792	5808	5824	5840	5856	5872	5888	5904	5920
17	6137	6154	6171	6188	6205	6222	6239	6256	6273	6290
18	6498	6516	6534	6552	6570	6588	6606	6624	6642	6660
19	6859	6878	6897	6916	6935	6954	6973	6992	7011	7030
20	7220	7240	7260	7280	7300	7320	7340	7360	7380	7400
21	7581	7602	7623	7644	7665	7686	7707	7728	7749	7770
22	7942	7964	7986	8008	8030	8052	8074	8096	8118	8140
23	8303	8326	8349	8372	8395	8418	8441	8464	8487	8510
24	8664	8688	8712	8736	8760	8784	8808	8832	8856	8880
25	9025	9050	9075	9100	9125	9150	9175	9200	9225	9250
26	9386	9412	9438	9464	9490	9516	9542	9568	9594	9620
27	9747	9774	9801	9828	9855	9882	9909	9936	9963	9990
28	10108	10136	10164	10192	10220	10248	10276	10304	10332	10360
29	10469	10498	10527	10556	10585	10614	10643	10672	10701	10730
30	10830	10860	10890	10920	10950	10980	11010	11040	11070	11100
31	11191	11222	11253	11284	11315	11346	11377	11408	11439	11470
32	11552	11584	11616	11648	11680	11712	11744	11776	11808	11840
33	11913	11946	11979	12012	12045	12078	12111	12144	12177	12210
34	12274	12308	12342	12376	12410	12444	12478	12512	12546	12580
35	12635	12670	12705	12740	12775	12810	12845	12880	12915	12950
36	12996	13032	13068	13104	13140	13176	13212	13248	13284	13320
37	13357	13394	13431	13468	13505	13542	13579	13616	13653	13690
38	13718	13756	13794	13832	13870	13908	13946	13984	14022	14060
39	14079	14118	14157	14196	14235	14274	14313	14352	14391	14430
40	14440	14480	14520	14560	14600	14640	14680	14720	14760	14800
41	14801	14842	14883	14924	14965	15006	15047	15088	15129	15170
42	15162	15204	15246	15288	15330	15372	15414	15456	15498	15540
43	15523	15566	15609	15652	15695	15738	15781	15824	15867	15910
44	15884	15928	15972	16016	16060	16104	16148	16192	16236	16280
45	16245	16290	16335	16380	16425	16470	16515	16560	16605	16650
46	16606	16652	16698	16744	16790	16836	16882	16928	16974	17020
47	16967	17014	17061	17108	17155	17202	17249	17296	17343	17390
48	17328	17376	17424	17472	17520	17568	17616	17664	17712	17760
49	17689	17738	17787	17836	17885	17934	17983	18032	18081	18130
50	18050	18100	18150	18200	18250	18300	18350	18400	18450	18500
51	18411	18462	18513	18564	18615	18666	18717	18768	18819	18870
52	18772	18824	18876	18928	18980	19032	19084	19136	19188	19240
53	19133	19186	19239	19292	19345	19398	19451	19504	19557	19610
54	19494	19548	19602	19656	19710	19764	19818	19872	19926	19980
55	19855	19910	19965	20020	20075	20130	20185	20240	20295	20350
56	20216	20272	20328	20384	20440	20496	20552	20608	20664	20720
57	20577	20634	20691	20748	20805	20862	20919	20976	21033	21090
58	20938	20996	21054	21112	21170	21228	21286	21344	21402	21460
59	21299	21358	21417	21476	21535	21594	21653	21712	21771	21830
60	21660	21720	21780	21840	21900	21960	22020	22080	22140	22200
61	22021	22082	22143	22204	22265	22326	22387	22448	22509	22570
62	22382	22444	22506	22568	22630	22692	22754	22816	22878	22940
63	22743	22806	22869	22932	22995	23058	23121	23184	23247	23310
64	23104	23168	23232	23296	23360	23424	23488	23552	23616	23680
65	23465	23530	23595	23660	23725	23790	23855	23920	23985	24050
66	23826	23892	23958	24024	24090	24156	24222	24288	24354	24420
67	24187	24254	24321	24388	24455	24522	24589	24656	24723	24790
68	24548	24616	24684	24752	24820	24888	24956	25024	25092	25160
69	24909	24978	25047	25116	25185	25254	25323	25392	25461	25530
70	25270	25340	25410	25480	25550	25620	25690	25760	25830	25900
71	25631	25702	25773	25844	25915	25986	26057	26128	26199	26270
72	25992	26064	26136	26208	26280	26352	26424	26496	26568	26640
73	26353	26426	26499	26572	26645	26718	26791	26864	26937	27010
74	26714	26788	26862	26936	27010	27084	27158	27232	27306	27380
75	27075	27150	27225	27300	27375	27450	27525	27600	27675	27750
76	27436	27512	27588	27664	27740	27816	27892	27968	28044	28120
77	27797	27874	27951	28028	28105	28182	28259	28336	28413	28490
78	28158	28236	28314	28392	28470	28548	28626	28704	28782	28860
79	28519	28598	28677	28756	28835	28914	28993	29072	29151	29230
80	28880	28960	29040	29120	29200	29280	29360	29440	29520	29600
81	29241	29322	29403	29484	29565	29646	29727	29808	29889	29970
82	29602	29684	29766	29848	29930	30012	30094	30176	30258	30340
83	29963	30046	30129	30212	30295	30378	30461	30544	30627	30710
84	30324	30408	30492	30576	30660	30744	30828	30912	30996	31080
85	30685	30770	30855	30940	31025	31110	31195	31280	31365	31450
86	31046	31132	31218	31304	31390	31476	31562	31648	31734	31820
87	31407	31494	31581	31668	31755	31842	31929	32016	32103	32190
88	31768	31856	31944	32032	32120	32208	32296	32384	32472	32560
89	32129	32218	32307	32396	32485	32574	32663	32752	32841	32930
90	32490	32580	32670	32760	32850	32940	33030	33120	33210	33300
91	32851	32942	33033	33124	23215	33306	33397	33488	33579	33670
92	33212	33304	33396	33488	33580	33672	33764	33856	33948	34040
93	33573	33666	33759	33852	33945	34038	34131	34224	34317	34040
94	33934	34028	34122	34216	34310	34404	34498	34592	34686	34780
95	34295	34390	34485	34580	34675	34770	34865	34960	35055	35150
96	34656	34752	34848	34944	35040	35136	35232	35328	35424	35150
97	35017	35114	35211	35308	35405	35502	35599	35696	35793	35890
98	35378	35476	35574	35672	35770	35868	35966	36064	36162	36260
99	35739	35838	35937	36036	36135	36234	36333	36432	36531	36260
100	36100	36200	36300	36400	36500	36600	36700	36800	36900	37000

	371	372	373	374	375	376	377	378	379	380
1	371	372	373	374	375	376	377	378	379	380
2	742	744	746	748	750	752	754	756	758	760
3	1113	1116	1119	1122	1125	1128	1131	1134	1137	1140
4	1484	1488	1492	1496	1500	1504	1508	1512	1516	1520
5	1855	1860	1865	1870	1875	1880	1885	1890	1895	1900
6	2226	2232	2238	2244	2250	2256	2262	2268	2274	2280
7	2597	2604	2611	2618	2625	2632	2639	2646	2653	2660
8	2968	2976	2984	2992	3000	3008	3016	3024	3032	3040
9	3339	3348	3357	3366	3375	3384	3393	3402	3411	3420
10	3710	3720	3730	3740	3750	3760	3770	3780	3790	3800
11	4081	4092	4103	4114	4125	4136	4147	4158	4169	4180
12	4452	4464	4476	4488	4500	4512	4524	4536	4548	4560
13	4823	4836	4849	4862	4875	4888	4901	4914	4927	4940
14	5194	5208	5222	5236	5250	5264	5278	5292	5306	5320
15	5565	5580	5595	5610	5625	5640	5655	5670	5685	5700
16	5936	5952	5968	5984	6000	6016	6032	6048	6064	6080
17	6307	6324	6341	6358	6375	6392	6409	6426	6443	6460
18	6678	6696	6714	6732	6750	6768	6786	6804	6822	6840
19	7049	7068	7087	7106	7125	7144	7163	7182	7201	7220
20	7420	7440	7460	7480	7500	7520	7540	7560	7580	7600
21	7791	7812	7833	7854	7875	7896	7917	7938	7959	7980
22	8162	8184	8206	8228	8250	8272	8294	8316	8338	8360
23	8533	8556	8579	8602	8625	8648	8671	8694	8717	8740
24	8904	8928	8952	8976	9000	9024	9048	9072	9096	9120
25	9275	9300	9325	9350	9375	9400	9425	9450	9475	9500
26	9646	9672	9698	9724	9750	9776	9802	9828	9854	9880
27	10017	10044	10071	10098	10125	10152	10179	10206	10233	10260
28	10388	10416	10444	10472	10500	10528	10556	10584	10612	10640
29	10759	10788	10817	10846	10875	10904	10933	10962	10991	11020
30	11130	11160	11190	11220	11250	11280	11310	11340	11370	11400
31	11501	11532	11563	11594	11625	11656	11687	11718	11749	11780
32	11872	11904	11936	11968	12000	12032	12064	12096	12128	12160
33	12243	12276	12309	12342	12375	12408	12441	12474	12507	12540
34	12614	12648	12682	12716	12750	12784	12818	12852	12886	12920
35	12985	13020	13055	13090	13125	13160	13195	13230	13265	13300
36	13356	13392	13428	13464	13500	13536	13572	13608	13644	13680
37	13727	13764	13801	13838	13875	13912	13949	13986	14023	14060
38	14098	14136	14174	14212	14250	14288	14326	14364	14402	14440
39	14469	14508	14547	14586	14625	14664	14703	14742	14781	14820
40	14840	14880	14920	14960	15000	15040	15080	15120	15160	15200
41	15211	15252	15293	15334	15375	15416	15457	15498	15539	15580
42	15582	15624	15666	15708	15750	15792	15834	15876	15918	15960
43	15953	15996	16039	16082	16125	16168	16211	16254	16297	16340
44	16324	16368	16412	16456	16500	16544	16588	16632	16676	16720
45	16695	16740	16785	16830	16875	16920	16965	17010	17055	17100
46	17066	17112	17158	17204	17250	17296	17342	17388	17434	17480
47	17437	17484	17531	17578	17625	17672	17719	17766	17813	17860
48	17808	17856	17904	17952	18000	18048	18096	18144	18192	18240
49	18179	18228	18277	18326	18375	18424	18473	18522	18571	18620
50	18550	18600	18650	18700	18750	18800	18850	18900	18950	19000
51	18921	18972	19023	19074	19125	19176	19227	19278	19329	19380
52	19292	19344	19396	19448	19500	19552	19604	19656	19708	19760
53	19663	19716	19769	19822	19875	19928	19981	20034	20087	20140
54	20034	20088	20142	20196	20250	20304	20358	20412	20466	20520
55	20405	20460	20515	20570	20625	20680	20735	20790	20845	20900
56	20776	20832	20888	20944	21000	21056	21112	21168	21224	21280
57	21147	21204	21261	21318	21375	21432	21489	21546	21603	21660
58	21518	21576	21634	21692	21750	21808	21866	21924	21982	22040
59	21889	21948	22007	22066	22125	22184	22243	22302	22361	22420
60	22260	22320	22380	22440	22500	22560	22620	22680	22740	22800
61	22631	22692	22753	22814	22875	22936	22997	23058	23119	23180
62	23002	23064	23126	23188	23250	23312	23374	23436	23498	23560
63	23373	23436	23499	23562	23625	23688	23751	23814	23877	23940
64	23744	23808	23872	23936	24000	24064	24128	24192	24256	24320
65	24115	24180	24245	24310	24375	24440	24505	24570	24635	24700
66	24486	24552	24618	24684	24750	24816	24882	24948	25014	25080
67	24857	24924	24991	25058	25125	25192	25259	25326	25393	25460
68	25228	25296	25364	25432	25500	25568	25636	25704	25772	25840
69	25599	25668	25737	25806	25875	25944	26013	26082	26151	26220
70	25970	26040	26110	26180	26250	26320	26390	26460	26530	26600
71	26341	26412	26483	26554	26625	26696	26767	26838	26909	26980
72	26712	26784	26856	26928	27000	27072	27144	27216	27288	27360
73	27083	27156	27229	27302	27375	27448	27521	27594	27667	27740
74	27454	27528	27602	27676	27750	27824	27898	27972	28046	28120
75	27825	27900	27975	28050	28125	28200	28275	28350	28425	28500
76	28196	28272	28348	28424	28500	28576	28652	28728	28804	28880
77	28567	28644	28721	28798	28875	28952	29029	29106	29183	29260
78	28938	29016	29094	29172	29250	29328	29406	29484	29562	29640
79	29309	29388	29467	29546	29625	29704	29783	29862	29941	30020
80	29680	29760	29840	29920	30000	30080	30160	30240	30320	30400
81	30051	30132	30213	30294	30375	30456	30537	30618	30699	30780
82	30422	30504	30586	30668	30750	30832	30914	30996	31078	31160
83	30793	30876	30959	31042	31125	31208	31291	31374	31457	31540
84	31164	31248	31332	31416	31500	31584	31668	31752	31836	31920
85	31535	31620	31705	31790	31875	31960	32045	32130	32215	32300
86	31906	31992	32078	32164	32250	32336	32422	32508	32594	32680
87	32277	32364	32451	32538	32625	32712	32799	32886	32973	33060
88	32648	32736	32824	32912	33000	33088	33176	33264	33352	33440
89	33019	33108	33197	33286	33375	33464	33553	33642	33731	33820
90	33390	33480	33570	33660	33750	33840	33930	34020	34110	34200
91	33761	33852	33943	34034	34125	34216	34307	34398	34489	34580
92	34132	34224	34316	34408	34500	34592	34684	34776	34868	34960
93	34503	34596	34689	34782	34875	34968	35061	35154	35247	35340
94	34874	34968	35062	35156	35250	35344	35438	35532	35626	35720
95	35245	35340	35435	35530	35625	35720	35815	35910	36005	36100
96	35616	35712	35808	35904	36000	36096	36192	36288	36384	36480
97	35987	36084	36181	36278	36375	36472	36569	36666	36763	36860
98	36358	36456	36554	36652	36750	36848	36946	37044	37142	37240
99	36729	36828	36927	37026	37125	37224	37323	37422	37521	37620
100	37100	37200	37300	37400	37500	37600	37700	37800	37900	38000

	381	382	383	384	385	386	387	388	389	390
1	381	382	383	384	385	386	387	388	389	390
2	762	764	766	768	770	772	774	776	778	780
3	1143	1146	1149	1152	1155	1158	1161	1164	1167	1170
4	1524	1528	1532	1536	1540	1544	1548	1552	1556	1560
5	1905	1910	1915	1920	1925	1930	1935	1940	1945	1950
6	2286	2292	2298	2304	2310	2316	2322	2328	2334	2340
7	2667	2674	2681	2688	2695	2702	2709	2716	2723	2730
8	3048	3056	3064	3072	3080	3088	3096	3104	3112	3120
9	3429	3438	3447	3456	3465	3474	3483	3492	3501	3510
10	3810	3820	3830	3840	3850	3860	3870	3880	3890	3900
11	4191	4202	4213	4224	4235	4246	4257	4268	4279	4290
12	4572	4584	4596	4608	4620	4632	4644	4656	4668	4680
13	4953	4966	4979	4992	5005	5018	5031	5044	5057	5070
14	5334	5348	5362	5376	5390	5404	5418	5432	5446	5460
15	5715	5730	5745	5760	5775	5790	5805	5820	5835	5850
16	6096	6112	6128	6144	6160	6176	6192	6208	6224	6240
17	6477	6494	6511	6528	6545	6562	6579	6596	6613	6630
18	6858	6876	6894	6912	6930	6948	6966	6984	7002	7020
19	7239	7258	7277	7296	7315	7334	7353	7372	7391	7410
20	7620	7640	7660	7680	7700	7720	7740	7760	7780	7800
21	8001	8022	8043	8064	8085	8106	8127	8148	8169	8190
22	8382	8404	8426	8448	8470	8492	8514	8536	8558	8580
23	8763	8786	8809	8832	8855	8878	8901	8924	8947	8970
24	9144	9168	9192	9216	9240	9264	9288	9312	9336	9360
25	9525	9550	9575	9600	9625	9650	9675	9700	9725	9750
26	9906	9932	9958	9984	10010	10036	10062	10088	10114	10140
27	10287	10314	10341	10368	10395	10422	10449	10476	10503	10530
28	10668	10696	10724	10752	10780	10808	10836	10864	10892	10920
29	11049	11078	11107	11136	11165	11194	11223	11252	11281	11310
30	11430	11460	11490	11520	11550	11580	11610	11640	11670	11700
31	11811	11842	11873	11904	11935	11966	11997	12028	12059	12090
32	12192	12224	12256	12288	12320	12352	12384	12416	12448	12480
33	12573	12606	12639	12672	12705	12738	12771	12804	12837	12870
34	12954	12988	13022	13056	13090	13124	13158	13192	13226	13260
35	13335	13370	13405	13440	13475	13510	13545	13580	13615	13650
36	13716	13752	13788	13824	13860	13896	13932	13978	14004	14040
37	14097	14134	14171	14208	14245	14282	14319	14356	14393	14430
38	14478	14516	14554	14592	14630	14668	14706	14744	14782	14820
39	14859	14898	14937	14976	15015	15054	15093	15132	15171	15210
40	15240	15280	15320	15360	15400	15440	15480	15520	15560	15600
41	15621	15662	15703	15744	15785	15826	15867	15908	15949	15990
42	16002	16044	16086	16128	16170	16212	16254	16296	16338	16380
43	16383	16426	16469	16512	16555	16598	16641	16684	16727	16770
44	16764	16808	16852	16896	16940	16984	17028	17072	17116	17160
45	17145	17190	17235	17280	17325	17370	17415	17460	17505	17550
46	17526	17572	17618	17664	17710	17756	17802	17848	17894	17940
47	17907	17954	18001	18048	18095	18142	18189	18236	18283	18330
48	18288	18336	18384	18432	18480	18528	18576	18624	18672	18720
49	18669	18718	18767	18816	18865	18914	18963	19012	19061	19110
50	19050	19100	19150	19200	19250	19300	19350	19400	19450	19500
51	19431	19482	19533	19584	19635	19686	19737	19788	19839	19890
52	19812	19864	19916	19968	20020	20072	20124	20176	20228	20280
53	20193	20246	20299	20352	20405	20458	20511	20564	20617	20670
54	20574	20628	20682	20736	20790	20844	20898	20952	21006	21060
55	20955	21010	21065	21120	21175	21230	21285	21340	21395	21450
56	21336	21392	21448	21504	21560	21616	21672	21728	21784	21840
57	21717	21774	21831	21888	21945	22002	22059	22116	22173	22230
58	22098	22156	22214	22272	22330	22388	22446	22504	22562	22620
59	22479	22538	22597	22656	22715	22774	22833	22892	22951	23010
60	22860	22920	22980	23040	23100	23160	23220	23280	23340	23400
61	23241	23302	23363	23424	23485	23546	23607	23668	23729	23790
62	23622	23684	23746	23808	23870	23932	23994	24056	24118	24180
63	24003	24066	24129	24192	24255	24318	24381	24444	24507	24570
64	24384	24448	24512	24576	24640	24704	24768	24832	24896	24960
65	24765	24830	24895	24960	25025	25090	25155	25220	25285	25350
66	25146	25212	25278	25344	25410	25476	25542	25608	25674	25740
67	25527	25594	25661	25728	25795	25862	25929	25996	26063	26130
68	25908	25976	26044	26112	26180	26248	26316	26384	26452	26520
69	26289	26358	26427	26496	26565	26634	26703	26772	26841	26910
70	26670	26740	26810	26880	26950	27020	27090	27160	27230	27300
71	27051	27122	27193	27264	27335	27406	27477	27548	27619	27690
72	27432	27504	27576	27648	27720	27792	27864	27936	28008	28080
73	27813	27886	27959	28032	28105	28178	28251	28324	28397	28470
74	28194	28268	28342	28416	28490	28564	28638	28712	28786	28860
75	28575	28650	28725	28800	28875	28950	29025	29100	29175	29250
76	28956	29032	29108	29184	29260	29336	29412	29488	29564	29640
77	29337	29414	29491	29568	29645	29722	29799	29876	29953	30030
78	29718	29796	29874	29952	30030	30108	30186	30264	30342	30420
79	30099	30178	30257	30336	30415	30494	30573	30652	30731	30810
80	30480	30560	30640	30720	30800	30880	30960	31040	31120	31200
81	30861	30942	31023	31104	31185	31266	31347	31428	31509	31590
82	31242	31324	31406	31488	31570	31652	31734	31816	31898	31980
83	31623	31706	31789	31872	31955	32038	32121	32204	32287	32370
84	32004	32088	32172	32256	32340	32424	32508	32592	32676	32760
85	32385	32470	32555	32640	32725	32810	32895	32980	33065	33150
86	32766	32852	32938	33024	33110	33196	33282	33368	33454	33540
87	33147	33234	33321	33408	33495	33582	33669	33756	33843	33930
88	33528	33616	33704	33792	33880	33968	34056	34144	34232	34320
89	33909	33998	34087	34176	34265	34354	34443	34532	34621	34710
90	34290	34380	34470	34560	34650	34740	34830	34920	35010	35100
91	34671	34762	34853	34944	35035	35126	35217	35308	35399	35490
92	35052	35144	35236	35328	35420	35512	35604	35696	35788	35880
93	35433	35526	35619	35712	35805	35898	35991	36084	36177	36270
94	35814	35908	36002	36096	36190	36284	36378	36472	36566	36660
95	36195	36290	36385	36480	36575	36670	36765	36860	36955	37050
96	36576	36672	36768	36864	36960	37056	37152	37248	37344	37440
97	36957	37054	37151	37248	37345	37442	37539	37636	37733	37830
98	37338	37436	37534	37632	37730	37828	37926	38024	38122	38220
99	37719	37818	37917	38016	38115	38214	38313	38412	38511	38610
100	38100	38200	38300	38400	38500	38600	38700	38800	38900	39000

	391	392	393	394	395	396	397	398	399	400
1	391	392	393	394	395	396	397	398	399	400
2	782	784	786	788	790	792	794	796	798	800
3	1173	1176	1179	1182	1185	1188	1191	1194	1197	1200
4	1564	1568	1572	1576	1580	1584	1588	1592	1596	1600
5	1955	1960	1965	1970	1975	1980	1985	1990	1995	2000
6	2346	2352	2358	2364	2370	2376	2382	2388	2394	2400
7	2737	2744	2751	2758	2765	2772	2779	2786	2793	2800
8	3128	3136	3144	3152	3160	3168	3176	3184	3192	3200
9	3519	3528	3537	3546	3555	3564	3573	3582	3591	3600
10	3910	3920	3930	3940	3950	3960	3970	3980	3990	4000
11	4301	4312	4323	4334	4345	4356	4367	4378	4389	4400
12	4692	4704	4716	4728	4740	4752	4764	4776	4788	4800
13	5083	5096	5109	5122	5135	5148	5161	5174	5187	5200
14	5474	5488	5502	5516	5530	5544	5558	5572	5586	5600
15	5865	5880	5895	5910	5925	5940	5955	5970	5985	6000
16	6256	6272	6288	6304	6320	6336	6352	6368	6384	6400
17	6647	6664	6681	6698	6715	6732	6749	6766	6783	6800
18	7038	7056	7074	7092	7110	7128	7146	7164	7182	7200
19	7429	7448	7467	7486	7505	7524	7543	7562	7581	7600
20	7820	7840	7860	7880	7900	7920	7940	7960	7980	8000
21	8211	8232	8253	8274	8295	8316	8337	8358	8379	8400
22	8602	8624	8646	8668	8690	8712	8734	8756	8778	8800
23	8993	9016	9039	9062	9085	9108	9131	9154	9177	9200
24	9384	9408	9432	9456	9480	9504	9528	9552	9576	9600
25	9775	9800	9825	9850	9875	9900	9925	9950	9975	10000
26	10166	10192	10218	10244	10270	10296	10322	10348	10374	10400
27	10557	10584	10611	10638	10665	10692	10719	10746	10773	10800
28	10948	10976	11004	11032	11060	11088	11116	11144	11172	11200
29	11339	11368	11397	11426	11455	11484	11513	11542	11571	11600
30	11730	11760	11790	11820	11850	11880	11910	11940	11970	12000
31	12121	12152	12183	12214	12245	12276	12307	12338	12369	12400
32	12512	12544	12576	12608	12640	12672	12704	12736	12768	12800
33	12903	12936	12969	13002	13035	13068	13101	13134	13167	13200
34	13294	13328	13362	13396	13430	13464	13498	13532	13566	13600
35	13685	13720	13755	13790	13825	13860	13895	13930	13965	14000
36	14076	14112	14148	14184	14220	14256	14292	14328	14364	14400
37	14467	14504	14541	14578	14615	14652	14689	14726	14763	14800
38	14858	14896	14934	14972	15010	15048	15086	15124	15162	15200
39	15249	15288	15327	15366	15405	15444	15483	15522	15561	15600
40	15640	15680	15720	15760	15800	15840	15880	15920	15960	16000
41	16031	16072	16113	16154	16195	16236	16277	16318	16359	16400
42	16422	16464	16506	16548	16590	16632	16674	16716	16758	16800
43	16813	16856	16899	16942	16985	17028	17071	17114	17157	17200
44	17204	17248	17292	17336	17380	17424	17468	17512	17556	17600
45	17595	17640	17685	17730	17775	17820	17865	17910	17955	18000
46	17986	18032	18078	18124	18170	18216	18262	18308	18354	18400
47	18377	18424	18471	18518	18565	18612	18659	18706	18753	18800
48	18768	18816	18864	18912	18960	19008	19056	19104	19152	19200
49	19159	19208	19257	19306	19355	19404	19453	19502	19551	19600
50	19550	19600	19650	19700	19750	19800	19850	19900	19950	20000
51	19941	19992	20043	20094	20145	20196	20247	20298	20349	20400
52	20332	20384	20436	20488	20540	20592	20644	20696	20748	20800
53	20723	20776	20829	20882	20935	20988	21041	21094	21147	21200
54	21114	21168	21222	21276	21330	21384	21438	21492	21546	21600
55	21505	21560	21615	21670	21725	21780	21835	21890	21945	22000
56	21896	21952	22008	22064	22120	22176	22232	22288	22344	22400
57	22287	22344	22401	22458	22515	22572	22629	22686	22743	22800
58	22678	22736	22794	22852	22910	22968	23026	23084	23142	23200
59	23069	23128	23187	23246	23305	23364	23423	23482	23541	23600
60	23460	23520	23580	23640	23700	23760	23820	23880	23940	24000
61	23851	23912	23973	24034	24095	24156	24217	24278	24339	24400
62	24242	24304	24366	24428	24490	24552	24614	24676	24738	24800
63	24633	24696	24759	24822	24885	24948	25011	25074	25137	25200
64	25024	25088	25152	25216	25280	25344	25408	25472	25536	25600
65	25415	25480	25545	25610	25675	25740	25805	25870	25935	26000
66	25806	25872	25938	26004	26070	26136	26202	26268	26334	26400
67	26197	26264	26331	26398	26465	26532	26599	26666	26733	26800
68	26588	26656	26724	26792	26860	26928	26996	27064	27132	27200
69	26979	27048	27117	27186	27255	27324	27393	27462	27531	27600
70	27370	27440	27510	27580	27650	27720	27790	27860	27930	28000
71	27761	27832	27903	27974	28045	28116	28187	28258	28329	28400
72	28152	28224	28296	28368	28440	28512	28584	28656	28728	28800
73	28543	28616	28689	28762	28835	28908	28981	29054	29127	29200
74	28934	29008	29082	29156	29230	29304	29378	29452	29526	29600
75	29325	29400	29475	29550	29625	29700	29775	29850	29925	30000
76	29716	29792	29868	29944	30020	30096	30172	30248	30324	30400
77	30107	30184	30261	30338	30415	30492	30569	30646	30723	30800
78	30498	30576	30654	30732	30810	30888	30966	31044	31122	31200
79	30889	30968	31047	31126	31205	31284	31363	31442	31521	31600
80	31280	31360	31440	31520	31600	31680	31760	31840	31920	32000
81	31671	31752	31833	31914	31995	32076	32157	32238	32319	32400
82	32062	32144	32226	32308	32390	32472	32554	32636	32718	32800
83	32453	32536	32619	32702	32785	32868	32951	33034	33117	33200
84	32844	32928	33012	33096	33180	33264	33348	33432	33516	33600
85	33235	33320	33405	33490	33575	33660	33745	33830	33915	34000
86	33626	33712	33798	33884	33970	34056	34142	34228	34314	34400
87	34017	34104	34191	34278	34365	34452	34539	34626	34713	34800
88	34408	34496	34584	34672	34760	34848	34936	35024	35112	35200
89	34799	34888	34977	35066	35155	35244	35333	35422	35511	35600
90	35190	35280	35370	35460	35550	35640	35730	35820	35910	36000
91	35581	35672	35763	35854	35945	36036	36127	36218	36309	36400
92	35972	36064	36156	36248	36340	36432	36524	36616	36708	36800
93	36363	36456	36549	36642	36735	36828	36921	37014	37107	37200
94	36754	36848	36942	37036	37130	37224	37318	37412	37506	37600
95	37145	37240	37335	37430	37525	37620	37715	37810	37905	38000
96	37536	37632	37728	37824	37920	38016	38112	38208	38304	38400
97	37927	38024	38121	38218	38315	38412	38509	38606	38703	38800
98	38318	38416	38514	38612	38710	38808	38906	39004	39102	39200
99	38709	38808	38907	39006	39105	39204	39303	39402	39501	39600
100	39100	39200	39300	39400	39500	39600	39700	39800	39900	40000

	401		402		403		404		405		406		407		408		409		410
1	401	1	402	1	403	1	404	1	405	1	406	1	407	1	408	1	409	1	410
2	802	2	804	2	806	2	808	2	810	2	812	2	814	2	816	2	818	2	820
3	1203	3	1206	3	1209	3	1212	3	1215	3	1218	3	1221	3	1224	3	1227	3	1230
4	1604	4	1608	4	1612	4	1616	4	1620	4	1624	4	1628	4	1632	4	1636	4	1640
5	2005	5	2010	5	2015	5	2020	5	2025	5	2030	5	2035	5	2040	5	2045	5	2050
6	2406	6	2412	6	2418	6	2424	6	2430	6	2436	6	2442	6	2448	6	2454	6	2460
7	2807	7	2814	7	2821	7	2828	7	2835	7	2842	7	2849	7	2856	7	2863	7	2870
8	3208	8	3216	8	3224	8	3232	8	3240	8	3248	8	3256	8	3464	8	3272	8	3280
9	3609	9	3618	9	3627	9	3636	9	3645	9	3654	9	3663	9	3672	9	3681	9	3690
10	4010	10	4020	10	4030	10	4040	10	4050	10	4060	10	4070	10	4080	10	4090	10	4100
11	4411	11	4422	11	4433	11	4444	11	4455	11	4466	11	4477	11	4488	11	4499	11	4510
12	4812	12	4824	12	4836	12	4848	12	4860	12	4872	12	4884	12	4896	12	4908	12	4920
13	5213	13	5226	13	5239	13	5252	13	5265	13	5278	13	5291	13	5304	13	5317	13	5330
14	5614	14	5628	14	5642	14	5656	14	5670	14	5684	14	5698	14	5712	14	5726	14	5740
15	6015	15	6030	15	6045	15	6060	15	6075	15	6090	15	6105	15	6120	15	6135	15	6150
16	6416	16	6432	16	6448	16	6464	16	6480	16	6496	16	6512	16	6528	16	6544	16	6560
17	6817	17	6834	17	6851	17	6868	17	6885	17	6902	17	6919	17	6936	17	6953	17	6970
18	7218	18	7236	18	7254	18	7272	18	7290	18	7308	18	7326	18	7344	18	7362	18	7380
19	7619	19	7638	19	7657	19	7676	19	7695	19	7714	19	7733	19	7752	19	7771	19	7790
20	8020	20	8040	20	8060	20	8080	20	8100	20	8120	20	8140	20	8160	20	8180	20	8200
21	8421	21	8442	21	8463	21	8484	21	8505	21	8526	21	8547	21	8568	21	8589	21	8610
22	8822	22	8844	22	8866	22	8888	22	8910	22	8932	22	8954	22	8976	22	8998	22	9020
23	9223	23	9246	23	9269	23	9292	23	9315	23	9338	23	9361	23	9384	23	9407	23	9430
24	9624	24	9648	24	9672	24	9696	24	9720	24	9744	24	9768	24	9792	24	9816	24	9840
25	10025	25	10050	25	10075	25	10100	25	10125	25	10150	25	10175	25	10200	25	10225	25	10250
26	10426	26	10452	26	10478	26	10504	26	10530	26	10556	26	10582	26	10608	26	10634	26	10660
27	10827	27	10854	27	10881	27	10908	27	10935	27	10962	27	10989	27	11016	27	11043	27	11070
28	11228	28	11256	28	11284	28	11312	28	11340	28	11368	28	11396	28	11424	28	11452	28	11480
29	11629	29	11658	29	11687	29	11716	29	11745	29	11774	29	11803	29	11832	29	11861	29	11890
30	12030	30	12060	30	12090	30	12120	30	12150	30	12180	30	12210	30	12240	30	12270	30	12300
31	12431	31	12462	31	12493	31	12524	31	12555	31	12586	31	12617	31	12648	31	12679	31	12710
32	12832	32	12864	32	12896	32	12928	32	12960	32	12992	32	13024	32	13056	32	13088	32	13120
33	13233	33	13266	33	13299	33	13332	33	13365	33	13398	33	13431	33	13464	33	13497	33	13530
34	13634	34	13668	34	13702	34	13736	34	13770	34	13804	34	13838	34	13872	34	13906	34	13940
35	14035	35	14070	35	14105	35	14140	35	14175	35	14210	35	14245	35	14280	35	14315	35	14350
36	14436	36	14472	36	14508	36	14544	36	14580	36	14616	36	14652	36	14688	36	14724	36	14760
37	14837	37	14874	37	14911	37	14948	37	14985	37	15022	37	15059	37	15096	37	15133	37	15170
38	15238	38	15276	38	15314	38	15352	38	15390	38	15428	38	15466	38	15504	38	15542	38	15580
39	15639	39	15678	39	15717	39	15756	39	15795	39	15834	39	15873	39	15912	39	15951	39	15990
40	16040	40	16080	40	16120	40	16160	40	16200	40	16240	40	16280	40	16320	40	16360	40	16400
41	16441	41	16482	41	16523	41	16564	41	16605	41	16646	41	16687	41	16728	41	16769	41	16810
42	16842	42	16884	42	16926	42	16968	42	17010	42	17052	42	17094	42	17136	42	17178	42	17220
43	17243	43	17286	43	17329	43	17372	43	17415	43	17458	43	17501	43	17544	43	17587	43	17630
44	17644	44	17688	44	17732	44	17776	44	17820	44	17864	44	17908	44	17952	44	17996	44	18040
45	18045	45	18090	45	18135	45	18180	45	18225	45	18270	45	18315	45	18360	45	18405	45	18450
46	18446	46	18492	46	18538	46	18584	46	18630	46	18676	46	18722	46	18768	46	18814	46	18860
47	18847	47	18894	47	18941	47	18988	47	19035	47	19082	47	19129	47	19176	47	19223	47	19270
48	19248	48	19296	48	19344	48	19392	48	19440	48	19488	48	19536	48	19584	48	19632	48	19680
49	19649	49	19698	49	19747	49	19796	49	19845	49	19894	49	19943	49	19992	49	20041	49	20090
50	20050	50	20100	50	20150	50	20200	50	20250	50	20300	50	20350	50	20400	50	20450	50	20500
51	20451	51	20502	51	20553	51	20604	51	20655	51	20706	51	20757	51	20808	51	20859	51	20910
52	20852	52	20904	52	20956	52	21008	52	21060	52	21112	52	21164	52	21216	52	21268	52	21320
53	21253	53	21306	53	21359	53	21412	53	21465	53	21518	53	21571	53	21624	53	21677	53	21730
54	21654	54	21708	54	21762	54	21816	54	21870	54	21924	54	21978	54	22032	54	22086	54	22140
55	22055	55	22110	55	22165	55	22220	55	22275	55	22330	55	22385	55	22440	55	22495	55	22550
56	22456	56	22512	56	22568	56	22624	56	22680	56	22736	56	22792	56	22848	56	22904	56	22960
57	22857	57	22914	57	22971	57	23028	57	23085	57	23142	57	23199	57	23256	57	23313	57	23370
58	23258	58	23316	58	23374	58	23432	58	23490	58	23548	58	23606	58	23664	58	23722	58	23780
59	23659	59	23718	59	23777	59	23836	59	23895	59	23954	59	24013	59	24072	59	24131	59	24190
60	24060	60	24120	60	24180	60	24240	60	24300	60	24360	60	24420	60	24480	60	24540	60	24600
61	24461	61	24522	61	24583	61	24644	61	24705	61	24766	61	24827	61	24888	61	24949	61	25010
62	24862	62	24924	62	24986	62	25048	62	25110	62	25172	62	25234	62	25296	62	25358	62	25420
63	25263	63	25326	63	25389	63	25452	63	25515	63	25578	63	25641	63	25704	63	25767	63	25830
64	25664	64	25728	64	25792	64	25856	64	25920	64	25984	64	26048	64	26112	64	26176	64	26240
65	26065	65	26130	65	26195	65	26260	65	26325	65	26390	65	26455	65	26520	65	26585	65	26650
66	26466	66	26532	66	26598	66	26664	66	26730	66	26796	66	26862	66	26928	66	26994	66	27060
67	26867	67	26934	67	27001	67	27068	67	27135	67	27202	67	27269	67	27336	67	27403	67	27470
68	27268	68	27336	68	27404	68	27472	68	27540	68	27608	68	27676	68	27744	68	27812	68	27880
69	27669	69	27738	69	27807	69	27876	69	27945	69	28014	69	28083	69	28152	69	28221	69	28290
70	28070	70	28140	70	28210	70	28280	70	28350	70	28420	70	28490	70	28560	70	28630	70	28700
71	28471	71	28542	71	28613	71	28684	71	28755	71	28826	71	28897	71	28968	71	29039	71	29110
72	28872	72	28944	72	29016	72	29088	72	29160	72	29232	72	29304	72	29376	72	29448	72	29520
73	29273	73	29346	73	29419	73	29492	73	29565	73	29638	73	29711	73	29784	73	29857	73	29930
74	29674	74	29748	74	29822	74	29896	74	29970	74	30044	74	30118	74	30192	74	30266	74	30340
75	30075	75	30150	75	30225	75	30300	75	30375	75	30450	75	30525	75	30600	75	30675	75	30750
76	30476	76	30552	76	30628	76	30704	76	30780	76	30856	76	30932	76	31008	76	31084	76	31160
77	30877	77	30954	77	31031	77	31108	77	31185	77	31262	77	31339	77	31416	77	31493	77	31570
78	31278	78	31356	78	31434	78	31512	78	31590	78	31668	78	31746	78	31824	78	31902	78	31980
79	31679	79	31758	79	31837	79	31916	79	31995	79	32074	79	32153	79	32232	79	32311	79	32390
80	32080	80	32160	80	32240	80	32320	80	32400	80	32480	80	32560	80	32640	80	32720	80	32800
81	32481	81	32562	81	32643	81	32724	81	32805	81	32886	81	32967	81	33048	81	33129	81	33210
82	32882	82	32964	82	33046	82	33128	82	33210	82	33292	82	33374	82	33456	82	33538	82	33620
83	33283	83	33366	83	33449	83	33532	83	33615	83	33698	83	33781	83	33864	83	33947	83	34030
84	33684	84	33768	84	33852	84	33936	84	34020	84	34104	84	34188	84	34272	84	34356	84	34440
85	34085	85	34170	85	34255	85	34340	85	34425	85	34510	85	34595	85	34680	85	34765	85	34850
86	34486	86	34572	86	34658	86	34744	86	34830	86	34916	86	35002	86	35088	86	35174	86	35260
87	34887	87	34974	87	35061	87	35148	87	35235	87	35322	87	35409	87	35496	87	35583	87	35670
88	35288	88	35376	88	35464	88	35552	88	35640	88	35728	88	35816	88	35904	88	35992	88	36080
89	35689	89	35778	89	35867	89	35956	89	36045	89	36134	89	36223	89	36312	89	36401	89	36490
90	36090	90	36180	90	36270	90	36360	90	36450	90	36540	90	36630	90	36720	90	36810	90	36900
91	36491	91	36582	91	36673	91	36764	91	36855	91	36946	91	37037	91	37128	91	37219	91	37310
92	36892	92	36984	92	37076	92	37168	92	37260	92	37352	92	37444	92	37536	92	37628	92	37720
93	37293	93	37386	93	37479	93	37572	93	37665	93	37758	93	37851	93	37944	93	38037	93	38130
94	37694	94	37788	94	37882	94	37976	94	38070	94	38164	94	38258	94	38352	94	38446	94	38540
95	38095	95	38190	95	38285	95	38380	95	38475	95	38570	95	38665	95	38760	95	38855	95	38950
96	38496	96	38592	96	38688	96	38784	96	38880	96	38976	96	39072	96	39168	96	39264	96	39360
97	38897	97	38994	97	39091	97	39188	97	39285	97	39382	97	39479	97	39576	97	39673	97	39770
98	39298	98	39396	98	39494	98	39592	98	39690	98	39788	98	39886	98	39984	98	40082	98	40180
99	39699	99	39798	99	39897	99	39996	99	40095	99	40194	99	40293	99	40392	99	40491	99	40590
100	40100	100	40200	100	40300	100	40400	100	40500	100	40600	100	40700	100	40800	100	40900	100	41000

	411	412	413	414	415	416	417	418	419	420
1	411	412	413	414	415	416	417	418	419	420
2	822	824	826	828	830	832	834	836	838	840
3	1233	1236	1239	1242	1245	1248	1251	1254	1257	1260
4	1644	1648	1652	1656	1660	1664	1668	1672	1676	1680
5	2055	2060	2065	2070	2075	2080	2085	2090	2095	2100
6	2466	2472	2478	2484	2490	2496	2502	2508	2514	2520
7	2877	2884	2891	2898	2905	2912	2919	2926	2933	2940
8	3288	3296	3304	3312	3320	3328	3336	3344	3352	3360
9	3699	3708	3717	3726	3735	3744	3753	3762	3771	3780
10	4110	4120	4130	4140	4150	4160	4170	4180	4190	4200
11	4521	4532	4543	4554	4565	4576	4587	4598	4609	4620
12	4932	4944	4956	4968	4980	4992	5004	5016	5028	5040
13	5343	5356	5369	5382	5395	5408	5421	5434	5447	5460
14	5754	5768	5782	5796	5810	5824	5838	5852	5866	5880
15	6165	6180	6195	6210	6225	6240	6255	6270	6285	6300
16	6576	6592	6608	6624	6640	6656	6672	6688	6704	6720
17	6987	7004	7021	7038	7055	7072	7089	7106	7123	7140
18	7398	7416	7434	7452	7470	7488	7506	7524	7542	7560
19	7809	7828	7847	7866	7885	7904	7923	7942	7961	7980
20	8220	8240	8260	8280	8300	8320	8340	8360	8380	8400
21	8631	8652	8673	8694	8715	8736	8757	8778	8799	8820
22	9042	9064	9086	9108	9130	9152	9174	9196	9218	9240
23	9453	9476	9499	9522	9545	9568	9591	9614	9637	9660
24	9864	9888	9912	9936	9960	9984	10008	10032	10056	10080
25	10275	10300	10325	10350	10375	10400	10425	10450	10475	10500
26	10686	10712	10738	10764	10790	10816	10842	10868	10894	10920
27	11097	11124	11151	11178	11205	11232	11259	11286	11313	11340
28	11508	11536	11564	11592	11620	11648	11676	11704	11732	11760
29	11919	11948	11977	12006	12035	12064	12093	12122	12151	12180
30	12330	12360	12390	12420	12450	12480	12510	12540	12570	12600
31	12741	12772	12803	12834	12865	12896	12927	12958	12989	13020
32	13152	13184	13216	13248	13280	13312	13344	13376	13408	13440
33	13563	13596	13629	13662	13695	13728	13761	13794	13827	13860
34	13974	14008	14042	14076	14110	14144	14178	14212	14246	14280
35	14385	14420	14455	14490	14525	14560	14595	14630	14665	14700
36	14796	14832	14868	14904	14940	14976	15012	15048	15084	15120
37	15207	15244	15281	15318	15355	15392	15429	15466	15503	15540
38	15618	15656	15694	15732	15770	15808	15846	15884	15922	15960
39	16029	16068	16107	16146	16185	16224	16263	16302	16341	16380
40	16440	16480	16520	16560	16600	16640	16680	16720	16760	16800
41	16851	16892	16933	16974	17015	17056	17097	17138	17179	17220
42	17262	17304	17346	17388	17430	17472	17514	17556	17598	17640
43	17673	17716	17759	17802	17845	17888	17931	17974	18017	18060
44	18084	18128	18172	18216	18260	18304	18348	18392	18436	18480
45	18495	18540	18585	18630	18675	18720	18765	18810	18855	18900
46	18906	18952	18998	19044	19090	19136	19182	19228	19274	19320
47	19317	19364	19411	19458	19505	19552	19599	19646	19693	19740
48	19728	19776	19824	19872	19920	19968	20016	20064	20112	20160
49	20139	20188	20237	20286	20335	20384	20433	20482	20531	20580
50	20550	20600	20650	20700	20750	20800	20850	20900	20950	21000
51	20961	21012	21063	21114	21165	21216	21267	21318	21369	21420
52	21372	21424	21476	21528	21580	21632	21684	21736	21788	21840
53	21783	21836	21889	21942	21995	22048	22101	22154	22207	22260
54	22194	22248	22302	22356	22410	22464	22518	22572	22626	22680
55	22605	22660	22715	22770	22825	22880	22935	22990	23045	23100
56	23016	23072	23128	23184	23240	23296	23352	23408	23464	23520
57	23427	23484	23541	23598	23655	23712	23769	23826	23883	23940
58	23838	23896	23954	24012	24070	24128	24186	24244	24302	24360
59	24249	24308	24367	24426	24485	24544	24603	24662	24721	24780
60	24660	24720	24780	24840	24900	24960	25020	25080	25140	25200
61	25071	25132	25193	25254	25315	25376	25437	25498	25559	25620
62	25482	25544	25606	25668	25730	25792	25854	25916	25978	26040
63	25893	25956	26019	26082	26145	26208	26271	26334	26397	26460
64	26304	26368	26432	26496	26560	26624	26688	26752	26816	26880
65	26715	26780	26845	26910	26975	27040	27105	27170	27235	27300
66	27126	27192	27258	27324	27390	27456	27522	27588	27654	27720
67	27537	27604	27671	27738	27805	27872	27939	28006	28073	28140
68	27948	28016	28084	28152	28220	28288	28356	28424	28492	28560
69	28359	28428	28497	28566	28635	28704	28773	28842	28911	28980
70	28770	28840	28910	28980	29050	29120	29190	29260	29330	29400
71	29181	29252	29323	29394	29465	29536	29607	29678	29749	29820
72	29592	29664	29736	29808	29880	29952	30024	30096	30168	30240
73	30003	30076	30149	30222	30295	30368	30441	30514	30587	30660
74	30414	30488	30562	30636	30710	30784	30858	30932	31006	31080
75	30825	30900	30975	31050	31125	31200	31275	31350	31425	31500
76	31236	31312	31388	31464	31540	31616	31692	31768	31844	31920
77	31647	31724	31801	31878	31955	32032	32109	32186	32263	32340
78	32058	32136	32214	32292	32370	32448	32526	32604	32682	32760
79	32469	32548	32627	32706	32785	32864	32943	33022	33101	33180
80	32880	32960	33040	33120	33200	33280	33360	33440	33520	33600
81	33291	33372	33453	33534	33615	33696	33777	33858	33939	34020
82	33702	33784	33866	33948	34030	34112	34194	34276	34358	34440
83	34113	34196	34279	34362	34445	34528	34611	34694	34777	34860
84	34524	34608	34692	34776	34860	34944	35028	35112	35196	35280
85	34935	35020	35105	35190	35275	35360	35445	35530	35615	35700
86	35346	35432	35518	35604	35690	35776	35862	35948	36034	36120
87	35757	35844	35931	36018	36105	36192	36279	36366	36453	36540
88	36168	36256	36344	36432	36520	36608	36696	36784	36872	36960
89	36579	36668	36757	36846	36935	37024	37113	37202	37291	37380
90	36990	37080	37170	37260	37350	37440	37530	37620	37710	37800
91	37401	37492	37583	37674	37765	37856	37947	38038	38129	38220
92	37812	37904	37996	38088	38180	38272	38364	38456	38548	38640
93	38223	38316	38409	38502	38595	38688	38781	38874	38967	39060
94	38634	38728	38822	38916	39010	39104	39198	39292	39386	39480
95	39045	39140	39235	39330	39425	39520	39615	39710	39805	39900
96	39456	39552	39648	39744	39840	39936	40032	40128	40224	40320
97	39867	39964	40061	40158	40255	40352	40449	40546	40643	40740
98	40278	40376	40474	40572	40670	40768	40866	40964	41062	41160
99	40689	40788	40887	40986	41085	41184	41283	41382	41481	41580
100	41100	41200	41300	41400	41500	41600	41700	41800	41900	42000

	421		422		423		424		425		426		427		428		429		430
1	421	1	422	1	423	1	424	1	425	1	426	1	427	1	428	1	429	1	430
2	842	2	844	2	846	2	848	2	850	2	852	2	854	2	856	2	858	2	860
3	1263	3	1266	3	1269	3	1272	3	1275	3	1278	3	1281	3	1284	3	1287	3	1290
4	1684	4	1688	4	1692	4	1696	4	1700	4	1704	4	1708	4	1712	4	1716	4	1720
5	2105	5	2110	5	2115	5	2120	5	2125	5	2130	5	2135	5	2140	5	2145	5	2150
6	2526	6	2532	6	2538	6	2544	6	2550	6	2556	6	2562	6	2568	6	2574	6	2580
7	2947	7	2954	7	2961	7	2968	7	2975	7	2982	7	2989	7	2996	7	3003	7	3010
8	3368	8	3376	8	3384	8	3392	8	3400	8	3408	8	3416	8	3424	8	3432	8	3440
9	3789	9	3798	9	3807	9	3816	9	3825	9	3834	9	3843	9	3852	9	3861	9	3870
10	4210	10	4220	10	4230	10	4240	10	4250	10	4260	10	4270	10	4280	10	4290	10	4300
11	4631	11	4642	11	4653	11	4664	11	4675	11	4686	11	4697	11	4708	11	4719	11	4730
12	5052	12	5064	12	5076	12	5088	12	5100	12	5112	12	5124	12	5136	12	5148	12	5160
13	5473	13	5486	13	5499	13	5512	13	5525	13	5538	13	5551	13	5564	13	5577	13	5590
14	5894	14	5908	14	5922	14	5936	14	5950	14	5964	14	5978	14	5992	14	6006	14	6020
15	6315	15	6330	15	6345	15	6360	15	6375	15	6390	15	6405	15	6420	15	6435	15	6450
16	6736	16	6752	16	6768	16	6784	16	6800	16	6816	16	6832	16	6848	16	6864	16	6880
17	7157	17	7174	17	7191	17	7208	17	7225	17	7242	17	7259	17	7276	17	7293	17	7310
18	7578	18	7596	18	7614	18	7632	18	7650	18	7668	18	7686	18	7704	18	7722	18	7740
19	7999	19	8018	19	8037	19	8056	19	8075	19	8094	19	8113	19	8132	19	8151	19	8170
20	8420	20	8440	20	8460	20	8480	20	8500	20	8520	20	8540	20	8560	20	8580	20	8600
21	8841	21	8862	21	8883	21	8904	21	8925	21	8946	21	8967	21	8988	21	9009	21	9030
22	9262	22	9284	22	9306	22	9328	22	9350	22	9372	22	9394	22	9416	22	9438	22	9460
23	9683	23	9706	23	9729	23	9752	23	9775	23	9798	23	9821	23	9844	23	9867	23	9890
24	10104	24	10128	24	10152	24	10176	24	10200	24	10224	24	10248	24	10272	24	10296	24	10320
25	10525	25	10550	25	10575	25	10600	25	10625	25	10650	25	10675	25	10700	25	10725	25	10750
26	10946	26	10972	26	10998	26	11024	26	11050	26	11076	26	11102	26	11128	26	11154	26	11180
27	11367	27	11394	27	11421	27	11448	27	11475	27	11502	27	11529	27	11556	27	11583	27	11610
28	11788	28	11816	28	11844	28	11872	28	11900	28	11928	28	11956	28	11984	28	12012	28	12040
29	12209	29	12238	29	12267	29	12296	29	12325	29	12354	29	12383	29	12412	29	12441	29	12470
30	12630	30	12660	30	12690	30	12720	30	12750	30	12780	30	12810	30	12840	30	12870	30	12900
31	13051	31	13082	31	13113	31	13144	31	13175	31	13206	31	13237	31	13268	31	13299	31	13330
32	13472	32	13504	32	13536	32	13568	32	13600	32	13632	32	13664	32	13696	32	13728	32	13760
33	13893	33	13926	33	13959	33	13992	33	14025	33	14058	33	14091	33	14124	33	14157	33	14190
34	14314	34	14348	34	14382	34	14416	34	14450	34	14484	34	14518	34	14552	34	14586	34	14620
35	14735	35	14770	35	14805	35	14840	35	14875	35	14910	35	14945	35	14980	35	15015	35	15050
36	15156	36	15192	36	15228	36	15264	36	15300	36	15336	36	15372	36	15408	36	15444	36	15480
37	15577	37	15614	37	15651	37	15688	37	15725	37	15762	37	15799	37	15836	37	15873	37	15910
38	15998	38	16036	38	16074	38	16112	38	16150	38	16188	38	16226	38	16264	38	16302	38	16340
39	16419	39	16458	39	16497	39	16536	39	16575	39	16614	39	16653	39	16692	39	16731	39	16770
40	16840	40	16880	40	16920	40	16960	40	17000	40	17040	40	17080	40	17120	40	17160	40	17200
41	17261	41	17302	41	17343	41	17384	41	17425	41	17466	41	17507	41	17548	41	17589	41	17630
42	17682	42	17724	42	17766	42	17808	42	17850	42	17892	42	17934	42	17976	42	18018	42	18060
43	18103	43	18146	43	18189	43	18232	43	18275	43	18318	43	18361	43	18404	43	18447	43	18490
44	18524	44	18568	44	18612	44	18656	44	18700	44	18744	44	18788	44	18832	44	18876	44	18920
45	18945	45	18990	45	19035	45	19080	45	19125	45	19170	45	19215	45	19260	45	19305	45	19350
46	19366	46	19412	46	19458	46	19504	46	19550	46	19596	46	19642	46	19688	46	19734	46	19780
47	19787	47	19834	47	19881	47	19928	47	19975	47	20022	47	20069	47	20116	47	20163	47	20210
48	20208	48	20256	48	20304	48	20352	48	20400	48	20448	48	20496	48	20544	48	20592	48	20640
49	20629	49	20678	49	20727	49	20776	49	20825	49	20874	49	20923	49	20972	49	21021	49	21070
50	21050	50	21100	50	21150	50	21200	50	21250	50	21300	50	21350	50	21400	50	21450	50	21500
51	21471	51	21522	51	21573	51	21624	51	21675	51	21726	51	21777	51	21828	51	21879	51	21930
52	21892	52	21944	52	21996	52	22048	52	22100	52	22152	52	22204	52	22256	52	22308	52	22360
53	22313	53	22366	53	22419	53	22472	53	22525	53	22578	53	22631	53	22684	53	22737	53	22790
54	22734	54	22788	54	22842	54	22896	54	22950	54	23004	54	23058	54	23112	54	23166	54	23220
55	23155	55	23210	55	23265	55	23320	55	23375	55	23430	55	23485	55	23540	55	23595	55	23650
56	23576	56	23632	56	23688	56	23744	56	23800	56	23856	56	23912	56	23968	56	24024	56	24080
57	23997	57	24054	57	24111	57	24168	57	24225	57	24282	57	24339	57	24396	57	24453	57	24510
58	24418	58	24476	58	24534	58	24592	58	24650	58	24708	58	24766	58	24824	58	24882	58	24940
59	24839	59	24898	59	24957	59	25016	59	25075	59	25134	59	25193	59	25252	59	25311	59	25370
60	25260	60	25320	60	25380	60	25440	60	25500	60	25560	60	25620	60	25680	60	25740	60	25800
61	25681	61	25742	61	25803	61	25864	61	25925	61	25986	61	26047	61	26108	61	26169	61	26230
62	26102	62	26164	62	26226	62	26288	62	26350	62	26412	62	26474	62	26536	62	26598	62	26660
63	26523	63	26586	63	26649	63	26712	63	26775	63	26838	63	26901	63	26964	63	27027	63	27090
64	26944	64	27008	64	27072	64	27136	64	27200	64	27264	64	27328	64	27392	64	27456	64	27520
65	27365	65	27430	65	27495	65	27560	65	27625	65	27690	65	27755	65	27820	65	27885	65	27950
66	27786	66	27852	66	27918	66	27984	66	28050	66	28116	66	28182	66	28248	66	28314	66	28380
67	28207	67	28274	67	28341	67	28408	67	28475	67	28542	67	28609	67	28676	67	28743	67	28810
68	28628	68	28696	68	28764	68	28832	68	28900	68	28968	68	29036	68	29104	68	29172	68	29240
69	29049	69	29118	69	29187	69	29256	69	29325	69	29394	69	29463	69	29532	69	29601	69	29670
70	29470	70	29540	70	29610	70	29680	70	29750	70	29820	70	29890	70	29960	70	30030	70	30100
71	29891	71	29962	71	30033	71	30104	71	30175	71	30246	71	30317	71	30388	71	30459	71	30530
72	30312	72	30384	72	30456	72	30528	72	30600	72	30672	72	30744	72	30816	72	30888	72	30960
73	30733	73	30806	73	30879	73	30952	73	31025	73	31098	73	31171	73	31244	73	31317	73	31390
74	31154	74	31228	74	31302	74	31376	74	31450	74	31524	74	31598	74	31672	74	31746	74	31820
75	31575	75	31650	75	31725	75	31800	75	31875	75	31950	75	32025	75	32100	75	32175	75	32250
76	31996	76	32072	76	32148	76	32224	76	32300	76	32376	76	32452	76	32528	76	32604	76	32680
77	32417	77	32494	77	32571	77	32648	77	32725	77	32802	77	32879	77	32956	77	33033	77	33110
78	32838	78	32916	78	32994	78	33072	78	33150	78	33228	78	33306	78	33384	78	33462	78	33540
79	33259	79	33338	79	33417	79	33496	79	33575	79	33654	79	33733	79	33812	79	33891	79	33970
80	33680	80	33760	80	33840	80	33920	80	34000	80	34080	80	34160	80	34240	80	34320	80	34400
81	34101	81	34182	81	34263	81	34344	81	34425	81	34506	81	34587	81	34668	81	34749	81	34830
82	34522	82	34604	82	34686	82	34768	82	34850	82	34932	82	35014	82	35096	82	35178	82	35260
83	34943	83	35026	83	35109	83	35192	83	35275	83	35358	83	35441	83	35524	83	35607	83	35690
84	35364	84	35448	84	35532	84	35616	84	35700	84	35784	84	35868	84	35952	84	36036	84	36120
85	35785	85	35870	85	35955	85	36040	85	36125	85	36210	85	36295	85	36380	85	36465	85	36550
86	36206	86	36292	86	36378	86	36464	86	36550	86	36636	86	36722	86	36808	86	36894	86	36980
87	36627	87	36714	87	36801	87	36888	87	36975	87	37062	87	37149	87	37236	87	37323	87	37410
88	37048	88	37136	88	37224	88	37312	88	37400	88	37488	88	37576	88	37664	88	37752	88	37840
89	37469	89	37558	89	37647	89	37736	89	37825	89	37914	89	38003	89	38092	89	38181	89	38270
90	37890	90	37980	90	38070	90	38160	90	38250	90	38340	90	38430	90	38520	90	38610	90	38700
91	38311	91	38402	91	38493	91	38584	91	38675	91	38766	91	38857	91	38948	91	39039	91	39130
92	38732	92	38824	92	38916	92	39008	92	39100	92	39192	92	39284	92	39376	92	39468	92	39560
93	39153	93	39246	93	39339	93	39432	93	39525	93	39618	93	39711	93	39804	93	39897	93	39990
94	39574	94	39668	94	39762	94	39856	94	39950	94	40044	94	40138	94	40232	94	40326	94	40420
95	39995	95	40090	95	40185	95	40280	95	40375	95	40470	95	40565	95	40660	95	40755	95	40850
96	40416	96	40512	96	40608	96	40704	96	40800	96	40896	96	40992	96	41088	96	41184	96	41280
97	40837	97	40934	97	41031	97	41128	97	41225	97	41322	97	41419	97	41516	97	41613	97	41710
98	41258	98	41356	98	41454	98	41552	98	41650	98	41748	98	41846	98	41944	98	42042	98	42140
99	41679	99	41778	99	41877	99	41976	99	42075	99	42174	99	42273	99	42372	99	42471	99	42570
100	42100	100	42200	100	42300	100	42400	100	42500	100	42600	100	42700	100	42800	100	42900	100	43000

n	431	432	433	434	435	436	437	438	439	440
1	431	432	433	434	435	436	437	438	439	440
2	862	864	866	868	870	872	874	876	878	880
3	1293	1296	1299	1302	1305	1308	1311	1314	1317	1320
4	1724	1728	1732	1736	1740	1744	1748	1752	1756	1760
5	2155	2160	2165	2170	2175	2180	2185	2190	2195	2200
6	2586	2592	2598	2604	2610	2616	2622	2628	2634	2640
7	3017	3024	3031	3038	3045	3052	3059	3066	3073	3080
8	3448	3456	3464	3472	3480	3488	3496	3504	3512	3520
9	3879	3888	3897	3906	3915	3924	3933	3942	3951	3960
10	4310	4320	4330	4340	4350	4360	4370	4380	4390	4400
11	4741	4752	4763	4774	4785	4796	4807	4818	4829	4840
12	5172	5184	5196	5208	5220	5232	5244	5256	5268	5280
13	5603	5616	5629	5642	5655	5668	5681	5694	5707	5720
14	6034	6048	6062	6076	6090	6104	6118	6132	6146	6160
15	6465	6480	6495	6510	6525	6540	6555	6570	6585	6600
16	6896	6912	6928	6944	6960	6976	6992	7008	7024	7040
17	7327	7344	7361	7378	7395	7412	7429	7446	7463	7480
18	7758	7776	7794	7812	7830	7848	7866	7884	7902	7920
19	8189	8208	8227	8246	8265	8284	8303	8322	8341	8360
20	8620	8640	8660	8680	8700	8720	8740	8760	8780	8800
21	9051	9072	9093	9114	9135	9156	9177	9198	9219	9240
22	9482	9504	9526	9548	9570	9592	9614	9636	9658	9680
23	9913	9936	9959	9982	10005	10028	10051	10074	10097	10120
24	10344	10368	10392	10416	10440	10464	10488	10512	10536	10560
25	10775	10800	10825	10850	10875	10900	10925	10950	10975	11000
26	11206	11232	11258	11284	11310	11336	11362	11388	11414	11440
27	11637	11664	11691	11718	11745	11772	11799	11826	11853	11880
28	12068	12096	12124	12152	12180	12208	12236	12264	12292	12320
29	12499	12528	12557	12586	12615	12644	12673	12702	12731	12760
30	12930	12960	12990	13020	13050	13080	13110	13140	13170	13200
31	13361	13392	13423	13454	13485	13516	13547	13578	13609	13640
32	13792	13824	13856	13888	13920	13952	13984	14016	14048	14080
33	14223	14256	14289	14322	14355	14388	14421	14454	14487	14520
34	14654	14688	14722	14756	14790	14824	14858	14892	14926	14960
35	15085	15120	15155	15190	15225	15260	15295	15330	15365	15400
36	15516	15552	15588	15624	15660	15696	15732	15768	15804	15840
37	15947	15984	16021	16058	16095	16132	16169	16206	16243	16280
38	16378	16416	16454	16492	16530	16568	16606	16644	16682	16720
39	16809	16848	16887	16926	16965	17004	17043	17082	17121	17160
40	17240	17280	17320	17360	17400	17440	17480	17520	17560	17600
41	17671	17712	17753	17794	17835	17876	17917	17958	17999	18040
42	18102	18144	18186	18228	18270	18312	18354	18396	18438	18480
43	18533	18576	18619	18662	18705	18748	18791	18834	18877	18920
44	18964	19008	19052	19096	19140	19184	19228	19272	19316	19360
45	19395	19440	19485	19530	19575	19620	19665	19710	19755	19800
46	19826	19872	19918	19964	20010	20056	20102	20148	20194	20240
47	20257	20304	20351	20398	20445	20492	20539	20586	20633	20680
48	20688	20736	20784	20832	20880	20928	20976	21024	21072	21120
49	21119	21168	21217	21266	21315	21364	21413	21462	21511	21560
50	21550	21600	21650	21700	21750	21800	21850	21900	21950	22000
51	21981	22032	22083	22134	22185	22236	22287	22338	22389	22440
52	22412	22464	22516	22568	22620	22672	22724	22776	22828	22880
53	22843	22896	22949	23002	23055	23108	23161	23214	23267	23320
54	23274	23328	23382	23436	23490	23544	23598	23652	23706	23760
55	23705	23760	23815	23870	23925	23980	24035	24090	24145	24200
56	24136	24192	24248	24304	24360	24416	24472	24528	24584	24640
57	24567	24624	24681	24738	24795	24852	24909	24966	25023	25080
58	24998	25056	25114	25172	25230	25288	25346	25404	25462	25520
59	25429	25488	25547	25606	25665	25724	25783	25842	25901	25960
60	25860	25920	25980	26040	26100	26160	26220	26280	26340	26400
61	26291	26352	26413	26474	26535	26596	26657	26718	26779	26840
62	26722	26784	26846	26908	26970	27032	27094	27156	27218	27280
63	27153	27216	27279	27342	27405	27468	27531	27594	27657	27720
64	27584	27648	27712	27776	27840	27904	27968	28032	28096	28160
65	28015	28080	28145	28210	28275	28340	28405	28470	28535	28600
66	28446	28512	28578	28644	28710	28776	28842	28908	28974	29040
67	28877	28944	29011	29078	29145	29212	29279	29346	29413	29480
68	29308	29376	29444	29512	29580	29648	29716	29784	29852	29920
69	29739	29808	29877	29946	30015	30084	30153	30222	30291	30360
70	30170	30240	30310	30380	30450	30520	30590	30660	30730	30800
71	30601	30672	30743	30814	30885	30956	31027	31098	31169	31240
72	31032	31104	31176	31248	31320	31392	31464	31536	31608	31680
73	31463	31536	31609	31682	31755	31828	31901	31974	32047	32120
74	31894	31968	32042	32116	32190	32264	32338	32412	32486	32560
75	32325	32400	32475	32550	32625	32700	32775	32850	32925	33000
76	32756	32832	32908	32984	33060	33136	33212	33288	33364	33440
77	33187	33264	33341	33418	33495	33572	33649	33726	33803	33880
78	33618	33696	33774	33852	33930	34008	34086	34164	34242	34320
79	34049	34128	34207	34286	34365	34444	34523	34602	34681	34760
80	34480	34560	34640	34720	34800	34880	34960	35040	35120	35200
81	34911	34992	35073	35154	35235	35316	35397	35478	35559	35640
82	35342	35424	35506	35588	35670	35752	35834	35916	35998	36080
83	35773	35856	35939	36022	36105	36188	36271	36354	36437	36520
84	36204	36288	36372	36456	36540	36624	36708	36792	36876	36960
85	36635	36720	36805	36890	36975	37060	37145	37230	37315	37400
86	37066	37152	37238	37324	37410	37496	37582	37668	37754	37840
87	37497	37584	37671	37758	37845	37932	38019	38106	38193	38280
88	37928	38016	38104	38192	38280	38368	38456	38544	38632	38720
89	38359	38448	38537	38626	38715	38804	38893	38982	39071	39160
90	38790	38880	38970	39060	39150	39240	39330	39420	39510	39600
91	39221	39312	39403	39494	39585	39676	39767	39858	39949	40040
92	39652	39744	39836	39928	40020	40112	40204	40296	40388	40480
93	40083	40176	40269	40362	40455	40548	40641	40734	40827	40920
94	40514	40608	40702	40796	40890	40984	41078	41172	41266	41360
95	40945	41040	41135	41230	41325	41420	41515	41610	41705	41800
96	41376	41472	41568	41664	41760	41856	41952	42048	42144	42240
97	41807	41904	42001	42098	42195	42292	42389	42486	42583	42680
98	42238	42336	42434	42532	42630	42728	42826	42924	43022	43120
99	42669	42768	42867	42966	43065	43164	43263	43362	43461	43560
100	43100	43200	43300	43400	43500	43600	43700	43800	43900	44000

n	441	442	443	444	445	446	447	448	449	450
1	441	442	443	444	445	446	447	448	449	450
2	882	884	886	888	890	892	894	896	898	900
3	1323	1326	1329	1332	1335	1338	1341	1344	1347	1350
4	1764	1768	1772	1776	1780	1784	1788	1792	1796	1800
5	2205	2210	2215	2220	2225	2230	2235	2240	2245	2250
6	2646	2652	2658	2664	2670	2676	2682	2688	2694	2700
7	3087	3094	3101	3108	3115	3122	3129	3136	3143	3150
8	3528	3536	3544	3552	3560	3568	3576	3584	3592	3600
9	3969	3978	3987	3996	4005	4014	4023	4032	4041	4050
10	4410	4420	4430	4440	4450	4460	4470	4480	4490	4500
11	4851	4862	4873	4884	4895	4906	4917	4928	4939	4950
12	5292	5304	5316	5328	5340	5352	5364	5376	5388	5400
13	5733	5746	5759	5772	5785	5798	5811	5824	5837	5850
14	6174	6188	6202	6216	6230	6244	6258	6272	6286	6300
15	6615	6630	6645	6660	6675	6690	6705	6720	6735	6750
16	7056	7072	7088	7104	7120	7136	7152	7168	7184	7200
17	7497	7514	7531	7548	7565	7582	7599	7616	7633	7650
18	7938	7956	7974	7992	8010	8028	8046	8064	8082	8100
19	8379	8398	8417	8436	8455	8474	8493	8512	8531	8550
20	8820	8840	8860	8880	8900	8920	8940	8960	8980	9000
21	9261	9282	9303	9324	9345	9366	9387	9408	9429	9450
22	9702	9724	9746	9768	9790	9812	9834	9856	9878	9900
23	10143	10166	10189	10212	10235	10258	10281	10304	10327	10350
24	10584	10608	10632	10656	10680	10704	10728	10752	10776	10800
25	11025	11050	11075	11100	11125	11150	11175	11200	11225	11250
26	11466	11492	11518	11544	11570	11596	11622	11648	11674	11700
27	11907	11934	11961	11988	12015	12042	12069	12096	12123	12150
28	12348	12376	12404	12432	12460	12488	12516	12544	12572	12600
29	12789	12818	12847	12876	12905	12934	12963	12992	13021	13050
30	13230	13260	13290	13320	13350	13380	13410	13440	13470	13500
31	13671	13702	13733	13704	13795	13826	13857	13888	13919	13950
32	14112	14144	14176	14208	14240	14272	14304	14336	14368	14400
33	14553	14586	14619	14652	14685	14718	14751	14784	14817	14850
34	14994	15028	15062	15096	15130	15164	15198	15232	15266	15300
35	15435	15470	15505	15540	15575	15610	15645	15680	15715	15750
36	15876	15912	15948	15984	16020	16056	16092	16128	16164	16200
37	16317	16354	16391	16428	16465	16502	16539	16576	16613	16650
38	16758	16796	16834	16872	16910	16948	16986	17024	17062	17100
39	17199	17238	17277	17316	17355	17394	17433	17472	17511	17550
40	17640	17680	17720	17760	17800	17840	17880	17920	17960	18000
41	18081	18122	18163	18204	18245	18386	18327	18368	18409	18450
42	18522	18564	18606	18648	18690	18732	18774	18816	18858	18900
43	18963	19006	19049	19092	19135	19178	19221	19264	19307	19350
44	19404	19448	19492	19536	19580	19624	19668	19712	19756	19800
45	19845	19890	19935	19980	20025	20070	20115	20160	20205	20250
46	20286	20332	20378	20424	20470	20516	20562	20608	20654	20700
47	20727	20774	20821	20868	20915	20962	21009	21056	21103	21150
48	21168	21216	21264	21312	21360	21408	21456	21504	21552	21600
49	21609	21658	21707	21756	21805	21854	21903	21952	22001	22050
50	22050	22100	22150	22200	22250	22300	22350	22400	22450	22500
51	22491	22542	22593	22644	22695	22746	22797	22848	22899	22950
52	22932	22984	23036	23088	23140	23192	23244	23296	23348	23400
53	23373	23426	23479	23532	23585	23638	23691	23744	23797	23850
54	23814	23868	23922	23976	24030	24084	24138	24192	24246	24300
55	24255	24310	24365	24420	24475	24530	24585	24640	24695	24750
56	24696	24752	24808	24864	24920	24976	25032	25088	25144	25200
57	25137	25194	25251	25308	25365	25422	25479	25536	25593	25650
58	25578	25636	25694	25752	25810	25868	25926	25984	26042	26100
59	26019	26078	26137	26196	26255	26314	26373	26432	26491	26550
60	26460	26520	26580	26640	26700	26760	26820	26880	26940	27000
61	26901	26962	27023	27084	27145	27206	27267	27328	27389	27450
62	27342	27404	27466	27528	27590	27652	27714	27776	27838	27900
63	27783	27846	27909	27972	28035	28098	28161	28224	28287	28350
64	28224	28288	28352	28416	28480	28544	28608	28672	28736	28800
65	28665	28730	28795	28860	28925	28990	29055	29120	29185	29250
66	29106	29172	29238	29304	29370	29436	29502	29568	29634	29700
67	29547	29614	29681	29748	29815	29882	29949	30016	30083	30150
68	29988	30056	30124	30192	30260	30328	30396	30464	30532	30600
69	30429	30498	30567	30636	30705	30774	30843	30912	30981	31050
70	30870	30940	31010	31080	31150	31220	31290	31360	31430	31500
71	31311	31382	31453	31524	31595	31666	31737	31808	31879	31950
72	31752	31824	31896	31968	32040	32112	32184	32256	32328	32400
73	32193	32266	32339	32412	32485	32558	32631	32704	32777	32850
74	32634	32708	32782	32856	32930	33004	33078	33152	33226	33300
75	33075	33150	33225	33300	33375	33450	33525	33600	33675	33750
76	33516	33592	33668	33744	33820	33896	33972	34048	34124	34200
77	33957	34034	34111	34188	34265	34342	34419	34496	34573	34650
78	34398	34476	34554	34632	34710	34788	34866	34944	35022	35100
79	34839	34918	34997	35076	35155	35234	35313	35392	35471	35550
80	35280	35360	35440	35520	35600	35680	35760	35840	35920	36000
81	35721	35802	35883	35964	36045	36126	36207	36288	36369	36450
82	36162	36244	36326	36408	36490	36572	36654	36736	36818	36900
83	36603	36686	36769	36852	36935	37018	37101	37184	37267	37350
84	37044	37128	37212	37296	37380	37464	37548	37632	37716	37800
85	37485	37570	37655	37740	37825	37910	37995	38080	38165	38250
86	37926	38012	38098	38184	38270	38356	38442	38528	38614	38700
87	38367	38454	38541	38628	38715	38802	38889	38976	39063	39150
88	38808	38896	38984	39072	39160	39248	39336	39424	39512	39600
89	39249	39338	39427	39516	39605	39694	39783	39872	39961	40050
90	39690	39780	39870	39960	40050	40140	40230	40320	40410	40500
91	40131	40222	40313	40404	40495	40586	40677	40768	40859	40950
92	40572	40664	40756	40848	40940	41032	41124	41216	41308	41400
93	41013	41106	41199	41292	41385	41478	41571	41664	41757	41850
94	41454	41548	41642	41736	41830	41924	42018	42112	42206	42300
95	41895	41990	42085	42180	42275	42370	42465	42560	42655	42750
96	42336	42432	42528	42624	42720	42816	42912	43008	43104	43200
97	42777	42874	42971	43068	43165	43262	43359	43456	43553	43650
98	43218	43316	43414	43512	43610	43708	43806	43904	44002	44100
99	43659	43758	43857	43956	44055	44154	44253	44352	44451	44550
100	44100	44200	44300	44400	44500	44600	44700	44800	44900	45000

n	451	452	453	454	455	456	457	458	459	460
1	451	452	453	454	455	456	457	458	459	460
2	902	904	906	908	910	912	914	916	918	920
3	1353	1356	1359	1362	1365	1368	1371	1374	1377	1380
4	1804	1808	1812	1816	1820	1824	1828	1832	1836	1840
5	2255	2260	2265	2270	2275	2280	2285	2290	2295	2300
6	2706	2712	2718	2724	2730	2736	2742	2748	2754	2760
7	3157	3164	3171	3178	3185	3192	3199	3206	3213	3220
8	3608	3616	3624	3632	3640	3648	3656	3664	3672	3680
9	4059	4068	4077	4086	4095	4104	4113	4122	4131	4140
10	4510	4520	4530	4540	4550	4560	4570	4580	4590	4600
11	4961	4972	4983	4994	5005	5016	5027	5038	5049	5060
12	5412	5424	5436	5448	5460	5472	5484	5496	5508	5520
13	5863	5876	5889	5902	5915	5928	5941	5954	5967	5980
14	6314	6328	6342	6356	6370	6384	6398	6412	6426	6440
15	6765	6780	6795	6810	6825	6840	6855	6870	6885	6900
16	7216	7232	7248	7264	7280	7296	7312	7328	7344	7360
17	7667	7684	7701	7718	7735	7752	7769	7786	7803	7820
18	8118	8136	8154	8172	8190	8208	8226	8244	8262	8280
19	8569	8588	8607	8626	8645	8664	8683	8702	8721	8740
20	9020	9040	9060	9080	9100	9120	9140	9160	9180	9200
21	9471	9492	9513	9534	9555	9576	9597	9618	9639	9660
22	9922	9944	9966	9988	10010	10032	10054	10076	10098	10120
23	10373	10396	10419	10442	10465	10488	10511	10534	10557	10580
24	10824	10848	10872	10896	10920	10944	10968	10992	11016	11040
25	11275	11300	11325	11350	11375	11400	11425	11450	11475	11500
26	11726	11752	11778	11804	11830	11856	11882	11908	11934	11960
27	12177	12204	12231	12258	12285	12312	12339	12366	12393	12420
28	12628	12656	12684	12712	12740	12768	12796	12824	12852	12880
29	13079	13108	13137	13166	13195	13224	13253	13282	13311	13340
30	13530	13560	13590	13620	13650	13680	13710	13740	13770	13800
31	13981	14012	14043	14074	14105	14136	14167	14198	14229	14260
32	14432	14464	14496	14528	14560	14592	14624	14656	14688	14720
33	14883	14916	14949	14982	15015	15048	15081	15114	15147	15180
34	15334	15368	15402	15436	15470	15504	15538	15572	15606	15640
35	15785	15820	15855	15890	15925	15960	15995	16030	16065	16100
36	16236	16272	16308	16344	16380	16416	16452	16468	16524	16560
37	16687	16724	16761	16798	16835	16872	16909	16946	16983	17020
38	17138	17176	17214	17252	17290	17328	17366	17404	17442	17480
39	17589	17628	17667	17706	17745	17784	17823	17862	17901	17940
40	18040	18080	18120	18160	18200	18240	18280	18320	18360	18400
41	18491	18532	18573	18614	18655	18696	18737	18778	18819	18860
42	18942	18984	19026	19068	19110	19152	19194	19236	19278	19320
43	19393	19436	19479	19522	19565	19608	19651	19694	19737	19780
44	19844	19888	19932	19976	20020	20064	20108	20152	20196	20240
45	20295	20340	20385	20430	20475	20520	20565	20610	20655	20700
46	20746	20792	20838	20884	20930	20976	21022	21068	21114	21160
47	21197	21244	21291	21338	21385	21432	21479	21526	21573	21620
48	21648	21696	21744	21792	21840	21888	21936	21984	22032	22080
49	22099	22148	22197	22246	22295	22344	22393	22442	22491	22540
50	22550	22600	22650	22700	22750	22800	22850	22900	22950	23000
51	23001	23052	23103	23154	23205	23256	23307	23358	23409	23460
52	23452	23504	23556	23608	23660	23712	23764	23816	23868	23920
53	23903	23956	24009	24062	24115	24168	24221	24274	24327	24380
54	24354	24408	24462	24516	24570	24624	24678	24732	24786	24840
55	24805	24860	24915	24970	25025	25080	25135	25190	25245	25300
56	25256	25312	25368	25424	25480	25536	25592	25648	25704	25760
57	25707	25764	25821	25878	25935	25992	26049	26106	26163	26220
58	26158	26216	26274	26332	26390	26448	26506	26564	26622	26680
59	26609	26668	26727	26786	26845	26904	26963	27022	27081	27140
60	27060	27120	27180	27240	27300	27360	27420	27480	27540	27600
61	27511	27572	27633	27694	27755	27816	27877	27938	27999	28060
62	27962	28024	28086	28148	28210	28272	28334	28396	28458	28520
63	28413	28476	28539	28602	28665	28728	28791	28854	28917	28980
64	28864	28928	28992	29056	29120	29184	29248	29312	29376	29440
65	29315	29380	29445	29510	29575	29640	29705	29770	29835	29900
66	29766	29832	29898	29964	30030	30096	30162	30228	30294	30360
67	30217	30284	30351	30418	30485	30552	30619	30686	30753	30820
68	30668	30736	30804	30872	30940	31008	31076	31144	31212	31280
69	31119	31188	31257	31326	31395	31464	31533	31602	31671	31740
70	31570	31640	31710	31780	31850	31920	31990	32060	32130	32200
71	32021	32092	32163	32234	32305	32376	32447	32518	32589	32660
72	32472	32544	32616	32688	32760	32832	32904	32976	33048	33120
73	32923	32996	33069	33142	33215	33288	33361	33434	33507	33580
74	33374	33448	33522	33596	33670	33744	33818	33892	33966	34040
75	33825	33900	33975	34050	34125	34200	34275	34350	34425	34500
76	34276	34352	34428	34504	34580	34656	34732	34808	34884	34960
77	34727	34804	34881	34958	35035	35112	35189	35266	35343	35420
78	35178	35256	35334	35412	35490	35568	35646	35724	35802	35880
79	35629	35708	35787	35866	35945	36024	36103	36182	36261	36340
80	36080	36160	36240	36320	36400	36480	36560	36640	36720	36800
81	36531	36612	36693	36774	36855	36936	37017	37098	37179	37260
82	36982	37064	37146	37228	37310	37392	37474	37556	37638	37720
83	37433	37516	37599	37682	37765	37848	37931	38014	38097	38180
84	37884	37968	38052	38136	38220	38304	38388	38472	38556	38640
85	38335	38420	38505	38590	38675	38760	38845	38930	39015	39100
86	38786	38872	38958	39044	39130	39216	39302	39388	39474	39560
87	39237	39324	39411	39498	39585	39672	39759	39846	39933	40020
88	39688	39776	39864	39952	40040	40128	40216	40304	40392	40480
89	40139	40228	40317	40406	40495	40584	40673	40762	40851	40940
90	40590	40680	40770	40860	40950	41040	41130	41220	41310	41400
91	41041	41132	41223	41314	41405	41496	41587	41678	41769	41860
92	41492	41584	41676	41768	41860	41952	42044	42136	42228	42320
93	41943	42036	42129	42222	42315	42408	42501	42594	42687	42780
94	42394	42488	42582	42676	42770	42864	42958	43052	43146	43240
95	42845	42940	43035	43130	43225	43320	43415	43510	43605	43700
96	43296	43392	43488	43584	43680	43776	43872	43968	44064	44160
97	43747	43844	43941	44038	44135	44232	44329	44426	44523	44620
98	44198	44296	44394	44492	44590	44688	44786	44884	44982	45080
99	44649	44748	44847	44946	45045	45144	45243	45342	45441	45540
100	45100	45200	45300	45400	45500	45600	45700	45800	45900	46000

I	461	462	463	464	465	466	467	468	469	470
1	461	462	463	464	465	466	467	468	469	470
2	922	924	926	928	930	932	934	936	938	940
3	1383	1386	1389	1392	1395	1398	1401	1404	1407	1410
4	1844	1848	1852	1856	1860	1864	1868	1872	1876	1880
5	2305	2310	2315	2320	2325	2330	2335	2340	2345	2350
6	2766	2772	2778	2784	2790	2796	2802	2808	2814	2820
7	3227	3234	3241	3248	3255	3262	3269	3276	3283	3290
8	3688	3696	3704	3712	3720	3728	3736	3744	3752	3760
9	4149	4158	4167	4176	4185	4194	4203	4212	4221	4230
10	4610	4620	4630	4640	4650	4660	4670	4680	4690	4700
11	5071	5082	5093	5104	5115	5126	5137	5148	5159	5170
12	5532	5544	5556	5568	5580	5592	5604	5616	5628	5640
13	5993	6006	6019	6032	6045	6058	6071	6084	6097	6110
14	6454	6468	6482	6496	6510	6524	6538	6552	6566	6580
15	6915	6930	6945	6960	6975	6990	7005	7020	7035	7050
16	7376	7392	7408	7424	7440	7456	7472	7488	7504	7520
17	7837	7854	7871	7888	7905	7922	7939	7956	7973	7990
18	8298	8316	8334	8352	8370	8388	8406	8424	8442	8460
19	8759	8778	8797	8816	8835	8854	8873	8892	8911	8930
20	9220	9240	9260	9280	9300	9320	9340	9360	9380	9400
21	9681	9702	9723	9744	9765	9786	9807	9848	9849	9870
22	10142	10164	10186	10208	10230	10252	10274	10296	10318	10340
23	10603	10626	10649	10672	10695	10718	10741	10764	10787	10810
24	11064	11088	11112	11136	11160	11184	11208	11232	11256	11280
25	11525	11550	11575	11600	11625	11650	11675	11700	11725	11750
26	11986	12012	12038	12064	12090	12116	12142	12168	12194	12220
27	12447	12474	12501	12528	12555	12582	12609	12636	12663	12690
28	12908	12936	12964	12992	13020	13048	13076	13104	13132	13160
29	13369	13398	13427	13456	13485	13514	13543	13572	13601	13630
30	13830	13860	13890	13920	13950	13980	14010	14040	14070	14100
31	14291	14322	14353	14384	14415	14446	14477	14508	14539	14570
32	14752	14784	14816	14848	14880	14912	14944	14976	15008	15040
33	15213	15246	15279	15312	15345	15378	15411	15444	15477	15510
34	15674	15708	15742	15776	15810	15844	15878	15912	15946	15980
35	16135	16170	16205	16240	16275	16310	16345	16380	16415	16450
36	16596	16632	16668	16704	16740	16776	16812	16848	16884	16920
37	17057	17094	17131	17168	17205	17242	17279	17316	17353	17390
38	17518	17556	17594	17632	17670	17708	17746	17784	17822	17860
39	17979	18018	18057	18096	18135	18174	18213	18252	18291	18330
40	18440	18480	18520	18560	18600	18640	18680	18720	18760	18800
41	18901	18942	18983	19024	19065	19106	19147	19188	19229	19270
42	19362	19404	19446	19488	19530	19572	19614	19656	19698	19740
43	19823	19866	19909	19952	19995	20038	20081	20124	20167	20210
44	20284	20328	20372	20416	20460	20504	20548	20592	20636	20680
45	20745	20790	20835	20880	20925	20970	21015	21060	21105	21150
46	21206	21252	21298	21344	21390	21436	21482	21528	21574	21620
47	21667	21714	21761	21808	21855	21902	21949	21996	22043	22090
48	22128	22176	22224	22272	22320	22368	22416	22464	22512	22560
49	22589	22638	22687	22736	22785	22834	22883	22932	22981	23030
50	23050	23100	23150	23200	23250	23300	23350	23400	23450	23500
51	23511	23562	23613	23664	23715	23766	23817	23868	23919	23970
52	23972	24024	24076	24128	24180	24232	24284	24336	24388	24440
53	24433	24486	24539	24592	24645	24698	24751	24804	24857	24910
54	24894	24948	25002	25056	25110	25164	25218	25272	25326	25380
55	25355	25410	25465	25520	25575	25630	25685	25740	25795	25850
56	25816	25872	25928	25984	26040	26096	26152	26208	26264	26320
57	26277	26334	26391	26448	26505	26562	26619	26676	26733	26790
58	26738	26796	26854	26912	26970	27028	27086	27144	27202	27260
59	27199	27258	27317	27376	27435	27494	27553	27612	27671	27730
60	27660	27720	27780	27840	27900	27960	28020	28080	28140	28200
61	28121	28182	28243	28304	28365	28426	28487	28548	28609	28670
62	28582	28644	28706	28768	28830	28892	28954	29016	29078	29140
63	29043	29106	29169	29232	29295	29358	29421	29484	29547	29610
64	29504	29568	29632	29696	29760	29824	29888	29952	30016	30080
65	29965	30030	30095	30160	30225	30290	30355	30420	30485	30550
66	30426	30492	30558	30624	30690	30756	30822	30888	30954	31020
67	30887	30954	31021	31088	31155	31222	31289	31356	31423	31490
68	31348	31416	31484	31552	31620	31688	31756	31824	31892	31960
69	31809	31878	31947	32016	32085	32154	32223	32292	32361	32430
70	32270	32340	32410	32480	32550	32620	32690	32760	32830	32900
71	32731	32802	32873	32944	33015	33086	33157	33228	33299	33370
72	33192	33264	33336	33408	33480	33552	33624	33696	33768	33840
73	33653	33726	33799	33872	33945	34018	34091	34164	34237	34310
74	34114	34188	34262	34336	34410	34484	34558	34632	34706	34780
75	34575	34650	34725	34800	34875	34950	35025	35100	35175	35250
76	35036	35112	35188	35264	35340	35416	35492	35568	35644	35720
77	35497	35574	35651	35728	35805	35882	35959	36036	36113	36190
78	35958	36036	36114	36192	36270	36348	36426	36504	36582	36660
79	36419	36498	36577	36656	36735	36814	36893	36972	37051	37130
80	36880	36960	37040	37120	37200	37280	37360	37440	37520	37600
81	37341	37422	37503	37584	37665	37746	37827	37908	37989	38070
82	37802	37884	37966	38048	38130	38212	38294	38376	38458	38540
83	38263	38346	38429	38512	38595	38678	38761	38844	38927	39010
84	38724	38808	38892	38976	39060	39144	39228	39312	39396	39480
85	39185	39270	39355	39440	39525	39610	39695	39780	39865	39950
86	39646	39732	39818	39904	39990	40076	40162	40248	40334	40420
87	40107	40194	40281	40368	40455	40542	40629	40716	40803	40890
88	40568	40656	40744	40832	40920	41008	41096	41184	41272	41360
89	41029	41118	41207	41296	41385	41474	41563	41652	41741	41830
90	41490	41580	41670	41760	41850	41940	42030	42120	42210	42300
91	41951	42042	42133	42224	42315	42406	42497	42588	42679	42770
92	42412	42504	42596	42688	42780	42872	42964	43056	43148	43240
93	42873	42966	43059	43152	43245	43338	43431	43524	43617	43710
94	43334	43428	43522	43616	43710	43804	43898	43992	44086	44180
95	43795	43890	43985	44080	44175	44270	44365	44460	44555	44650
96	44256	44352	44448	44544	44640	44736	44832	44928	45024	45120
97	44717	44814	44911	45008	45105	45202	45299	45396	45493	45590
98	45178	45276	45374	45472	45570	45668	45766	45864	45962	46060
99	45639	45738	45837	45936	46035	46134	46233	46332	46431	46530
100	46100	46200	46300	46400	46500	46600	46700	46800	46900	47000

	471		472		473		474		475		476		477		478		479		480
1	471	1	472	1	473	1	474	1	475	1	476	1	477	1	478	1	479	1	480
2	942	2	944	2	946	2	948	2	950	2	952	2	954	2	956	2	958	2	960
3	1413	3	1416	3	1419	3	1422	3	1425	3	1428	3	1431	3	1434	3	1437	3	1440
4	1884	4	1888	4	1892	4	1896	4	1900	4	1904	4	1908	4	1912	4	1916	4	1920
5	2355	5	2360	5	2365	5	2370	5	2375	5	2380	5	2385	5	2390	5	2395	5	2400
6	2826	6	2832	6	2838	6	2844	6	2850	6	2856	6	2862	6	2868	6	2874	6	2880
7	3297	7	3304	7	3311	7	3318	7	3325	7	3332	7	3339	7	3346	7	3353	7	3360
8	3768	8	3776	8	3784	8	3792	8	3800	8	3808	8	3816	8	3824	8	3832	8	3840
9	4239	9	4248	9	4257	9	4266	9	4275	9	4284	9	4293	9	4302	9	4311	9	4320
10	4710	10	4720	10	4730	10	4740	10	4750	10	4760	10	4770	10	4780	10	4790	10	4800
11	5181	11	5192	11	5203	11	5214	11	5225	11	5236	11	5247	11	5258	11	5269	11	5280
12	5652	12	5664	12	5676	12	5688	12	5700	12	5712	12	5724	12	5736	12	5748	12	5760
13	6123	13	6136	13	6149	13	6162	13	6175	13	6188	13	6201	13	6214	13	6227	13	6240
14	6594	14	6608	14	6622	14	6636	14	6650	14	6664	14	6678	14	6692	14	6706	14	6720
15	7065	15	7080	15	7095	15	7110	15	7125	15	7140	15	7155	15	7170	15	7185	15	7200
16	7536	16	7552	16	7568	16	7584	16	7600	16	7616	16	7632	16	7648	16	7664	16	7680
17	8007	17	8024	17	8041	17	8058	17	8075	17	8092	17	8109	17	8126	17	8143	17	8160
18	8478	18	8496	18	8514	18	8532	18	8550	18	8568	18	8586	18	8604	18	8622	18	8640
19	8949	19	8968	19	8987	19	9006	19	9025	19	9044	19	9063	19	9082	19	9101	19	9120
20	9420	20	9440	20	9460	20	9480	20	9500	20	9520	20	9540	20	9560	20	9580	20	9600
21	9891	21	9912	21	9933	21	9954	21	9975	21	9996	21	10017	21	10038	21	10059	21	10080
22	10362	22	10384	22	10406	22	10428	22	10450	22	10472	22	10494	22	10516	22	10538	22	10560
23	10833	23	10856	23	10879	23	10902	23	10925	23	10948	23	10971	23	10994	23	11017	23	11040
24	11304	24	11328	24	11352	24	11376	24	11400	24	11424	24	11448	24	11472	24	11496	24	11520
25	11775	25	11800	25	11825	25	11850	25	11875	25	11900	25	11925	25	11950	25	11975	25	12000
26	12246	26	12272	26	12298	26	12324	26	12350	26	12376	26	12402	26	12428	26	12454	26	12480
27	12717	27	12744	27	12771	27	12798	27	12825	27	12852	27	12879	27	12906	27	12933	27	12960
28	13188	28	13216	28	13244	28	13272	28	13300	28	13328	28	13356	28	13384	28	13412	28	13440
29	13659	29	13688	29	13717	29	13746	29	13775	29	13804	29	13833	29	13862	29	13891	29	13920
30	14130	30	14160	30	14190	30	14220	30	14250	30	14280	30	14310	30	14340	30	14370	30	14400
31	14601	31	14632	31	14663	31	14694	31	14725	31	14756	31	14787	31	14818	31	14849	31	14880
32	15072	32	15104	32	15136	32	15168	32	15200	32	15232	32	15264	32	15296	32	15328	32	15360
33	15543	33	15576	33	15609	33	15642	33	15675	33	15708	33	15741	33	15774	33	15807	33	15840
34	16014	34	16048	34	16082	34	16116	34	16150	34	16184	34	16218	34	16252	34	16286	34	16320
35	16485	35	16520	35	16555	35	16590	35	16625	35	16660	35	16695	35	16730	35	16765	35	16800
36	16956	36	16992	36	17028	36	17064	36	17100	36	17136	36	17172	36	17208	36	17244	36	17280
37	17427	37	17464	37	17501	37	17538	37	17575	37	17612	37	17649	37	17686	37	17723	37	17760
38	17898	38	17936	38	17974	38	18012	38	18050	38	18088	38	18126	38	18164	38	18202	38	18240
39	18369	39	18408	39	18447	39	18486	39	18525	39	18564	39	18603	39	18642	39	18681	39	18720
40	18840	40	18880	40	18920	40	18960	40	19000	40	19040	40	19080	40	19120	40	19160	40	19200
41	19311	41	19352	41	19393	41	19434	41	19475	41	19516	41	19557	41	19598	41	19639	41	19680
42	19782	42	19824	42	19866	42	19908	42	19950	42	19992	42	20034	42	20076	42	20118	42	20160
43	20253	43	20296	43	20339	43	20382	43	20425	43	20468	43	20511	43	20554	43	20597	43	20640
44	20724	44	20768	44	20812	44	20856	44	20900	44	20944	44	20988	44	21032	44	21076	44	21120
45	21195	45	21240	45	21285	45	21330	45	21375	45	21420	45	21465	45	21510	45	21555	45	21600
46	21666	46	21712	46	21758	46	21804	46	21850	46	21896	46	21942	46	21988	46	22034	46	22080
47	22137	47	22184	47	22231	47	22278	47	22325	47	22372	47	22419	47	22466	47	22513	47	22560
48	22608	48	22656	48	22704	48	22752	48	22800	48	22848	48	22896	48	22944	48	22992	48	23040
49	23079	49	23128	49	23177	49	23226	49	23275	49	23324	49	23373	49	23422	49	23471	49	23520
50	23550	50	23600	50	23650	50	23700	50	23750	50	23800	50	23850	50	23900	50	23950	50	24000
51	24021	51	24072	51	24123	51	24174	51	24225	51	24276	51	24327	51	24378	51	24429	51	24480
52	24492	52	24544	52	24596	52	24648	52	24700	52	24752	52	24804	52	24856	52	24908	52	24960
53	24963	53	25016	53	25069	53	25122	53	25175	53	25228	53	25281	53	25334	53	25387	53	25440
54	25434	54	25488	54	25542	54	25596	54	25650	54	25704	54	25758	54	25812	54	25866	54	25920
55	25905	55	25960	55	26015	55	26070	55	26125	55	26180	55	26235	55	26290	55	26345	55	26400
56	26376	56	26432	56	26488	56	26544	56	26600	56	26656	56	26712	56	26768	56	26824	56	26880
57	26847	57	26904	57	26961	57	27018	57	27075	57	27132	57	27189	57	27246	57	27303	57	27360
58	27318	58	27376	58	27434	58	27492	58	27550	58	27608	58	27666	58	27724	58	27782	58	27840
59	27789	59	27848	59	27907	59	27966	59	28025	59	28084	59	28143	59	28202	59	28261	59	28320
60	28260	60	28320	60	28380	60	28440	60	28500	60	28560	60	28620	60	28680	60	28740	60	28800
61	28731	61	28792	61	28853	61	28914	61	28975	61	29036	61	29097	61	29158	61	29219	61	29280
62	29202	62	29264	62	29326	62	29388	62	29450	62	29512	62	29574	62	29636	62	29698	62	29760
63	29673	63	29736	63	29799	63	29862	63	29925	63	29988	63	30051	63	30114	63	30177	63	30240
64	30144	64	30208	64	30272	64	30336	64	30400	64	30464	64	30528	64	30592	64	30656	64	30720
65	30615	65	30680	65	30745	65	30810	65	30875	65	30940	65	31005	65	31070	65	31135	65	31200
66	31086	66	31152	66	31218	66	31284	66	31350	66	31416	66	31482	66	31548	66	31614	66	31680
67	31557	67	31624	67	31691	67	31758	67	31825	67	31892	67	31959	67	32026	67	32093	67	32160
68	32028	68	32096	68	32164	68	32232	68	32300	68	32368	68	32436	68	32504	68	32572	68	32640
69	32499	69	32568	69	32637	69	32706	69	32775	69	32844	69	32913	69	32982	69	33051	69	33120
70	32970	70	33040	70	33110	70	33180	70	33250	70	33320	70	33390	70	33460	70	33530	70	33600
71	33441	71	33512	71	33583	71	33654	71	33725	71	33796	71	33867	71	33938	71	34009	71	34080
72	33912	72	33984	72	34056	72	34128	72	34200	72	34272	72	34344	72	34416	72	34488	72	34560
73	34383	73	34456	73	34529	73	34602	73	34675	73	34748	73	34821	73	34894	73	34967	73	35040
74	34854	74	34928	74	35002	74	35076	74	35150	74	35224	74	35298	74	35372	74	35446	74	35520
75	35325	75	35400	75	35475	75	35550	75	35625	75	35700	75	35775	75	35850	75	35925	75	36000
76	35796	76	35872	76	35948	76	36024	76	36100	76	36176	76	36252	76	36328	76	36404	76	36480
77	36267	77	36344	77	36421	77	36498	77	36575	77	36652	77	36729	77	36806	77	36883	77	36960
78	36738	78	36816	78	36894	78	36972	78	37050	78	37128	78	37206	78	37284	78	37362	78	37440
79	37209	79	37288	79	37367	79	37446	79	37525	79	37604	79	37683	79	37762	79	37841	79	37920
80	37680	80	37760	80	37840	80	37920	80	38000	80	38080	80	38160	80	38240	80	38320	80	38400
81	38151	81	38232	81	38313	81	38394	81	38475	81	38556	81	38637	81	38718	81	38799	81	38880
82	38622	82	38704	82	38786	82	38868	82	38950	82	39032	82	39114	82	39196	82	39278	82	39360
83	39093	83	39176	83	39259	83	39342	83	39425	83	39508	83	39591	83	39674	83	39757	83	39840
84	39564	84	39648	84	39732	84	39816	84	39900	84	39984	84	40068	84	40152	84	40236	84	40320
85	40035	85	40120	85	40205	85	40290	85	40375	85	40460	85	40545	85	40630	85	40715	85	40800
86	40506	86	40592	86	40678	86	40764	86	40850	86	40936	86	41022	86	41108	86	41194	86	41280
87	40977	87	41064	87	41151	87	41238	87	41325	87	41412	87	41499	87	41586	87	41673	87	41760
88	41448	88	41536	88	41624	88	41712	88	41800	88	41888	88	41976	88	42064	88	42152	88	42240
89	41919	89	42008	89	42097	89	42186	89	42275	89	42364	89	42453	89	42542	89	42631	89	42720
90	42390	90	42480	90	42570	90	42660	90	42750	90	42840	90	42930	90	43020	90	43110	90	43200
91	42861	91	42952	91	43043	91	43134	91	43225	91	43316	91	43407	91	43498	91	43589	91	43680
92	43332	92	43424	92	43516	92	43608	92	43700	92	43792	92	43884	92	43976	92	44068	92	44160
93	43803	93	43896	93	43989	93	44082	93	44175	93	44268	93	44361	93	44454	93	44547	93	44640
94	44274	94	44368	94	44462	94	44556	94	44650	94	44744	94	44838	94	44932	94	45026	94	45120
95	44745	95	44840	95	44935	95	45030	95	45125	95	45220	95	45315	95	45410	95	45505	95	45600
96	45216	96	45312	96	45408	96	45504	96	45600	96	45696	96	45792	96	45888	96	45984	96	46080
97	45687	97	45784	97	45881	97	45978	97	46075	97	46172	97	46269	97	46366	97	46463	97	46560
98	46158	98	46256	98	46354	98	46452	98	46550	98	46648	98	46746	98	46844	98	46942	98	47040
99	46629	99	46728	99	46827	99	46926	99	47025	99	47124	99	47223	99	47322	99	47421	99	47520
100	47100	100	47200	100	47300	100	47400	100	47500	100	47600	100	47700	100	47800	100	47900	100	48000

1	481	482	483	484	485	486	487	488	489	490
2	962	964	966	968	970	972	974	976	978	980
3	1443	1446	1449	1452	1455	1458	1461	1464	1467	1470
4	1924	1928	1932	1936	1940	1944	1948	1952	1956	1960
5	2405	2410	2415	2420	2425	2430	2435	2440	2445	2450
6	2886	2892	2898	2904	2910	2916	2922	2928	2934	2940
7	3367	3374	3381	3388	3395	3402	3409	3416	3423	3430
8	3848	3856	3864	3872	3880	3888	3896	3904	3912	3920
9	4329	4338	4347	4356	4365	4374	4383	4392	4401	4410
10	4810	4820	4830	4840	4850	4860	4870	4880	4890	4900
11	5291	5302	5313	5324	5335	5346	5357	5368	5379	5390
12	5772	5784	5796	5808	5820	5832	5844	5856	5868	5880
13	6253	6266	6279	6292	6305	6318	6331	6344	6357	6370
14	6734	6748	6762	6776	6790	6804	6818	6832	6846	6860
15	7215	7230	7245	7260	7275	7290	7305	7320	7335	7350
16	7696	7712	7728	7744	7760	7776	7792	7808	7824	7840
17	8177	8194	8211	8228	8245	8262	8279	8296	8313	8330
18	8658	8676	8694	8712	8730	8748	8766	8784	8802	8820
19	9139	9158	9177	9196	9215	9234	9253	9272	9291	9310
20	9620	9640	9660	9680	9700	9720	9740	9760	9780	9800
21	10101	10122	10143	10164	10185	10206	10227	10248	10269	10290
22	10582	10604	10626	10648	10670	10692	10714	10736	10758	10780
23	11063	11086	11109	11132	11155	11178	11201	11224	11247	11270
24	11544	11568	11592	11616	11640	11664	11688	11712	11736	11760
25	12025	12050	12075	12100	12125	12150	12175	12200	12225	12250
26	12506	12532	12558	12584	12610	12636	12662	12688	12714	12740
27	12987	13014	13041	13068	13095	13122	13149	13176	13203	13230
28	13468	13496	13524	13552	13580	13608	13636	13664	13692	13720
29	13949	13978	14007	14036	14065	14094	14123	14152	14181	14210
30	14430	14460	14490	14520	14550	14580	14610	14640	14670	14700
31	14911	14942	14973	15004	15035	15066	15097	15128	15159	15190
32	15392	15424	15456	15488	15520	15552	15584	15616	15648	15680
33	15873	15906	15939	15972	16005	16038	16071	16104	16137	16170
34	16354	16388	16422	16456	16490	16524	16558	16592	16626	16660
35	16835	16870	16905	16940	16975	17010	17045	17080	17115	17150
36	17316	17352	17388	17424	17460	17496	17532	17568	17604	17640
37	17797	17834	17871	17908	17945	17982	18019	18056	18093	18130
38	18278	18316	18354	18392	18430	18468	18506	18544	18582	18620
39	18759	18798	18837	18876	18915	18954	18993	19032	19071	19110
40	19240	19280	19320	19360	19400	19440	19480	19520	19560	19600
41	19721	19762	19803	19844	19885	19926	19967	20008	20049	20090
42	20202	20244	20286	20328	20370	20412	20454	20496	20538	20580
43	20683	20726	20769	20812	20855	20898	20941	20984	21027	21070
44	21164	21208	21252	21296	21340	21384	21428	21472	21516	21560
45	21645	21690	21735	21780	21825	21870	21915	21960	22005	22050
46	22126	22172	22218	22264	22310	22356	22402	22448	22494	22540
47	22607	22654	22701	22748	22795	22842	22889	22936	22983	23030
48	23088	23136	23184	23232	23280	23328	23376	23424	23472	23520
49	23569	23618	23667	23716	23765	23814	23863	23912	23961	24010
50	24050	24100	24150	24200	24250	24300	24350	24400	24450	24500
51	24531	24582	24633	24684	24735	24786	24837	24888	24939	24990
52	25012	25064	25116	25168	25220	25272	25324	25376	25428	25480
53	25493	25546	25599	25652	25705	25758	25811	25864	25917	25970
54	25974	26028	26082	26136	26190	26244	26298	26352	26406	26460
55	26455	26510	26565	26620	26675	26730	26785	26840	26895	26950
56	26936	26992	27048	27104	27160	27216	27272	27328	27384	27440
57	27417	27474	27531	27588	27645	27702	27759	27816	27873	27930
58	27898	27956	28014	28072	28130	28188	28246	28304	28362	28420
59	28379	28438	28497	28556	28615	28674	28733	28792	28851	28910
60	28860	28920	28980	29040	29100	29160	29220	29280	29340	29400
61	29341	29402	29463	29524	29585	29646	29707	29768	29829	29890
62	29822	29884	29946	30008	30070	30132	30194	30256	30318	30380
63	30303	30366	30429	30492	30555	30618	30681	30744	30807	30870
64	30784	30848	30912	30976	31040	31104	31168	31232	31296	31360
65	31265	31330	31395	31460	31525	31590	31655	31720	31785	31850
66	31746	31812	31878	31944	32010	32076	32142	32208	32274	32340
67	32227	32294	32361	32428	32495	32562	32629	32696	32763	32830
68	32708	32776	32844	32912	32980	33048	33116	33184	33252	33320
69	33189	33258	33327	33396	33465	33534	33603	33672	33741	33810
70	33670	33740	33810	33885	33950	34020	34090	34160	34230	34300
71	34151	34222	34293	34364	34435	34506	34577	34648	34719	34790
72	34632	34704	34776	34848	34920	34992	35064	35136	35208	35280
73	35113	35186	35259	35332	35405	35478	35551	35624	35697	35770
74	35594	35668	35742	35816	35890	35964	36038	36112	36186	36260
75	36075	36150	36225	36300	36375	36450	36525	36600	36675	36750
76	36556	36632	36708	36784	36860	36936	37012	37088	37164	37240
77	37037	37114	37191	37268	37345	37422	37499	37576	37653	37730
78	37518	37596	37674	37752	37830	37908	37986	38064	38142	38220
79	37999	38078	38157	38236	38315	38394	38473	38552	38631	38710
80	38480	38560	38640	38720	38800	38880	38960	39040	39120	39200
81	38961	39042	39123	39204	39285	39366	39447	39528	39609	39690
82	39442	39524	39606	39688	39770	39852	39934	40016	40098	40180
83	39923	40006	40089	40172	40255	40338	40421	40504	40587	40670
84	40404	40488	40572	40656	40740	40824	40908	40992	41076	41160
85	40885	40970	41055	41140	41225	41310	41395	41480	41565	41650
86	41366	41452	41538	41624	41710	41796	41882	41968	42054	42140
87	41847	41934	42021	42108	42195	42282	42369	42456	42543	42630
88	42328	42416	42504	42592	42680	42768	42856	42944	43032	43120
89	42809	42898	42987	43076	43165	43254	43343	43432	43521	43610
90	43290	43380	43470	43560	43650	43740	43830	43920	44010	44100
91	43771	43862	43953	44044	44135	44226	44317	44408	44499	44590
92	44252	44344	44436	44528	44620	44712	44804	44896	44988	45080
93	44733	44826	44919	45012	45105	45198	45291	45384	45477	45570
94	45214	45308	45402	45496	45590	45684	45778	45872	45966	46060
95	45695	45790	45885	45980	46075	46170	46265	46360	46455	46550
96	46176	46272	46368	46464	46560	46656	46752	46848	46944	47040
97	46657	46754	46851	46948	47045	47142	47239	47336	47433	47530
98	47138	47236	47334	47432	47530	47628	47726	47824	47922	48020
99	47619	47718	47817	47916	48015	48114	48213	48312	48411	48510
100	48100	48200	48300	48400	48500	48600	48700	48800	48900	49000

n	491	492	493	494	495	496	497	498	499	500
1	491	492	493	494	495	496	497	498	499	500
2	982	984	986	988	990	992	994	996	998	1000
3	1473	1476	1479	1482	1485	1488	1491	1494	1497	1500
4	1964	1968	1972	1976	1980	1984	1988	1992	1996	2000
5	2455	2460	2465	2470	2475	2480	2485	2490	2495	2500
6	2946	2952	2958	2964	2970	2976	2982	2988	2994	3000
7	3437	3444	3451	3458	3465	3472	3479	3486	3493	3500
8	3928	3936	3944	3952	3960	3968	3976	3984	3992	4000
9	4419	4428	4437	4446	4455	4464	4473	4482	4491	4500
10	4910	4920	4930	4940	4950	4960	4970	4980	4990	5000
11	5401	5412	5423	5434	5445	5456	5467	5478	5489	5500
12	5892	5904	5916	5928	5940	5952	5964	5970	5988	6000
13	6383	6396	6409	6422	6435	6448	6461	6474	6487	6500
14	6874	6888	6902	6916	6930	6944	6958	6972	6986	7000
15	7365	7380	7395	7410	7425	7440	7455	7470	7485	7500
16	7856	7872	7888	7904	7920	7936	7952	7968	7984	8000
17	8347	8364	8381	8398	8415	8432	8449	8466	8483	8500
18	8838	8856	8874	8892	8910	8928	8946	8964	8982	9000
19	9329	9348	9367	9386	9405	9424	9443	9462	9481	9500
20	9820	9840	9860	9880	9900	9920	9940	9960	9980	10000
21	10311	10332	10353	10374	10395	10416	10437	10458	10479	10500
22	10802	10824	10846	10868	10890	10912	10934	10956	10978	11000
23	11293	11316	11339	11362	11385	11408	11431	11454	11477	11500
24	11784	11808	11832	11856	11880	11904	11928	11952	11976	12000
25	12275	12300	12325	12350	12375	12400	12425	12450	12475	12500
26	12766	12792	12818	12844	12870	12896	12922	12948	12974	13000
27	13257	13284	13311	13338	13365	13392	13419	13446	13473	13500
28	13748	13776	13804	13832	13860	13888	13916	13944	13972	14000
29	14239	14268	14297	14326	14355	14384	14413	14442	14471	14500
30	14730	14760	14790	14820	14850	14880	14910	14940	14970	15000
31	15221	15252	15283	15314	15345	15376	15407	15438	15469	15500
32	15712	15744	15776	15808	15840	15872	15904	15936	15968	16000
33	16203	16236	16269	16302	16335	16368	16401	16434	16467	16500
34	16694	16728	16762	16796	16830	16864	16898	16932	16966	17000
35	17185	17220	17255	17290	17325	17360	17395	17430	17465	17500
36	17676	17712	17748	17784	17820	17856	17892	17928	17964	18000
37	18167	18204	18241	18278	18315	18352	18389	18426	18463	18500
38	18658	18696	18734	18772	18810	18848	18886	18924	18962	19000
39	19149	19188	19227	19266	19305	19344	19383	19422	19461	19500
40	19640	19680	19720	19760	19800	19840	19880	19920	19960	20000
41	20131	20172	20213	20254	20295	20336	20377	20418	20459	20500
42	20622	20664	20706	20748	20790	20832	20874	20916	20958	21000
43	21113	21156	21199	21242	21285	21328	21371	21414	21457	21500
44	21604	21648	21692	21736	21780	21824	21868	21912	21956	22000
45	22095	22140	22185	22230	22275	22320	22365	22410	22455	22500
46	22586	22632	22678	22724	22770	22816	22862	22908	22954	23000
47	23077	23124	23171	23218	23265	23312	23359	23406	23453	23500
48	23568	23616	23664	23712	23760	23808	23856	23904	23952	24000
49	24059	24108	24157	24206	24255	24304	24353	24402	24451	24500
50	24550	24600	24650	24700	24750	24800	24850	24900	24950	25000
51	25041	25092	25143	25194	25245	25296	25347	25398	25449	25500
52	25532	25584	25636	25688	25740	25792	25844	25896	25948	26000
53	26023	26076	26129	26182	26235	26288	26341	26394	26447	26500
54	26514	26568	26622	26676	26730	26784	26838	26892	26946	27000
55	27005	27060	27115	27170	27225	27280	27335	27390	27445	27500
56	27496	27552	27608	27664	27720	27776	27832	27888	27944	28000
57	27987	28044	28101	28158	28215	28272	28329	28386	28443	28500
58	28478	28536	28594	28652	28710	28768	28826	28884	28942	29000
59	28969	29028	29087	29146	29205	29264	29323	29382	29441	29500
60	29460	29520	29580	29640	29700	29760	29820	29880	29940	30000
61	29951	30012	30073	30134	30195	30256	30317	30378	30439	30500
62	30442	30504	30566	30628	30690	30752	30814	30876	30938	31000
63	30933	30996	31059	31122	31185	31248	31311	31374	31437	31500
64	31424	31488	31552	31616	31680	31744	31808	31872	31936	32000
65	31915	31980	32045	32110	32175	32240	32305	32370	32435	32500
66	32406	32472	32538	32604	32670	32736	32802	32868	32934	33000
67	32897	32964	33031	33098	33165	33232	33299	33366	33433	33500
68	33388	33456	33524	33592	33660	33728	33796	33864	33932	34000
69	33879	33948	34017	34086	34155	34224	34293	34362	34431	34500
70	34370	34440	34510	34580	34650	34720	34790	34860	34930	35000
71	34861	34932	35003	35074	35145	35216	35287	35358	35429	35500
72	35352	35424	35496	35568	35640	35712	35784	35856	35928	36000
73	35843	35916	35989	36062	36135	36208	36281	36354	36427	36500
74	36334	36408	36482	36556	36630	36704	36778	36852	36926	37000
75	36825	36900	36975	37050	37125	37200	37275	37350	37425	37500
76	37316	37392	37468	37544	37620	37696	37772	37848	37924	38000
77	37807	37884	37961	38038	38115	38192	38269	38346	38423	38500
78	38298	38376	38454	38532	38610	38688	38766	38844	38922	39000
79	38789	38868	38947	39026	39105	39184	39263	39342	39421	39500
80	39280	39360	39440	39520	39600	39680	39760	39840	39920	40000
81	39771	39852	39933	40014	40095	40176	40257	40338	40419	40500
82	40262	40344	40426	40508	40590	40672	40754	40836	40918	41000
83	40753	40836	40919	41002	41085	41168	41251	41334	41417	41500
84	41244	41328	41412	41496	41580	41664	41748	41832	41916	42000
85	41735	41820	41905	41990	42075	42160	42245	42330	42415	42500
86	42226	42312	42398	42484	42570	42656	42742	42828	42914	43000
87	42717	42804	42891	42978	43065	43152	43239	43326	43413	43500
88	43208	43296	43384	43472	43560	43648	43736	43824	43912	44000
89	43699	43788	43877	43966	44055	44144	44233	44322	44411	44500
90	44190	44280	44370	44460	44550	44640	44730	44820	44910	45000
91	44681	44772	44863	44954	45045	45136	45227	45318	45409	45500
92	45172	45264	45356	45448	45540	45632	45724	45816	45908	46000
93	45663	45756	45849	45942	46035	46128	46221	46314	46407	46500
94	46154	46248	46342	46436	46530	46624	46718	46812	46906	47000
95	46645	46740	46835	46930	47025	47120	47215	47310	47405	47500
96	47136	47232	47328	47424	47520	47616	47712	47808	47904	48000
97	47627	47724	47821	47918	48015	48112	48209	48306	48403	48500
98	48118	48216	48314	48412	48510	48608	48706	48804	48902	49000
99	48609	48708	48807	48906	49005	49104	49203	49302	49401	49500
100	49100	49200	49300	49400	49500	49600	49700	49800	49900	50000

n	501	502	503	504	505	506	507	508	509	510
1	501	502	503	504	505	506	507	508	509	510
2	1002	1004	1006	1008	1010	1012	1014	1016	1018	1020
3	1503	1506	1509	1512	1515	1518	1521	1524	1527	1530
4	2004	2008	2012	2016	2020	2024	2028	2032	2036	2040
5	2505	2510	2515	2520	2525	2530	2535	2540	2545	2550
6	3006	3012	3018	3024	3030	3036	3042	3048	3054	3060
7	3507	3514	3521	3528	3535	3542	3549	3556	3563	3570
8	4008	4016	4024	4032	4040	4048	4056	4064	4072	4080
9	4509	4518	4527	4536	4545	4554	4563	4572	4581	4590
10	5010	5020	5030	5040	5050	5060	5070	5080	5090	5100
11	5511	5522	5533	5544	5555	5566	5577	5588	5599	5610
12	6012	6024	6036	6048	6060	6072	6084	6096	6108	6120
13	6513	6526	6539	6552	6565	6578	6591	6604	6617	6630
14	7014	7028	7042	7056	7070	7084	7098	7112	7126	7140
15	7515	7530	7545	7560	7575	7590	7605	7620	7635	7650
16	8016	8032	8048	8064	8080	8096	8112	8128	8144	8160
17	8517	8534	8551	8568	8585	8602	8619	8636	8653	8670
18	9018	9036	9054	9072	9090	9108	9126	9144	9162	9180
19	9519	9538	9557	9576	9595	9614	9633	9652	9671	9690
20	10020	10040	10060	10080	10100	10120	10140	10160	10180	10200
21	10521	10542	10563	10584	10605	10626	10647	10668	10689	10710
22	11022	11044	11066	11088	11110	11132	11154	11176	11198	11220
23	11523	11546	11569	11592	11615	11638	11661	11684	11707	11730
24	12024	12048	12072	12096	12120	12144	12168	12192	12216	12240
25	12525	12550	12575	12600	12625	12650	12675	12700	12725	12750
26	13026	13052	13078	13104	13130	13156	13182	13208	13234	13260
27	13527	13554	13581	13608	13635	13662	13689	13716	13743	13770
28	14028	14056	14084	14112	14140	14168	14196	14224	14252	14280
29	14529	14558	14587	14616	14645	14674	14703	14732	14761	14790
30	15030	15060	15090	15120	15150	15180	15210	15240	15270	15300
31	15531	15562	15593	15624	15655	15686	15717	15748	15779	15810
32	16032	16064	16096	16128	16160	16192	16224	16256	16288	16320
33	16533	16566	16599	16632	16665	16698	16731	16764	16797	16830
34	17034	17068	17102	17136	17170	17204	17238	17272	17306	17340
35	17535	17570	17605	17640	17675	17710	17745	17780	17815	17850
36	18036	18072	18108	18144	18180	18216	18252	18288	18324	18360
37	18537	18574	18611	18648	18685	18722	18759	18796	18833	18870
38	19038	19076	19114	19152	19190	19228	19266	19304	19342	19380
39	19539	19578	19617	19656	19695	19734	19773	19812	19851	19890
40	20040	20080	20120	20160	20200	20240	20280	20320	20360	20400
41	20541	20582	20623	20664	20705	20746	20787	20828	20869	20910
42	21042	21084	21126	21168	21210	21252	21294	21336	21378	21420
43	21543	21586	21629	21672	21715	21758	21801	21844	21887	21930
44	22044	22088	22132	22176	22220	22264	22308	22352	22396	22440
45	22545	22590	22635	22680	22725	22770	22815	22860	22905	22950
46	23046	23092	23138	23184	23230	23276	23322	23368	23414	23460
47	23547	23594	23641	23688	23735	23782	23829	23876	23923	23970
48	24048	24096	24144	24192	24240	24288	24336	24384	24432	24480
49	24549	24598	24647	24696	24745	24794	24843	24892	24941	24990
50	25050	25100	25150	25200	25250	25300	25350	25400	25450	25500
51	25551	25602	25653	25704	25755	25806	25857	25908	25959	26010
52	26052	26104	26156	26208	26260	26312	26364	26416	26468	26520
53	26553	26606	26659	26712	26765	26818	26871	26924	26977	27030
54	27054	27108	27162	27216	27270	27324	27378	27432	27486	27540
55	27555	27610	27665	27720	27775	27830	27885	27940	27995	28050
56	28056	28112	28168	28224	28280	28336	28392	28448	28504	28560
57	28557	28614	28671	28728	28785	28842	28899	28956	29013	29070
58	29058	29116	29174	29232	29290	29348	29406	29464	29522	29580
59	29559	29618	29677	29736	29795	29854	29913	29972	30031	30090
60	30060	30120	30180	30240	30300	30360	30420	30480	30540	30600
61	30561	30622	30683	30744	30805	30866	30927	30988	31049	31110
62	31062	31124	31186	31248	31310	31372	31434	31496	31558	31620
63	31563	31626	31689	31752	31815	31878	31941	32004	32067	32130
64	32064	32128	32192	32256	32320	32384	32448	32512	32576	32640
65	32565	32630	32695	32760	32825	32890	32955	33020	33085	33150
66	33066	33132	33198	33264	33330	33396	33462	33528	33594	33660
67	33567	33634	33701	33768	33835	33902	33969	34036	34103	34170
68	34068	34136	34204	34272	34340	34408	34476	34544	34612	34680
69	34569	34638	34707	34776	34845	34914	34983	35052	35121	35190
70	35070	35140	35210	35280	35350	35420	35490	35560	35630	35700
71	35571	35642	35713	35784	35855	35926	35997	36068	36139	36210
72	36072	36144	36216	36288	36360	36432	36504	36576	36648	36720
73	36573	36646	36719	36792	36865	36938	37011	37084	37157	37230
74	37074	37148	37222	37296	37370	37444	37518	37592	37666	37740
75	37575	37650	37725	37800	37875	37950	38025	38100	38175	38250
76	38076	38152	38228	38304	38380	38456	38532	38608	38684	38760
77	38577	38654	38731	38808	38885	38962	39039	39116	39193	39270
78	39078	39156	39234	39312	39390	39468	39546	39624	39702	39780
79	39579	39658	39737	39816	39895	39974	40053	40132	40211	40290
80	40080	40160	40240	40320	40400	40480	40560	40640	40720	40800
81	40581	40662	40743	40824	40905	40986	41067	41148	41229	41310
82	41082	41164	41246	41328	41410	41492	41574	41656	41738	41820
83	41583	41666	41749	41832	41915	41998	42081	42164	42247	42330
84	42084	42168	42252	42336	42420	42504	42588	42672	42756	42840
85	42585	42670	42755	42840	42925	43010	43095	43180	43265	43350
86	43086	43172	43258	43344	43430	43516	43602	43688	43774	43860
87	43587	43674	43761	43848	43935	44022	44109	44196	44283	44370
88	44088	44176	44264	44352	44440	44528	44616	44704	44792	44880
89	44589	44678	44767	44856	44945	45034	45123	45212	45301	45390
90	45090	45180	45270	45360	45450	45540	45630	45720	45810	45900
91	45591	45682	45773	45864	45955	46046	46137	46228	46319	46410
92	46092	46184	46276	46368	46460	46552	46644	46736	46828	46920
93	46593	46686	46779	46872	46965	47058	47151	47244	47337	47430
94	47094	47188	47282	47376	47470	47564	47658	47752	47846	47940
95	47595	47690	47785	47880	47975	48070	48165	48260	48355	48450
96	48096	48192	48288	48384	48480	48576	48672	48768	48864	48960
97	48597	48694	48791	48888	48985	49082	49179	49276	49373	49470
98	49098	49196	49294	49392	49490	49588	49686	49784	49882	49980
99	49599	49698	49797	49896	49995	50094	50193	50292	50391	50490
100	50100	50200	50300	50400	50500	50600	50700	50800	50900	51000

n	511	512	513	514	515	516	517	518	519	520
1	511	512	513	514	515	516	517	518	519	520
2	1022	1024	1026	1028	1030	1032	1034	1036	1038	1040
3	1533	1536	1539	1542	1545	1548	1551	1554	1557	1560
4	2044	2048	2052	2056	2060	2064	2068	2072	2076	2080
5	2555	2560	2565	2570	2575	2580	2585	2590	2595	2600
6	3066	3072	3078	3084	3090	3096	3102	3108	3114	3120
7	3577	3584	3591	3598	3605	3612	3619	3626	3633	3640
8	4088	4096	4104	4112	4120	4128	4136	4144	4152	4160
9	4599	4608	4617	4626	4635	4644	4653	4662	4671	4680
10	5110	5120	5130	5140	5150	5160	5170	5180	5190	5200
11	5621	5632	5643	5654	5665	5676	5687	5698	5709	5720
12	6132	6144	6156	6168	6180	6192	6204	6216	6228	6240
13	6643	6656	6669	6682	6695	6708	6721	6734	6747	6760
14	7154	7168	7182	7196	7210	7224	7238	7252	7266	7280
15	7665	7680	7695	7710	7725	7740	7755	7770	7785	7800
16	8176	8192	8208	8224	8240	8256	8272	8288	8304	8320
17	8687	8704	8721	8738	8755	8772	8789	8806	8823	8840
18	9198	9216	9234	9252	9270	9288	9306	9324	9342	9360
19	9709	9728	9747	9766	9785	9804	9823	9842	9861	9880
20	10220	10240	10260	10280	10300	10320	10340	10360	10380	10400
21	10731	10752	10773	10794	10815	10836	10857	10878	10899	10920
22	11242	11264	11286	11308	11330	11352	11374	11396	11418	11440
23	11753	11776	11799	11822	11845	11868	11891	11914	11937	11960
24	12264	12288	12312	12336	12360	12384	12408	12432	12456	12480
25	12775	12800	12825	12850	12875	12900	12925	12950	12975	13000
26	13286	13312	13338	13364	13390	13416	13442	13468	13494	13520
27	13797	13824	13851	13878	13905	13932	13959	13986	14013	14040
28	14308	14336	14364	14392	14420	14448	14476	14504	14532	14560
29	14819	14848	14877	14906	14935	14964	14993	15022	15051	15080
30	15330	15360	15390	15420	15450	15480	15510	15540	15570	15600
31	15841	15872	15903	15934	15965	15996	16027	16058	16089	16120
32	16352	16384	16416	16448	16480	16512	16544	16576	16608	16640
33	16863	16896	16929	16962	16995	17028	17061	17094	17127	17160
34	17374	17408	17442	17476	17510	17544	17578	17612	17646	17680
35	17885	17920	17955	17990	18025	18060	18095	18130	18165	18200
36	18396	18432	18468	18504	18540	18576	18612	18648	18684	18720
37	18907	18944	18981	19018	19055	19092	19129	19166	19203	19240
38	19418	19456	19494	19532	19570	19608	19646	19684	19722	19760
39	19929	19968	20007	20046	20085	20124	20163	20202	20241	20280
40	20440	20480	20520	20560	20600	20640	20680	20720	20760	20800
41	20951	20992	21033	21074	21115	21156	21197	21238	21279	21320
42	21462	21504	21546	21588	21630	21672	21714	21756	21798	21840
43	21973	22016	22059	22102	22145	22188	22231	22274	22317	22360
44	22484	22528	22572	22616	22660	22704	22748	22792	22836	22880
45	22995	23040	23085	23130	23175	23220	23265	23310	23355	23400
46	23506	23552	23598	23644	23690	23736	23782	23828	23874	23920
47	24017	24064	24111	24158	24205	24252	24299	24346	24393	24440
48	24528	24576	24624	24672	24720	24768	24816	24864	24912	24960
49	25039	25088	25137	25186	25235	25284	25333	25382	25431	25480
50	25550	25600	25650	25700	25750	25800	25850	25900	25950	26000
51	26061	26112	26163	26214	26265	26316	26367	26418	26469	26520
52	26572	26624	26676	26728	26780	26832	26884	26936	26988	27040
53	27083	27136	27189	27242	27295	27348	27401	27454	27507	27560
54	27594	27648	27702	27756	27810	27864	27918	27972	28026	28080
55	28105	28160	28215	28270	28325	28380	28435	28490	28545	28600
56	28616	28672	28728	28784	28840	28896	28952	29008	29064	29120
57	29127	29184	29241	29298	29355	29412	29469	29526	29583	29640
58	29638	29696	29754	29812	29870	29928	29986	30044	30102	30160
59	30149	30208	30267	30326	30385	30444	30503	30562	30621	30680
60	30660	30720	30780	30840	30900	30960	31020	31080	31140	31200
61	31171	31232	31293	31354	31415	31476	31537	31598	31659	31720
62	31682	31744	31806	31868	31930	31992	32054	32116	32178	32240
63	32193	32256	32319	32382	32445	32508	32571	32634	32697	32760
64	32704	32768	32832	32896	32960	33024	33088	33152	33216	33280
65	33215	33280	33345	33410	33475	33540	33605	33670	33735	33800
66	33726	33792	33858	33924	33990	34056	34122	34188	34254	34320
67	34237	34304	34371	34438	34505	34572	34639	34706	34773	34840
68	34748	34816	34884	34952	35020	35088	35156	35224	35292	35360
69	35259	35328	35397	35466	35535	35604	35673	35742	35811	35880
70	35770	35840	35910	35980	36050	36120	36190	36260	36330	36400
71	36281	36352	36423	36494	36565	36636	36707	36778	36849	36920
72	36792	36864	36936	37008	37080	37152	37224	37296	37368	37440
73	37303	37376	37449	37522	37595	37668	37741	37814	37887	37960
74	37814	37888	37962	38036	38110	38184	38258	38332	38406	38480
75	38325	38400	38475	38550	38625	38700	38775	38850	38925	39000
76	38836	38912	38988	39064	39140	39216	39292	39368	39444	39520
77	39347	39424	39501	39578	39655	39732	39809	39886	39963	40040
78	39858	39936	40014	40092	40170	40248	40326	40404	40482	40560
79	40369	40448	40527	40606	40685	40764	40843	40922	41001	41080
80	40880	40960	41040	41120	41200	41280	41360	41440	41520	41600
81	41391	41472	41553	41634	41715	41796	41877	41958	42039	42120
82	41902	41984	42066	42148	42230	42312	42394	42476	42558	42640
83	42413	42496	42579	42662	42745	42828	42911	42994	43077	43160
84	42924	43008	43092	43176	43260	43344	43428	43512	43596	43680
85	43435	43520	43605	43690	43775	43860	43945	44030	44115	44200
86	43946	44032	44118	44204	44290	44376	44462	44548	44634	44720
87	44457	44544	44631	44718	44805	44892	44979	45066	45153	45240
88	44968	45056	45144	45232	45320	45408	45496	45584	45672	45760
89	45479	45568	45657	45746	45835	45924	46013	46102	46191	46280
90	45990	46080	46170	46260	46350	46440	46530	46620	46710	46800
91	46501	46592	46683	46774	46865	46956	47047	47138	47229	47320
92	47012	47104	47196	47288	47380	47472	47564	47656	47748	47840
93	47523	47616	47709	47802	47895	47988	48081	48174	48267	48360
94	48034	48128	48222	48316	48410	48504	48598	48692	48786	48880
95	48545	48640	48735	48830	48925	49020	49115	49210	49305	49400
96	49056	49152	49248	49344	49440	49536	49632	49728	49824	49920
97	49567	49664	49761	49858	49955	50052	50149	50246	50343	50440
98	50078	50176	50274	50372	50470	50568	50666	50764	50862	50960
99	50589	50688	50787	50886	50985	51084	51183	51282	51381	51480
100	51100	51200	51300	51400	51500	51600	51700	51800	51900	52000

1	521	1	522	1	523	1	524	1	525	1	526	1	527	1	528	1	529	1	530
2	1042	2	1044	2	1046	2	1048	2	1050	2	1052	2	1054	2	1056	2	1058	2	1060
3	1563	3	1566	3	1569	3	1572	3	1575	3	1578	3	1581	3	1584	3	1587	3	1590
4	2084	4	2088	4	2092	4	2096	4	2100	4	2104	4	2108	4	2112	4	2116	4	2120
5	2605	5	2610	5	2615	5	2620	5	2625	5	2630	5	2635	5	2640	5	2645	5	2650
6	3126	6	3132	6	3138	6	3144	6	3150	6	3156	6	3162	6	3168	6	3174	6	3180
7	3647	7	3654	7	3661	7	3668	7	3675	7	3682	7	3689	7	3696	7	3703	7	3710
8	4168	8	4176	8	4184	8	4192	8	4200	8	4208	8	4216	8	4224	8	4232	8	4240
9	4689	9	4698	9	4707	9	4716	9	4725	9	4734	9	4743	9	4752	9	4761	9	4770
10	5210	10	5220	10	5230	10	5240	10	5250	10	5260	10	5270	10	5280	10	5290	10	5300
11	5731	11	5742	11	5753	11	5764	11	5775	11	5786	11	5797	11	5808	11	5819	11	5830
12	6252	12	6264	12	6276	12	6288	12	6300	12	6312	12	6324	12	6336	12	6348	12	6360
13	6773	13	6786	13	6799	13	6812	13	6825	13	6838	13	6851	13	6864	13	6877	13	6890
14	7294	14	7308	14	7322	14	7336	14	7350	14	7364	14	7378	14	7392	14	7406	14	7420
15	7815	15	7830	15	7845	15	7860	15	7875	15	7890	15	7905	15	7920	15	7935	15	7950
16	8336	16	8352	16	8368	16	8384	16	8400	16	8416	16	8432	16	8448	16	8464	16	8480
17	8857	17	8874	17	8891	17	8908	17	8925	17	8942	17	8959	17	8976	17	8993	17	9010
18	9378	18	9396	18	9414	18	9432	18	9450	18	9468	18	9486	18	9504	18	9522	18	9540
19	9899	19	9918	19	9937	19	9956	19	9975	19	9994	19	10013	19	10032	19	10051	19	10070
20	10420	20	10440	20	10460	20	10480	20	10500	20	10520	20	10540	20	10560	20	10580	20	10600
21	10941	21	10962	21	10983	21	11004	21	11025	21	11046	21	11067	21	11088	21	11109	21	11130
22	11462	22	11484	22	11506	22	11528	22	11550	22	11572	22	11594	22	11616	22	11638	22	11660
23	11983	23	12006	23	12029	23	12052	23	12075	23	12098	23	12121	23	12144	23	12167	23	12190
24	12504	24	12528	24	12552	24	12576	24	12600	24	12624	24	12648	24	12672	24	12696	24	12720
25	13025	25	13050	25	13075	25	13100	25	13125	25	13150	25	13175	25	13200	25	13225	25	13250
26	13546	26	13572	26	13598	26	13624	26	13650	26	13676	26	13702	26	13728	26	13754	26	13780
27	14067	27	14094	27	14121	27	14148	27	14175	27	14202	27	14229	27	14256	27	14283	27	14310
28	14588	28	14616	28	14644	28	14672	28	14700	28	14728	28	14756	28	14784	28	14812	28	14840
29	15109	29	15138	29	15167	29	15196	29	15225	29	15254	29	15283	29	15312	29	15341	29	15370
30	15630	30	15660	30	15690	30	15720	30	15750	30	15780	30	15810	30	15840	30	15870	30	15900
31	16151	31	16182	31	16213	31	16244	31	16275	31	16306	31	16337	31	16368	31	16399	31	16430
32	16672	32	16704	32	16736	32	16768	32	16800	32	16832	32	16864	32	16896	32	16928	32	16960
33	17193	33	17226	33	17259	33	17292	33	17325	33	17358	33	17391	33	17424	33	17457	33	17490
34	17714	34	17748	34	17782	34	17816	34	17850	34	17884	34	17918	34	17952	34	17986	34	18020
35	18235	35	18270	35	18305	35	18340	35	18375	35	18410	35	18445	35	18480	35	18515	35	18550
36	18756	36	18792	36	18828	36	18864	36	18900	36	18936	36	18972	36	19008	36	19044	36	19080
37	19277	37	19314	37	19351	37	19388	37	19425	37	19462	37	19499	37	19536	37	19573	37	19610
38	19798	38	19836	38	19874	38	19912	38	19950	38	19988	38	20026	38	20064	38	20102	38	20140
39	20319	39	20358	39	20397	39	20436	39	20475	39	20514	39	20553	39	20592	39	20631	39	20670
40	20840	40	20880	40	20920	40	20960	40	21000	40	21040	40	21080	40	21120	40	21160	40	21200
41	21361	41	21402	41	21443	41	21484	41	21525	41	21566	41	21607	41	21648	41	21689	41	21730
42	21882	42	21924	42	21966	42	22008	42	22050	42	22092	42	22134	42	22176	42	22218	42	22260
43	22403	43	22446	43	22489	43	22532	43	22575	43	22618	43	22661	43	22704	43	22747	43	22790
44	22924	44	22968	44	23012	44	23056	44	23100	44	23144	44	23188	44	23232	44	23276	44	23320
45	23445	45	23490	45	23535	45	23580	45	23625	45	23670	45	23715	45	23760	45	23805	45	23850
46	23966	46	24012	46	24058	46	24104	46	24150	46	24196	46	24242	46	24288	46	24334	46	24380
47	24487	47	24534	47	24581	47	24628	47	24675	47	24722	47	24769	47	24816	47	24863	47	24910
48	25008	48	25056	48	25104	48	25152	48	25200	48	25248	48	25296	48	25344	48	25392	48	25440
49	25529	49	25578	49	25627	49	25676	49	25725	49	25774	49	25823	49	25872	49	25921	49	25970
50	26050	50	26100	50	26150	50	26200	50	26250	50	26300	50	26350	50	26400	50	26450	50	26500
51	26571	51	26622	51	26673	51	26724	51	26775	51	26826	51	26877	51	26928	51	26979	51	27030
52	27092	52	27144	52	27196	52	27248	52	27300	52	27352	52	27404	52	27456	52	27508	52	27560
53	27613	53	27666	53	27719	53	27772	53	27825	53	27878	53	27931	53	27984	53	28037	53	28090
54	28134	54	28188	54	28242	54	28296	54	28350	54	28404	54	28458	54	28512	54	28566	54	28620
55	28655	55	28710	55	28765	55	28820	55	28875	55	28930	55	28985	55	29040	55	29095	55	29150
56	29176	56	29232	56	29288	56	29344	56	29400	56	29456	56	29512	56	29568	56	29624	56	29680
57	29697	57	29754	57	29811	57	29868	57	29925	57	29982	57	30039	57	30096	57	30153	57	30210
58	30218	58	30276	58	30334	58	30392	58	30450	58	30508	58	30566	58	30624	58	30682	58	30740
59	30739	59	30798	59	30857	59	30916	59	30975	59	31034	59	31093	59	31152	59	31211	59	31270
60	31260	60	31320	60	31380	60	31440	60	31500	60	31560	60	31620	60	31680	60	31740	60	31800
61	31781	61	31842	61	31903	61	31964	61	32025	61	32086	61	32147	61	32208	61	32269	61	32330
62	32302	62	32364	62	32426	62	32488	62	32550	62	32612	62	32674	62	32736	62	32798	62	32860
63	32823	63	32886	63	32949	63	33012	63	33075	63	33138	63	33201	63	33264	63	33327	63	33390
64	33344	64	33408	64	33472	64	33536	64	33600	64	33664	64	33728	64	33792	64	33856	64	33920
65	33865	65	33930	65	33995	65	34060	65	34125	65	34190	65	34255	65	34320	65	34385	65	34450
66	34386	66	34452	66	34518	66	34584	66	34650	66	34716	66	34782	66	34848	66	34914	66	34980
67	34907	67	34974	67	35041	67	35108	67	35175	67	35242	67	35309	67	35376	67	35443	67	35510
68	35428	68	35496	68	35564	68	35632	68	35700	68	35768	68	35836	68	35904	68	35972	68	36040
69	35949	69	36018	69	36087	69	36156	69	36225	69	36294	69	36363	69	36432	69	36501	69	36570
70	36470	70	36540	70	36610	70	36680	70	36750	70	36820	70	36890	70	36960	70	37030	70	37100
71	36991	71	37062	71	37133	71	37204	71	37275	71	37346	71	37417	71	37488	71	37559	71	37630
72	37512	72	37584	72	37656	72	37728	72	37800	72	37872	72	37944	72	38016	72	38088	72	38160
73	38033	73	38106	73	38179	73	38252	73	38325	73	38398	73	38471	73	38544	73	38617	73	38690
74	38554	74	38628	74	38702	74	38776	74	38850	74	38924	74	38998	74	39072	74	39146	74	39220
75	39075	75	39150	75	39225	75	39300	75	39375	75	39450	75	39525	75	39600	75	39675	75	39750
76	39596	76	39672	76	39748	76	39824	76	39900	76	39976	76	40052	76	40128	76	40204	76	40280
77	40117	77	40194	77	40271	77	40348	77	40425	77	40502	77	40579	77	40656	77	40733	77	40810
78	40638	78	40716	78	40794	78	40872	78	40950	78	41028	78	41106	78	41184	78	41262	78	41340
79	41159	79	41238	79	41317	79	41396	79	41475	79	41554	79	41633	79	41712	79	41791	79	41870
80	41680	80	41760	80	41840	80	41920	80	42000	80	42080	80	42160	80	42240	80	42320	80	42400
81	42201	81	42282	81	42363	81	42444	81	42525	81	42606	81	42687	81	42768	81	42849	81	42930
82	42722	82	42804	82	42886	82	42968	82	43050	82	43132	82	43214	82	43296	82	43378	82	43460
83	43243	83	43326	83	43409	83	43492	83	43575	83	43658	83	43741	83	43824	83	43907	83	43990
84	43764	84	43848	84	43932	84	44016	84	44100	84	44184	84	44268	84	44352	84	44436	84	44520
85	44285	85	44370	85	44455	85	44540	85	44625	85	44710	85	44795	85	44880	85	44965	85	45050
86	44806	86	44892	86	44978	86	45064	86	45150	86	45236	86	45322	86	45408	86	45494	86	45580
87	45327	87	45414	87	45501	87	45588	87	45675	87	45762	87	45849	87	45936	87	46023	87	46110
88	45848	88	45936	88	46024	88	46112	88	46200	88	46288	88	46376	88	46464	88	46552	88	46640
89	46369	89	46458	89	46547	89	46636	89	46725	89	46814	89	46903	89	46992	89	47081	89	47170
90	46890	90	46980	90	47070	90	47160	90	47250	90	47340	90	47430	90	47520	90	47610	90	47700
91	47411	91	47502	91	47593	91	47684	91	47775	91	47866	91	47957	91	48048	91	48139	91	48230
92	47932	92	48024	92	48116	92	48208	92	48300	92	48392	92	48484	92	48576	92	48668	92	48760
93	48453	93	48546	93	48639	93	48732	93	48825	93	48918	93	49011	93	49104	93	49197	93	49290
94	48974	94	49068	94	49162	94	49256	94	49350	94	49444	94	49538	94	49632	94	49726	94	49820
95	49495	95	49590	95	49685	95	49780	95	49875	95	49970	95	50065	95	50160	95	50255	95	50350
96	50016	96	50112	96	50208	96	50304	96	50400	96	50496	96	50592	96	50688	96	50784	96	50880
97	50537	97	50634	97	50731	97	50828	97	50925	97	51022	97	51119	97	51216	97	51313	97	51410
98	51058	98	51156	98	51254	98	51352	98	51450	98	51548	98	51646	98	51744	98	51842	98	51940
99	51579	99	51678	99	51777	99	51876	99	51975	99	52074	99	52173	99	52272	99	52371	99	52470
100	52100	100	52200	100	52300	100	52400	100	52500	100	52600	100	52700	100	52800	100	52900	100	53000

	531	532	533	534	535	536	537	538	539	540
1	531	532	533	534	535	536	537	538	539	540
2	1062	1064	1066	1068	1070	1072	1074	1076	1078	1080
3	1593	1596	1599	1602	1605	1608	1611	1614	1617	1620
4	2124	2128	2132	2136	2140	2144	2148	2152	2156	2160
5	2655	2660	2665	2670	2675	2680	2685	2690	2695	2700
6	3186	3192	3198	3204	3210	3216	3222	3228	3234	3240
7	3717	3724	3731	3738	3745	3752	3759	3766	3773	3780
8	4248	4256	4264	4272	4280	4288	4296	4304	4312	4320
9	4779	4788	4797	4806	4815	4824	4833	4842	4851	4860
10	5310	5320	5330	5340	5350	5360	5370	5380	5390	5400
11	5841	5852	5863	5874	5885	5896	5907	5918	5929	5940
12	6372	6384	6396	6408	6420	6432	6444	6456	6468	6480
13	6903	6916	6929	6942	6955	6968	6981	6994	7007	7020
14	7434	7448	7462	7476	7490	7504	7518	7532	7546	7560
15	7965	7980	7995	8010	8025	8040	8055	8070	8085	8100
16	8496	8512	8528	8544	8560	8576	8592	8608	8624	8640
17	9027	9044	9061	9078	9095	9112	9129	9146	9163	9180
18	9558	9576	9594	9612	9630	9648	9666	9684	9702	9720
19	10089	10108	10127	10146	10165	10184	10203	10222	10241	10260
20	10620	10640	10660	10680	10700	10720	10740	10760	10780	10800
21	11151	11172	11193	11214	11235	11256	11277	11298	11319	11340
22	11682	11704	11726	11748	11770	11792	11814	11836	11858	11880
23	12213	12236	12259	12282	12305	12328	12351	12374	12397	12420
24	12744	12768	12792	12816	12840	12864	12888	12912	12936	12960
25	13275	13300	13325	13350	13375	13400	13425	13450	13475	13500
26	13806	13832	13858	13884	13910	13936	13962	13988	14014	14040
27	14337	14364	14391	14418	14445	14472	14499	14526	14553	14580
28	14868	14896	14924	14952	14980	15008	15036	15064	15092	15120
29	15399	15428	15457	15486	15515	15544	15573	15602	15631	15660
30	15930	15960	15990	16020	16050	16080	16110	16140	16170	16200
31	16461	16492	16523	16554	16585	16616	16647	16678	16709	16740
32	16992	17024	17056	17088	17120	17152	17184	17216	17248	17280
33	17523	17556	17589	17622	17655	17688	17721	17754	17787	17820
34	18054	18088	18122	18156	18190	18224	18258	18292	18326	18360
35	18585	18620	18655	18690	18725	18760	18795	18830	18865	18900
36	19116	19152	19188	19224	19260	19296	19332	19368	19404	19440
37	19647	19684	19721	19758	19795	19832	19869	19906	19943	19980
38	20178	20216	20254	20292	20330	20368	20406	20444	20482	20520
39	20709	20748	20787	20826	20865	20904	20943	20982	21021	21060
40	21240	21280	21320	21360	21400	21440	21480	21520	21560	21600
41	21771	21812	21853	21894	21935	21976	22017	22058	22099	22140
42	22302	22344	22386	22428	22470	22512	22554	22596	22638	22680
43	22833	22876	22919	22962	23005	23048	23091	23134	23177	23220
44	23364	23408	23452	23496	23540	23584	23628	23672	23716	23760
45	23895	23940	23985	24030	24075	24120	24165	24210	24255	24300
46	24426	24472	24518	24564	24610	24656	24702	24748	24794	24840
47	24957	25004	25051	25098	25145	25192	25239	25286	25333	25380
48	25488	25536	25584	25632	25680	25728	25776	25824	25872	25920
49	26019	26068	26117	26166	26215	26264	26313	26362	26411	26460
50	26550	26600	26650	26700	26750	26800	26850	26900	26950	27000
51	27081	27132	27183	27234	27285	27336	27387	27438	27489	27540
52	27612	27664	27716	27768	27820	27872	27924	27976	28028	28080
53	28143	28196	28249	28302	28355	28408	28461	28514	28567	28620
54	28674	28728	28782	28836	28890	28944	28998	29052	29106	29160
55	29205	29260	29315	29370	29425	29480	29535	29590	29645	29700
56	29736	29792	29848	29904	29960	30016	30072	30128	30184	30240
57	30267	30324	30381	30438	30495	30552	30609	30666	30723	30780
58	30798	30856	30914	30972	31030	31088	31146	31204	31262	31320
59	31329	31388	31447	31506	31565	31624	31683	31742	31801	31860
60	31860	31920	31980	32040	32100	32160	32220	32280	32340	32400
61	32391	32452	32513	32574	32635	32696	32757	32818	32879	32940
62	32922	32984	33046	33108	33170	33232	33294	33356	33418	33480
63	33453	33516	33579	33642	33705	33768	33831	33894	33957	34020
64	33984	34048	34112	34176	34240	34304	34368	34432	34496	34560
65	34515	34580	34645	34710	34775	34840	34905	34970	35035	35100
66	35046	35112	35178	35244	35310	35376	35442	35508	35574	35640
67	35577	35644	35711	35778	35845	35912	35979	36046	36113	36180
68	36108	36176	36244	36312	36380	36448	36516	36584	36652	36720
69	36639	36708	36777	36846	36915	36984	37053	37122	37191	37260
70	37170	37240	37310	37380	37450	37520	37590	37660	37730	37800
71	37701	37772	37843	37914	37985	38056	38127	38198	38269	38340
72	38232	38304	38376	38448	38520	38592	38664	38736	38808	38880
73	38763	38836	38909	38982	39055	39128	39201	39274	39347	39420
74	39294	39368	39442	39516	39590	39664	39738	39812	39886	39960
75	39825	39900	39975	40050	40125	40200	40275	40350	40425	40500
76	40356	40432	40508	40584	40660	40736	40812	40888	40964	41040
77	40887	40964	41041	41118	41195	41272	41349	41426	41503	41580
78	41418	41496	41574	41652	41730	41808	41886	41964	42042	42120
79	41949	42028	42107	42186	42265	42344	42423	42502	42581	42660
80	42480	42560	42640	42720	42800	42880	42960	43040	43120	43200
81	43011	43092	43173	43254	43335	43416	43497	43578	43659	43740
82	43542	43624	43706	43788	43870	43952	44034	44116	44198	44280
83	44073	44156	44239	44322	44405	44488	44571	44654	44737	44820
84	44604	44688	44772	44856	44940	45024	45108	45192	45276	45360
85	45135	45220	45305	45390	45475	45560	45645	45730	45815	45900
86	45666	45752	45838	45924	46010	46096	46182	46268	46354	46440
87	46197	46284	46371	46458	46545	46632	46719	46806	46893	46980
88	46728	46816	46904	46992	47080	47168	47256	47344	47432	47520
89	47259	47348	47437	47526	47615	47704	47793	47882	47971	48060
90	47790	47880	47970	48060	48150	48240	48330	48420	48510	48600
91	48321	48412	48503	48594	48685	48776	48867	48958	49049	49140
92	48852	48944	49036	49128	49220	49312	49404	49496	49588	49680
93	49383	49476	49569	49662	49755	49848	49941	50034	50127	50220
94	49914	50008	50102	50196	50290	50384	50478	50572	50666	50760
95	50445	50540	50635	50730	50825	50920	51015	51110	51205	51300
96	50976	51072	51168	51264	51360	51456	51552	51648	51744	51840
97	51507	51604	51701	51798	51895	51992	52089	52186	52283	52380
98	52038	52136	52234	52332	52430	52528	52626	52724	52822	52920
99	52569	52668	52767	52866	52965	53064	53163	53262	53361	53460
100	53100	53200	53300	53400	53500	53600	53700	53800	53900	54000

	541	542	543	544	545	546	547	548	549	550
1	541	542	543	544	545	546	547	548	549	550
2	1082	1084	1086	1088	1090	1092	1094	1096	1098	1100
3	1623	1626	1629	1632	1635	1638	1641	1644	1647	1650
4	2164	2168	2172	2176	2180	2184	2188	2192	2196	2200
5	2705	2710	2715	2720	2725	2730	2735	2740	2745	2750
6	3246	3252	3258	3264	3270	3276	3282	3288	3294	3300
7	3787	3794	3801	3808	3815	3822	3829	3836	3843	3850
8	4328	4336	4344	4352	4360	4368	4376	4384	4392	4400
9	4869	4878	4887	4896	4905	4914	4923	4932	4941	4950
10	5410	5420	5430	5440	5450	5460	5470	5480	5490	5500
11	5951	5962	5973	5984	5995	6006	6017	6028	6039	6050
12	6492	6504	6516	6528	6540	6552	6564	6576	6588	6600
13	7033	7046	7059	7072	7085	7098	7111	7124	7137	7150
14	7574	7588	7602	7616	7630	7644	7658	7672	7686	7700
15	8115	8130	8145	8160	8175	8190	8205	8220	8235	8250
16	8656	8672	8688	8704	8720	8736	8752	8768	8784	8800
17	9197	9214	9231	9248	9265	9282	9299	9316	9333	9350
18	9738	9756	9774	9792	9810	9828	9846	9864	9882	9900
19	10279	10298	10317	10336	10355	10374	10393	10412	10431	10450
20	10820	10840	10860	10880	10900	10920	10940	10960	10980	11000
21	11361	11382	11403	11424	11445	11466	11487	11508	11529	11550
22	11902	11924	11946	11968	11990	12012	12034	12056	12078	12100
23	12443	12466	12489	12512	12535	12558	12581	12604	12627	12650
24	12984	13008	13032	13056	13080	13104	13128	13152	13176	13200
25	13525	13550	13575	13600	13625	13650	13675	13700	13725	13750
26	14066	14092	14118	14144	14170	14196	14222	14248	14274	14300
27	14607	14634	14661	14688	14715	14742	14769	14796	14823	14850
28	15148	15176	15204	15232	15260	15288	15316	15344	15372	15400
29	15689	15718	15747	15776	15805	15834	15863	15892	15921	15950
30	16230	16260	16290	16320	16350	16380	16410	16440	16470	16500
31	16771	16802	16833	16864	16895	16926	16957	16988	17019	17050
32	17312	17344	17376	17408	17440	17472	17504	17536	17568	17600
33	17853	17886	17919	17952	17985	18018	18051	18084	18117	18150
34	18394	18428	18462	18496	18530	18564	18598	18632	18666	18700
35	18935	18970	19005	19040	19075	19110	19145	19180	19215	19250
36	19476	19512	19548	19584	19620	19656	19692	19728	19764	19800
37	20017	20054	20091	20128	20165	20202	20239	20276	20313	20350
38	20558	20596	20634	20672	20710	20748	20786	20824	20862	20900
39	21099	21138	21177	21216	21255	21294	21333	21372	21411	21450
40	21640	21680	21720	21760	21800	21840	21880	21920	21960	22000
41	22181	22222	22263	22304	22345	22386	22427	22468	22509	22550
42	22722	22764	22806	22848	22890	22932	22974	23016	23058	23100
43	23263	23306	23349	23392	23435	23478	23521	23564	23607	23650
44	23804	23848	23892	23936	23980	24024	24068	24112	24156	24200
45	24345	24390	24435	24480	24525	24570	24615	24660	24705	24750
46	24886	24932	24978	25024	25070	25116	25162	25208	25254	25300
47	25427	25474	25521	25568	25615	25662	25709	25756	25803	25850
48	25968	26016	26064	26112	26160	26208	26256	26304	26352	26400
49	26509	26558	26607	26656	26705	26754	26803	26852	26901	26950
50	27050	27100	27150	27200	27250	27300	27350	27400	27450	27500
51	27591	27642	27693	27744	27795	27846	27897	27948	27999	28050
52	28132	28184	28236	28288	28340	28392	28444	28496	28548	28600
53	28673	28726	28779	28832	28885	28938	28991	29044	29097	29150
54	29214	29268	29322	29376	29430	29484	29538	29592	29646	29700
55	29755	29810	29865	29920	29975	30030	30085	30140	30195	30250
56	30296	30352	30408	30464	30520	30576	30632	30688	30744	30800
57	30837	30894	30951	31008	31065	31122	31179	31236	31293	31350
58	31378	31436	31494	31552	31610	31668	31726	31784	31842	31900
59	31919	31978	32037	32096	32155	32214	32273	32332	32391	32450
60	32460	32520	32580	32640	32700	32760	32820	32880	32940	33000
61	33001	33062	33123	33184	33245	33306	33367	33428	33489	33550
62	33542	33604	33666	33728	33790	33852	33914	33976	34038	34100
63	34083	34146	34209	34272	34335	34398	34461	34524	34587	34650
64	34624	34688	34752	34816	34880	34944	35008	35072	35136	35200
65	35165	35230	35295	35360	35425	35490	35555	35620	35685	35750
66	35706	35772	35838	35904	35970	36036	36102	36168	36234	36300
67	36247	36314	36381	36448	36515	36582	36649	36716	36783	36850
68	36788	36856	36924	36992	37060	37128	37196	37264	37332	37400
69	37329	37398	37467	37536	37605	37674	37743	37812	37881	37950
70	37870	37940	38010	38080	38150	38220	38290	38360	38430	38500
71	38411	38482	38553	38624	38695	38766	38837	38908	38979	39050
72	38952	39024	39096	39168	39240	39312	39384	39456	39528	39600
73	39493	39566	39639	39712	39785	39858	39931	40004	40077	40150
74	40034	40108	40182	40256	40330	40404	40478	40552	40626	40700
75	40575	40650	40725	40800	40875	40950	41025	41100	41175	41250
76	41116	41192	41268	41344	41420	41496	41572	41648	41724	41800
77	41657	41734	41811	41888	41965	42042	42119	42196	42273	42350
78	42198	42276	42354	42432	42510	42588	42666	42744	42822	42900
79	42739	42818	42897	42976	43055	43134	43213	43292	43371	43450
80	43280	43360	43440	43520	43600	43680	43760	43840	43920	44000
81	43821	43902	43983	44064	44145	44226	44307	44388	44469	44550
82	44362	44444	44526	44608	44690	44772	44854	44936	45018	45100
83	44903	44986	45069	45152	45235	45318	45401	45484	45567	45650
84	45444	45528	45612	45696	45780	45864	45948	46032	46116	46200
85	45985	46070	46155	46240	46325	46410	46495	46580	46665	46750
86	46526	46612	46698	46784	46870	46956	47042	47128	47214	47300
87	47067	47154	47241	47328	47415	47502	47589	47676	47763	47850
88	47608	47696	47784	47872	47960	48048	48136	48224	48312	48400
89	48149	48238	48327	48416	48505	48594	48683	48772	48861	48950
90	48690	48780	48870	48960	49050	49140	49230	49320	49410	49500
91	49231	49322	49413	49504	49595	49686	49777	49868	49959	50050
92	49772	49864	49956	50048	50140	50232	50324	50416	50508	50600
93	50313	50406	50499	50592	50685	50778	50871	50964	51057	51150
94	50854	50948	51042	51136	51230	51324	51418	51512	51606	51700
95	51395	51490	51585	51680	51775	51870	51965	52060	52155	52250
96	51936	52032	52128	52224	52320	52416	52512	52608	52704	52800
97	52477	52574	52671	52768	52865	52962	53059	53156	53253	53350
98	53018	53116	53214	53312	53410	53508	53606	53704	53802	53900
99	53559	53658	53757	53856	53955	54054	54153	54252	54351	54450
100	54100	54200	54300	54400	54500	54600	54700	54800	54900	55000

1	551	1	552	1	553	1	554	1	555	1	556	1	557	1	558	1	559	1	560
2	1102	2	1104	2	1106	2	1108	2	1110	2	1112	2	1114	2	1116	2	1118	2	1120
3	1653	3	1656	3	1659	3	1662	3	1665	3	1668	3	1671	3	1674	3	1677	3	1680
4	2204	4	2208	4	2212	4	2216	4	2220	4	2224	4	2228	4	2232	4	2236	4	2240
5	2755	5	2760	5	2765	5	2770	5	2775	5	2780	5	2785	5	2790	5	2795	5	2800
6	3306	6	3312	6	3318	6	3324	6	3330	6	3336	6	3342	6	3348	6	3354	6	3360
7	3857	7	3864	7	3871	7	3878	7	3885	7	3892	7	3899	7	3906	7	3913	7	3920
8	4408	8	4416	8	4424	8	4432	8	4440	8	4448	8	4456	8	4464	8	4472	8	4480
9	4959	9	4968	9	4977	9	4986	9	4995	9	5004	9	5013	9	5022	9	5031	9	5040
10	5510	10	5520	10	5530	10	5540	10	5550	10	5560	10	5570	10	5580	10	5590	10	5600
11	6061	11	6072	11	6083	11	6094	11	6105	11	6116	11	6127	11	6138	11	6149	11	6160
12	6612	12	6624	12	6636	12	6648	12	6660	12	6672	12	6684	12	6696	12	6708	12	6720
13	7163	13	7176	13	7189	13	7202	13	7215	13	7228	13	7241	13	7254	13	7267	13	7280
14	7714	14	7728	14	7742	14	7756	14	7770	14	7784	14	7798	14	7812	14	7826	14	7840
15	8265	15	8280	15	8295	15	8310	15	8325	15	8340	15	8355	15	8370	15	8385	15	8400
16	8816	16	8832	16	8848	16	8864	16	8880	16	8896	16	8912	16	8928	16	8944	16	8960
17	9367	17	9384	17	9401	17	9418	17	9435	17	9452	17	9469	17	9486	17	9503	17	9520
18	9918	18	9936	18	9954	18	9972	18	9990	18	10008	18	10026	18	10044	18	10062	18	10080
19	10469	19	10488	19	10507	19	10526	19	10545	19	10564	19	10583	19	10602	19	10621	19	10640
20	11020	20	11040	20	11060	20	11080	20	11100	20	11120	20	11140	20	11160	20	11180	20	11200
21	11571	21	11592	21	11613	21	11634	21	11655	21	11676	21	11697	21	11718	21	11739	21	11760
22	12122	22	12144	22	12166	22	12188	22	12210	22	12232	22	12254	22	12276	22	12298	22	12320
23	12673	23	12696	23	12719	23	12742	23	12765	23	12888	23	12811	23	12834	23	12857	23	12880
24	13224	24	13248	24	13272	24	13296	24	13320	24	13344	24	13368	24	13392	24	13416	24	13440
25	13775	25	13800	25	13825	25	13850	25	13875	25	13900	25	13925	25	13950	25	13975	25	14000
26	14326	26	14352	26	14378	26	14404	26	14430	26	14456	26	14482	26	14508	26	14534	26	14560
27	14877	27	14904	27	14931	27	14958	27	14985	27	15012	27	15039	27	15066	27	15093	27	15120
28	15428	28	15456	28	15484	28	15512	28	15540	28	15568	28	15596	28	15624	28	15652	28	15680
29	15979	29	16008	29	16037	29	16066	29	16095	29	16124	29	16153	29	16182	29	16211	29	16240
30	16530	30	16560	30	16590	30	16620	30	16650	30	16680	30	16710	30	16740	30	16770	30	16800
31	17081	31	17112	31	17143	31	17174	31	17205	31	17236	31	17267	31	17298	31	17329	31	17360
32	17632	32	17664	32	17696	32	17728	32	17760	32	17792	32	17824	32	17856	32	17888	32	17920
33	18183	33	18216	33	18249	33	18282	33	18315	33	18348	33	18381	33	18414	33	18447	33	18480
34	18734	34	18768	34	18802	34	18836	34	18870	34	18904	34	18938	34	18972	34	19006	34	19040
35	19285	35	19320	35	19355	35	19390	35	19425	35	19460	35	19495	35	19530	35	19565	35	19600
36	19836	36	19872	36	19908	36	19944	36	19980	36	20016	36	20052	36	20088	36	20124	36	20160
37	20387	37	20424	37	20461	37	20498	37	20535	37	20572	37	20609	37	20646	37	20683	37	20720
38	20938	38	20976	38	21014	38	21052	38	21090	38	21128	38	21166	38	21204	38	21242	38	21280
39	21489	39	21528	39	21567	39	21606	39	21645	39	21684	39	21723	39	21762	39	21801	39	21840
40	22040	40	22080	40	22120	40	22160	40	22200	40	22240	40	22280	40	22320	40	22360	40	22400
41	22591	41	22632	41	22673	41	22714	41	22755	41	22796	41	22837	41	22878	41	22919	41	22960
42	23142	42	23184	42	23226	42	23268	42	23310	42	23352	42	23394	42	23436	42	23478	42	23520
43	23693	43	23736	43	23779	43	23822	43	23865	43	23908	43	23951	43	23994	43	24037	43	24080
44	24244	44	24288	44	24332	44	24376	44	24420	44	24464	44	24508	44	24552	44	24596	44	24640
45	24795	45	24840	45	24885	45	24930	45	24975	45	25020	45	25065	45	25110	45	25155	45	25200
46	25346	46	25392	46	25438	46	25484	46	25530	46	25576	46	25622	46	25668	46	25714	46	25760
47	25897	47	25944	47	25991	47	26038	47	26085	47	26132	47	26179	47	26226	47	26273	47	26320
48	26448	48	26496	48	26544	48	26592	48	26640	48	26688	48	26736	48	26784	48	26832	48	26880
49	26999	49	27048	49	27097	49	27146	49	27195	49	27244	49	27293	49	27342	49	27391	49	27440
50	27550	50	27600	50	27650	50	27700	50	27750	50	27800	50	27850	50	27900	50	27950	50	28000
51	28101	51	28152	51	28203	51	28254	51	28305	51	28356	51	28407	51	28458	51	28509	51	28560
52	28652	52	28704	52	28756	52	28808	52	28860	52	28912	52	28964	52	29016	52	29068	52	29120
53	29203	53	29256	53	29309	53	29362	53	29415	53	29468	53	29521	53	29574	53	29627	53	29680
54	29754	54	29808	54	29862	54	29916	54	29970	54	30024	54	30078	54	30132	54	30186	54	30240
55	30305	55	30360	55	30415	55	30470	55	30525	55	30580	55	30635	55	30690	55	30745	55	30800
56	30856	56	30912	56	30968	56	31024	56	31080	56	31136	56	31192	56	31248	56	31304	56	31360
57	31407	57	31464	57	31521	57	31578	57	31635	57	31692	57	31749	57	31806	57	31863	57	31920
58	31958	58	32016	58	32074	58	32132	58	32190	58	32248	58	32306	58	32364	58	32422	58	32480
59	32509	59	32568	59	32627	59	32686	59	32745	59	32804	59	32863	59	32922	59	32981	59	33040
60	33060	60	33120	60	33180	60	33240	60	33300	60	33360	60	33420	60	33480	60	33540	60	33600
61	33611	61	33672	61	33733	61	33794	61	33855	61	33916	61	33977	61	34038	61	34099	61	34160
62	34162	62	34224	62	34286	62	34348	62	34410	62	34472	62	34534	62	34596	62	34658	62	34720
63	34713	63	34776	63	34839	63	34902	63	34965	63	35028	63	35091	63	35154	63	35217	63	35280
64	35264	64	35328	64	35392	64	35456	64	35520	64	35584	64	35648	64	35712	64	35776	64	35840
65	35815	65	35880	65	35945	65	36010	65	36075	65	36140	65	36205	65	36270	65	36335	65	36400
66	36366	66	36432	66	36498	66	36564	66	36630	66	36696	66	36762	66	36828	66	36894	66	36960
67	36917	67	36984	67	37051	67	37118	67	37185	67	37252	67	37319	67	37386	67	37453	67	37520
68	37468	68	37536	68	37604	68	37672	68	37740	68	37808	68	37876	68	37944	68	38012	68	38080
69	38019	69	38088	69	38157	69	38226	69	38295	69	38364	69	38433	69	38502	69	38571	69	38640
70	38570	70	38640	70	38710	70	38780	70	38850	70	38920	70	38990	70	39060	70	39130	70	39200
71	39121	71	39192	71	39263	71	39334	71	39405	71	39476	71	39547	71	39618	71	39689	71	39760
72	39672	72	39744	72	39816	72	39888	72	39960	72	40032	72	40104	72	40176	72	40248	72	40320
73	40223	73	40296	73	40369	73	40442	73	40515	73	40588	73	40661	73	40734	73	40807	73	40880
74	40774	74	40848	74	40922	74	40996	74	41070	74	41144	74	41218	74	41292	74	41366	74	41440
75	41325	75	41400	75	41475	75	41550	75	41625	75	41700	75	41775	75	41850	75	41925	75	42000
76	41876	76	41952	76	42028	76	42104	76	42180	76	42256	76	42332	76	42408	76	42484	76	42560
77	42427	77	42504	77	42581	77	42658	77	42735	77	42812	77	42889	77	42966	77	43043	77	43120
78	42978	78	43056	78	43134	78	43212	78	43290	78	43368	78	43446	78	43524	78	43602	78	43680
79	43529	79	43608	79	43687	79	43766	79	43845	79	43924	79	44003	79	44082	79	44161	79	44240
80	44080	80	44160	80	44240	80	44320	80	44400	80	44480	80	44560	80	44640	80	44720	80	44800
81	44631	81	44712	81	44793	81	44874	81	44955	81	45036	81	45117	81	45198	81	45279	81	45360
82	45182	82	45264	82	45346	82	45428	82	45510	82	45592	82	45674	82	45756	82	45838	82	45920
83	45733	83	45816	83	45899	83	45982	83	46065	83	46148	83	46231	83	46314	83	46397	83	46480
84	46284	84	46368	84	46452	84	46536	84	46620	84	46704	84	46788	84	46872	84	46956	84	47040
85	46835	85	46920	85	47005	85	47090	85	47175	85	47260	85	47345	85	47430	85	47515	85	47600
86	47386	86	47472	86	47558	86	47644	86	47730	86	47816	86	47902	86	47988	86	48074	86	48160
87	47937	87	48024	87	48111	87	48198	87	48285	87	48372	87	48459	87	48546	87	48633	87	48720
88	48488	88	48576	88	48664	88	48752	88	48840	88	48928	88	49016	88	49104	88	49192	88	49280
89	49039	89	49128	89	49217	89	49306	89	49395	89	49484	89	49573	89	49662	89	49751	89	49840
90	49590	90	49680	90	49770	90	49860	90	49950	90	50040	90	50130	90	50220	90	50310	90	50400
91	50141	91	50232	91	50323	91	50414	91	50505	91	50596	91	50687	91	50778	91	50869	91	50960
92	50692	92	50784	92	50876	92	50968	92	51060	92	51152	92	51244	92	51336	92	51428	92	51520
93	51243	93	51336	93	51429	93	51522	93	51615	93	51708	93	51801	93	51894	93	51987	93	52080
94	51794	94	51888	94	51982	94	52076	94	52170	94	52264	94	52358	94	52452	94	52546	94	52640
95	52345	95	52440	95	52535	95	52630	95	52725	95	52820	95	52915	95	53010	95	53105	95	53200
96	52896	96	52992	96	53088	96	53184	96	53280	96	53376	96	53472	96	53568	96	53664	96	53760
97	53447	97	53544	97	53641	97	53738	97	53835	97	53932	97	54029	97	54126	97	54223	97	54320
98	53998	98	54096	98	54194	98	54292	98	54390	98	54488	98	54586	98	54684	98	54782	98	54880
99	54549	99	54648	99	54747	99	54846	99	54945	99	55044	99	55143	99	55242	99	55341	99	55440
100	55100	100	55200	100	55300	100	55400	100	55500	100	55600	100	55700	100	55800	100	55900	100	56000

I	561	562	563	564	565	566	567	668	569	570
1	561	562	563	564	565	566	567	568	569	570
2	1122	1124	1126	1128	1130	1132	1134	1136	1138	1140
3	1683	1686	1689	1692	1695	1698	1701	1704	1707	1710
4	2244	2248	2252	2256	2260	2264	2268	2272	2276	2280
5	2805	2810	2815	2820	2825	2830	2835	2840	2845	2850
6	3366	3372	3378	3384	3390	3396	3402	3408	3414	3420
7	3927	3934	3941	3948	3955	3962	3969	3976	3983	3990
8	4488	4496	4504	4512	4520	4528	4536	4544	4552	4560
9	5049	5058	5067	5076	5085	5094	5103	5112	5121	5130
10	5610	5620	5630	5640	5650	5660	5670	5680	5690	5700
11	6171	6182	6193	6204	6215	6226	6237	6248	6259	6270
12	6732	6744	6756	6768	6780	6792	6804	6816	6828	6840
13	7293	7306	7319	7332	7345	7358	7371	7384	7397	7410
14	7854	7868	7882	7896	7910	7924	7938	7952	7966	7980
15	8415	8430	8445	8460	8475	8490	8505	8520	8535	8550
16	8976	8992	9008	9024	9040	9056	9072	9088	9104	9120
17	9537	9554	9571	9588	9605	9622	9639	9656	9673	9690
18	10098	10116	10134	10152	10170	10188	10206	10224	10242	10260
19	10659	10678	10697	10716	10735	10754	10773	10792	10811	10830
20	11220	11240	11260	11280	11300	11320	11340	11360	11380	11400
21	11781	11802	11823	11844	11865	11886	11907	11928	11949	11970
22	12342	12364	12386	12408	12430	12452	12474	12496	12518	12540
23	12903	12926	12949	12972	12995	13018	13041	13064	13087	13110
24	13464	13488	13512	13536	13560	13584	13608	13632	13656	13680
25	14025	14050	14075	14100	14125	14150	14175	14200	14225	14250
26	14586	14612	14638	14664	14690	14716	14742	14768	14794	14820
27	15147	15174	15201	15228	15255	15282	15309	15336	15363	15390
28	15708	15736	15764	15792	15820	15848	15876	15904	15932	15960
29	16269	16298	16327	16356	16385	16414	16443	16472	16501	16530
30	16830	16860	16890	16920	16950	16980	17010	17040	17070	17100
31	17391	17422	17453	17484	17515	17546	17577	17608	17639	17670
32	17952	17984	18016	18048	18080	18112	18144	18176	18208	18240
33	18513	18546	18579	18612	18645	18678	18711	18744	18777	18810
34	19074	19108	19142	19176	19210	19244	19278	19312	19346	19380
35	19635	19670	19705	19740	19775	19810	19845	19880	19915	19950
36	20196	20232	20268	20304	20340	20376	20412	20448	20484	20520
37	20757	20794	20831	20868	20905	20942	20979	21016	21053	21090
38	21318	21356	21394	21432	21470	21508	21546	21584	21622	21660
39	21879	21918	21957	21996	22035	22074	22113	22152	22191	22230
40	22440	22480	22520	22560	22600	22640	22680	22720	22760	22800
41	23001	23042	23083	23124	23165	23206	23247	23288	23329	23370
42	23562	23604	23646	23688	23630	23772	23814	23856	23808	23940
43	24123	24166	24209	24252	24295	24338	24381	24424	24467	24510
44	24684	24728	24772	24816	24860	24904	24948	24992	25036	25080
45	25245	25290	25335	25380	25425	25470	25515	25560	25605	25650
46	25806	25852	25898	25944	25990	26036	26082	26128	26174	26220
47	26367	26414	26461	26508	26555	26602	26649	26696	26743	26790
48	26928	26976	27024	27072	27120	27168	27216	27264	27312	27360
49	27489	27538	27587	27636	27685	27734	27783	27832	27881	27930
50	28050	28100	28150	28200	28250	28300	28350	28400	28450	28500
51	28611	28662	28713	28764	28815	28866	28917	28968	29019	29070
52	29172	29224	29276	29328	29380	29432	29484	29536	29588	29640
53	29733	29786	29839	29892	29945	29998	30051	30104	30157	30210
54	30294	30348	30402	30456	30510	30564	30618	30672	30726	30780
55	30855	30910	30965	31020	31075	31130	31185	31240	31295	31350
56	31416	31472	31528	31584	31640	31696	31752	31808	31864	31920
57	31977	32034	32091	32148	32205	32262	32319	32376	32433	32490
58	32538	32596	32654	32712	32770	32828	32886	32944	33002	33060
59	33099	33158	33217	33276	33335	33394	33453	33512	33571	33630
60	33660	33720	33780	33840	33900	33960	34020	34080	34140	34200
61	34221	34282	34343	34404	34465	34526	34587	34648	34709	34770
62	34782	34844	34906	34968	35030	35092	35154	35216	35278	35340
63	35343	35406	35469	35522	35595	35658	35721	35784	35847	35910
64	35904	35968	36032	36096	36160	36224	36288	36352	36416	36480
65	36465	36530	36595	36660	36725	36790	36855	36920	36985	37050
66	37026	37092	37158	37224	37290	37356	37422	37488	37554	37620
67	37587	37654	37721	37788	37855	37922	37989	38056	38123	38190
68	38148	38216	38284	38352	38420	38488	38556	38624	38692	38760
69	38709	38778	38847	38916	38985	39054	39123	39192	39261	39330
70	39270	39340	39410	39480	39550	39620	39690	39760	39830	39900
71	39831	39902	39973	40044	40115	40186	40257	40328	40399	40470
72	40392	40464	40536	40608	40680	40752	40824	40896	40968	41040
73	40953	41026	41099	41172	41245	41318	41391	41464	41537	41610
74	41514	41588	41662	41736	41810	41884	41958	42032	42106	42180
75	42075	42150	42225	42300	42375	42450	42525	42600	42675	42750
76	42636	42712	42788	42864	42940	43016	43092	43168	43244	43320
77	43197	43274	43351	43428	43505	43582	43659	43736	43813	43890
78	43758	43836	43914	43992	44070	44148	44226	44304	44382	44460
79	44319	44398	44477	44556	44635	44714	44793	44872	44951	45030
80	44880	44960	45040	45120	45200	45280	45360	45440	45520	45600
81	45441	45522	45603	45684	45765	45846	45927	46008	46089	46170
82	46002	46084	46166	46248	46330	46412	46494	46576	46658	46740
83	46563	46646	46729	46812	46895	46978	47061	47144	47227	47310
84	47124	47208	47292	47376	47460	47544	47628	47712	47796	47880
85	47685	47770	47855	47940	48025	48110	48195	48280	48365	48450
86	48246	48332	48418	48504	48590	48676	48762	48848	48934	49020
87	48807	48894	48981	49068	49155	49242	49329	49416	49503	49590
88	49368	49456	49544	49632	49720	49808	49896	49984	50072	50160
89	49929	50018	50107	50196	50285	50374	50463	50552	50641	50730
90	50490	50580	50670	50760	50850	50940	51030	51120	51210	51300
91	51051	51142	51233	51324	51415	51506	51597	51688	51779	51870
92	51612	51704	51796	51888	51980	52072	52164	52256	52348	52440
93	52173	52266	52359	52452	52545	52638	52731	52824	52917	53010
94	52734	52828	52922	53016	53110	53204	53298	53392	53486	53580
95	53295	53390	53485	53580	53675	53770	53865	53960	54055	54150
96	53856	53952	54048	54144	54240	54336	54432	54528	54624	54720
97	54417	54514	54611	54708	54805	54902	54999	55096	55193	55290
98	54978	55076	55174	55272	55370	55468	55566	55664	55762	55860
99	55539	55638	55737	55836	55935	56034	56133	56232	56331	56430
100	56100	56200	56300	56400	56500	56600	56700	56800	56900	57000

	571	572	573	574	575	576	577	578	579	580
1	571	572	573	574	575	576	577	578	579	580
2	1142	1144	1146	1148	1150	1152	1154	1156	1158	1160
3	1713	1716	1719	1722	1725	1728	1731	1734	1737	1740
4	2284	2288	2292	2296	2300	2304	2308	2312	2316	2320
5	2855	2860	2865	2870	2875	2880	2885	2890	2895	2900
6	3426	3432	3438	3444	3450	3456	3462	3468	3474	3480
7	3997	4004	4011	4018	4025	4032	4039	4046	4053	4060
8	4568	4576	4584	4592	4600	4608	4616	4624	4632	4640
9	5139	5148	5157	5166	5175	5184	5193	5202	5211	5220
10	5710	5720	5730	5740	5750	5760	5770	5780	5790	5800
11	6281	6292	6303	6314	6325	6336	6347	6358	6369	6380
12	6852	6864	6876	6888	6900	6912	6924	6936	6948	6960
13	7423	7436	7449	7462	7475	7488	7501	7514	7527	7540
14	7994	8008	8022	8036	8050	8064	8078	8092	8106	8120
15	8565	8580	8595	8610	8625	8640	8655	8670	8685	8700
16	9136	9152	9168	9184	9200	9216	9232	9248	9264	9280
17	9707	9724	9741	9758	9775	9792	9809	9826	9843	9860
18	10278	10296	10314	10332	10350	10368	10386	10404	10422	10440
19	10849	10868	10887	10906	10925	10944	10963	10982	11001	11020
20	11420	11440	11460	11480	11500	11520	11540	11560	11580	11600
21	11991	12012	12033	12054	12075	12096	12117	12138	12159	12180
22	12562	12584	12606	12628	12650	12672	12694	12716	12738	12760
23	13133	13156	13179	13202	13225	13248	13271	13294	13317	13340
24	13704	13728	13752	13776	13800	13824	13848	13872	13896	13920
25	14275	14300	14325	14350	14375	14400	14425	14450	14475	14500
26	14846	14872	14898	14924	14950	14976	15002	15028	15054	15080
27	15417	15444	15471	15498	15525	15552	15579	15606	15633	15660
28	15988	16016	16044	16072	16100	16128	16156	16184	16212	16240
29	16559	16588	16617	16646	16675	16704	16733	16762	16791	16820
30	17130	17160	17190	17220	17250	17280	17310	17340	17370	17400
31	17701	17732	17763	17794	17825	17856	17887	17918	17949	17980
32	18272	18304	18336	18368	18400	18432	18464	18496	18528	18560
33	18843	18876	18909	18942	18975	19008	19041	19074	19107	19140
34	19414	19448	19482	19516	19550	19584	19618	19652	19686	19720
35	19985	20020	20055	20090	20125	20160	20195	20230	20265	20300
36	20556	20592	20628	20664	20700	20736	20772	20808	20844	20880
37	21127	21164	21201	21238	21275	21312	21349	21386	21423	21460
38	21698	21736	21774	21812	21850	21888	21926	21964	22002	22040
39	22269	22308	22347	22386	22425	22464	22503	22542	22581	22620
40	22840	22880	22920	22960	23000	23040	23080	23120	23160	23200
41	23411	23452	23493	23534	23575	23616	23657	23698	23739	23780
42	23982	24024	24066	24108	24150	24192	24234	24276	24318	24360
43	24553	24596	24639	24682	24725	24768	24811	24854	24897	24940
44	25124	25168	25212	25256	25300	25344	25388	25432	25476	25520
45	25695	25740	25785	25830	25875	25920	25965	26010	26055	26100
46	26266	26312	26358	26404	26450	26496	26542	26588	26634	26680
47	26837	26884	26931	26978	27025	27072	27119	27166	27213	27260
48	27408	27456	27504	27552	27600	27648	27696	27744	27792	27840
49	27979	28028	28077	28126	28175	28224	28273	28322	28371	28420
50	28550	28600	28650	28700	28750	28800	28850	28900	28950	29000
51	29121	29172	29223	29274	29325	29376	29427	29478	29529	29580
52	29692	29744	29796	29848	29900	29952	30004	30056	30108	30160
53	30263	30316	30369	30422	30475	30528	30581	30634	30687	30740
54	30834	30888	30942	30996	31050	31104	31158	31212	31266	31320
55	31405	31460	31515	31570	31625	31680	31735	31790	31845	31900
56	31976	32032	32088	32144	32200	32256	32312	32368	32424	32480
57	32547	32604	32661	32718	32775	32832	32889	32946	33003	33060
58	33118	33176	33234	33292	33350	33408	33466	33524	33582	33640
59	33689	33748	33807	33866	33925	33984	34043	34102	34161	34220
60	34260	34320	34380	34440	34500	34560	34620	34680	34740	34800
61	34831	34892	34953	35014	35075	35136	35197	35258	35319	35380
62	35402	35464	35526	35588	35650	35712	35774	35836	35898	35960
63	35973	36036	36099	36162	36225	36288	36351	36414	36477	36540
64	36544	36608	36672	36736	36800	36864	36928	36992	37056	37120
65	37115	37180	37245	37310	37375	37440	37505	37570	37635	37700
66	37686	37752	37818	37884	37950	38016	38082	38148	38214	38280
67	38257	38324	38391	38458	38525	38592	38659	38726	38793	38860
68	38828	38896	38964	39032	39100	39168	39236	39304	39372	39440
69	39399	39468	39537	39606	39675	39744	39813	39882	39951	40020
70	39970	40040	40110	40180	40250	40320	40390	40460	40530	40600
71	40541	40612	40683	40754	40825	40896	40967	41038	41109	41180
72	41112	41184	41256	41328	41400	41472	41544	41616	41688	41760
73	41683	41756	41829	41902	41975	42048	42121	42194	42267	42340
74	42254	42328	42402	42476	42550	42624	42698	42772	42846	42920
75	42825	42900	42975	43050	43125	43200	43275	43350	43425	43500
76	43396	43472	43548	43624	43700	43776	43852	43928	44004	44080
77	43967	44044	44121	44198	44275	44352	44429	44506	44583	44660
78	44538	44616	44694	44772	44850	44928	45006	45084	45162	45240
79	45109	45188	45267	45346	45425	45504	45583	45662	45741	45820
80	45680	45760	45840	45920	46000	46080	46160	46240	46320	46400
81	46251	46332	46413	46494	46575	46656	46737	46818	46899	46980
82	46822	46904	46986	47068	47150	47232	47314	47396	47478	47560
83	47393	47476	47559	47642	47725	47808	47891	47974	48057	48140
84	47964	48048	48132	48216	48300	48384	48468	48552	48636	48720
85	48535	48620	48705	48790	48875	48960	49045	49130	49215	49300
86	49106	49192	49278	49364	49450	49536	49622	49708	49794	49880
87	49677	49764	49851	49938	50025	50112	50199	50286	50373	50460
88	50248	50336	50424	50512	50600	50688	50776	50864	50952	51040
89	50819	50908	50997	51086	51175	51264	51353	51442	51531	51620
90	51390	51480	51570	51660	51750	51840	51930	52020	52110	52200
91	51961	52052	52143	52234	52325	52416	52507	52598	52689	52780
92	52532	52624	52716	52808	52900	52992	53084	53176	53268	53360
93	53103	53196	53289	53382	53475	53568	53661	53754	53847	53940
94	53674	53768	53862	53956	54050	54144	54238	54332	54426	54520
95	54245	54340	54435	54530	54625	54720	54815	54910	55005	55100
96	54816	54912	55008	55104	55200	55296	55392	55488	55584	55680
97	55387	55484	55581	55678	55775	55872	55969	56066	56163	56260
98	55958	56056	56154	56252	56350	56448	56546	56644	56742	56840
99	56529	56628	56727	56826	56925	57024	57123	57222	57321	57420
100	57100	57200	57300	57400	57500	57600	57700	57800	57900	58000

	581	582	583	584	585	586	587	588	589	590
1	581	582	583	584	585	586	587	588	589	590
2	1162	1164	1166	1168	1170	1172	1174	1176	1178	1180
3	1743	1746	1749	1752	1755	1758	1761	1764	1767	1770
4	2324	2328	2332	2336	2340	2344	2348	2352	2356	2360
5	2905	2910	2915	2920	2925	2930	2935	2940	2945	2950
6	3486	3492	3498	3504	3510	3516	3522	3528	3534	3540
7	4067	4074	4081	4088	4095	4102	4109	4116	4123	4130
8	4648	4656	4664	4672	4680	4688	4696	4704	4712	4720
9	5229	5238	5247	5256	5265	5274	5283	5292	5301	5310
10	5810	5820	5830	5840	5850	5860	5870	5880	5890	5900
11	6391	6402	6413	6424	6435	6446	6457	6468	6479	6490
12	6972	6984	6996	7008	7020	7032	7044	7056	7068	7080
13	7553	7566	7579	7592	7605	7618	7631	7644	7657	7670
14	8134	8148	8162	8176	8190	8204	8218	8232	8246	8260
15	8715	8730	8745	8760	8775	8790	8805	8820	8835	8850
16	9296	9312	9328	9344	9360	9376	9392	9408	9424	9440
17	9877	9894	9911	9928	9945	9962	9979	9996	10013	10030
18	10458	10476	10494	10512	10530	10548	10566	10584	10602	10620
19	11039	11058	11077	11096	11115	11134	11153	11172	11191	11210
20	11620	11640	11660	11680	11700	11720	11740	11760	11780	11800
21	12201	12222	12243	12264	12285	12306	12327	12348	12369	12390
22	12782	12804	12826	12848	12870	12892	12914	12936	12958	12980
23	13363	13386	13409	13432	13455	13478	13501	13524	13547	13570
24	13944	13968	13992	14016	14040	14064	14088	14112	14136	14160
25	14525	14550	14575	14600	14625	14650	14675	14700	14725	14750
26	15106	15132	15158	15184	15210	15236	15262	15288	15314	15340
27	15687	15714	15741	15768	15795	15822	15849	15876	15903	15930
28	16268	16296	16324	16352	16380	16408	16436	16464	16492	16520
29	16849	16878	16907	16936	16965	16994	17023	17052	17081	17110
30	17430	17460	17490	17520	17550	17580	17610	17640	17670	17700
31	18011	18042	18073	18104	18135	18166	18197	18228	18259	18290
32	18592	18624	18656	18688	18720	18752	18784	18816	18848	18880
33	19173	19206	19239	19272	19305	19338	19371	19404	19437	19470
34	19754	19788	19822	19856	19890	19924	19958	19992	20026	20060
35	20335	20370	20405	20440	20475	20510	20545	20580	20615	20650
36	20916	20952	20988	21024	21060	21096	21132	21168	21204	21240
37	21497	21534	21571	21608	21645	21682	21719	21756	21793	21830
38	22078	22116	22154	22192	22230	22268	22306	22344	22382	22420
39	22659	22698	22737	22776	22815	22854	22893	22932	22971	23010
40	23240	23280	23320	23360	23400	23440	23480	23520	23560	23600
41	23821	23862	23903	23944	23985	24026	24067	24108	24149	24190
42	24402	24444	24486	24528	24570	24612	24654	24696	24738	24780
43	24983	25026	25069	25112	25155	25198	25241	25284	25327	25370
44	25564	25608	25652	25696	25740	25784	25828	25872	25916	25960
45	26145	26190	26235	26280	26325	26370	26415	26460	26505	26550
46	26726	26772	26818	26864	26910	26956	27002	27048	27094	27140
47	27307	27354	27401	27448	27495	27542	27589	27636	27683	27730
48	27888	27936	27984	28032	28080	28128	28176	28224	28272	28320
49	28469	28518	28567	28616	28665	28714	28763	28812	28861	28910
50	29050	29100	29150	29200	29250	29300	29350	29400	29450	29500
51	29631	29682	29733	29784	29835	29886	29937	29988	30039	30090
52	30212	30264	30316	30368	30420	30472	30524	30576	30628	30680
53	30793	30846	30899	30952	31005	31058	31111	31164	31217	31270
54	31374	31428	31482	31536	31590	31644	31698	31752	31806	31860
55	31955	32010	32065	32120	32175	32230	32285	32340	32395	32450
56	32536	32592	32648	32704	32760	32816	32872	32928	32984	33040
57	33117	33174	33231	33288	33345	33402	33459	33516	33573	33630
58	33698	33756	33814	33872	33930	33988	34046	34104	34162	34220
59	34279	34338	34397	34456	34515	34574	34633	34692	34751	34810
60	34860	34920	34980	35040	35100	35160	35220	35280	35340	35400
61	35441	35502	35563	35624	35685	35746	35807	35868	35929	35990
62	36022	36084	36146	36208	36270	36332	36394	36456	36518	36580
63	36603	36666	36729	36792	36855	36918	36981	37044	37107	37170
64	37184	37248	37312	37376	37440	37504	37568	37632	37696	37760
65	37765	37830	37895	37960	38025	38090	38155	38220	38285	38350
66	38346	38412	38478	38544	38610	38676	38742	38808	38874	38940
67	38927	38994	39061	39128	39195	39262	39329	39396	39463	39530
68	39508	39576	39644	39712	39780	39848	39916	39984	40052	40120
69	40089	40158	40227	40296	40365	40434	40503	40572	40641	40710
70	40670	40740	40810	40880	40950	41020	41090	41160	41230	41300
71	41251	41322	41393	41464	41535	41606	41677	41748	41819	41890
72	41832	41904	41976	42048	42120	42192	42264	42336	42408	42480
73	42413	42486	42559	42632	42705	42778	42851	42924	42997	43070
74	42994	43068	43142	43216	43290	43364	43438	43512	43586	43660
75	43575	43650	43725	43800	43875	43950	44025	44100	44175	44250
76	44156	44232	44308	44384	44460	44536	44612	44688	44764	44840
77	44737	44814	44891	44968	45045	45122	45199	45276	45353	45430
78	45318	45396	45474	45552	45630	45708	45786	45864	45942	46020
79	45899	45978	46057	46136	46215	46294	46373	46452	46531	46610
80	46480	46560	46640	46720	46800	46880	46960	47040	47120	47200
81	47061	47142	47223	47304	47385	47466	47547	47628	47709	47790
82	47642	47724	47806	47888	47970	48052	48134	48216	48298	48380
83	48223	48306	48389	48472	48555	48638	48721	48804	48887	48970
84	48804	48888	48972	49056	49140	49224	49308	49392	49476	49560
85	49385	49470	49555	49640	49725	49810	49895	49980	50065	50150
86	49966	50052	50138	50224	50310	50396	50482	50568	50654	50740
87	50547	50634	50721	50808	50895	50982	51069	51156	51243	51330
88	51128	51216	51304	51392	51480	51568	51656	51744	51832	51920
89	51709	51798	51887	51976	52065	52154	52243	52332	52421	52510
90	52290	52380	52470	52560	52650	52740	52830	52920	53010	53100
91	52871	52962	53053	53144	53235	53326	53417	53508	53599	53690
92	53452	53544	53636	53728	53820	53912	54004	54096	54188	54280
93	54033	54126	54219	54312	54405	54498	54591	54684	54777	54870
94	54614	54708	54802	54896	54990	55084	55178	55272	55366	55460
95	55195	55290	55385	55480	55575	55670	55765	55860	55955	56050
96	55776	55872	55968	56064	56160	56256	56352	56448	56544	56640
97	56357	56454	56551	56648	56745	56842	56939	57036	57133	57230
98	56938	57036	57134	57232	57330	57428	57526	57624	57722	57820
99	57519	57618	57717	57816	57915	58014	58113	58212	58311	58410
100	58100	58200	58300	58400	58500	58600	58700	58800	58900	59000

×	591	592	593	594	595	596	597	598	599	600
1	591	592	593	594	595	596	597	598	599	600
2	1182	1184	1186	1188	1190	1192	1194	1196	1198	1200
3	1773	1776	1779	1782	1785	1788	1791	1794	1797	1800
4	2364	2368	2372	2376	2380	2384	2388	2392	2396	2400
5	2955	2960	2965	2970	2975	2980	2985	2990	2995	3000
6	3546	3552	3558	3564	3570	3576	3582	3588	3594	3600
7	4137	4144	4151	4158	4165	4172	4179	4186	4193	4200
8	4728	4736	4744	4752	4760	4768	4776	4784	4792	4800
9	5319	5328	5337	5346	5355	5364	5373	5382	5391	5400
10	5910	5920	5930	5940	5950	5960	5970	5980	5990	6000
11	6501	6512	6523	6534	6545	6556	6567	6578	6589	6600
12	7092	7104	7116	7128	7140	7152	7164	7176	7188	7200
13	7683	7696	7709	7722	7735	7748	7761	7774	7787	7800
14	8274	8288	8302	8316	8330	8344	8358	8372	8386	8400
15	8865	8880	8895	8910	8925	8940	8955	8970	8985	9000
16	9456	9472	9488	9504	9520	9536	9552	9568	9584	9600
17	10047	10064	10081	10098	10115	10132	10149	10166	10183	10200
18	10638	10656	10674	10692	10710	10728	10746	10764	10782	10800
19	11229	11248	11267	11286	11305	11324	11343	11362	11381	11400
20	11820	11840	11860	11880	11900	11920	11940	11960	11980	12000
21	12411	12432	12453	12474	12495	12516	12537	12558	12579	12600
22	13002	13024	13046	13068	13090	13112	13134	13156	13178	13200
23	13593	13616	13639	13662	13685	13708	13731	13754	13777	13800
24	14184	14208	14232	14256	14280	14304	14328	14352	14376	14400
25	14775	14800	14825	14850	14875	14900	14925	14950	14975	15000
26	15366	15392	15418	15444	15470	15496	15522	15548	15574	15600
27	15957	15984	16011	16038	16065	16092	16119	16146	16173	16200
28	16548	16576	16604	16632	16660	16688	16716	16744	16772	16800
29	17139	17168	17197	17226	17255	17284	17313	17342	17371	17400
30	17730	17760	17790	17820	17850	17880	17910	17940	17970	18000
31	18321	18352	18383	18414	18445	18476	18507	18538	18569	18600
32	18912	18944	18976	19008	19040	19072	19104	19136	19168	19200
33	19503	19536	19569	19602	19635	19668	19701	19734	19767	19800
34	20094	20128	20162	20196	20230	20264	20298	20332	20366	20400
35	20685	20720	20755	20790	20825	20860	20895	20930	20965	21000
36	21276	21312	21348	21384	21420	21456	21492	21528	21564	21600
37	21867	21904	21941	21978	22015	22052	22089	22126	22163	22200
38	22458	22496	22534	22572	22610	22648	22686	22724	22762	22800
39	23049	23088	23127	23166	23205	23244	23283	23322	23361	23400
40	23640	23680	23720	23760	23800	23840	23880	23920	23960	24000
41	24231	24272	24313	24354	24395	24436	24477	24518	24559	24600
42	24822	24864	24906	24948	24990	25032	25074	25116	25158	25200
43	25413	25456	25499	25542	25585	25628	25671	25714	25757	25800
44	26004	26048	26092	26136	26180	26224	26268	26312	26356	26400
45	26595	26640	26685	26730	26775	26820	26865	26910	26955	27000
46	27186	27232	27278	27324	27370	27416	27462	27508	27554	27600
47	27777	27824	27871	27918	27965	28012	28059	28106	28153	28200
48	28368	28416	28464	28512	28560	28608	28656	28704	28752	28800
49	28959	29008	29057	29106	29155	29204	29253	29302	29351	29400
50	29550	29600	29650	29700	29750	29800	29850	29900	29950	30000
51	30141	30192	30243	30294	30345	30396	30447	30498	30549	30600
52	30732	30784	30836	30888	30940	30992	31044	31096	31148	31200
53	31323	31376	31429	31482	31535	31588	31641	31694	31747	31800
54	31914	31968	32022	32076	32130	32184	32238	32292	32346	32400
55	32505	32560	32615	32670	32725	32780	32835	32890	32945	33000
56	33096	33152	33208	33264	33320	33376	33432	33488	33544	33600
57	33687	33744	33801	33858	33915	33972	34029	34085	34143	34200
58	34278	34336	34394	34452	34510	34568	34626	34684	34742	34800
59	34869	34928	34987	35046	35105	35164	35223	35282	35341	35400
60	35460	35520	35580	35640	35700	35760	35820	35880	35940	36000
61	36051	36112	36173	36234	36295	36356	36417	36478	36539	36600
62	36642	36704	36766	36828	36890	36952	37014	37076	37138	37200
63	37233	37296	37359	37422	37485	37548	37611	37674	37737	37800
64	37824	37888	37952	38016	38080	38144	38208	38272	38336	38400
65	38415	38480	38545	38610	38675	38740	38805	38870	38935	39000
66	39006	39072	39138	39204	39270	39336	39402	39468	39534	39600
67	39597	39664	39731	39798	39865	39932	39999	40066	40133	40200
68	40188	40256	40324	40392	40460	40528	40596	40664	40732	40800
69	40779	40848	40917	40986	41055	41124	41193	41262	41331	41400
70	41370	41440	41510	41580	41650	41720	41790	41860	41930	42000
71	41961	42032	42103	42174	42245	42316	42387	42458	42529	42600
72	42552	42624	42696	42768	42840	42912	42984	43056	43128	43200
73	43143	43216	43289	43362	43435	43508	43581	43654	43727	43800
74	43734	43808	43882	43956	44030	44104	44178	44252	44326	44400
75	44325	44400	44475	44550	44625	44700	44775	44850	44925	45000
76	44916	44992	45068	45144	45220	45296	45372	45448	45524	45600
77	45507	45584	45661	45738	45815	45892	45969	46046	46123	46200
78	46098	46176	46254	46332	46410	46488	46566	46644	46722	46800
79	46689	46768	46847	46926	47005	47084	47163	47242	47321	47400
80	47280	47360	47440	47520	47600	47680	47760	47840	47920	48000
81	47871	47952	48033	48114	48195	48276	48357	48438	48519	48600
82	48462	48544	48626	48708	48790	48872	48954	49036	49118	49200
83	49053	49136	49219	49302	49385	49468	49551	49634	49717	49800
84	49644	49728	49812	49896	49980	50064	50148	50232	50316	50400
85	50235	50320	50405	50490	50575	50660	50745	50830	50915	51000
86	50826	50912	50998	51084	51170	51256	51342	51428	51514	51600
87	51417	51504	51591	51678	51765	51852	51939	52026	52113	52200
88	52008	52096	52184	52272	52360	52448	52536	52624	52712	52800
89	52599	52688	52777	52866	52955	53044	53133	53222	53311	53400
90	53190	53280	53370	53460	53550	53640	53730	53820	53910	54000
91	53781	53872	53963	54054	54145	54236	54327	54418	54509	54600
92	54372	54464	54556	54648	54740	54832	54924	55016	55108	55200
93	54963	55056	55149	55242	55335	55428	55521	55614	55707	55800
94	55554	55648	55742	55836	55930	56024	56118	56212	56306	56400
95	56145	56240	56335	56430	56525	56620	56715	56810	56905	57000
96	56736	56832	56928	57024	57120	57216	57312	57408	57504	57600
97	57327	57424	57521	57618	57715	57812	57909	58006	58103	58200
98	57918	58016	58114	58212	58310	58408	58506	58604	58702	58800
99	58509	58608	58707	58806	58905	59004	59103	59202	59301	59400
100	59100	59200	59300	59400	59500	59600	59700	59800	59900	60000

i	601	602	603	604	605	606	607	608	609	610
1	601	602	603	604	605	606	607	608	609	610
2	1202	1204	1206	1208	1210	1212	1214	1216	1218	1220
3	1803	1806	1809	1812	1815	1818	1821	1824	1827	1830
4	2404	2408	2412	2416	2420	2424	2428	2432	2436	2440
5	3005	3010	3015	3020	3025	3030	3035	3040	3045	3050
6	3606	3612	3618	3624	3630	3636	3642	3648	3654	3660
7	4207	4214	4221	4228	4235	4242	4249	4256	4263	4270
8	4808	4816	4824	4832	4840	4848	4856	4864	4872	4880
9	5409	5418	5427	5436	5445	5454	5463	5472	5481	5490
10	6010	6020	6030	6040	6050	6060	6070	6080	6090	6100
11	6611	6622	6633	6644	6655	6666	6677	6688	6699	6710
12	7212	7224	7236	7248	7260	7272	7284	7296	7308	7320
13	7813	7826	7839	7852	7865	7878	7891	7904	7917	7970
14	8414	8428	8442	8456	8470	8484	8498	8512	8526	8540
15	9015	9030	9045	9060	9075	9090	9105	9120	9135	9150
16	9616	9632	9648	9664	9680	9696	9712	9728	9744	9760
17	10217	10234	10251	10268	10285	10302	10319	10336	10353	10370
18	10818	10836	10854	10872	10890	10908	10926	10944	10962	10980
19	11419	11438	11457	11476	11495	11514	11533	11552	11571	11590
20	12020	12040	12060	12080	12100	12120	12140	12160	12180	12200
21	12621	12642	12663	12684	12705	12726	12747	12768	12789	12810
22	13222	13244	13266	13288	13310	13332	13354	13376	13398	13420
23	13823	13846	13869	13892	13915	13938	13961	13984	14007	14030
24	14424	14448	14472	14496	14520	14544	14568	14592	14616	14640
25	15025	15050	15075	15100	15125	15150	15175	15200	15225	15250
26	15626	15652	15678	15704	15730	15756	15782	15808	15834	15860
27	16227	16254	16281	16308	16335	16362	16389	16416	16443	16470
28	16828	16856	16884	16912	16940	16968	16996	17024	17052	17080
29	17429	17458	17487	17516	17545	17574	17603	17632	17661	17690
30	18030	18060	18090	18120	18150	18180	18210	18240	18270	18300
31	18631	18662	18693	18724	18755	18786	18817	18848	18879	18910
32	19232	19264	19296	19328	19360	19392	19424	19456	19488	19520
33	19833	19866	19899	19932	19965	19998	20031	20064	20097	20130
34	20434	20468	20502	20536	20570	20604	20638	20672	20706	20740
35	21035	21070	21105	21140	21175	21210	21245	21280	21315	21350
36	21636	21672	21708	21744	21780	21816	21852	21888	21924	21960
37	22237	22274	22311	22348	22385	22422	22459	22496	22533	22570
38	22838	22876	22914	22952	22990	23028	23066	23104	23142	23180
39	23439	23478	23517	23556	23595	23634	23673	23712	23751	23790
40	24040	24080	24120	24160	24200	24240	24280	24320	24360	24400
41	24641	24682	24723	24764	24805	24846	24887	24928	24969	25010
42	25242	25284	25326	25368	25410	25452	25494	25536	25578	25620
43	25843	25886	25929	25972	26015	26058	26101	26144	26187	26230
44	26444	26488	26532	26576	26620	26664	26708	26752	26796	26840
45	27045	27090	27135	27180	27225	27270	27315	27360	27405	27450
46	27646	27692	27738	27784	27830	27876	27922	27968	28014	28060
47	28247	28294	28341	28388	28435	28482	28529	28576	28623	28670
48	28848	28896	28944	28992	29040	29088	29136	29184	29232	29280
49	29449	29498	29547	29596	29645	29694	29743	29792	29841	29890
50	30050	30100	30150	30200	30250	30300	30350	30400	30450	30500
51	30651	30702	30753	30804	30855	30906	30957	31008	31059	31110
52	31252	31304	31356	31408	31460	31512	31564	31616	31668	31720
53	31853	31906	31959	32012	32065	32118	32171	32224	32277	32330
54	32454	32508	32562	32616	32670	32724	32778	32832	32886	32940
55	33055	33110	33165	33220	33275	33330	33385	33440	33495	33550
56	33656	33712	33768	33824	33880	33936	33992	34048	34104	34160
57	34257	34314	34371	34428	34485	34542	34599	34656	34713	34770
58	34858	34916	34974	35032	35090	35148	35206	35264	35322	35380
59	35459	35518	35577	35636	35695	35754	35813	35872	35931	35990
60	36060	36120	36180	36240	36300	36360	36420	36480	36540	36600
61	36661	36722	36783	36844	36905	36966	37027	37088	37149	37210
62	37262	37324	37386	37448	37510	37572	37634	37696	37758	37820
63	37863	37926	37989	38052	38115	38178	38241	38304	38367	38430
64	38464	38528	38592	38656	38720	38784	38848	38912	38976	39040
65	39065	39130	39195	39260	39325	39390	39455	39520	39585	39650
66	39666	39732	39798	39864	39930	39996	40062	40128	40194	40260
67	40267	40334	40401	40468	40535	40602	40669	40736	40803	40870
68	40868	40936	41004	41072	41140	41208	41276	41344	41412	41480
69	41469	41538	41607	41676	41745	41814	41883	41952	42021	42090
70	42070	42140	42210	42280	42350	42420	42490	42560	42630	42700
71	42671	42742	42813	42884	42955	43026	43097	43168	43239	43310
72	43272	43344	43416	43488	43560	43632	43704	43776	43848	43920
73	43873	43946	44019	44092	44165	44238	44311	44384	44457	44530
74	44474	44548	44622	44696	44770	44844	44918	44992	45066	45140
75	45075	45150	45225	45300	45375	45450	45525	45600	45675	45750
76	45676	45752	45828	45904	45980	46056	46132	46208	46284	46360
77	46277	46354	46431	46508	46585	46662	46739	46816	46893	46970
78	46878	46956	47034	47112	47190	47268	47346	47424	47502	47580
79	47479	47558	47637	47716	47795	47874	47953	48032	48111	48190
80	48080	48160	48240	48320	48400	48480	48560	48640	48720	48800
81	48681	48762	48843	48924	49005	49086	49167	49248	49329	49410
82	49282	49364	49446	49528	49610	49692	49774	49856	49938	50020
83	49883	49966	50049	50132	50215	50298	50381	50464	50547	50630
84	50484	50568	50652	50736	50820	50904	50988	51072	51156	51240
85	51085	51170	51255	51340	51425	51510	51595	51680	51765	51850
86	51686	51772	51858	51944	52030	52116	52202	52288	52374	52460
87	52287	52374	52461	52548	52635	52722	52809	52896	52983	53070
88	52888	52976	53064	53152	53240	53328	53416	53504	53592	53680
89	53489	53578	53667	53756	53845	53934	54023	54112	54201	54290
90	54090	54180	54270	54360	54450	54540	54630	54720	54810	54900
91	54691	54782	54873	54964	55055	55146	55237	55328	55419	55510
92	55292	55384	55476	55568	55660	55752	55844	55936	56028	56120
93	55893	55986	56079	56172	56265	56358	56451	56544	56637	56730
94	56494	56588	56682	56776	56870	56964	57058	57152	57246	57340
95	57095	57190	57285	57380	57475	57570	57665	57760	57855	57950
96	57696	57792	57888	57984	58080	58176	58272	58368	58464	58560
97	58297	58394	58491	58588	58685	58782	58879	58976	59073	59170
98	58898	58996	59094	59192	59290	59388	59486	59584	59682	59780
99	59499	59598	59697	59796	59895	59994	60093	60192	60291	60390
100	60100	60200	60300	60400	60500	60600	60700	60800	60900	61000

×	611	612	613	614	615	616	617	618	619	620
1	611	612	613	614	615	616	617	618	619	620
2	1222	1224	1226	1228	1230	1232	1234	1236	1238	1240
3	1833	1836	1839	1842	1845	1848	1851	1854	1857	1860
4	2444	2448	2452	2456	2460	2464	2468	2472	2476	2480
5	3055	3060	3065	3070	3075	3080	3085	3090	3095	3100
6	3666	3672	3678	3684	3690	3696	3702	3708	3714	3720
7	4277	4284	4291	4298	4305	4312	4319	4326	4333	4340
8	4888	4896	4904	4912	4920	4928	4936	4944	4952	4960
9	5499	5508	5517	5526	5535	5544	5553	5562	5571	5580
10	6110	6120	6130	6140	6150	6160	6170	6180	6190	6200
11	6721	6732	6743	6754	6765	6776	6787	6798	6809	6820
12	7332	7344	7356	7368	7380	7392	7404	7416	7428	7440
13	7943	7956	7969	7982	7995	8008	8021	8034	8047	8060
14	8554	8568	8582	8596	8610	8624	8638	8652	8666	8680
15	9165	9180	9195	9210	9225	9240	9255	9270	9285	9300
16	9776	9792	9808	9824	9840	9856	9872	9888	9904	9920
17	10387	10404	10421	10438	10455	10472	10489	10506	10523	10540
18	10998	11016	11034	11052	11070	11088	11106	11124	11142	11160
19	11609	11628	11647	11666	11685	11704	11723	11742	11761	11780
20	12220	12240	12260	12280	12300	12320	12340	12360	12380	12400
21	12831	12852	12873	12894	12915	12936	12957	12978	12999	13020
22	13442	13464	13486	13508	13530	13552	13574	13596	13618	13640
23	14053	14076	14099	14122	14145	14168	14191	14214	14237	14260
24	14664	14688	14712	14736	14760	14784	14808	14832	14856	14880
25	15275	15300	15325	15350	15375	15400	15425	15450	15475	15500
26	15886	15912	15938	15964	15990	16016	16042	16068	16094	16120
27	16497	16524	16551	16578	16605	16632	16659	16686	16713	16740
28	17108	17136	17164	17192	17220	17248	17276	17304	17332	17360
29	17719	17748	17777	17806	17835	17864	17893	17922	17951	17980
30	18330	18360	18390	18420	18450	18480	18510	18540	18570	18600
31	18941	18972	19003	19034	19065	19096	19127	19158	19189	19220
32	19552	19584	19616	19648	19680	19712	19744	19776	19808	19840
33	20163	20196	20229	20262	20295	20328	20361	20394	20427	20460
34	20774	20808	20842	20876	20910	20944	20978	21012	21046	21080
35	21385	21420	21455	21490	21525	21560	21595	21630	21665	21700
36	21996	22032	22068	22104	22140	22176	22212	22248	22284	22320
37	22607	22644	22681	22718	22755	22792	22829	22866	22903	22940
38	23218	23256	23294	23332	23370	23408	23446	23484	23522	23560
39	23829	23868	23907	23946	23985	24024	24063	24102	24141	24180
40	24440	24480	24520	24560	24600	24640	24680	24720	24760	24800
41	25051	25092	25133	25174	25215	25256	25297	25338	25379	25420
42	25662	25704	25746	25788	25830	25872	25914	25956	25998	26040
43	26273	26316	26359	26402	26445	26488	26531	26574	26617	26660
44	26884	26928	26972	27016	27060	27104	27148	27192	27236	27280
45	27495	27540	27585	27630	27675	27720	27765	27810	27855	27900
46	28106	28152	28198	28244	28290	28336	28382	28428	28474	28520
47	28717	28764	28811	28858	28905	28952	28999	29046	29093	29140
48	29328	29376	29424	29472	29520	29568	29616	29664	29712	29760
49	29939	29988	30037	30086	30135	30184	30233	30282	30331	30380
50	30550	30600	30650	30700	30750	30800	30850	30900	30950	31000
51	31161	31212	31263	31314	31365	31416	31467	31518	31569	31620
52	31772	31824	31876	31928	31980	32032	32084	32136	32188	32240
53	32383	32436	32489	32542	32595	32648	32701	32754	32807	32860
54	32994	33048	33102	33156	33210	33264	33318	33372	33426	33480
55	33605	33660	33715	33770	33825	33880	33935	33990	34045	34100
56	34216	34272	34328	34384	34440	34496	34552	34608	34664	34720
57	34827	34884	34941	34998	35055	35112	35169	35226	35283	35340
58	35438	35496	35554	35612	35670	35728	35786	35844	35902	35960
59	36049	36108	36167	36226	36285	36344	36403	36462	36521	36580
60	36660	36720	36780	36840	36900	36960	37020	37080	37140	37200
61	37271	37332	37393	37454	37515	37576	37637	37698	37759	37820
62	37882	37944	38006	38068	38130	38192	38254	38316	38378	38440
63	38493	38556	38619	38682	38745	38808	38871	38934	38997	39060
64	39104	39168	39232	39296	39360	39424	39488	39552	39616	39680
65	39715	39780	39845	39910	39975	40040	40105	40170	40235	40300
66	40326	40392	40458	40524	40590	40656	40722	40788	40854	40920
67	40937	41004	41071	41138	41205	41272	41339	41406	41473	41540
68	41548	41616	41684	41752	41820	41888	41956	42024	42092	42160
69	42159	42228	42297	42366	42435	42504	42573	42642	42711	42780
70	42770	42840	42910	42980	43050	43120	43190	43260	43330	43400
71	43381	43452	43523	43594	43665	43736	43807	43878	43949	44020
72	43992	44064	44136	44208	44280	44352	44424	44496	44568	44640
73	44603	44676	44749	44822	44895	44968	45041	45114	45187	45260
74	45214	45288	45362	45436	45510	45584	45658	45732	45806	45880
75	45825	45900	45975	46050	46125	46200	46275	46350	46425	46500
76	46436	46512	46588	46664	46740	46816	46892	46968	47044	47120
77	47047	47124	47201	47278	47355	47432	47509	47586	47663	47740
78	47658	47736	47814	47892	47970	48048	48126	48204	48282	48360
79	48269	48348	48427	48506	48585	48664	48743	48822	48901	48980
80	48880	48960	49040	49120	49200	49280	49360	49440	49520	49600
81	49491	49572	49653	49734	49815	49896	49977	50058	50139	50220
82	50102	50184	50266	50348	50430	50512	50594	50676	50758	50840
83	50713	50796	50879	50962	51045	51128	51211	51294	51377	51460
84	51324	51408	51492	51576	51660	51744	51828	51912	51996	52080
85	51935	52020	52105	52190	52275	52360	52445	52530	52615	52700
86	52546	52632	52718	52804	52890	52976	53062	53148	53234	53320
87	53157	53244	53331	53418	53505	53592	53679	53766	53853	53940
88	53768	53856	53944	54032	54120	54208	54296	54384	54472	54560
89	54379	54468	54557	54646	54735	54824	54913	55002	55091	55180
90	54990	55080	55170	55260	55350	55440	55530	55620	55710	55800
91	55601	55692	55783	55874	55965	56056	56147	56238	56329	56420
92	56212	56304	56396	56488	56580	56672	56764	56856	56948	57040
93	56823	56916	57009	57102	57195	57288	57381	57474	57567	57660
94	57434	57528	57622	57716	57810	57904	57998	58092	58186	58280
95	58045	58140	58235	58330	58425	58520	58615	58710	58805	58900
96	58656	58752	58848	58944	59040	59136	59232	59328	59424	59520
97	59267	59364	59461	59558	59655	59752	59849	59946	60043	60140
98	59878	59976	60074	60172	60270	60368	60466	60564	60662	60760
99	60489	60588	60687	60786	60885	60984	61083	61182	61281	61380
100	61100	61200	61300	61400	61500	61600	61700	61800	61900	62000

	621	622	623	624	625	626	627	628	629	630
1	621	622	623	624	625	626	627	628	629	630
2	1242	1244	1246	1248	1250	1252	1254	1256	1258	1260
3	1863	1866	1869	1872	1875	1878	1881	1884	1887	1890
4	2484	2488	2492	2496	2500	2504	2508	2512	2516	2520
5	3105	3110	3115	3120	3125	3130	3135	3140	3145	3150
6	3726	3732	3738	3744	3750	3756	3762	3768	3774	3780
7	4347	4354	4361	4368	4375	4382	4389	4396	4403	4410
8	4968	4976	4984	4992	5000	5008	5016	5024	5032	5040
9	5589	5598	5607	5616	5625	5634	5643	5652	5661	5670
10	6210	6220	6230	6240	6250	6260	6270	6280	6290	6300
11	6831	6842	6853	6864	6875	6886	6897	6908	6919	6930
12	7452	7464	7476	7488	7500	7512	7524	7536	7548	7560
13	8073	8086	8099	8112	8125	8138	8151	8164	8177	8190
14	8694	8708	8722	8736	8750	8764	8778	8792	8806	8820
15	9315	9330	9345	9360	9375	9390	9405	9420	9435	9450
16	9936	9952	9968	9984	10000	10016	10032	10048	10064	10080
17	10557	10574	10591	10608	10625	10642	10659	10676	10693	10710
18	11178	11196	11214	11232	11250	11268	11286	11304	11322	11340
19	11799	11818	11837	11856	11875	11894	11913	11932	11951	11970
20	12420	12440	12460	12480	12500	12520	12540	12560	12580	12600
21	13041	13062	13083	13104	13125	13146	13167	13188	13209	13230
22	13662	13684	13706	13728	13750	13772	13794	13816	13838	13860
23	14283	14306	14329	14352	14375	14398	14421	14444	14467	14490
24	14904	14928	14952	14976	15000	15024	15048	15072	15096	15120
25	15525	15550	15575	15600	15625	15650	15675	15700	15725	15750
26	16146	16172	16198	16224	16250	16276	16302	16328	16354	16380
27	16767	16794	16821	16848	16875	16902	16929	16956	16983	17010
28	17388	17416	17444	17472	17500	17528	17556	17584	17612	17640
29	18009	18038	18067	18096	18125	18154	18183	18212	18241	18270
30	18630	18660	18690	18720	18750	18780	18810	18840	18870	18900
31	19251	19282	19313	19344	19375	19406	19437	19468	19499	19530
32	19872	19904	19936	19968	20000	20032	20064	20096	20128	20160
33	20493	20526	20559	20592	20625	20658	20691	20724	20757	20790
34	21114	21148	21182	21216	21250	21284	21318	21352	21386	21420
35	21735	21770	21805	21840	21875	21910	21945	21980	22015	22050
36	22356	22392	22428	22464	22500	22536	22572	22608	22644	22680
37	22977	23014	23051	23088	23125	23162	23199	23236	23273	23310
38	23598	23636	23674	23712	23750	23788	23826	23864	23902	23940
39	24219	24258	24297	24336	24375	24414	24453	24492	24531	24570
40	24840	24880	24920	24960	25000	25040	25080	25120	25160	25200
41	25461	25502	25543	25584	25625	25666	25707	25748	25789	25830
42	26082	26124	26166	26208	26250	26292	26334	26376	26418	26460
43	26703	26746	26789	26832	26875	26918	26961	27004	27047	27090
44	27324	27368	27412	27456	27500	27544	27588	27632	27676	27720
45	27945	27990	28035	28080	28125	28170	28215	28260	28305	28350
46	28566	28612	28658	28704	28750	28796	28842	28888	28934	28980
47	29187	29234	29281	29328	29375	29422	29469	29516	29563	29610
48	29808	29856	29904	29952	30000	30048	30096	30144	30192	30240
49	30429	30478	30527	30576	30625	30674	30723	30772	30821	30870
50	31050	31100	31150	31200	31250	31300	31350	31400	31450	31500
51	31671	31722	31773	31824	31875	31926	31977	32028	32079	32130
52	32292	32344	32396	32448	32500	32552	32604	32656	32708	32760
53	32913	32966	33019	33072	33125	33178	33231	33284	33337	33390
54	33534	33588	33642	33696	33750	33804	33858	33912	33966	34020
55	34155	34210	34265	34320	34375	34430	34485	34540	34595	34650
56	34776	34832	34888	34944	35000	35056	35112	35168	35224	35280
57	35397	35454	35511	35568	35625	35682	35739	35796	35853	35910
58	36018	36076	36134	36192	36250	36308	36366	36424	36482	36540
59	36639	36698	36757	36816	36875	36934	36993	37052	37111	37170
60	37260	37320	37380	37440	37500	37560	37620	37680	37740	37800
61	37881	37942	38003	38064	38125	38186	38247	38308	38369	38430
62	38502	38564	38626	38688	38750	38812	38874	38936	38998	39060
63	39123	39186	39249	39312	39375	39438	39501	39564	39627	39690
64	39744	39808	39872	39936	40000	40064	40128	40192	40256	40320
65	40365	40430	40495	40560	40625	40690	40755	40820	40885	40950
66	40986	41052	41118	41184	41250	41316	41382	41448	41514	41580
67	41607	41674	41741	41808	41875	41942	42009	42076	42143	42210
68	42228	42296	42364	42432	42500	42568	42636	42704	42772	42840
69	42849	42918	42987	43056	43125	43194	43263	43332	43401	43470
70	43470	43540	43610	43680	43750	43820	43890	43960	44030	44100
71	44091	44162	44233	44304	44375	44446	44517	44588	44659	44730
72	44712	44784	44856	44928	45000	45072	45144	45216	45288	45360
73	45333	45406	45479	45552	45625	45698	45771	45844	45917	45990
74	45954	46028	46102	46176	46250	46324	46398	46472	46546	46620
75	46575	46650	46725	46800	46875	46950	47025	47100	47175	47250
76	47196	47272	47348	47424	47500	47576	47652	47728	47804	47880
77	47817	47894	47971	48048	48125	48202	48279	48356	48433	48510
78	48438	48516	48594	48672	48750	48828	48906	48984	49062	49140
79	49059	49138	49217	49296	49375	49454	49533	49612	49691	49770
80	49680	49760	49840	49920	50000	50080	50160	50240	50320	50400
81	50301	50382	50463	50544	50625	50706	50787	50868	50949	51030
82	50922	51004	51086	51168	51250	51332	51414	51496	51578	51660
83	51543	51626	51709	51792	51875	51958	52041	52124	52207	52290
84	52164	52248	52332	52416	52500	52584	52668	52752	52836	52920
85	52785	52870	52955	53040	53125	53210	53295	53380	53465	53550
86	53406	53492	53578	53664	53750	53836	53922	54008	54094	54180
87	54027	54114	54201	54288	54375	54462	54549	54636	54723	54810
88	54648	54736	54824	54912	55000	55088	55176	55264	55352	55440
89	55269	55358	55447	55536	55625	55714	55803	55892	55981	56070
90	55890	55980	56070	56160	56250	56340	56430	56520	56610	56700
91	56511	56602	56693	56784	56875	56966	57057	57148	57239	57330
92	57132	57224	57316	57408	57500	57592	57684	57776	57868	57960
93	57753	57846	57939	58032	58125	58218	58311	58404	58497	58590
94	58374	58468	58562	58656	58750	58844	58938	59032	59126	59220
95	58995	59090	59185	59280	59375	59470	59565	59660	59755	59850
96	59616	59712	59808	59904	60000	60096	60192	60288	60384	60480
97	60237	60334	60431	60528	60625	60722	60819	60916	61013	61110
98	60858	60956	61054	61152	61250	61348	61446	61544	61642	61740
99	61479	61578	61677	61776	61875	61974	62073	62172	62271	62370
100	62100	62200	62300	62400	62500	62600	62700	62800	62900	63000

	631	632	633	634	635	636	637	638	639	640
1	631	632	633	634	635	636	637	638	639	640
2	1262	1264	1266	1268	1270	1272	1274	1276	1278	1280
3	1893	1896	1899	1902	1905	1908	1911	1914	1917	1920
4	2524	2528	2532	2536	2540	2544	2548	2552	2556	2560
5	3155	3160	3165	3170	3175	3180	3185	3190	3195	3200
6	3786	3792	3798	3804	3810	3816	3822	3828	3834	3840
7	4417	4424	4431	4438	4445	4452	4459	4466	4473	4480
8	5048	5056	5064	5072	5080	5088	5096	5104	5112	5120
9	5679	5688	5697	5706	5715	5724	5733	5742	5751	5760
10	6310	6320	6330	6340	6350	6360	6370	6380	6390	6400
11	6941	6952	6963	6974	6985	6996	7007	7018	7029	7040
12	7572	7584	7596	7608	7620	7632	7644	7656	7668	7680
13	8203	8216	8229	8242	8255	8268	8281	8294	8307	8320
14	8834	8848	8862	8876	8890	8904	8918	8932	8946	8960
15	9465	9480	9495	9510	9525	9540	9555	9570	9585	9600
16	10096	10112	10128	10144	10160	10176	10192	10208	10224	10240
17	10727	10744	10761	10778	10795	10812	10829	10846	10863	10880
18	11358	11376	11394	11412	11430	11448	11466	11484	11502	11520
19	11989	12008	12027	12046	12065	12084	12103	12122	12141	12160
20	12620	12640	12660	12680	12700	12720	12740	12760	12780	12800
21	13251	13272	13293	13314	13335	13356	13377	13398	13419	13440
22	13882	13904	13926	13948	13970	13992	14014	14036	14058	14080
23	14513	14536	14559	14582	14605	14628	14651	14674	14697	14720
24	15144	15168	15192	15216	15240	15264	15288	15312	15336	15360
25	15775	15800	15825	15850	15875	15900	15925	15950	15975	16000
26	16406	16432	16458	16484	16510	16536	16562	16588	16614	16640
27	17037	17064	17091	17118	17145	17172	17199	17226	17253	17280
28	17668	17696	17724	17752	17780	17808	17836	17864	17892	17920
29	18299	18328	18357	18386	18415	18444	18473	18502	18531	18560
30	18930	18960	18990	19020	19050	19080	19110	19140	19170	19200
31	19561	19592	19623	19654	19685	19716	19747	19778	19809	19840
32	20192	20224	20256	20288	20320	20352	20384	20416	20448	20480
33	20823	20856	20889	20922	20955	20988	21021	21054	21087	21120
34	21454	21488	21522	21556	21590	21624	21658	21692	21726	21760
35	22085	22120	22155	22190	22225	22260	22295	22330	22365	22400
36	22716	22752	22788	22824	22860	22896	22932	22968	23004	23040
37	23347	23384	23421	23458	23495	23532	23569	23606	23643	23680
38	23978	24016	24054	24092	24130	24168	24206	24244	24282	24320
39	24609	24648	24687	24726	24765	24804	24843	24882	24921	24960
40	25240	25280	25320	25360	25400	25440	25480	25520	25560	25600
41	25871	25912	25953	25994	26035	26076	26117	26158	26199	26240
42	26502	26544	26586	26628	26670	26712	26754	26796	26838	26880
43	27133	27176	27219	27262	27305	27348	27391	27434	27477	27520
44	27764	27808	27852	27896	27940	27984	28028	28072	28116	28160
45	28395	28440	28485	28530	28575	28620	28665	28710	28755	28800
46	29026	29072	29118	29164	29210	29256	29302	29348	29394	29440
47	29657	29704	29751	29798	29845	29892	29939	29986	30033	30080
48	30288	30336	30384	30432	30480	30528	30576	30624	30672	30720
49	30919	30968	31017	31066	31115	31164	31213	31262	31311	31360
50	31550	31600	31650	31700	31750	31800	31850	31900	31950	32000
51	32181	32232	32283	32334	32385	32436	32487	32538	32589	32640
52	32812	32864	32916	32968	33020	33072	33124	33176	33228	33280
53	33443	33496	33549	33602	33655	33708	33761	33814	33867	33920
54	34074	34128	34182	34236	34290	34344	34398	34452	34506	34560
55	34705	34760	34815	34870	34925	34980	35035	35090	35145	35200
56	35336	35392	35448	35504	35560	35616	35672	35728	35784	35840
57	35967	36024	36081	36138	36195	36252	36309	36366	36423	36480
58	36598	36656	36714	36772	36830	36888	36946	37004	37062	37120
59	37229	37288	37347	37406	37465	37524	37583	37642	37701	37760
60	37860	37920	37980	38040	38100	38160	38220	38280	38340	38400
61	38491	38552	38613	38674	38735	38796	38857	38918	38979	39040
62	39122	39184	39246	39308	39370	39432	39494	39556	39618	39680
63	39753	39816	39879	39942	40005	40068	40131	40194	40257	40320
64	40384	40448	40512	40576	40640	40704	40768	40832	40896	40960
65	41015	41080	41145	41210	41275	41340	41405	41470	41535	41600
66	41646	41712	41778	41844	41910	41976	42042	42108	42174	42240
67	42277	42344	42411	42478	42545	42612	42679	42746	42813	42880
68	42908	42976	43044	43112	43180	43248	43316	43384	43452	43520
69	43539	43608	43677	43746	43815	43884	43953	44022	44091	44160
70	44170	44240	44310	44380	44450	44520	44590	44660	44730	44800
71	44801	44872	44943	45014	45085	45156	45227	45298	45369	45440
72	45432	45504	45576	45648	45720	45792	45864	45936	46008	46080
73	46063	46136	46209	46282	46355	46428	46501	46574	46647	46720
74	46694	46768	46842	46916	46990	47064	47138	47212	47286	47360
75	47325	47400	47475	47550	47625	47700	47775	47850	47925	48000
76	47956	48032	48108	48184	48260	48336	48412	48488	48564	48640
77	48587	48664	48741	48818	48895	48972	49049	49126	49203	49280
78	49218	49296	49374	49452	49530	49608	49686	49764	49842	49920
79	49849	49928	50007	50086	50165	50244	50323	50402	50481	50560
80	50480	50560	50640	50720	50800	50880	50960	51040	51120	51200
81	51111	51192	51273	51354	51435	51516	51597	51678	51759	51840
82	51742	51824	51906	51988	52070	52152	52234	52316	52398	52480
83	52373	52456	52539	52622	52705	52788	52871	52954	53037	53120
84	53004	53088	53172	53256	53340	53424	53508	53592	53676	53760
85	53635	53720	53805	53890	53975	54060	54145	54230	54315	54400
86	54266	54352	54438	54524	54610	54696	54782	54868	54954	55040
87	54897	54984	55071	55158	55245	55332	55419	55506	55593	55680
88	55528	55616	55704	55792	55880	55968	56056	56144	56232	56320
89	56159	56248	56337	56426	56515	56604	56693	56782	56871	56960
90	56790	56880	56970	57060	57150	57240	57330	57420	57510	57600
91	57421	57512	57603	57694	57785	57876	57967	58058	58149	58240
92	58052	58144	58236	58328	58420	58512	58604	58696	58788	58880
93	58683	58776	58869	58962	59055	59148	59241	59334	59427	59520
94	59314	59408	59502	59596	59690	59784	59878	59972	60066	60160
95	59945	60040	60135	60230	60325	60420	60515	60610	60705	60800
96	60576	60672	60768	60864	60960	61056	61152	61248	61344	61440
97	61207	61304	61401	61498	61595	61692	61789	61886	61983	62080
98	61838	61936	62034	62132	62230	62328	62426	62524	62622	62720
99	62469	62568	62667	62766	62865	62964	63063	63162	63261	63360
100	63100	63200	63300	63400	63500	63600	63700	63800	63900	64000

	641		642		643		644		645		646		647		648		649		650
1	641	1	642	1	643	1	644	1	645	1	646	1	647	1	648	1	649	1	650
2	1282	2	1284	2	1286	2	1288	2	1290	2	1292	2	1294	2	1296	2	1298	2	1300
3	1923	3	1926	3	1929	3	1932	3	1935	3	1938	3	1941	3	1944	3	1947	3	1950
4	2564	4	2568	4	2572	4	2576	4	2580	4	2584	4	2588	4	2592	4	2596	4	2600
5	3205	5	3210	5	3215	5	3220	5	3225	5	3230	5	3235	5	3240	5	3245	5	3250
6	3846	6	3852	6	3858	6	3864	6	3870	6	3876	6	3882	6	3888	6	3894	6	3900
7	4487	7	4494	7	4501	7	4508	7	4515	7	4522	7	4529	7	4536	7	4543	7	4550
8	5128	8	5136	8	5144	8	5152	8	5160	8	5168	8	5176	8	5184	8	5192	8	5200
9	5769	9	5778	9	5787	9	5796	9	5805	9	5814	9	5823	9	5832	9	5841	9	5850
10	6410	10	6420	10	6430	10	6440	10	6450	10	6460	10	6470	10	6480	10	6490	10	6500
11	7051	11	7062	11	7073	11	7084	11	7095	11	7106	11	7117	11	7128	11	7139	11	7150
12	7692	12	7704	12	7716	12	7728	12	7740	12	7752	12	7764	12	7776	12	7788	12	7800
13	8333	13	8346	13	8359	13	8372	13	8385	13	8398	13	8411	13	8424	13	8437	13	8450
14	8974	14	8988	14	9002	14	9016	14	9030	14	9044	14	9058	14	9072	14	9086	14	9100
15	9615	15	9630	15	9645	15	9660	15	9675	15	9690	15	9705	15	9720	15	9735	15	9750
16	10256	16	10272	16	10288	16	10304	16	10320	16	10336	16	10352	16	10368	16	10384	16	10400
17	10897	17	10914	17	10931	17	10948	17	10965	17	10982	17	10999	17	11016	17	11033	17	11050
18	11538	18	11556	18	11574	18	11592	18	11610	18	11628	18	11646	18	11664	18	11682	18	11700
19	12179	19	12198	19	12217	19	12236	19	12255	19	12274	19	12293	19	12312	19	12331	19	12350
20	12820	20	12840	20	12860	20	12880	20	12900	20	12920	20	12940	20	12960	20	12980	20	13000
21	13461	21	13482	21	13503	21	13524	21	13545	21	13566	21	13587	21	13608	21	13629	21	13650
22	14102	22	14124	22	14146	22	14168	22	14190	22	14212	22	14234	22	14256	22	14278	22	14300
23	14743	23	14766	23	14789	23	14812	23	14835	23	14858	23	14881	23	14904	23	14927	23	14950
24	15384	24	15408	24	15432	24	15456	24	15480	24	15504	24	15528	24	15552	24	15576	24	15600
25	16025	25	16050	25	16075	25	16100	25	16125	25	16150	25	16175	25	16200	25	16225	25	16250
26	16666	26	16692	26	16718	26	16744	26	16770	26	16796	26	16822	26	16848	26	16874	26	16900
27	17307	27	17334	27	17361	27	17388	27	17415	27	17442	27	17469	27	17496	27	17523	27	17550
28	17948	28	17976	28	18004	28	18032	28	18060	28	18088	28	18116	28	18144	28	18172	28	18200
29	18589	29	18618	29	18647	29	18676	29	18705	29	18734	29	18763	29	18792	29	18821	29	18850
30	19230	30	19260	30	19290	30	19320	30	19350	30	19380	30	19410	30	19440	30	19470	30	19500
31	19871	31	19902	31	19933	31	19964	31	19995	31	20026	31	20057	31	20088	31	20119	31	20150
32	20512	32	20544	32	20576	32	20608	32	20640	32	20672	32	20704	32	20736	32	20768	32	20800
33	21153	33	21186	33	21219	33	21252	33	21285	33	21318	33	21351	33	21384	33	21417	33	21450
34	21794	34	21828	34	21862	34	21896	34	21930	34	21964	34	21998	34	22032	34	22066	34	22100
35	22435	35	22470	35	22505	35	22540	35	22575	35	22610	35	22645	35	22680	35	22715	35	22750
36	23076	36	23112	36	23148	36	23184	36	23220	36	23256	36	23292	36	23328	36	23364	36	23400
37	23717	37	23754	37	23791	37	23828	37	23865	37	23902	37	23939	37	23976	37	24013	37	24050
38	24358	38	24396	38	24434	38	24472	38	24510	38	24548	38	24586	38	24624	38	24662	38	24700
39	24999	39	25038	39	25077	39	25116	39	25155	39	25194	39	25233	39	25272	39	25311	39	25350
40	25640	40	25680	40	25720	40	25760	40	25800	40	25840	40	25880	40	25920	40	25960	40	26000
41	26281	41	26322	41	26363	41	26404	41	26445	41	26486	41	26527	41	26568	41	26609	41	26650
42	26922	42	26964	42	27006	42	27048	42	27090	42	27132	42	27174	42	27216	42	27258	42	27300
43	27563	43	27606	43	27649	43	27692	43	27735	43	27778	43	27821	43	27864	43	27907	43	27950
44	28204	44	28248	44	28292	44	28336	44	28380	44	28424	44	28468	44	28512	44	28556	44	28600
45	28845	45	28890	45	28935	45	28980	45	29025	45	29070	45	29115	45	29160	45	29205	45	29250
46	29486	46	29532	46	29578	46	29624	46	29670	46	29716	46	29762	46	29808	46	29854	46	29900
47	30127	47	30174	47	30221	47	30268	47	30315	47	30362	47	30409	47	30456	47	30503	47	30550
48	30768	48	30816	48	30864	48	30912	48	30960	48	31008	48	31056	48	31104	48	31152	48	31200
49	31409	49	31458	49	31507	49	31556	49	31605	49	31654	49	31703	49	31752	49	31801	49	31850
50	32050	50	32100	50	32150	50	32200	50	32250	50	32300	50	32350	50	32400	50	32450	50	32500
51	32691	51	32742	51	32793	51	32844	51	32895	51	32946	51	32997	51	33048	51	33099	51	33150
52	33332	52	33384	52	33436	52	33488	52	33540	52	33592	52	33644	52	33696	52	33748	52	33800
53	33973	53	34026	53	34079	53	34132	53	34185	53	34238	53	34291	53	34344	53	34397	53	34450
54	34614	54	34668	54	34722	54	34776	54	34830	54	34884	54	34938	54	34992	54	35046	54	35100
55	35255	55	35310	55	35365	55	35420	55	35475	55	35530	55	35585	55	35640	55	35695	55	35750
56	35896	56	35952	56	36008	56	36064	56	36120	56	36176	56	36232	56	36288	56	36344	56	36400
57	36537	57	36594	57	36651	57	36708	57	36765	57	36822	57	36879	57	36936	57	36993	57	37050
58	37178	58	37236	58	37294	58	37352	58	37410	58	37468	58	37526	58	37584	58	37642	58	37700
59	37819	59	37878	59	37937	59	37996	59	38055	59	38114	59	38173	59	38232	59	38291	59	38350
60	38460	60	38520	60	38580	60	38640	60	38700	60	38760	60	38820	60	38880	60	38940	60	39000
61	39101	61	39162	61	39223	61	39284	61	39345	61	39406	61	39467	61	39528	61	39589	61	39650
62	39742	62	39804	62	39866	62	39928	62	39990	62	40052	62	40114	62	40176	62	40238	62	40300
63	40383	63	40446	63	40509	63	40572	63	40635	63	40698	63	40761	63	40824	63	40887	63	40950
64	41024	64	41088	64	41152	64	41216	64	41280	64	41344	64	41408	64	41472	64	41536	64	41600
65	41665	65	41730	65	41795	65	41860	65	41925	65	41990	65	42055	65	42120	65	42185	65	42250
66	42306	66	42372	66	42438	66	42504	66	42570	66	42636	66	42702	66	42768	66	42834	66	42900
67	42947	67	43014	67	43081	67	43148	67	43215	67	43282	67	43349	67	43416	67	43483	67	43550
68	43588	68	43656	68	43724	68	43792	68	43860	68	43928	68	43996	68	44064	68	44132	68	44200
69	44229	69	44298	69	44367	69	44436	69	44505	69	44574	69	44643	69	44712	69	44781	69	44850
70	44870	70	44940	70	45010	70	45080	70	45150	70	45220	70	45290	70	45360	70	45430	70	45500
71	45511	71	45582	71	45653	71	45724	71	45795	71	45866	71	45937	71	46008	71	46079	71	46150
72	46152	72	46224	72	46296	72	46368	72	46440	72	46512	72	46584	72	46656	72	46728	72	46800
73	46793	73	46866	73	46939	73	47012	73	47085	73	47158	73	47231	73	47304	73	47377	73	47450
74	47434	74	47508	74	47582	74	47656	74	47730	74	47804	74	47878	74	47952	74	48026	74	48100
75	48075	75	48150	75	48225	75	48300	75	48375	75	48450	75	48525	75	48600	75	48675	75	48750
76	48716	76	48792	76	48868	76	48944	76	49020	76	49096	76	49172	76	49248	76	49324	76	49400
77	49357	77	49434	77	49511	77	49588	77	49665	77	49742	77	49819	77	49896	77	49973	77	50050
78	49998	78	50076	78	50154	78	50232	78	50310	78	50388	78	50466	78	50544	78	50622	78	50700
79	50639	79	50718	79	50797	79	50876	79	50955	79	51034	79	51113	79	51192	79	51271	79	51350
80	51280	80	51360	80	51440	80	51520	80	51600	80	51680	80	51760	80	51840	80	51920	80	52000
81	51921	81	52002	81	52083	81	52164	81	52245	81	52326	81	52407	81	52488	81	52569	81	52650
82	52562	82	52644	82	52726	82	52808	82	52890	82	52972	82	53054	82	53136	82	53218	82	53300
83	53203	83	53286	83	53369	83	53452	83	53535	83	53618	83	53701	83	53784	83	53867	83	53950
84	53844	84	53938	84	54012	84	54096	84	54180	84	54264	84	54348	84	54432	84	54516	84	54600
85	54485	85	54570	85	54655	85	54740	85	54825	85	54910	85	54995	85	55080	85	55165	85	55250
86	55126	86	55212	86	55298	86	55384	86	55470	86	55556	86	55642	86	55728	86	55814	86	55900
87	55767	87	55854	87	55941	87	56028	87	56115	87	56202	87	56289	87	56376	87	56463	87	56550
88	56408	88	56496	88	56584	88	56672	88	56760	88	56848	88	56936	88	57024	88	57112	88	57200
89	57049	89	57138	89	57227	89	57316	89	57405	89	57494	89	57583	89	57672	89	57761	89	57850
90	57690	90	57780	90	57870	90	57960	90	58050	90	58140	90	58230	90	58320	90	58410	90	58500
91	58331	91	58422	91	58513	91	58604	91	58695	91	58786	91	58877	91	58968	91	59059	91	59150
92	58972	92	59064	92	59156	92	59248	92	59340	92	59432	92	59524	92	59616	92	59708	92	59800
93	59613	93	59706	93	59799	93	59892	93	59985	93	60078	93	60171	93	60264	93	60357	93	60450
94	60254	94	60348	94	60442	94	60536	94	60630	94	60724	94	60818	94	60912	94	61006	94	61100
95	60895	95	60990	95	61085	95	61180	95	61275	95	61370	95	61465	95	61560	95	61655	95	61750
96	61536	96	61632	96	61728	96	61824	96	61920	96	62016	96	62112	96	62208	96	62304	96	62400
97	62177	97	62274	97	62371	97	62468	97	62565	97	62662	97	62759	97	62856	97	62953	97	63050
98	62818	98	62916	98	63014	98	63112	98	63210	98	63308	98	63406	98	63506	98	63602	98	63700
99	63459	99	63558	99	63657	99	63756	99	63855	99	63954	99	64053	99	64158	99	64251	99	64350
100	64100	100	64200	100	64300	100	64400	100	64500	100	64600	100	64700	100	64800	100	64900	100	65000

	651	652	653	654	655	656	657	658	659	660
1	651	652	653	654	655	656	657	658	659	660
2	1302	1304	1306	1308	1310	1312	1314	1316	1318	1320
3	1953	1956	1959	1962	1965	1968	1971	1974	1977	1980
4	2604	2608	2612	2616	2620	2624	2628	2632	2636	2640
5	3255	3260	3265	3270	3275	3280	3285	3290	3295	3300
6	3906	3912	3918	3924	3930	3936	3942	3948	3954	3960
7	4557	4564	4571	4578	4585	4592	4599	4606	4613	4620
8	5208	5216	5224	5232	5240	5248	5256	5264	5272	5280
9	5859	5868	5877	5886	5895	5904	5913	5922	5931	5940
10	6510	6520	6530	6540	6550	6560	6570	6580	6590	6600
11	7161	7172	7183	7194	7205	7216	7227	7238	7249	7260
12	7812	7824	7836	7848	7860	7872	7884	7896	7908	7920
13	8463	8476	8489	8502	8515	8528	8541	8554	8567	8580
14	9114	9128	9142	9156	9170	9184	9198	9212	9226	9240
15	9765	9780	9795	9810	9825	9840	9855	9870	9885	9900
16	10416	10432	10448	10464	10480	10496	10512	10528	10544	10560
17	11067	11084	11101	11118	11135	11152	11169	11186	11203	11220
18	11718	11736	11754	11772	11790	11808	11826	11844	11862	11880
19	12369	12388	12407	12426	12445	12464	12483	12502	12521	12540
20	13020	13040	13060	13080	13100	13120	13140	13160	13180	13200
21	13671	13692	13713	13734	13755	13776	13797	13818	13839	13860
22	14322	14344	14366	14388	14410	14432	14454	14476	14498	14520
23	14973	14996	15019	15042	15065	15088	15111	15134	15157	15180
24	15624	15648	15672	15696	15720	15744	15768	15792	15816	15840
25	16275	16300	16325	16350	16375	16400	16425	16450	16475	16500
26	16926	16952	16978	17004	17030	17056	17082	17108	17134	17160
27	17577	17604	17631	17658	17685	17712	17739	17766	17793	17820
28	18228	18256	18284	18312	18340	18368	18396	18424	18452	18480
29	18879	18908	18937	18966	18995	19024	19053	19082	19111	19140
30	19530	19560	19590	19620	19650	19680	19710	19740	19770	19800
31	20181	20212	20243	20274	20305	20336	20367	20398	20429	20460
32	20832	20864	20896	20928	20960	20992	21024	21056	21088	21120
33	21483	21516	21549	21582	21615	21648	21681	21714	21747	21780
34	22134	22168	22202	22236	22270	22304	22338	22372	22406	22440
35	22785	22820	22855	22890	22925	22960	22995	23030	23065	23100
36	23436	23472	23508	23544	23580	23616	23652	23688	23724	23760
37	24087	24124	24161	24198	24235	24272	24309	24346	24383	24420
38	24738	24776	24814	24852	24890	24928	24966	25004	25042	25080
39	25389	25428	25467	25506	25545	25584	25623	25662	25701	25740
40	26040	26080	26120	26160	26200	26240	26280	26320	26360	26400
41	26691	26732	26773	26814	26855	26896	26937	26978	27019	27060
42	27342	27384	27426	27468	27510	27552	27594	27636	27678	27720
43	27993	28036	28079	28122	28165	28208	28251	28294	28337	28380
44	28644	28688	28732	28776	28820	28864	28908	28952	28996	29040
45	29295	29340	29385	29430	29475	29520	29565	29610	29655	29700
46	29946	29992	30038	30084	30130	30176	30222	30268	30314	30360
47	30597	30644	30691	30738	30785	30832	30879	30926	30973	31020
48	31248	31296	31344	31392	31440	31488	31536	31584	31632	31680
49	31899	31948	31997	32046	32095	32144	32193	32242	32291	32340
50	32550	32600	32650	32700	32750	32800	32850	32900	32950	33000
51	33201	33252	33303	33354	33405	33456	33507	33558	33609	33660
52	33852	33904	33956	34008	34060	34112	34164	34216	34268	34320
53	34503	34556	34609	34662	34715	34768	34821	34874	34927	34980
54	35154	35208	35262	35316	35370	35424	35478	35532	35586	35640
55	35805	35860	35915	35970	36025	36080	36135	36190	36245	36300
56	36456	36512	36568	36624	36680	36736	36792	36848	36904	36960
57	37107	37164	37221	37278	37335	37392	37449	37506	37563	37620
58	37758	37816	37874	37932	37990	38048	38106	38164	38222	38280
59	38409	38468	38527	38586	38645	38704	38763	38822	38881	38940
60	39060	39120	39180	39240	39300	39360	39420	39480	39540	39600
61	39711	39772	39833	39894	39955	40016	40077	40138	40199	40260
62	40362	40424	40486	40548	40610	40672	40734	40796	40858	40920
63	41013	41076	41139	41202	41265	41328	41391	41454	41517	41580
64	41664	41728	41792	41856	41920	41984	42048	42112	42176	42240
65	42315	42380	42445	42510	42575	42640	42705	42770	42835	42900
66	42966	43032	43098	43164	43230	43296	43362	43428	43494	43560
67	43617	43684	43751	43818	43885	43952	44019	44086	44153	44220
68	44268	44336	44404	44472	44540	44608	44676	44744	44812	44880
69	44919	44988	45057	45126	45195	45264	45333	45402	45471	45540
70	45570	45640	45710	45780	45850	45920	45990	46060	46130	46200
71	46221	46292	46363	46434	46505	46576	46647	46718	46789	46860
72	46872	46944	47016	47088	47160	47232	47304	47376	47448	47520
73	47523	47596	47669	47742	47815	47888	47961	48034	48107	48180
74	48174	48248	48322	48396	48470	48544	48618	48692	48766	48840
75	48825	48900	48975	49050	49125	49200	49275	49350	49425	49500
76	49476	49552	49628	49704	49780	49856	49932	50008	50084	50160
77	50127	50204	50281	50358	50435	50512	50589	50666	50743	50820
78	50778	50856	50934	51012	51090	51168	51246	51324	51402	51480
79	51429	51508	51587	51666	51745	51824	51903	51982	52061	52140
80	52080	52160	52240	52320	52400	52480	52560	52640	52720	52800
81	52731	52812	52893	52974	53055	53136	53217	53298	53379	53460
82	53382	53464	53546	53628	53710	53792	53874	53956	54038	54120
83	54033	54116	54199	54282	54365	54448	54531	54614	54697	54780
84	54684	54768	54852	54936	55020	55104	55188	55272	55356	55440
85	55335	55420	55505	55590	55675	55760	55845	55930	56015	56100
86	55986	56072	56158	56244	56330	56416	56502	56588	56674	56760
87	56637	56724	56811	56898	56985	57072	57159	57246	57333	57420
88	57288	57376	57464	57552	57640	57728	57816	57904	57992	58080
89	57939	58028	58117	58206	58295	58384	58473	58562	58651	58740
90	58590	58680	58770	58860	58950	59040	59130	59220	59310	59400
91	59241	59332	59423	59514	59605	59696	59787	59878	59969	60060
92	59892	59984	60076	60168	60260	60352	60444	60536	60628	60720
93	60543	60636	60729	60822	60915	61008	61101	61194	61287	61380
94	61194	61288	61382	61476	61570	61664	61758	61852	61946	62040
95	61845	61940	62035	62130	62225	62320	62415	62510	62605	62700
96	62496	62592	62688	62784	62880	62976	63072	63168	63264	63360
97	63147	63244	63341	63438	63535	63632	63729	63826	63923	64020
98	63798	63896	63994	64092	64190	64288	64386	64484	64582	64680
99	64449	64548	64647	64746	64845	64944	65043	65142	65241	65340
100	65100	65200	65300	65400	65500	65600	65700	65800	65900	66000

n	661	662	663	664	665	666	667	668	669	670
1	661	662	663	664	665	666	667	668	669	670
2	1322	1324	1326	1328	1330	1332	1334	1336	1338	1340
3	1983	1986	1989	1992	1995	1998	2001	2004	2007	2010
4	2644	2648	2652	2656	2660	2664	2668	2672	2676	2680
5	3305	3310	3315	3320	3325	3330	3335	3340	3345	3350
6	3966	3972	3978	3984	3990	3996	4002	4008	4014	4020
7	4627	4634	4641	4648	4655	4662	4669	4676	4683	4690
8	5288	5296	5304	5312	5320	5328	5336	5344	5352	5360
9	5949	5958	5967	5976	5985	5994	6003	6012	6021	6030
10	6610	6620	6630	6640	6650	6660	6670	6680	6690	6700
11	7271	7282	7293	7304	7315	7326	7337	7348	7359	7370
12	7932	7944	7956	7968	7980	7992	8004	8016	8028	8040
13	8593	8606	8619	8632	8645	8658	8671	8684	8697	8710
14	9254	9268	9282	9296	9310	9324	9338	9352	9366	9380
15	9915	9930	9945	9960	9975	9990	10005	10020	10035	10050
16	10576	10592	10608	10624	10640	10656	10672	10688	10704	10720
17	11237	11254	11271	11288	11305	11322	11339	11356	11373	11390
18	11898	11916	11934	11952	11970	11988	12006	12024	12042	12060
19	12559	12578	12597	12616	12635	12654	12673	12692	12711	12730
20	13220	13240	13260	13280	13300	13320	13340	13360	13380	13400
21	13881	13902	13923	13944	13965	13986	14007	14028	14049	14070
22	14542	14564	14586	14608	14630	14652	14674	14696	14718	14740
23	15203	15226	15249	15272	15295	15318	15341	15364	15387	15410
24	15864	15888	15912	15936	15960	15984	16008	16032	16056	16080
25	16525	16550	16575	16600	16625	16650	16675	16700	16725	16750
26	17186	17212	17238	17264	17290	17316	17342	17368	17394	17420
27	17847	17874	17901	17928	17955	17982	18009	18036	18063	18090
28	18508	18536	18564	18592	18620	18648	18676	18704	18732	18760
29	19169	19198	19227	19256	19285	19314	19343	19372	19401	19430
30	19830	19860	19890	19920	19950	19980	20010	20040	20070	20100
31	20491	20522	20553	20584	20615	20646	20677	20708	20739	20770
32	21152	21184	21216	21248	21280	21312	21344	21376	21408	21440
33	21813	21846	21879	21912	21945	21978	22011	22044	22077	22110
34	22474	22508	22542	22576	22610	22644	22678	22712	22746	22780
35	23135	23170	23205	23240	23275	23310	23345	23380	23415	23450
36	23796	23832	23868	23904	23940	23976	24012	24048	24084	24120
37	24457	24494	24531	24568	24605	24642	24679	24716	24753	24790
38	25118	25156	25194	25232	25270	25308	25346	25384	25422	25460
39	25779	25818	25857	25896	25935	25974	26013	26052	26091	26130
40	26440	26480	26520	26560	26600	26640	26680	26720	26760	26800
41	27101	27142	27183	27224	27265	27306	27347	27388	27429	27470
42	27762	27804	27846	27888	27930	27972	28014	28056	28098	28140
43	28423	28466	28509	28552	28595	28638	28681	28724	28767	28810
44	29084	29128	29172	29216	29260	29304	29348	29392	29436	29480
45	29745	29790	29835	29880	29925	29970	30015	30060	30105	30150
46	30406	30452	30498	30544	30590	30636	30682	30728	30774	30820
47	31067	31114	31161	31208	31255	31302	31349	31396	31443	31490
48	31728	31776	31824	31872	31920	31968	32016	32064	32112	32160
49	32389	32438	32487	32536	32585	32634	32683	32732	32781	32830
50	33050	33100	33150	33200	33250	33300	33350	33400	33450	33500
51	33711	33762	33813	33864	33915	33966	34017	34068	34119	34170
52	34372	34424	34476	34528	34580	34632	34684	34736	34788	34840
53	35033	35086	35139	35192	35245	35298	35351	35404	35457	35510
54	35694	35748	35802	35856	35910	35964	36018	36072	36126	36180
55	36355	36410	36465	36520	36575	36630	36685	36740	36795	36850
56	37016	37072	37128	37184	37240	37296	37352	37408	37464	37520
57	37677	37734	37791	37848	37905	37962	38019	38076	38133	38190
58	38338	38396	38454	38512	38570	38628	38686	38744	38802	38860
59	38999	39058	39117	39176	39235	39294	39353	39412	39471	39530
60	39660	39720	39780	39840	39900	39960	40020	40080	40140	40200
61	40321	40382	40443	40504	40565	40626	40687	40748	40809	40870
62	40982	41044	41106	41168	41230	41292	41354	41416	41478	41540
63	41643	41706	41769	41832	41895	41958	42021	42084	42147	42210
64	42304	42368	42432	42496	42560	42624	42688	42752	42816	42880
65	42965	43030	43095	43160	43225	43290	43355	43420	43485	43550
66	43626	43692	43758	43824	43890	43956	44022	44088	44154	44220
67	44287	44354	44421	44488	44555	44622	44689	44756	44823	44890
68	44948	45016	45084	45152	45220	45288	45356	45424	45492	45560
69	45609	45678	45747	45816	45885	45954	46023	46092	46161	46230
70	46270	46340	46410	46480	46550	46620	46690	46760	46830	46900
71	46931	47002	47073	47144	47215	47286	47357	47428	47499	47570
72	47592	47664	47736	47808	47880	47952	48024	48096	48168	48240
73	48253	48326	48399	48472	48545	48618	48691	48764	48837	48910
74	48914	48988	49062	49136	49210	49284	49358	49432	49506	49580
75	49575	49650	49725	49800	49875	49950	50025	50100	50175	50250
76	50236	50312	50388	50464	50540	50616	50692	50768	50844	50920
77	50897	50974	51051	51128	51205	51282	51359	51436	51513	51590
78	51558	51636	51714	51792	51870	51948	52026	52104	52182	52260
79	52219	52298	52377	52456	52535	52614	52693	52772	52851	52930
80	52880	52960	53040	53120	53200	53280	53360	53440	53520	53600
81	53541	53622	53703	53784	53865	53946	54027	54108	54189	54270
82	54202	54284	54366	54448	54530	54612	54694	54776	54858	54940
83	54863	54946	55029	55112	55195	55278	55361	55444	55527	55610
84	55524	55608	55692	55776	55860	55944	56028	56112	56196	56280
85	56185	56270	56355	56440	56525	56610	56695	56780	56865	56950
86	56846	56932	57018	57104	57190	57276	57362	57448	57534	57620
87	57507	57594	57681	57768	57855	57942	58029	58116	58203	58290
88	58168	58256	58344	58432	58520	58608	58696	58784	58872	58960
89	58829	58918	59007	59096	59185	59274	59363	59452	59541	59630
90	59490	59580	59670	59760	59850	59940	60030	60120	60210	60300
91	60151	60242	60333	60424	60515	60606	60697	60788	60879	60970
92	60812	60904	60996	61088	61180	61272	61364	61456	61548	61640
93	61473	61566	61659	61752	61845	61938	62031	62124	62217	62310
94	62134	62228	62322	62416	62510	62604	62698	62792	62886	62980
95	62795	62890	62985	63080	63175	63270	63365	63460	63555	63650
96	63456	63552	63648	63744	63840	63936	64032	64128	64224	64320
97	64117	64214	64311	64408	64505	64602	64699	64796	64893	64990
98	64778	64876	64974	65072	65170	65268	65366	65464	65562	65660
99	65439	65538	65637	65736	65835	65934	66033	66132	66231	66330
100	66100	66200	66300	66400	66500	66600	66700	66800	66900	67000

1	671	672	673	674	675	676	677	678	679	680
2	1342	1344	1346	1348	1350	1352	1354	1356	1358	1360
3	2013	2016	2019	2022	2025	2028	2031	2034	2037	2040
4	2684	2688	2692	2696	2700	2704	2708	2712	2716	2720
5	3355	3360	3365	3370	3375	3380	3385	3390	3395	3400
6	4026	4032	4038	4044	4050	4056	4062	4068	4074	4080
7	4697	4704	4711	4718	4725	4732	4739	4746	4753	4760
8	5368	5376	5384	5392	5400	5408	5416	5424	5432	5440
9	6039	6048	6057	6066	6075	6084	6093	6102	6111	6120
10	6710	6720	6730	6740	6750	6760	6770	6780	6790	6800
11	7381	7392	7403	7414	7425	7436	7447	7458	7469	7480
12	8052	8064	8076	8088	8100	8112	8124	8136	8148	8160
13	8723	8736	8749	8762	8775	8788	8801	8814	8827	8840
14	9394	9408	9422	9436	9450	9464	9478	9492	9506	9520
15	10065	10080	10095	10110	10125	10140	10155	10170	10185	10200
16	10736	10752	10768	10784	10800	10816	10832	10848	10864	10880
17	11407	11424	11441	11458	11475	11492	11509	11526	11543	11560
18	12078	12096	12114	12132	12150	12168	12186	12204	12222	12240
19	12749	12768	12787	12806	12825	12844	12863	12882	12901	12920
20	13420	13440	13460	13480	13500	13520	13540	13560	13580	13600
21	14091	14112	14133	14154	14175	14196	14217	14238	14259	14280
22	14762	14784	14806	14828	14850	14872	14894	14916	14938	14960
23	15433	15456	15479	15502	15525	15548	15571	15594	15617	15640
24	16104	16128	16152	16176	16200	16224	16248	16272	16296	16320
25	16775	16800	16825	16850	16875	16900	16925	16950	16975	17000
26	17446	17472	17498	17524	17550	17576	17602	17628	17654	17680
27	18117	18144	18171	18198	18225	18252	18279	18306	18333	18360
28	18788	18816	18844	18872	18900	18928	18956	18984	19012	19040
29	19459	19488	19517	19546	19575	19604	19633	19662	19691	19720
30	20130	20160	20190	20220	20250	20280	20310	20340	20370	20400
31	20801	20832	20863	20894	20925	20956	20987	21018	21049	21080
32	21472	21504	21536	21568	21600	21632	21664	21696	21728	21760
33	22143	22176	22209	22242	22275	22308	22341	22374	22407	22440
34	22814	22848	22882	22916	22950	22984	23018	23052	23086	23120
35	23485	23520	23555	23590	23625	23660	23695	23730	23765	23800
36	24156	24192	24228	24264	24300	24336	24372	24408	24444	24480
37	24827	24864	24901	24938	24975	25012	25049	25086	25123	25160
38	25498	25536	25574	25612	25650	25688	25726	25764	25802	25840
39	26169	26208	26247	26286	26325	26364	26403	26442	26481	26520
40	26840	26880	26920	26960	27000	27040	27080	27120	27160	27200
41	27511	27552	27593	27634	27675	27716	27757	27798	27839	27880
42	28182	28224	28266	28308	28350	28392	28434	28476	28518	28560
43	28853	28896	28939	28982	29025	29068	29111	29154	29197	29240
44	29524	29568	29612	29656	29700	29744	29788	29832	29876	29920
45	30195	30240	30285	30330	30375	30420	30465	30510	30555	30600
46	30866	30912	30958	31004	31050	31096	31142	31188	31234	31280
47	31537	31584	31631	31678	31725	31772	31819	31866	31913	31960
48	32208	32256	32304	32352	32400	32448	32496	32544	32592	32640
49	32879	32928	32977	33026	33075	33124	33173	33222	33271	33320
50	33550	33600	33650	33700	33750	33800	33850	33900	33950	34000
51	34221	34272	34323	34374	34425	34476	34527	34578	34629	34680
52	34892	34944	34996	35048	35100	35152	35204	35256	35308	35360
53	35563	35616	35669	35722	35775	35828	35881	35934	35987	36040
54	36234	36288	36342	36396	36450	36504	36558	36612	36666	36720
55	36905	36960	37015	37070	37125	37180	37235	37290	37345	37400
56	37576	37632	37688	37744	37800	37856	37912	37968	38024	38080
57	38247	38304	38361	38418	38475	38532	38589	38646	38703	38760
58	38918	38976	39034	39092	39150	39208	39266	39324	39382	39440
59	39589	39648	39707	39766	39825	39884	39943	40002	40061	40120
60	40260	40320	40380	40440	40500	40560	40620	40680	40740	40800
61	40931	40992	41053	41114	41175	41236	41297	41358	41419	41480
62	41602	41664	41726	41788	41850	41912	41974	42036	42098	42160
63	42273	42336	42399	42462	42525	42588	42651	42714	42777	42840
64	42944	43008	43072	43136	43200	43264	43328	43392	43456	43520
65	43615	43680	43745	43810	43875	43940	44005	44070	44135	44200
66	44286	44352	44418	44484	44550	44616	44682	44748	44814	44880
67	44957	45024	45091	45158	45225	45292	45359	45426	45493	45560
68	45628	45696	45764	45832	45900	45968	46036	46104	46172	46240
69	46299	46368	46437	46506	46575	46644	46713	46782	46851	46920
70	46970	47040	47110	47180	47250	47320	47390	47460	47530	47600
71	47641	47712	47783	47854	47925	47996	48067	48138	48209	48280
72	48312	48384	48456	48528	48600	48672	48744	48816	48888	48960
73	48983	49056	49129	49202	49275	49348	49421	49494	49567	49640
74	49654	49728	49802	49876	49950	50024	50098	50172	50246	50320
75	50325	50400	50475	50550	50625	50700	50775	50850	50925	51000
76	50996	51072	51148	51224	51300	51376	51452	51528	51604	51680
77	51667	51744	51821	51898	51975	52052	52129	52206	52283	52360
78	52338	52416	52494	52572	52650	52728	52806	52884	52962	53040
79	53009	53088	53167	53246	53325	53404	53483	53562	53641	53720
80	53680	53760	53840	53920	54000	54080	54160	54240	54320	54400
81	54351	54432	54513	54594	54675	54756	54837	54918	54999	55080
82	55022	55104	55186	55268	55350	55432	55514	55596	55678	55760
83	55693	55776	55859	55942	56025	56108	56191	56274	56357	56440
84	56364	56448	56532	56616	56700	56784	56868	56952	57036	57120
85	57035	57120	57205	57290	57375	57460	57545	57630	57715	57800
86	57706	57792	57878	57964	58050	58136	58222	58308	58394	58480
87	58377	58464	58551	58638	58725	58812	58899	58986	59073	59160
88	59048	59136	59224	59312	59400	59488	59576	59664	59752	59840
89	59719	59808	59897	59986	60075	60164	60253	60342	60431	60520
90	60390	60480	60570	60660	60750	60840	60930	61020	61110	61200
91	61061	61152	61243	61334	61425	61516	61607	61698	61789	61880
92	61732	61824	61916	62008	62100	62192	62284	62376	62468	62560
93	62403	62496	62589	62682	62775	62868	62961	63054	63147	63240
94	63074	63168	63262	63356	63450	63544	63638	63732	63826	63920
95	63745	63840	63935	64030	64125	64220	64315	64410	64505	64600
96	64416	64512	64608	64704	64800	64896	64992	65088	65184	65280
97	65087	65184	65281	65378	65475	65572	65669	65766	65863	65960
98	65758	65856	65954	66052	66150	66248	66346	66444	66542	66640
99	66429	66528	66627	66726	66825	66924	67023	67122	67221	67320
100	67100	67200	67300	67400	67500	67600	67700	67800	67900	68000

1	681	682	683	684	685	686	687	688	689	690
1	681	682	683	684	685	686	687	688	689	690
2	1362	1364	1366	1368	1370	1372	1374	1376	1378	1380
3	2043	2046	2049	2052	2055	2058	2061	2064	2067	2070
4	2724	2728	2732	2736	2740	2744	2748	2752	2756	2760
5	3405	3410	3415	3420	3425	3430	3435	3440	3445	3450
6	4086	4092	4098	4104	4110	4116	4122	4128	4134	4140
7	4767	4774	4781	4788	4795	4802	4809	4816	4823	4830
8	5448	5456	5464	5472	5480	5488	5496	5504	5512	5520
9	6129	6138	6147	6156	6165	6174	6183	6192	6201	6210
10	6810	6820	6830	6840	6850	6860	6870	6880	6890	6900
11	7491	7502	7513	7524	7535	7546	7557	7568	7579	7590
12	8172	8184	8196	8208	8220	8232	8244	8256	8268	8280
13	8853	8866	8879	8892	8905	8918	8931	8944	8957	8970
14	9534	9548	9562	9576	9590	9604	9618	9532	9646	9660
15	10215	10230	10245	10260	10275	10290	10305	10320	10335	10350
16	10896	10912	10928	10944	10960	10976	10992	11008	11024	11040
17	11577	11594	11611	11628	11645	11662	11679	11696	11713	11730
18	12258	12276	12294	12312	12330	12348	12366	12384	12402	12420
19	12939	12958	12977	12996	13015	13034	13053	13072	13091	13110
20	13620	13640	13660	13680	13700	13720	13740	13760	13780	13800
21	14301	14322	14343	14364	14385	14406	14427	14448	14469	14490
22	14982	15004	15026	15048	15070	15092	15114	15136	15158	15180
23	15663	15686	15709	15732	15755	15778	15801	15824	15847	15870
24	16344	16368	16392	16416	16440	16464	16488	16512	16536	16560
25	17025	17050	17075	17100	17125	17150	17175	17200	17225	17250
26	17706	17732	17758	17784	17810	17836	17862	17888	17914	17940
27	18387	18414	18441	18468	18495	18522	18549	18576	18603	18630
28	19068	19096	19124	19152	19180	19208	19236	19264	19292	19320
29	19749	19778	19807	19836	19865	19894	19923	19952	19981	20010
30	20430	20460	20490	20520	20550	20580	20610	20640	20670	20700
31	21111	21142	21173	21204	21235	21266	21297	21328	21359	21390
32	21792	21824	21856	21888	21920	21952	21984	22016	22048	22080
33	22473	22506	22539	22572	22605	22638	22671	22704	22737	22770
34	23154	23188	23222	23256	23290	23324	23358	23392	23426	23460
35	23835	23870	23905	23940	23975	24010	24045	24080	24115	24150
36	24516	24552	24588	24624	24660	24696	24732	24768	24804	24840
37	25197	25234	25271	25308	25345	25382	25419	25456	25493	25530
38	25878	25916	25954	25992	26030	26068	26106	26144	26182	26220
39	26559	26598	26637	26676	26715	26754	26793	26832	26871	26910
40	27240	27280	27320	27360	27400	27440	27480	27520	27560	27600
41	27921	27962	28003	28044	28085	28126	28167	28208	28249	28290
42	28602	28644	28686	28728	28770	28812	28854	28896	28938	28980
43	29283	29326	29369	29412	29455	29498	29541	29584	29627	29670
44	29964	30008	30052	30096	30140	30184	30228	30272	30316	30360
45	30645	30690	30735	30780	30825	30870	30915	30960	31005	31050
46	31326	31372	31418	31464	31510	31556	31602	31648	31694	31740
47	32007	32054	32101	32148	32195	32242	32289	32336	32383	32430
48	32688	32736	32784	32832	32880	32928	32976	33024	33072	33120
49	33369	33418	33467	33516	33565	33614	33663	33712	33761	33810
50	34050	34100	34150	34200	34250	34300	34350	34400	34450	34500
51	34731	34782	34833	34884	34935	34986	35037	35088	35139	35190
52	35412	35464	35516	35568	35620	35672	35724	35776	35828	35880
53	36093	36146	36199	36252	36305	36358	36411	36464	36517	36570
54	36774	36828	36882	36936	36990	37044	37098	37152	37206	37260
55	37455	37510	37565	37620	37675	37730	37785	37840	37895	37950
56	38136	38192	38248	38304	38360	38416	38472	38528	38584	38640
57	38817	38874	38931	38988	39045	39102	39159	39216	39273	39330
58	39498	39556	39614	39672	39730	39788	39846	39904	39962	40020
59	40179	40238	40297	40356	40415	40474	40533	40592	40651	40710
60	40860	40920	40980	41040	41100	41160	41220	41280	41340	41400
61	41541	41602	41663	41724	41785	41846	41907	41968	42029	42090
62	42222	42284	42346	42408	42470	42532	42594	42656	42718	42780
63	42903	42966	43029	43092	43155	43218	43281	43344	43407	43470
64	43584	43648	43712	43776	43840	43904	43968	44032	44096	44160
65	44265	44330	44395	44460	44525	44590	44655	44720	44785	44850
66	44946	45012	45078	45144	45210	45276	45342	45408	45474	45540
67	45627	45694	45761	45828	45895	45962	46029	46096	46163	46230
68	46308	46376	46444	46512	46580	46648	46716	46784	46852	46920
69	46989	47058	47127	47196	47265	47334	47403	47472	47541	47610
70	47670	47740	47810	47880	47950	48020	48090	48160	48230	48300
71	48351	48422	48493	48564	48635	48706	48777	48848	48919	48990
72	49032	49104	49176	49248	49320	49392	49464	49536	49608	49680
73	49713	49786	49859	49932	50005	50078	50151	50224	50297	50370
74	50394	50468	50542	50616	50690	50764	50838	50912	50986	51060
75	51075	51150	51225	51300	51375	51450	51525	51600	51675	51750
76	51756	51832	51908	51984	52060	52136	52212	52288	52364	52440
77	52437	52514	52591	52668	52745	52822	52899	52976	53053	53130
78	53118	53196	53274	53352	53430	53508	53586	53664	53742	53820
79	53799	53878	53957	54036	54115	54194	54273	54352	54431	54510
80	54480	54560	54640	54720	54800	54880	54960	55040	55120	55200
81	55161	55242	55323	55404	55485	55566	55647	55728	55809	55890
82	55842	55934	56006	56088	56170	56252	56334	56416	56498	56580
83	56523	56606	56689	56772	56855	56938	57021	57104	57187	57270
84	57204	57288	57372	57456	57540	57624	57708	57792	57876	57960
85	57885	57970	58055	58140	58225	58310	58395	58480	58565	58650
86	58566	58652	58738	58824	58910	58996	59082	59168	59254	59340
87	59247	59334	59421	59508	59595	59682	59769	59856	59943	60030
88	59928	60016	60104	60192	60280	60368	60456	60544	60632	60720
89	60609	60698	60787	60876	60965	61054	61143	61232	61321	61410
90	61290	61380	61470	61560	61650	61740	61830	61920	62010	62100
91	61971	62062	62153	62244	62335	62426	62517	62608	62699	62790
92	62652	62744	62836	62928	63020	63112	63204	63296	63388	63480
93	63333	63426	63519	63612	63705	63798	63891	63984	64077	64170
94	64014	64108	64202	64296	64390	64484	64578	64672	64766	64860
95	64695	64790	64885	64980	65075	65170	65265	65360	65455	65550
96	65376	65472	65568	65664	65760	65856	65952	66048	66144	66240
97	66057	66154	66251	66348	66445	66542	66639	66736	66833	66930
98	66738	66836	66934	67032	67130	67228	67326	67424	67522	67620
99	67419	67518	67617	67716	67815	67914	68013	68112	68211	68310
100	68100	68200	68300	68400	68500	68600	68700	68800	68900	69000

n	691	692	693	694	695	696	697	698	699	700
1	691	692	693	694	695	696	697	698	699	700
2	1382	1384	1386	1388	1390	1392	1394	1396	1398	1400
3	2073	2076	2079	2082	2085	2088	2091	2094	2097	2100
4	2764	2768	2772	2776	2780	2784	2788	2792	2796	2800
5	3455	3460	3465	3470	3475	3480	3485	3490	3495	3500
6	4145	4152	4158	4164	4170	4176	4182	4188	4194	4200
7	4837	4844	4851	4858	4865	4872	4879	4886	4893	4900
8	5528	5536	5544	5552	5560	5568	5576	5584	5592	5600
9	6219	6228	6237	6246	6255	6264	6273	6282	6291	6300
10	6910	6920	6930	6940	6950	6960	6970	6980	6990	7000
11	7601	7612	7623	7634	7645	7656	7667	7678	7689	7700
12	8292	8304	8316	8328	8340	8352	8364	8376	8388	8400
13	8983	8996	9009	9022	9035	9048	9061	9074	9087	9100
14	9674	9688	9702	9716	9730	9744	9758	9772	9786	9800
15	10365	10380	10395	10410	10425	10440	10455	10470	10485	10500
16	11056	11072	11088	11104	11120	11136	11152	11168	11184	11200
17	11747	11764	11781	11798	11815	11832	11849	11866	11883	11900
18	12438	12456	12474	12492	12510	12528	12546	12564	12582	12600
19	13129	13148	13167	13186	13205	13224	13243	13262	13281	13300
20	13820	13840	13860	13880	13900	13920	13940	13960	13980	14000
21	14511	14532	14553	14574	14595	14616	14637	14658	14679	14700
22	15202	15224	15246	15268	15290	15312	15334	15356	15378	15400
23	15893	15916	15939	15962	15985	16008	16031	16054	16077	16100
24	16584	16608	16632	16656	16680	16704	16728	16752	16776	16800
25	17275	17300	17325	17350	17375	17400	17425	17450	17475	17500
26	17966	17992	18018	18044	18070	18096	18122	18148	18174	18200
27	18657	18684	18711	18738	18765	18792	18819	18846	18873	18900
28	19348	19376	19404	19432	19460	19488	19516	19544	19572	19600
29	20039	20068	20097	20126	20155	20184	20213	20242	20271	20300
30	20730	20760	20790	20820	20850	20880	20910	20940	20970	21000
31	21421	21452	21483	21514	21545	21576	21607	21638	21669	21700
32	22112	22144	22176	22208	22240	22272	22304	22336	22368	22400
33	22803	22836	22869	22902	22935	22968	23001	23034	23067	23100
34	23494	23528	23562	23596	23630	23664	23698	23732	23766	23800
35	24185	24220	24255	24290	24325	24360	24395	24430	24465	24500
36	24876	24912	24948	24984	25020	25056	25092	25128	25164	25200
37	25567	25604	25641	25678	25715	25752	25789	25826	25863	25900
38	26258	26296	26334	26372	26410	26448	26486	26524	26562	26600
39	26949	26988	27027	27066	27105	27144	27183	27222	27261	27300
40	27640	27680	27720	27760	27800	27840	27880	27920	27960	28000
41	28331	28372	28413	28454	28495	28536	28577	28618	28659	28700
42	29022	29064	29106	29148	29190	29232	29274	29316	29358	29400
43	29713	29756	29799	29842	29885	29928	29971	30014	30057	30100
44	30404	30448	30492	30536	30580	30624	30668	30712	30756	30800
45	31095	31140	31185	31230	31275	31320	31365	31410	31455	31500
46	31786	31832	31878	31924	31970	32016	32062	32108	32154	32200
47	32477	32524	32571	32618	32665	32712	32759	32806	32853	32900
48	33168	33216	33264	33312	33360	33408	33456	33504	33552	33600
49	33859	33908	33957	34006	34055	34104	34153	34202	34251	34300
50	34550	34600	34650	34700	34750	34800	34850	34900	34950	35000
51	35241	35292	35343	35394	35445	35496	35547	35598	35649	35700
52	35932	35984	36036	36088	36140	36192	36244	36296	36348	36400
53	36623	36676	36729	36782	36835	36888	36941	36994	37047	37100
54	37314	37368	37422	37476	37530	37584	37638	37692	37746	37800
55	38005	38060	38115	38170	38225	38280	38335	38390	38445	38500
56	38696	38752	38808	38864	38920	38976	39032	39088	39144	39200
57	39387	39444	39501	39558	39615	39672	39729	39786	39843	39900
58	40078	40136	40194	40252	40310	40368	40426	40484	40542	40600
59	40769	40828	40887	40946	41005	41064	41123	41182	41241	41300
60	41460	41520	41580	41640	41700	41760	41820	41880	41940	42000
61	42151	42212	42273	42334	42395	42456	42517	42578	42639	42700
62	42842	42904	42966	43028	43090	43152	43214	43276	43338	43400
63	43533	43596	43659	43722	43785	43848	43911	43974	44037	44100
64	44224	44288	44352	44416	44480	44544	44608	44672	44736	44800
65	44915	44980	45045	45110	45175	45240	45305	45370	45435	45500
66	45606	45672	45738	45804	45870	45936	46002	46068	46134	46200
67	46297	46364	46431	46498	46565	46632	46699	46766	46833	46900
68	46988	47056	47124	47192	47260	47328	47396	47464	47532	47600
69	47679	47748	47817	47886	47955	48024	48093	48162	48231	48300
70	48370	48440	48510	48580	48650	48720	48790	48860	48930	49000
71	49061	49132	49203	49274	49345	49416	49487	49558	49629	49700
72	49752	49824	49896	49968	50040	50112	50184	50256	50328	50400
73	50443	50516	50589	50662	50735	50808	50881	50954	51027	51100
74	51134	51208	51282	51356	51430	51504	51578	51652	51726	51800
75	51825	51900	51975	52050	52125	52200	52275	52350	52425	52500
76	52516	52592	52668	52744	52820	52896	52972	53048	53124	53200
77	53207	53284	53361	53438	53515	53592	53669	53746	53823	53900
78	53898	53976	54054	54132	54210	54288	54366	54444	54522	54600
79	54589	54668	54747	54826	54905	54984	55063	55142	55221	55300
80	55280	55360	55440	55520	55600	55680	55760	55840	55920	56000
81	55971	56052	56133	56214	56295	56376	56457	56538	56619	56700
82	56662	56744	56826	56908	56990	57072	57154	57236	57318	57400
83	57353	57436	57519	57602	57685	57768	57851	57934	58017	58100
84	58044	58128	58212	58296	58380	58464	58548	58632	58716	58800
85	58735	58820	58905	58990	59075	59160	59245	59330	59415	59500
86	59426	59512	59598	59684	59770	59856	59942	60028	60114	60200
87	60117	60204	60291	60378	60465	60552	60639	60726	60813	60900
88	60808	60896	60984	61072	61160	61248	61336	61424	61512	61600
89	61499	61588	61677	61766	61855	61944	62033	62122	62211	62300
90	62190	62280	62370	62460	62550	62640	62730	62820	62910	63000
91	62881	62972	63063	63154	63245	63336	63427	63518	63609	63700
92	63572	63664	63756	63848	63940	64032	64124	64216	64308	64400
93	64263	64356	64449	64542	64635	64728	64821	64914	65007	65100
94	64954	65048	65142	65236	65330	65424	65518	65612	65706	65800
95	65645	65740	65835	65930	66025	66120	66215	66310	66405	66500
96	66336	66432	66528	66624	66720	66816	66912	67008	67104	67200
97	67027	67124	67221	67318	67415	67512	67609	67706	67803	67900
98	67718	67816	67914	68012	68110	68208	68306	68404	68502	68600
99	68409	68508	68607	68706	68805	68904	69003	69102	69201	69300
100	69100	69200	69300	69400	69500	69600	69700	69800	69900	70000

	701	702	703	704	705	706	707	708	709	710
1	701	702	703	704	705	706	707	708	709	710
2	1402	1404	1406	1408	1410	1412	1414	1416	1418	1420
3	2103	2106	2109	2112	2115	2118	2121	2124	2127	2130
4	2804	2808	2812	2816	2820	2824	2828	2832	2836	2840
5	3505	3510	3515	3520	3525	3530	3535	3540	3545	3550
6	4206	4212	4218	4224	4230	4236	4242	4248	4254	4260
7	4907	4914	4921	4928	4935	4942	4949	4956	4963	4970
8	5608	5616	5624	5632	5640	5648	5656	5664	5672	5680
9	6309	6318	6327	6336	6345	6354	6363	6372	6381	6390
10	7010	7020	7030	7040	7050	7060	7070	7080	7090	7100
11	7711	7722	7733	7744	7755	7766	7777	7788	7799	7810
12	8412	8424	8436	8448	8460	8472	8484	8496	8508	8520
13	9113	9126	9139	9152	9165	9178	9191	9204	9217	9230
14	9814	9828	9842	9856	9870	9884	9898	9912	9926	9940
15	10515	10530	10545	10560	10575	10590	10605	10620	10635	10650
16	11216	11232	11248	11264	11280	11296	11312	11328	11344	11360
17	11917	11934	11951	11968	11985	12002	12019	12036	12053	12070
18	12618	12636	12654	12672	12690	12708	12726	12744	12762	12780
19	13319	13338	13357	13376	13395	13414	13433	13452	13471	13490
20	14020	14040	14060	14080	14100	14120	14140	14160	14180	14200
21	14721	14742	14763	14784	14805	14826	14847	14868	14889	14910
22	15422	15444	15466	15488	15510	15532	15554	15576	15598	15620
23	16123	16146	16169	16192	16215	16238	16261	16284	16307	16330
24	16824	16848	16872	16896	16920	16944	16968	16992	17016	17040
25	17525	17550	17575	17600	17625	17650	17675	17700	17725	17750
26	18226	18252	18278	18304	18330	18356	18382	18408	18434	18460
27	18927	18954	18981	19008	19035	19062	19089	19116	19143	19170
28	19628	19656	19684	19712	19740	19768	19796	19824	19852	19880
29	20329	20358	20387	20416	20445	20474	20503	20532	20561	20590
30	21030	21060	21090	21120	21150	21180	21210	21240	21270	21300
31	21731	21762	21793	21824	21855	21886	21917	21948	21979	22010
32	22432	22464	22496	22528	22560	22592	22624	22656	22688	22720
33	23133	23166	23199	23232	23265	23298	23331	23364	23397	23430
34	23834	23868	23902	23936	23970	24004	24038	24072	24106	24140
35	24535	24570	24605	24640	24675	24710	24745	24780	24815	24850
36	25236	25272	25308	25344	25380	25416	25452	25488	25524	25560
37	25937	25974	26011	26048	26085	26122	26159	26196	26233	26270
38	26638	26676	26714	26752	26790	26828	26866	26904	26942	26980
39	27339	27378	27417	27456	27495	27534	27573	27612	27651	27690
40	28040	28080	28120	28160	28200	28240	28280	28320	28360	28400
41	28741	28782	28823	28864	28905	28946	28987	29028	29069	29110
42	29442	29484	29526	29568	29610	29652	29694	29736	29778	29820
43	30143	30186	30229	30272	30315	30358	30401	30444	30487	30530
44	30844	30888	30932	30976	31020	31064	31108	31152	31196	31240
45	31545	31590	31635	31680	31725	31770	31815	31860	31905	31950
46	32246	32292	32338	32384	32430	32476	32522	32568	32614	32660
47	32947	32994	33041	33088	33135	33182	33229	33276	33323	33370
48	33648	33696	33744	33792	33840	33888	33936	33984	34032	34080
49	34349	34398	34447	34496	34545	34594	34643	34692	34741	34790
50	35050	35100	35150	35200	35250	35300	35350	35400	35450	35500
51	35751	35802	35853	35904	35955	36006	36057	36108	36159	36210
52	36452	36504	36556	36608	36660	36712	36764	36816	36868	36920
53	37153	37206	37259	37312	37365	37418	37471	37524	37577	37630
54	37854	37908	37962	38016	38070	38124	38178	38232	38286	38340
55	38555	38610	38665	38720	38775	38830	38885	38940	38995	39050
56	39256	39312	39368	39424	39480	39536	39592	39648	39704	39760
57	39957	40014	40071	40128	40185	40242	40299	40356	40413	40470
58	40658	40716	40774	40832	40890	40948	41006	41064	41122	41180
59	41359	41418	41477	41536	41595	41654	41713	41772	41831	41890
60	42060	42120	42180	42240	42300	42360	42420	42480	42540	42600
61	42761	42822	42883	42944	43005	43066	43127	43188	43249	43310
62	43462	43524	43586	43648	43710	43772	43834	43896	43958	44020
63	44163	44226	44289	44352	44415	44478	44541	44604	44667	44730
64	44864	44928	44992	45056	45120	45184	45248	45312	45376	45440
65	45565	45630	45695	45760	45825	45890	45955	46020	46085	46150
66	46266	46332	46398	46464	46530	46596	46662	46728	46794	46860
67	46967	47034	47101	47168	47235	47302	47369	47436	47503	47570
68	47668	47736	47804	47872	47940	48008	48076	48144	48212	48280
69	48369	48438	48507	48576	48645	48714	48783	48852	48921	48990
70	49070	49140	49210	49280	49350	49420	49490	49560	49630	49700
71	49771	49842	49913	49984	50055	50126	50197	50268	50339	50410
72	50472	50544	50616	50688	50760	50832	50904	50976	51048	51120
73	51173	51246	51319	51392	51465	51538	51611	51684	51757	51830
74	51874	51948	52022	52096	52170	52244	52318	52392	52466	52540
75	52575	52650	52725	52800	52875	52950	53025	53100	53175	53250
76	53276	53352	53428	53504	53580	53656	53732	53808	53884	53960
77	53977	54054	54131	54208	54285	54362	54439	54516	54593	54670
78	54678	54756	54834	54912	54990	55068	55146	55224	55302	55380
79	55379	55458	55537	55616	55695	55774	55853	55932	56011	56090
80	56080	56160	56240	56320	56400	56480	56560	56640	56720	56800
81	56781	56862	56943	57024	57105	57186	57267	57348	57429	57510
82	57482	57564	57646	57728	57810	57892	57974	58056	58138	58220
83	58183	58266	58349	58432	58515	58598	58681	58764	58847	58930
84	58884	58968	59052	59136	59220	59304	59388	59472	59556	59640
85	59585	59670	59755	59840	59925	60010	60095	60180	60265	60350
86	60286	60372	60458	60544	60630	60716	60802	60888	60974	61060
87	60987	61074	61161	61248	61335	61422	61509	61596	61683	61770
88	61688	61776	61864	61952	62040	62128	62216	62304	62392	62480
89	62389	62478	62567	62656	62745	62834	62923	63012	63101	63190
90	63090	63180	63270	63360	63450	63540	63630	63720	63810	63900
91	63791	63882	63973	64064	64155	64246	64337	64428	64519	64610
92	64492	64584	64676	64768	64860	64952	65044	65136	65228	65320
93	65193	65286	65379	65472	65565	65658	65751	65844	65937	66030
94	65894	65988	66082	66176	66270	66364	66458	66552	66646	66740
95	66595	66690	66785	66880	66975	67070	67165	67260	67355	67450
96	67296	67392	67488	67584	67680	67776	67872	67968	68064	68160
97	67997	68094	68191	68288	68385	68482	68579	68676	68773	68870
98	68698	68796	68894	68992	69090	69188	69286	69384	69482	69580
99	69399	69498	69597	69696	69795	69894	69993	70092	70191	70290
100	70100	70200	70300	70400	70500	70600	70700	70800	70900	71000

Q

	711	712	713	714	715	716	717	718	719	720
1	711	712	713	714	715	716	717	718	719	720
2	1422	1424	1426	1428	1430	1432	1434	1436	1438	1440
3	2133	2136	2139	2142	2145	2148	2151	2154	2157	2160
4	2844	2848	2852	2856	2860	2864	2868	2872	2876	2880
5	3555	3560	3565	3570	3575	3580	3585	3590	3595	3600
6	4266	4272	4278	4284	4290	4296	4302	4308	4314	4320
7	4977	4984	4991	4998	5005	5012	5019	5026	5033	5040
8	5688	5696	5704	5712	5720	5728	5736	5744	5752	5760
9	6399	6408	6417	6426	6435	6444	6453	6462	6471	6480
10	7110	7120	7130	7140	7150	7160	7170	7180	7190	7200
11	7821	7832	7843	7854	7865	7876	7887	7898	7909	7920
12	8532	8544	8556	8568	8580	8592	8604	8616	8628	8640
13	9243	9256	9269	9282	9295	9308	9321	9334	9347	9360
14	9954	9968	9982	9996	10010	10024	10038	10052	10066	10080
15	10665	10680	10695	10710	10725	10740	10755	10770	10785	10800
16	11376	11392	11408	11424	11440	11456	11472	11488	11504	11520
17	12087	12104	12121	12138	12155	12172	12189	12206	12223	12240
18	12798	12816	12834	12852	12870	12888	12906	12924	12942	12960
19	13509	13528	13547	13566	13585	13604	13623	13642	13661	13680
20	14220	14240	14260	14280	14300	14320	14340	14360	14380	14400
21	14931	14952	14973	14994	15015	15036	15057	15078	15099	15120
22	15642	15664	15686	15708	15730	15752	15774	15796	15818	15840
23	16353	16376	16399	16422	16445	16468	16491	16514	16537	16560
24	17064	17088	17112	17136	17160	17184	17208	17232	17256	17280
25	17775	17800	17825	17850	17875	17900	17925	17950	17975	18000
26	18486	18512	18538	18564	18590	18616	18642	18668	18694	18720
27	19197	19224	19251	19278	19305	19332	19359	19386	19413	19440
28	19908	19936	19964	19992	20020	20048	20076	20104	20132	20160
29	20619	20648	20677	20706	20735	20764	20793	20822	20851	20880
30	21330	21360	21390	21420	21450	21480	21510	21540	21570	21600
31	22041	22072	22103	22134	22165	22196	22227	22258	22289	22320
32	22752	22784	22816	22848	22880	22912	22944	22976	23008	23040
33	23463	23496	23529	23562	23595	23628	23661	23694	23727	23760
34	24174	24208	24242	24276	24310	24344	24378	24412	24446	24480
35	24885	24920	24955	24990	25025	25060	25095	25130	25165	25200
36	25596	25632	25668	25704	25740	25776	25812	25848	25884	25920
37	26307	26344	26381	26418	26455	26492	26529	26566	26603	26640
38	27018	27056	27094	27132	27170	27208	27246	27284	27322	27360
39	27729	27768	27807	27846	27885	27924	27963	28002	28041	28080
40	28440	28480	28520	28560	28600	28640	28680	28720	28760	28800
41	29151	29192	29233	29274	29315	29356	29397	29438	29479	29520
42	29862	29904	29946	29988	30030	30072	30114	30156	30198	30240
43	30573	30616	30659	30702	30745	30788	30831	30874	30917	30960
44	31284	31328	31372	31416	31460	31504	31548	31592	31636	31680
45	31995	32040	32085	32130	32175	32220	32265	32310	32355	32400
46	32706	32752	32798	32844	32890	32936	32982	33028	33074	33120
47	33417	33464	33511	33558	33605	33652	33699	33746	33793	33840
48	34128	34176	34224	34272	34320	34368	34416	34464	34512	34560
49	34839	34888	34937	34986	35035	35084	35133	35182	35231	35280
50	35550	35600	35650	35700	35750	35800	35850	35900	35950	36000
51	36261	36312	36363	36414	36465	36516	36567	36618	36669	36720
52	36972	37024	37076	37128	37180	37232	37284	37336	37388	37440
53	37683	37736	37789	37842	37895	37948	38001	38054	38107	38160
54	38394	38448	38502	38556	38610	38664	38718	38772	38826	38880
55	39105	39160	39215	39270	39325	39380	39435	39490	39545	39600
56	39816	39872	39928	39984	40040	40096	40152	40208	40264	40320
57	40527	40584	40641	40698	40755	40812	40869	40926	40983	41040
58	41238	41296	41354	41412	41470	41528	41586	41644	41702	41760
59	41949	42008	42067	42126	42185	42244	42303	42362	42421	42480
60	42660	42720	42780	42840	42900	42960	43020	43080	43140	43200
61	43371	43432	43493	43554	43615	43676	43737	43798	43859	43920
62	44082	44144	44206	44268	44330	44392	44454	44516	44578	44640
63	44793	44856	44919	44982	45045	45108	45171	45234	45297	45360
64	45504	45568	45632	45696	45760	45824	45888	45952	46016	46080
65	46215	46280	46345	46410	46475	46540	46605	46670	46735	46800
66	46926	46992	47058	47124	47190	47256	47322	47388	47454	47520
67	47637	47704	47771	47838	47905	47972	48039	48106	48173	48240
68	48348	48416	48484	48552	48620	48688	48756	48824	48892	48960
69	49059	49128	49297	49266	49335	49404	49473	49542	49611	49680
70	49770	49840	49910	49980	50050	50120	50190	50260	50330	50400
71	50481	50552	50623	50694	50765	50836	50907	50978	51049	51120
72	51192	51264	51336	51408	51480	51552	51624	51696	51768	51840
73	51903	51976	52049	52122	52195	52268	52341	52414	52487	52560
74	52614	52688	52762	52836	52910	52984	53058	53132	53206	53280
75	53325	53400	53475	53550	53625	53700	53775	53850	53925	54000
76	54036	54112	54188	54264	54340	54416	54492	54568	54644	54720
77	54747	54824	54901	54978	55055	55132	55209	55286	55363	55440
78	55458	55536	55614	55692	55770	55848	55926	56004	56082	56160
79	56169	56248	56327	56406	56485	56564	56643	56722	56801	56880
80	56880	56960	57040	57120	57200	57280	57360	57440	57520	57600
81	57591	57672	57753	57834	57915	57996	58077	58158	58239	58320
82	58302	58384	58466	58548	58630	58712	58794	58876	58958	59040
83	59013	59096	59179	59262	59345	59428	59511	59594	59677	59760
84	59724	59808	59892	59976	60060	60144	60228	60312	60396	60480
85	60435	60520	60605	60690	60775	60860	60945	61030	61115	61200
86	61146	61232	61318	61404	61490	61576	61662	61748	61834	61920
87	61857	61944	62031	62118	62205	62292	62379	62466	62553	62640
88	62568	62656	62744	62832	62920	63008	63096	63184	63272	63360
89	63279	63368	63457	63546	63635	63724	63813	63902	63991	64080
90	63990	64080	64170	64260	64350	64440	64530	64620	64710	64800
91	64701	64792	64883	64974	65065	65156	65247	65338	65429	65520
92	65412	65504	65596	65688	65780	65872	65964	66056	66148	66240
93	66123	66216	66309	66402	66495	66588	66681	66774	66867	66960
94	66834	66928	67022	67116	67210	67304	67398	67492	67586	67680
95	67545	67640	67735	67830	67925	68020	68115	68210	68305	68400
96	68256	68352	68448	68544	68640	68736	68832	68928	69024	69120
97	68967	69064	69161	69258	69355	69452	69549	69646	69743	69840
98	69678	69776	69874	69972	70070	70168	70266	70364	70462	70560
99	70389	70488	70587	70686	70785	70884	70983	71082	71181	71280
100	71100	71200	71300	71400	71500	71600	71700	71800	71900	72000

	721	722	723	724	725	726	727	728	729	730
1	721	722	723	724	725	726	727	728	729	730
2	1442	1444	1446	1448	1450	1452	1454	1456	1458	1460
3	2163	2166	2169	2172	2175	2178	2181	2184	2187	2190
4	2884	2888	2892	2896	2900	2904	2908	2912	2916	2920
5	3605	3610	3615	3620	3625	3630	3635	3640	3645	3650
6	4326	4332	4338	4344	4350	4356	4362	4368	4374	4380
7	5047	5054	5061	5068	5075	5082	5089	5096	5103	5110
8	5768	5776	5784	5792	5800	5808	5816	5824	5832	5840
9	6489	6498	6507	6516	6525	6534	6543	6552	6561	6570
10	7210	7220	7230	7240	7250	7260	7270	7280	7290	7300
11	7931	7942	7953	7964	7975	7986	7997	8008	8019	8030
12	8652	8664	8676	8688	8700	8712	8724	8736	8748	8760
13	9373	9386	9399	9412	9425	9438	9451	9464	9477	9490
14	10094	10108	10122	10136	10150	10164	10178	10192	10206	10220
15	10815	10830	10845	10860	10875	10890	10905	10920	10935	10950
16	11536	11552	11568	11584	11600	11616	11632	11648	11664	11680
17	12257	12274	12291	12308	12325	12342	12359	12376	12393	12410
18	12978	12996	13014	13032	13050	13068	13086	13104	13122	13140
19	13699	13718	13737	13756	13775	13794	13813	13832	13851	13870
20	14420	14440	14460	14480	14500	14520	14540	14560	14580	14600
21	15141	15162	15183	15204	15225	15246	15267	15288	15309	15330
22	15862	15884	15906	15928	15950	15972	15994	16016	16038	16060
23	16583	16606	16629	16652	16675	16698	16721	16744	16767	16790
24	17304	17328	17352	17376	17400	17424	17448	17472	17496	17520
25	18025	18050	18075	18100	18125	18150	18175	18200	18225	18250
26	18746	18772	18798	18824	18850	18876	18902	18928	18954	18980
27	19467	19494	19521	19548	19575	19602	19629	19656	19683	19710
28	20188	20216	20244	20272	20300	20328	20356	20384	20412	20440
29	20909	20938	20967	20996	21025	21054	21083	21112	21141	21170
30	21630	21660	21690	21720	21750	21780	21810	21840	21870	21900
31	22351	22382	22413	22444	22475	22506	22537	22568	22599	22630
32	23072	23104	23136	23168	23200	23232	23264	23296	23328	23360
33	23793	23826	23859	23892	23925	23958	23991	24024	24057	24090
34	24514	24548	24582	24616	24650	24684	24718	24752	24786	24820
35	25235	25270	25305	25340	25375	25410	25445	25480	25515	25550
36	25956	25992	26028	26064	26100	26136	26172	26208	26244	26280
37	26677	26714	26751	26788	26825	26862	26899	26936	26973	27010
38	27398	27436	27474	27512	27550	27588	27626	27664	27702	27740
39	28119	28158	28197	28236	28275	28314	28353	28392	28431	28470
40	28840	28880	28920	28960	29000	29040	29080	29120	29160	29200
41	29561	29602	29643	29684	29725	29766	29807	29848	29889	29930
42	30282	30324	30366	30408	30450	30492	30534	30576	30618	30660
43	31003	31046	31089	31132	31175	31218	31261	31304	31347	31390
44	31724	31768	31812	31856	31900	31944	31988	32032	32076	32120
45	32445	32490	32535	32580	32625	32670	32715	32760	32805	32850
46	33166	33212	33258	33304	33350	33396	33442	33488	33534	33580
47	33887	33934	33981	34028	34075	34122	34169	34216	34263	34310
48	34608	34656	34704	34752	34800	34848	34896	34944	34992	35040
49	35329	35378	35427	35476	35525	35574	35623	35672	35721	35770
50	36050	36100	36150	36200	36250	36300	36350	36400	36450	36500
51	36771	36822	36873	36924	36975	37026	37077	37128	37179	37230
52	37492	37544	37596	37648	37700	37752	37804	37856	37908	37960
53	38213	38266	38319	38372	38425	38478	38531	38584	38637	38690
54	38934	38988	39042	39096	39150	39204	39258	39312	39366	39420
55	39655	39710	39765	39820	39875	39930	39985	40040	40095	40150
56	40376	40432	40488	40544	40600	40656	40712	40768	40824	40880
57	41097	41154	41211	41268	41325	41382	41439	41496	41553	41610
58	41818	41876	41934	41992	42050	42108	42166	42224	42282	42340
59	42539	42598	42657	42716	42775	42834	42893	42952	43011	43070
60	43260	43320	43380	43440	43500	43560	43620	43680	43740	43800
61	43981	44042	44103	44164	44225	44286	44347	44408	44469	44530
62	44702	44764	44826	44888	44950	45012	45074	45136	45198	45260
63	45423	45486	45549	45612	45675	45738	45801	45864	45927	45990
64	46144	46208	46272	46336	46400	46464	46528	46592	46656	46720
65	46865	46930	46995	47060	47125	47190	47255	47320	47385	47450
66	47586	47652	47718	47784	47850	47916	47982	48048	48114	48180
67	48307	48374	48441	48508	48575	48642	48709	48776	48843	48910
68	49028	49096	49164	49232	49300	49368	49436	49504	49572	49640
69	49749	49818	49887	49956	50025	50094	50163	50232	50301	50370
70	50470	50540	50610	50680	50750	50820	50890	50960	51030	51100
71	51191	51262	51333	51404	51475	51546	51617	51688	51759	51830
72	51912	51984	52056	52128	52200	52272	52344	52416	52488	52560
73	52633	52706	52779	52852	52925	52998	53071	53144	53217	53290
74	53354	53428	53502	53576	53650	53724	53798	53872	53946	54020
75	54075	54150	54225	54300	54375	54450	54525	54600	54675	54750
76	54796	54872	54948	55024	55100	55176	55252	55328	55404	55480
77	55517	55594	55671	55748	55825	55902	55979	56056	56133	56210
78	56238	56316	56394	56472	56550	56628	56706	56784	56862	56940
79	56959	57038	57117	57196	57275	57354	57433	57512	57591	57670
80	57680	57760	57840	57920	58000	58080	58160	58240	58320	58400
81	58401	58482	58563	58644	58725	58806	58887	58968	59049	59130
82	59122	59204	59286	59368	59450	59532	59614	59696	59778	59860
83	59843	59926	60009	60092	60175	60258	60341	60424	60507	60590
84	60564	60648	60732	60816	60900	60984	61068	61152	61236	61320
85	61285	61370	61455	61540	61625	61710	61795	61880	61965	62050
86	62006	62092	62178	62264	62350	62436	62522	62608	62694	62780
87	62727	62814	62901	62988	63075	63162	63249	63336	63423	63510
88	63448	63536	63624	63712	63800	63888	63976	64064	64152	64240
89	64169	64258	64347	64436	64525	64614	64703	64792	64881	64070
90	64890	64980	65070	65160	65250	65340	65430	65520	65610	65700
91	65611	65702	65793	65884	65975	66066	66157	66248	66339	66430
92	66332	66424	66516	66608	66700	66792	66884	66976	67068	67160
93	67053	67146	67239	67332	67425	67518	67611	67704	67797	67890
94	67774	67868	67962	68056	68150	68244	68338	68432	68526	68620
95	68495	68590	68685	68780	68875	68970	69065	69160	69255	69350
96	69216	69312	69408	69504	69600	69696	69792	69888	69984	70080
97	69937	70034	70131	70228	70325	70422	70519	70616	70713	70810
98	70658	70756	70854	70952	71050	71148	71246	71344	71442	71540
99	71379	71478	71577	71676	71775	71874	71973	72072	72171	72270
100	72100	72200	72300	72400	72500	72600	72700	72800	72900	73000

	731		732		733		734		735
1	731	1	732	1	733	1	734	1	735
2	1462	2	1464	2	1466	2	1468	2	1470
3	2193	3	2196	3	2199	3	2202	3	2205
4	2924	4	2928	4	2932	4	2936	4	2940
5	3655	5	3660	5	3665	5	3670	5	3675
6	4386	6	4392	6	4398	6	4404	6	4410
7	5117	7	5124	7	5131	7	5138	7	5145
8	5848	8	5856	8	5864	8	5872	8	5880
9	6579	9	6588	9	6597	9	6606	9	6615
10	7310	10	7320	10	7330	10	7340	10	7350
11	8041	11	8052	11	8063	11	8074	11	8085
12	8772	12	8784	12	8796	12	8808	12	8820
13	9503	13	9516	13	9529	13	9542	13	9555
14	10234	14	10248	14	10262	14	10276	14	10290
15	10965	15	10980	15	10995	15	11010	15	11025
16	11696	16	11712	16	11728	16	11744	16	11760
17	12427	17	12444	17	12461	17	12478	17	12495
18	13158	18	13176	18	13194	18	13212	18	13230
19	13889	19	13908	19	13927	19	13946	19	13965
20	14620	20	14640	20	14660	20	14680	20	14700
21	15351	21	15372	21	15393	21	15414	21	15435
22	16082	22	16104	22	16126	22	16148	22	16170
23	16813	23	16836	23	16859	23	16882	23	16905
24	17544	24	17568	24	17592	24	17616	24	17640
25	18275	25	18300	25	18325	25	18350	25	18375
26	19006	26	19032	26	19058	26	19084	26	19110
27	19737	27	19764	27	19791	27	19818	27	19845
28	20468	28	20496	28	20524	28	20552	28	20580
29	21199	29	21228	29	21257	29	21286	29	21315
30	21930	30	21960	30	21990	30	22020	30	22050
31	22661	31	22692	31	22723	31	22754	31	22785
32	23392	32	23424	32	23456	32	23488	32	23520
33	24123	33	24156	33	24189	33	24222	33	24255
34	24854	34	24888	34	24922	34	24956	34	24990
35	25585	35	25620	35	25655	35	25690	35	25725
36	26316	36	26352	36	26388	36	26424	36	26460
37	27047	37	27084	37	27121	37	27158	37	27195
38	27778	38	27816	38	27854	38	27892	38	27930
39	28509	39	28548	39	28587	39	28626	39	28665
40	29240	40	29280	40	29320	40	29360	40	29400
41	29971	41	30012	41	30053	41	30094	41	30135
42	30702	42	30744	42	30786	42	30828	42	30870
43	31433	43	31476	43	31519	43	31562	43	31605
44	32164	44	32208	44	32252	44	32296	44	32340
45	32895	45	32940	45	32985	45	33030	45	33075
46	33626	46	33672	46	33718	46	33764	46	33810
47	34357	47	34404	47	34451	47	34498	47	34545
48	35088	48	35136	48	35184	48	35232	48	35280
49	35819	49	35868	49	35917	49	35966	49	36015
50	36550	50	36600	50	36650	50	36700	50	36750
51	37281	51	37332	51	37383	51	37434	51	37485
52	38012	52	38064	52	38116	52	38168	52	38220
53	38743	53	38796	53	38849	53	38902	53	38955
54	39474	54	39528	54	39582	54	39636	54	39690
55	40205	55	40260	55	40315	55	40370	55	40425
56	40936	56	40992	56	41048	56	41104	56	41160
57	41667	57	41724	57	41781	57	41838	57	41895
58	42398	58	42456	58	42514	58	42572	58	42630
59	43129	59	43188	59	43247	59	43306	59	43365
60	43860	60	43920	60	43980	60	44040	60	44100
61	44591	61	44652	61	44713	61	44774	61	44835
62	45322	62	45384	62	45446	62	45508	62	45570
63	46053	63	46116	63	46179	63	46242	63	46305
64	46784	64	46848	64	46912	64	46976	64	47040
65	47515	65	47580	65	47645	65	47710	65	47775
66	48246	66	48312	66	48378	66	48444	66	48510
67	48977	67	49044	67	49111	67	49178	67	49245
68	49708	68	49776	68	49844	68	49912	68	49980
69	50439	69	50508	69	50577	69	50646	69	50715
70	51170	70	51240	70	51310	70	51380	70	51450
71	51901	71	51972	71	52043	71	52114	71	52185
72	52632	72	52704	72	52776	72	52848	72	52920
73	53363	73	53436	73	53509	73	53582	73	53655
74	54094	74	54168	74	54242	74	54316	74	54390
75	54825	75	54900	75	54975	75	55050	75	55125
76	55556	76	55632	76	55708	76	55784	76	55860
77	56287	77	56364	77	56441	77	56518	77	56595
78	57018	78	57096	78	57174	78	57252	78	57330
79	57749	79	57828	79	57907	79	57986	79	58065
80	58480	80	58560	80	58640	80	58720	80	58800
81	59211	81	59292	81	59373	81	59454	81	59535
82	59942	82	60024	82	60106	82	60188	82	60270
83	60673	83	60756	83	60839	83	60922	83	61005
84	61404	84	61488	84	61572	84	61656	84	61740
85	62135	85	62220	85	62305	85	62390	85	62475
86	62866	86	62952	86	63038	86	63124	86	63210
87	63597	87	63684	87	63771	87	63858	87	63945
88	64328	88	64416	88	64504	88	64592	88	64680
89	65059	89	65148	89	65237	89	65326	89	65415
90	65790	90	65880	90	65970	90	66060	90	66150
91	66521	91	66612	91	66703	91	66794	91	66885
92	67252	92	67344	92	67436	92	67528	92	67620
93	67983	93	68076	93	68169	93	68262	93	68355
94	68714	94	68808	94	68902	94	68996	94	69090
95	69445	95	69540	95	69635	95	69730	95	69825
96	70176	96	70272	96	70368	96	70464	96	70560
97	70907	97	71004	97	71101	97	71198	97	71295
98	71638	98	71736	98	71834	98	71932	98	72030
99	72369	99	72468	99	72567	99	72666	99	72765
100	73100	100	73200	100	73300	100	73400	100	73500

	736		737		738		739		740
1	736	1	737	1	738	1	739	1	740
2	1472	2	1474	2	1476	2	1478	2	1480
3	2208	3	2211	3	2214	3	2217	3	2220
4	2944	4	2948	4	2952	4	2956	4	2960
5	3680	5	3685	5	3690	5	3695	5	3700
6	4416	6	4422	6	4428	6	4434	6	4440
7	5152	7	5159	7	5166	7	5173	7	5180
8	5888	8	5896	8	5904	8	5912	8	5920
9	6624	9	6633	9	6642	9	6651	9	6660
10	7360	10	7370	10	7380	10	7390	10	7400
11	8096	11	8107	11	8118	11	8129	11	8140
12	8832	12	8844	12	8856	12	8868	12	8880
13	9568	13	9581	13	9594	13	9607	13	9620
14	10304	14	10318	14	10332	14	10346	14	10360
15	11040	15	11055	15	11070	15	11085	15	11100
16	11776	16	11792	16	11808	16	11824	16	11840
17	12512	17	12529	17	12546	17	12563	17	12580
18	13248	18	13266	18	13284	18	13302	18	13320
19	13984	19	14003	19	14022	19	14041	19	14060
20	14720	20	14740	20	14760	20	14780	20	14800
21	15456	21	15477	21	15498	21	15519	21	15540
22	16192	22	16214	22	16236	22	16258	22	16280
23	16928	23	16951	23	16974	23	16997	23	17020
24	17664	24	17688	24	17712	24	17736	24	17760
25	18400	25	18425	25	18450	25	18475	25	18500
26	19136	26	19162	26	19188	26	19214	26	19240
27	19872	27	19899	27	19926	27	19953	27	19980
28	20608	28	20636	28	20664	28	20692	28	20720
29	21344	29	21373	29	21402	29	21431	29	21460
30	22080	30	22110	30	22140	30	22170	30	22200
31	22816	31	22847	31	22878	31	22909	31	22940
32	23552	32	23584	32	23616	32	23648	32	23680
33	24288	33	24321	33	24354	33	24387	33	24420
34	25024	34	25058	34	25092	34	25126	34	25160
35	25760	35	25795	35	25830	35	25865	35	25900
36	26496	36	26532	36	26568	36	26604	36	26640
37	27232	37	27269	37	27306	37	27343	37	27380
38	27968	38	28006	38	28044	38	28082	38	28120
39	28704	39	28743	39	28782	39	28821	39	28860
40	29440	40	29480	40	29520	40	29560	40	29600
41	30176	41	30217	41	30258	41	30299	41	30340
42	30912	42	30954	42	30996	42	31038	42	31080
43	31648	43	31691	43	31734	43	31777	43	31820
44	32384	44	32428	44	32472	44	32516	44	32560
45	33120	45	33165	45	33210	45	33255	45	33300
46	33856	46	33902	46	33948	46	33994	46	34040
47	34592	47	34639	47	34686	47	34733	47	34780
48	35328	48	35376	48	35424	48	35472	48	35520
49	36064	49	36113	49	36162	49	36211	49	36260
50	36800	50	36850	50	36900	50	36950	50	37000
51	37536	51	37587	51	37638	51	37689	51	37740
52	38272	52	38324	52	38376	52	38428	52	38480
53	39008	53	39061	53	39114	53	39167	53	39220
54	39744	54	39798	54	39852	54	39906	54	39960
55	40480	55	40535	55	40590	55	40645	55	40700
56	41216	56	41272	56	41328	56	41384	56	41440
57	41952	57	42009	57	42066	57	42123	57	42180
58	42688	58	42746	58	42804	58	42862	58	42920
59	43424	59	43483	59	43542	59	43601	59	43660
60	44160	60	44220	60	44280	60	44340	60	44400
61	44896	61	44957	61	45018	61	45079	61	45140
62	45632	62	45694	62	45756	62	45818	62	45880
63	46368	63	46431	63	46494	63	46557	63	46620
64	47104	64	47168	64	47232	64	47296	64	47360
65	47840	65	47905	65	47970	65	48035	65	48100
66	48576	66	48642	66	48708	66	48774	66	48840
67	49312	67	49379	67	49446	67	49513	67	49580
68	50048	68	50116	68	50184	68	50252	68	50320
69	50784	69	50853	69	50922	69	50991	69	51060
70	51520	70	51590	70	51660	70	51730	70	51800
71	52256	71	52327	71	52398	71	52469	71	52540
72	52992	72	53064	72	53136	72	53208	72	53280
73	53728	73	53801	73	53874	73	53947	73	54020
74	54464	74	54538	74	54612	74	54686	74	54760
75	55200	75	55275	75	55350	75	55425	75	55500
76	55936	76	56012	76	56088	76	56164	76	56240
77	56672	77	56749	77	56826	77	56903	77	56980
78	57408	78	57486	78	57564	78	57642	78	57720
79	58144	79	58223	79	58302	79	58381	79	58460
80	58880	80	58960	80	59040	80	59120	80	59200
81	59616	81	59697	81	59778	81	59859	81	59940
82	60352	82	60434	82	60516	82	60598	82	60680
83	61088	83	61171	83	61254	83	61337	83	61420
84	61824	84	61908	84	61992	84	62076	84	62160
85	62560	85	62645	85	62730	85	62815	85	62900
86	63296	86	63382	86	63468	86	63554	86	63640
87	64032	87	64119	87	64206	87	64293	87	64380
88	64768	88	64856	88	64944	88	65032	88	65120
89	65504	89	65593	89	65682	89	65771	89	65860
90	66240	90	66330	90	66420	90	66510	90	66600
91	66976	91	67067	91	67158	91	67249	91	67340
92	67712	92	67804	92	67896	92	67988	92	68080
93	68448	93	68541	93	68634	93	68727	93	68820
94	69184	94	69278	94	69372	94	69466	94	69560
95	69920	95	70015	95	70110	95	70205	95	70300
96	70656	96	70752	96	70848	96	70944	96	71040
97	71392	97	71489	97	71586	97	71683	97	71780
98	72128	98	72226	98	72324	98	72422	98	72520
99	72864	99	72963	99	73062	99	73161	99	73260
100	73600	100	73700	100	73800	100	73900	100	74000

n	741	742	743	744	745	746	747	748	749	750
1	741	742	743	744	745	746	747	748	749	750
2	1482	1484	1486	1488	1490	1492	1494	1496	1498	1500
3	2223	2226	2229	2232	2235	2238	2241	2244	2247	2250
4	2964	2968	2972	2976	2980	2984	2988	2992	2996	3000
5	3705	3710	3715	3720	3725	3730	3735	3740	3745	3750
6	4446	4452	4458	4464	4470	4476	4482	4488	4494	4500
7	5187	5194	5201	5208	5215	5222	5229	5236	5243	5250
8	5928	5936	5944	5952	5960	5968	5976	5984	5992	6000
9	6669	6678	6687	6696	6705	6714	6723	6732	6741	6750
10	7410	7420	7430	7440	7450	7460	7470	7480	7490	7500
11	8151	8162	8173	8184	8195	8206	8217	8228	8239	8250
12	8892	8904	8916	8928	8940	8952	8964	8976	8988	9000
13	9633	9646	9659	9672	9685	9698	9711	9724	9737	9750
14	10374	10388	10402	10416	10430	10444	10458	10472	10486	10500
15	11115	11130	11145	11160	11175	11190	11205	11220	11235	11250
16	11856	11872	11888	11904	11920	11936	11952	11968	11984	12000
17	12597	12614	12631	12648	12665	12682	12699	12716	12733	12750
18	13338	13356	13374	13392	13410	13428	13446	13464	13482	13500
19	14079	14098	14117	14136	14155	14174	14193	14212	14231	14250
20	14820	14840	14860	14880	14900	14920	14940	14960	14980	15000
21	15561	15582	15603	15624	15645	15666	15687	15708	15729	15750
22	16302	16324	16346	16368	16390	16412	16434	16456	16478	16500
23	17043	17066	17089	17112	17135	17158	17181	17204	17227	17250
24	17784	17808	17832	17856	17880	17904	17928	17952	17976	18000
25	18525	18550	18575	18600	18625	18650	18675	18700	18725	18750
26	19266	19292	19318	19344	19370	19396	19422	19448	19474	19500
27	20007	20034	20061	20088	20115	20142	20169	20196	20223	20250
28	20748	20776	20804	20832	20860	20888	20916	20944	20972	21000
29	21489	21518	21547	21576	21605	21634	21663	21692	21721	21750
30	22230	22260	22290	22320	22350	22380	22410	22440	22470	22500
31	22971	23002	23033	23064	23095	23126	23157	23188	23219	23250
32	23712	23744	23776	23808	23840	23872	23904	23936	23968	24000
33	24453	24486	24519	24552	24585	24618	24651	24684	24717	24750
34	25194	25228	25262	25296	25330	25364	25398	25432	25466	25500
35	25935	25970	26005	26040	26075	26110	26145	26180	26215	26250
36	26676	26712	26748	26784	26820	26856	26892	26928	26964	27000
37	27417	27454	27491	27528	27565	27602	27639	27676	27713	27750
38	28158	28196	28234	28272	28310	28348	28386	28424	28462	28500
39	28899	28938	28977	29016	29055	29094	29133	29172	29211	29250
40	29640	29680	29720	29760	29800	29840	29880	29920	29960	30000
41	30381	30422	30463	30504	30545	30586	30627	30668	30709	30750
42	31122	31164	31206	31248	31290	31332	31374	31416	31458	31500
43	31863	31906	31949	31992	32035	32078	32121	32164	32207	32250
44	32604	32648	32692	32736	32780	32824	32868	32912	32956	33000
45	33345	33390	33435	33480	33525	33570	33615	33660	33705	33750
46	34086	34132	34178	34224	34270	34316	34362	34408	34454	34500
47	34827	34874	34921	34968	35015	35062	35109	35156	35203	35250
48	35568	35616	35664	35712	35760	35808	35856	35904	35952	36000
49	36309	36358	36407	36456	36505	36554	36603	36652	36701	36750
50	37050	37100	37150	37200	37250	37300	37350	37400	37450	37500
51	37791	37842	37893	37944	37995	38046	38097	38148	38199	38250
52	38532	38584	38636	38688	38740	38792	38844	38896	38948	39000
53	39273	39326	39379	39432	39485	39538	39591	39644	39697	39750
54	40014	40068	40122	40176	40230	40284	40338	40392	40445	40500
55	40755	40810	40865	40920	40975	41030	41085	41140	41195	41250
56	41496	41552	41608	41664	41720	41776	41832	41888	41944	42000
57	42237	42294	42351	42408	42465	42522	42579	42636	42693	42750
58	42978	43036	43094	43152	43210	43268	43326	43384	43442	43500
59	43719	43778	43837	43896	43955	44014	44073	44132	44191	44250
60	44460	44520	44580	44640	44700	44760	44820	44880	44940	45000
61	45201	45262	45323	45384	45445	45506	45567	45628	45689	45750
62	45942	46004	46066	46128	46190	46252	46314	46376	46438	46500
63	46683	46746	46809	46872	46935	46998	47061	47124	47187	47250
64	47424	47488	47552	47616	47680	47744	47808	47872	47936	48000
65	48165	48230	48295	48360	48425	48490	48555	48620	48685	48750
66	48906	48972	49038	49104	49170	49236	49302	49368	49434	49500
67	49647	49714	49781	49848	49915	49982	50049	50116	50183	50250
68	50388	50456	50524	50592	50660	50728	50796	50864	50932	51000
69	51129	51198	51267	51336	51405	51474	51543	51612	51681	51750
70	51870	51940	52010	52080	52150	52220	52290	52360	52430	52500
71	52611	52682	52753	52824	52895	52966	53037	53108	53179	53250
72	53352	53424	53496	53568	53640	53712	53784	53856	53928	54000
73	54093	54166	54239	54312	54385	54458	54531	54604	54677	54750
74	54834	54908	54982	55056	55130	55204	55278	55352	55426	55500
75	55575	55650	55725	55800	55875	55950	56025	56100	56175	56250
76	56316	56392	56468	56544	56620	56696	56772	56848	56924	57000
77	57057	57134	57211	57288	57365	57442	57519	57596	57673	57750
78	57798	57876	57954	58032	58110	58188	58266	58344	58422	58500
79	58539	58618	58697	58776	58855	58934	59013	59092	59171	59250
80	59280	59360	59440	59520	59600	59680	59760	59840	59920	60000
81	60021	60102	60183	60264	60345	60426	60507	60588	60669	60750
82	60762	60844	60926	61008	61090	61172	61254	61336	61418	61500
83	61503	61586	61669	61752	61835	61918	62001	62084	62167	62250
84	62244	62328	62412	62496	62580	62664	62748	62832	62916	63000
85	62985	63070	63155	63240	63325	63410	63495	63580	63665	63750
86	63726	63812	63898	63984	64070	64156	64242	64328	64414	64500
87	64467	64554	64641	64728	64815	64902	64989	65076	65163	65250
88	65208	65296	65384	65472	65560	65648	65736	65824	65912	66000
89	65949	66038	66127	66216	66305	66394	66483	66572	66661	66750
90	66690	66780	66870	66960	67050	67140	67230	67320	67410	67500
91	67431	67522	67613	67704	67795	67886	67977	68068	68159	68250
92	68172	68264	68356	68448	68540	68632	68724	68816	68908	69000
93	68913	69006	69099	69192	69285	69378	69471	69564	69657	69750
94	69654	69748	69842	69936	70030	70124	70218	70312	70406	70500
95	70395	70490	70585	70680	70775	70870	70965	71060	71155	71250
96	71136	71232	71328	71424	71520	71616	71712	71808	71904	72000
97	71877	71974	72071	72168	72265	72362	72459	72556	72653	72750
98	72618	72716	72814	72912	73010	73108	73206	73304	73402	73500
99	73359	73458	73557	73656	73755	73854	73953	74052	74151	74250
100	74100	74200	74300	74400	74500	74600	74700	74800	74900	75000

	751	752	753	754	755	756	757	758	759	760
1	751	752	753	754	755	756	757	758	759	760
2	1502	1504	1506	1508	1510	1512	1514	1516	1518	1520
3	2253	2256	2259	2262	2265	2268	2271	2274	2277	2280
4	3004	3008	3012	3016	3020	3024	3028	3032	3036	3040
5	3755	3760	3765	3770	3775	3780	3785	3790	3795	3800
6	4506	4512	4518	4524	4530	4536	4542	4548	4554	4560
7	5257	5264	5271	5278	5285	5292	5299	5306	5313	5320
8	6008	6016	6024	6032	6040	6048	6056	6064	6072	6080
9	6759	6768	6777	6786	6795	6804	6813	6822	6831	6840
10	7510	7520	7530	7540	7550	7560	7570	7580	7590	7600
11	8261	8272	8283	8294	8305	8316	8327	8338	8349	8360
12	9012	9024	9036	9048	9060	9072	9084	9096	9108	9120
13	9763	9776	9789	9802	9815	9828	9841	9854	9867	9880
14	10514	10528	10542	10556	10570	10584	10598	10612	10626	10640
15	11265	11280	11295	11310	11325	11340	11355	11370	11385	11400
16	12016	12032	12048	12064	12080	12096	12112	12128	12144	12160
17	12767	12784	12801	12818	12835	12852	12869	12886	12903	12920
18	13518	13536	13554	13572	13590	13608	13626	13644	13662	13680
19	14269	14288	14307	14326	14345	14364	14383	14402	14421	14440
20	15020	15040	15060	15080	15100	15120	15140	15160	15180	15200
21	15771	15792	15813	15834	15855	15876	15897	15918	15939	15960
22	16522	16544	16566	16588	16610	16632	16654	16676	16698	16720
23	17273	17296	17319	17342	17365	17388	17411	17434	17457	17480
24	18024	18048	18072	18096	18120	18144	18168	18192	18216	18240
25	18775	18800	18825	18850	18875	18900	18925	18950	18975	19000
26	19526	19552	19578	19604	19630	19656	19682	19708	19734	19760
27	20277	20304	20331	20358	20385	20412	20439	20466	20493	20520
28	21028	21056	21084	21112	21140	21168	21196	21224	21252	21280
29	21779	21808	21837	21866	21895	21924	21953	21982	22011	22040
30	22530	22560	22590	22620	22650	22680	22710	22740	22770	22800
31	23281	23312	23343	23374	23405	23436	23467	23498	23529	23560
32	24032	24064	24096	24128	24160	24192	24224	24256	24288	24320
33	24783	24816	24849	24882	24915	24948	24981	25014	25047	25080
34	25534	25568	25602	25636	25670	25704	25738	25772	25806	25840
35	26285	26320	26355	26390	26425	26460	26495	26530	26565	26600
36	27036	27072	27108	27144	27180	27216	27252	27288	27324	27360
37	27787	27824	27861	27898	27935	27972	28009	28046	28083	28120
38	28538	28576	28614	28652	28690	28728	28766	28804	28842	28880
39	29289	29328	29367	29406	29445	29484	29523	29562	29601	29640
40	30040	30080	30120	30160	30200	30240	30280	30320	30360	30400
41	30791	30832	30873	30914	30955	30996	31037	31078	31119	31160
42	31542	31584	31626	31668	31710	31752	31794	31836	31878	31920
43	32293	32336	32379	32422	32465	32508	32551	32594	32637	32680
44	33044	33088	33132	33176	33220	33264	33308	33352	33396	33440
45	33795	33840	33885	33930	33975	34020	34065	34110	34155	34200
46	34546	34592	34638	34684	34730	34776	34822	34868	34914	34960
47	35297	35344	35391	35438	35485	35532	35579	35626	35673	35720
48	36048	36096	36144	36192	36240	36288	36336	36384	36432	36480
49	36799	36848	36897	36946	36995	37044	37093	37142	37191	37240
50	37550	37600	37650	37700	37750	37800	37850	37900	37950	38000
51	38301	38352	38403	38454	38505	38556	38607	38658	38709	38760
52	39052	39104	39156	39208	39260	39312	39364	39416	39468	39520
53	39803	39856	39909	39962	40015	40068	40121	40174	40227	40280
54	40554	40608	40662	40716	40770	40824	40878	40932	40986	41040
55	41305	41360	41415	41470	41525	41580	41635	41690	41745	41800
56	42056	42112	42168	42224	42280	42336	42392	42448	42504	42560
57	42807	42864	42921	42978	43035	43092	43149	43206	43263	43320
58	43558	43616	43674	43732	43790	43848	43906	43964	44022	44080
59	44309	44368	44427	44486	44545	44604	44663	44722	44781	44840
60	45060	45120	45180	45240	45300	45360	45420	45480	45540	45600
61	45811	45872	45933	45994	46055	46116	46177	46238	46299	46360
62	46562	46624	46686	46748	46810	46872	46934	46996	47058	47120
63	47313	47376	47439	47502	47565	47628	47691	47754	47817	47880
64	48064	48128	48192	48256	48320	48384	48448	48512	48576	48640
65	48815	48880	48945	49010	49075	49140	49205	49270	49335	49400
66	49566	49632	49698	49764	49830	49896	49962	50028	50094	50160
67	50317	50384	50451	50518	50583	50652	50719	50786	50853	50920
68	51068	51136	51204	51272	51340	51408	51476	51544	51612	51680
69	51819	51888	51957	52026	52095	52164	52233	52302	52371	52440
70	52570	52640	52710	52780	52850	52920	52990	53060	53130	53200
71	53321	53392	53463	53534	53605	53676	53747	53818	53889	53960
72	54072	54144	54216	54288	54360	54432	54504	54576	54648	54720
73	54823	54896	54969	55042	55115	55188	55261	55334	55407	55480
74	55574	55648	55722	55796	55870	55944	56018	56092	56166	56240
75	56325	56400	56475	56550	56625	56700	56775	56850	56925	57000
76	57076	57152	57228	57304	57380	57456	57532	57608	57684	57760
77	57827	57904	57981	58058	58135	58212	58289	58366	58443	58520
78	58578	58656	58734	58812	58890	58968	59046	59124	59202	59280
79	59329	59408	59487	59566	59645	59724	59803	59882	59961	60040
80	60080	60160	60240	60320	60400	60480	60560	60640	60720	60800
81	60831	60912	60993	61074	61155	61236	61317	61398	61479	61560
82	61582	61664	61746	61828	61910	61992	62074	62156	62238	62320
83	62333	62416	62499	62582	62665	62748	62831	62914	62997	63080
84	63084	63168	63252	63336	63420	63504	63588	63672	63756	63840
85	63835	63920	64005	64090	64175	64260	64345	64430	64515	64600
86	64586	64672	64758	64844	64930	65016	65102	65188	65274	65360
87	65337	65424	65511	65598	65685	65772	65859	65946	66033	66120
88	66088	66176	66264	66352	66440	66528	66616	66704	66792	66880
89	66839	66928	67017	67106	67195	67284	67373	67462	67551	67640
90	67590	67680	67770	67860	67950	68040	68130	68220	68310	68400
91	68341	68432	68523	68614	68705	68796	68887	68978	69069	69160
92	69092	69184	69276	69368	69460	69552	69644	69736	69828	69920
93	69843	69936	70029	70122	70215	70308	70401	70494	70587	70680
94	70594	70688	70782	70876	70970	71064	71158	71252	71346	71440
95	71345	71440	71535	71630	71725	71820	71915	72010	72105	72200
96	72096	72192	72288	72384	72480	72576	72672	72768	72864	72960
97	72847	72944	73041	73138	73235	73332	73429	73526	73623	73720
98	73598	73696	73794	73892	73990	74088	74186	74284	74382	74480
99	74349	74448	74547	74646	74745	74844	74943	75042	75141	75240
100	75100	75200	75300	75400	75500	75600	75700	75800	75900	76000

	761	762	763	764	765	766	767	768	769	770
1	761	762	763	764	765	766	767	768	769	770
2	1522	1524	1526	1528	1530	1532	1534	1536	1538	1540
3	2283	2286	2289	2292	2295	2298	2301	2304	2307	2310
4	3044	3048	3052	3056	3060	3064	3068	3072	3076	3080
5	3805	3810	3815	3820	3825	3830	3835	3840	3845	3850
6	4566	4572	4578	4584	4590	4596	4602	4608	4614	4620
7	5327	5334	5341	5348	5355	5362	5369	5376	5383	5390
8	6088	6096	6104	6112	6120	6128	6136	6144	6152	6160
9	6849	6858	6867	6876	6885	6894	6903	6912	6921	6930
10	7610	7620	7630	7640	7650	7660	7670	7680	7690	7700
11	8371	8382	8393	8404	8415	8426	8437	8448	8459	8470
12	9132	9144	9156	9168	9180	9192	9204	9216	9228	9240
13	9893	9906	9919	9932	9945	9958	9971	9984	9997	10010
14	10654	10668	10682	10696	10710	10724	10738	10752	10766	10780
15	11415	11430	11445	11460	11475	11490	11505	11520	11535	11550
16	12176	12192	12208	12224	12240	12256	12272	12288	12304	12320
17	12937	12954	12971	12988	13005	13022	13039	13056	13073	13090
18	13698	13716	13734	13752	13770	13788	13806	13824	13842	13860
19	14459	14478	14497	14516	14535	14554	14573	14592	14611	14630
20	15220	15240	15260	15280	15300	15320	15340	15360	15380	15400
21	15981	16002	16023	16044	16065	16086	16107	16128	16149	16170
22	16742	16764	16786	16808	16830	16852	16874	16896	16918	16940
23	17503	17526	17549	17572	17595	17618	17641	17664	17687	17710
24	18264	18288	18312	18336	18360	18384	18408	18432	18456	18480
25	19025	19050	19075	19100	19125	19150	19175	19200	19225	19250
26	19786	19812	19838	19864	19890	19916	19942	19968	19994	20020
27	20547	20574	20601	20628	20655	20682	20709	20736	20763	20790
28	21308	21336	21364	21392	21420	21448	21476	21504	21532	21560
29	22069	22098	22127	22156	22185	22214	22243	22272	22301	22330
30	22830	22860	22890	22920	22950	22980	23010	23040	23070	23100
31	23591	23622	23653	23684	23715	23746	23777	23808	23839	23870
32	24352	24384	24416	24448	24480	24512	24544	24576	24608	24640
33	25113	25146	25179	25212	25245	25278	25311	25344	25377	25410
34	25874	25908	25942	25976	26010	26044	26078	26112	26146	26180
35	26635	26670	26705	26740	26775	26810	26845	26880	26915	26950
36	27396	27432	27468	27504	27540	27576	27612	27648	27684	27720
37	28157	28194	28231	28268	28305	28342	28379	28416	28453	28490
38	28918	28956	28994	29032	29070	29108	29146	29184	29222	29260
39	29679	29718	29757	29796	29835	29874	29913	29952	29991	30030
40	30440	30480	30520	30560	30600	30640	30680	30720	30760	30800
41	31201	31242	31283	31324	31365	31406	31447	31488	31529	31570
42	31962	32004	32046	32088	32130	32172	32214	32256	32298	32340
43	32723	32766	32809	32852	32895	32938	32981	33024	33067	33110
44	33484	33528	33572	33616	33660	33704	33748	33792	33836	33880
45	34245	34290	34335	34380	34425	34470	34515	34560	34605	34650
46	35006	35052	35098	35144	35190	35236	35282	35328	35374	35420
47	35767	35814	35861	35908	35955	36002	36049	36096	36143	36190
48	36528	36576	36624	36672	36720	36768	36816	36864	36912	36960
49	37289	37338	37387	37436	37485	37534	37583	37632	37681	37730
50	38050	38100	38150	38200	38250	38300	38350	38400	38450	38500
51	38811	38862	38913	38964	39015	39066	39117	39168	39219	39270
52	39572	39624	39676	39728	39780	39832	39884	39936	39988	40040
53	40333	40386	40439	40492	40545	40598	40651	40704	40757	40810
54	41094	41148	41202	41256	41310	41364	41418	41472	41526	41580
55	41855	41910	41965	42020	42075	42130	42185	42240	42295	42350
56	42616	42672	42728	42784	42840	42896	42952	43008	43064	43120
57	43377	43434	43491	43548	43605	43662	43719	43776	43833	43890
58	44138	44196	44254	44312	44370	44428	44486	44544	44602	44660
59	44899	44958	45017	45076	45135	45194	45253	45312	45371	45430
60	45660	45720	45780	45840	45900	45960	46020	46080	46140	46200
61	46421	46482	46543	46604	46665	46726	46787	46848	46909	46970
62	47182	47244	47306	47368	47430	47492	47554	47616	47678	47740
63	47943	48006	48069	48132	48195	48258	48321	48384	48447	48510
64	48704	48768	48832	48896	48960	49024	49088	49152	49216	49280
65	49465	49530	49595	49660	49725	49790	49855	49920	49985	50050
66	50226	50292	50358	50424	50490	50556	50622	50688	50754	50820
67	50987	51054	51121	51188	51255	51322	51389	51456	51523	51590
68	51748	51816	51884	51952	52020	52088	52156	52224	52292	52360
69	52509	52578	52647	52716	52785	52854	52923	52992	53061	53130
70	53270	53340	53410	53480	53550	53620	53690	53760	53830	53900
71	54031	54102	54173	54244	54315	54386	54457	54528	54599	54670
72	54792	54864	54936	55008	55080	55152	55224	55296	55368	55440
73	55553	55626	55699	55772	55845	55918	55991	56064	56137	56210
74	56314	56388	56462	56536	56610	56684	56758	56832	56906	56980
75	57075	57150	57225	57300	57375	57450	57525	57600	57675	57750
76	57836	57912	57988	58064	58140	58216	58292	58368	58444	58520
77	58597	58674	58751	58828	58905	58982	59059	59136	59213	59290
78	59358	59436	59514	59592	59670	59748	59826	59904	59982	60060
79	60119	60198	60277	60356	60435	60514	60593	60672	60751	60830
80	60880	60960	61040	61120	61200	61280	61360	61440	61520	61600
81	61641	61722	61803	61884	61965	62046	62127	62208	62289	62370
82	62402	62484	62566	62648	62730	62812	62894	62976	63058	63140
83	63163	63246	63329	63412	63495	63578	63661	63744	63827	63910
84	63924	64008	64092	64176	64260	64344	64428	64512	64596	64680
85	64685	64770	64855	64940	65025	65110	65195	65280	65365	65450
86	65446	65532	65618	65704	65790	65876	65962	66048	66134	66220
87	66207	66294	66381	66468	66555	66642	66729	66816	66903	66990
88	66968	67056	67144	67232	67320	67408	67496	67584	67672	67760
89	67729	67818	67907	67996	68085	68174	68263	68352	68441	68530
90	68490	68580	68670	68760	68850	68940	69030	69120	69210	69300
91	69251	69342	69433	69524	69615	69706	69797	69888	69979	70070
92	70012	70104	70196	70288	70380	70472	70564	70656	70748	70840
93	70773	70866	70959	71052	71145	71238	71331	71424	71517	71610
94	71534	71628	71722	71816	71910	72004	72098	72192	72286	72380
95	72295	72390	72485	72580	72675	72770	72865	72960	73055	73150
96	73056	73152	73248	73344	73440	73536	73632	73728	73824	73920
97	73817	73914	74011	74108	74205	74302	74399	74496	74593	74690
98	74578	74676	74774	74872	74970	75068	75166	75264	75362	75460
99	75339	75438	75537	75636	75735	75834	75933	76032	76131	76230
100	76100	76200	76300	76400	76500	76600	76700	76800	76900	77000

	771	772	773	774	775	776	777	778	779	780
1	771	772	773	774	775	776	777	778	779	780
2	1542	1544	1546	1548	1550	1552	1554	1556	1558	1560
3	2313	2316	2319	2322	2325	2328	2331	2334	2337	2340
4	3084	3088	3092	3096	3100	3104	3108	3112	3116	3120
5	3855	3860	3865	3870	3875	3880	3885	3890	3895	3900
6	4626	4632	4638	4644	4650	4656	4662	4668	4674	4680
7	5397	5404	5411	5418	5425	5432	5439	5446	5453	5460
8	6168	6176	6184	6192	6200	6208	6216	6224	6232	6240
9	6939	6948	6957	6966	6975	6984	6993	7002	7011	7020
10	7710	7720	7730	7740	7750	7760	7770	7780	7790	7800
11	8481	8492	8503	8514	8525	8536	8547	8558	8569	8580
12	9252	9264	9276	9288	9300	9312	9324	9336	9348	9360
13	10023	10036	10049	10062	10075	10088	10101	10114	10127	10140
14	10794	10808	10822	10836	10850	10864	10878	10892	10906	10920
15	11565	11580	11595	11610	11625	11640	11655	11670	11685	11700
16	12336	12352	12368	12384	12400	12416	12432	12448	12464	12480
17	13107	13124	13141	13158	13175	13192	13209	13226	13243	13260
18	13878	13896	13914	13932	13950	13968	13986	14004	14022	14040
19	14649	14668	14687	14706	14725	14744	14763	14782	14801	14820
20	15420	15440	15460	15480	15500	15520	15540	15560	15580	15600
21	16191	16212	16233	16254	16275	16296	16317	16338	16359	16380
22	16962	16984	17006	17028	17050	17072	17094	17116	17138	17160
23	17733	17756	17779	17802	17825	17848	17871	17894	17917	17940
24	18504	18528	18552	18576	18600	18624	18648	18672	18696	18720
25	19275	19300	19325	19350	19375	19400	19425	19450	19475	19500
26	20046	20072	20098	20124	20150	20176	20202	20228	20254	20280
27	20817	20844	20871	20898	20925	20952	20979	21006	21033	21060
28	21588	21616	21644	21672	21700	21728	21756	21784	21812	21840
29	22359	22388	22417	22446	22475	22504	22533	22562	22591	22620
30	23130	23160	23190	23220	23250	23280	23310	23340	23370	23400
31	23901	23932	23963	23994	24025	24056	24087	24118	24149	24180
32	24672	24704	24736	24768	24800	24832	24864	24896	24928	24960
33	25443	25476	25509	25542	25575	25608	25641	25674	25707	25740
34	26214	26248	26282	26316	26350	26384	26418	26452	26486	26520
35	26985	27020	27055	27090	27125	27160	27195	27230	27265	27300
36	27756	27792	27828	27864	27900	27936	27972	28008	28044	28080
37	28527	28564	28601	28638	28675	28712	28749	28786	28823	28860
38	29298	29336	29374	29412	29450	29488	29526	29564	29602	29640
39	30069	30108	30147	30186	30225	30264	30303	30342	30381	30420
40	30840	30880	30920	30960	31000	31040	31080	31120	31160	31200
41	31611	31652	31693	31734	31775	31816	31857	31898	31939	31980
42	32382	32424	32466	32508	32550	32592	32634	32676	32718	32760
43	33153	33196	33239	33282	33325	33368	33411	33454	33497	33540
44	33924	33968	34012	34056	34100	34144	34188	34232	34276	34320
45	34695	34740	34785	34830	34875	34920	34965	35010	35055	35100
46	35466	35512	35558	35604	35650	35696	35742	35788	35834	35880
47	36237	36284	36331	36378	36425	36472	36519	36566	36613	36660
48	37008	37056	37104	37152	37200	37248	37296	37344	37392	37440
49	37779	37828	37877	37926	37975	38024	38073	38122	38171	38220
50	38550	38600	38650	38700	38750	38800	38850	38900	38950	39000
51	39321	39372	39423	39474	39525	39576	39627	39678	39729	39780
52	40092	40144	40196	40248	40300	40352	40404	40456	40508	40560
53	40863	40916	40969	41022	41075	41128	41181	41234	41287	41340
54	41634	41688	41742	41796	41850	41904	41958	42012	42066	42120
55	42405	42460	42515	42570	42625	42680	42735	42790	42845	42900
56	43176	43232	43288	43344	43400	43456	43512	43568	43624	43680
57	43947	44004	44061	44118	44175	44232	44289	44346	44403	44460
58	44718	44776	44834	44892	44950	45008	45066	45124	45182	45240
59	45489	45548	45607	45666	45725	45784	45843	45902	45961	46020
60	46260	46320	46380	46440	46500	46560	46620	46680	46740	46800
61	47031	47092	47153	47214	47275	47336	47397	47458	47519	47580
62	47802	47864	47926	47988	48050	48112	48174	48236	48298	48360
63	48573	48636	48699	48762	48825	48888	48951	49014	49077	49140
64	49344	49408	49472	49536	49600	49664	49728	49792	49856	49920
65	50115	50180	50245	50310	50375	50440	50505	50570	50635	50700
66	50886	50952	51018	51084	51150	51216	51282	51348	51414	51480
67	51657	51724	51791	51858	51925	51992	52059	52126	52193	52260
68	52428	52496	52564	52632	52700	52768	52836	52904	52972	53040
69	53199	53268	53337	53406	53475	53544	53613	53682	53751	53820
70	53970	54040	54110	54180	54250	54320	54390	54460	54530	54600
71	54741	54812	54883	54954	55025	55096	55167	55238	55309	55380
72	55512	55584	55656	55728	55800	55872	55944	56016	56088	56160
73	56283	56356	56429	56502	56575	56648	56721	56794	56867	56940
74	57054	57128	57202	57276	57350	57424	57498	57572	57646	57720
75	57825	57900	57975	58050	58125	58200	58275	58350	58425	58500
76	58596	58672	58748	58824	58900	58976	59052	59128	59204	59280
77	59367	59444	59521	59598	59675	59752	59829	59906	59983	60060
78	60138	60216	60294	60372	60450	60528	60606	60684	60762	60840
79	60909	60988	61067	61146	61225	61304	61383	61462	61541	61620
80	61680	61760	61840	61920	62000	62080	62160	62240	62320	62400
81	62451	62532	62613	62694	62775	62856	62937	63018	63099	63180
82	63222	63304	63386	63468	63550	63632	63714	63796	63878	63960
83	63993	64076	64159	64242	64325	64408	64491	64574	64657	64740
84	64764	64848	64932	65016	65100	65184	65268	65352	65436	65520
85	65535	65620	65705	65790	65875	65960	66045	66130	66215	66300
86	66306	66392	66478	66564	66650	66736	66822	66908	66994	67080
87	67077	67164	67251	67338	67425	67512	67599	67686	67773	67860
88	67848	67936	68024	68112	68200	68288	68376	68464	68552	68640
89	68619	68708	68797	68886	68975	69064	69153	69242	69331	69420
90	69390	69480	69570	69660	69750	69840	69930	70020	70110	70200
91	70161	70252	70343	70434	70525	70616	70707	70798	70889	70980
92	70932	71024	71116	71208	71300	71392	71484	71576	71668	71760
93	71703	71796	71889	71982	72075	72168	72261	72354	72447	72540
94	72474	72568	72662	72756	72850	72944	73038	73132	73226	73320
95	73245	73340	73435	73530	73625	73720	73815	73910	74005	74100
96	74016	74112	74208	74304	74400	74496	74592	74688	74784	74880
97	74787	74884	74981	75078	75175	75272	75369	75466	75563	75660
98	75558	75656	75754	75852	75950	76048	76146	76244	76342	76440
99	76329	76428	76527	76626	76725	76824	76923	77022	77121	77220
100	77100	77200	77300	77400	77500	77600	77700	77800	77900	78000

	781	782	783	784	785	786	787	788	789	790
1	781	782	783	784	785	786	787	788	789	790
2	1562	1564	1566	1568	1570	1572	1574	1576	1578	1580
3	2343	2346	2349	2352	2355	2358	2361	2364	2367	2370
4	3124	3128	3132	3136	3140	3144	3148	3152	3156	3160
5	3905	3910	3915	3920	3925	3930	3935	3940	3945	3950
6	4686	4692	4698	4704	4710	4716	4722	4728	4734	4740
7	5467	5474	5481	5488	5495	5502	5509	5516	5523	5530
8	6248	6256	6264	6272	6280	6288	6296	6304	6312	6320
9	7029	7038	7047	7056	7065	7074	7083	7092	7101	7110
10	7810	7820	7830	7840	7850	7860	7870	7880	7890	7900
11	8591	8602	8613	8624	8635	8646	8657	8668	8679	8690
12	9372	9384	9396	9408	9420	9432	9444	9456	9468	9480
13	10153	10166	10179	10192	10205	10218	10231	10244	10257	10270
14	10934	10948	10962	10976	10990	11004	11018	11032	11046	11060
15	11715	11730	11745	11760	11775	11790	11805	11820	11835	11850
16	12496	12512	12528	12544	12560	12576	12592	12608	12624	12640
17	13277	13294	13311	13328	13345	13362	13379	13396	13413	13430
18	14058	14076	14094	14112	14130	14148	14166	14184	14202	14220
19	14839	14858	14877	14896	14915	14934	14953	14972	14991	15010
20	15620	15640	15660	15680	15700	15720	15740	15760	15780	15800
21	16401	16422	16443	16464	16485	16506	16527	16548	16569	16590
22	17182	17204	17226	17248	17270	17292	17314	17336	17358	17380
23	17963	17986	18009	18032	18055	18078	18101	18124	18147	18170
24	18744	18768	18792	18816	18840	18864	18888	18912	18936	18960
25	19525	19550	19575	19600	19625	19650	19675	19700	19725	19750
26	20306	20332	20358	20384	20410	20436	20462	20488	20514	20540
27	21087	21114	21141	21168	21195	21222	21249	21276	21303	21330
28	21868	21896	21924	21952	21980	22008	22036	22064	22092	22120
29	22649	22678	22707	22736	22765	22794	22823	22852	22881	22910
30	23430	23460	23490	23520	23550	23580	23610	23640	23670	23700
31	24211	24242	24273	24304	24335	24366	24397	24428	24459	24490
32	24992	25024	25056	25088	25120	25152	25184	25216	25248	25280
33	25773	25806	25839	25872	25905	25938	25971	26004	26037	26070
34	26554	26588	26622	26656	26690	26724	26758	26792	26826	26860
35	27335	27370	27405	27440	27475	27510	27545	27580	27615	27650
36	28116	28152	28188	28224	28260	28296	28332	28368	28404	28440
37	28897	28934	28971	29008	29045	29082	29119	29156	29193	29230
38	29678	29716	29754	29792	29830	29868	29906	29944	29982	30020
39	30459	30498	30537	30576	30615	30654	30693	30732	30771	30810
40	31240	31280	31320	31360	31400	31440	31480	31520	31560	31600
41	32021	32062	32103	32144	32185	32226	32267	32308	32349	32390
42	32802	32844	32886	32928	32970	33012	33054	33096	33138	33180
43	33583	33626	33669	33712	33755	33798	33841	33884	33927	33970
44	34364	34408	34452	34496	34540	34584	34628	34672	34716	34760
45	35145	35190	35235	35280	35325	35370	35415	35460	35505	35550
46	35926	35972	36018	36064	36110	36156	36202	36248	36294	36340
47	36707	36754	36801	36848	36895	36942	36989	37036	37083	37130
48	37488	37536	37584	37632	37680	37728	37776	37824	37872	37920
49	38269	38318	38367	38416	38465	38514	38563	38612	38661	38710
50	39050	39100	39150	39200	39250	39300	39350	39400	39450	39500
51	39831	39882	39933	39984	40035	40086	40137	40188	40239	40290
52	40612	40664	40716	40768	40820	40872	40924	40976	41028	41080
53	41393	41446	41499	41552	41605	41658	41711	41764	41817	41870
54	42174	42228	42282	42336	42390	42444	42498	42552	42606	42660
55	42955	43010	43065	43120	43175	43230	43285	43340	43395	43450
56	43736	43792	43848	43904	43960	44016	44072	44128	44184	44240
57	44517	44574	44631	44688	44745	44802	44859	44916	44973	45030
58	45298	45356	45414	45472	45530	45588	45646	45704	45762	45820
59	46079	46138	46197	46256	46315	46374	46433	46492	46551	46610
60	46860	46920	46980	47040	47100	47160	47220	47280	47340	47400
61	47641	47702	47763	47824	47885	47946	48007	48068	48129	48190
62	48422	48484	48546	48608	48670	48732	48794	48856	48918	48980
63	49203	49266	49329	49392	49455	49518	49581	49644	49707	49770
64	49984	50048	50112	50176	50240	50304	50368	50432	50496	50560
65	50765	50830	50895	50960	51025	51090	51155	51220	51285	51350
66	51546	51612	51678	51744	51810	51876	51942	52008	52074	52140
67	52327	52394	52461	52528	52595	52662	52729	52796	52863	52930
68	53108	53176	53244	53312	53380	53448	53516	53584	53652	53720
69	53889	53958	54027	54096	54165	54234	54303	54372	54441	54510
70	54670	54740	54810	54880	54950	55020	55090	55160	55230	55300
71	55451	55522	55593	55664	55735	55806	55877	55948	56019	56090
72	56232	56304	56376	56448	56520	56592	56664	56736	56808	56880
73	57013	57086	57159	57232	57305	57378	57451	57524	57597	57670
74	57794	57868	57942	58016	58090	58164	58238	58312	58386	58460
75	58575	58650	58725	58800	58875	58950	59025	59100	59175	59250
76	59356	59432	59508	59584	59660	59736	59812	59888	59964	60040
77	60137	60214	60291	60368	60445	60522	60599	60676	60753	60830
78	60918	60996	61074	61152	61230	61308	61386	61464	61542	61620
79	61699	61778	61857	61936	62015	62094	62173	62252	62331	62410
80	62480	62560	62640	62720	62800	62880	62960	63040	63120	63200
81	63261	63342	63423	63504	63585	63666	63747	63828	63909	63990
82	64042	64124	64206	64288	64370	64452	64534	64616	64698	64780
83	64823	64906	64989	65072	65155	65238	65321	65404	65487	65570
84	65604	65688	65772	65856	65940	66024	66108	66192	66276	66360
85	66385	66470	66555	66640	66725	66810	66895	66980	67065	67150
86	67166	67252	67338	67424	67510	67596	67682	67768	67854	67940
87	67947	68034	68121	68208	68295	68382	68469	68556	68643	68730
88	68728	68816	68904	68992	69080	69168	69256	69344	69432	69520
89	69509	69598	69687	69776	69865	69954	70043	70132	70221	70310
90	70290	70380	70470	70560	70650	70740	70830	70920	71010	71100
91	71071	71162	71253	71344	71435	71526	71617	71708	71799	71890
92	71852	71944	72036	72128	72220	72312	72404	72496	72588	72680
93	72633	72726	72819	72912	73005	73098	73191	73284	73377	73470
94	73414	73508	73602	73696	73790	73884	73978	74072	74166	74260
95	74195	74290	74385	74480	74575	74670	74765	74860	74955	75050
96	74976	75072	75168	75264	75360	75456	75552	75648	75744	75840
97	75757	75854	75951	76048	76145	76242	76339	76436	76533	76630
98	76538	76636	76734	76832	76930	77028	77126	77224	77322	77420
99	77319	77418	77517	77616	77715	77814	77913	78012	78111	78210
100	78100	78200	78300	78400	78500	78600	78700	78800	78900	79000

I	791	792	793	794	795	796	797	798	799	800
1	791	792	793	794	795	796	797	798	799	800
2	1582	1584	1586	1588	1590	1592	1594	1596	1598	1600
3	2373	2376	2379	2382	2385	2388	2391	2394	2397	2400
4	3164	3168	3172	3176	3180	3184	3188	3192	3196	3200
5	3955	3960	3965	3970	3975	3980	3985	3990	3995	4000
6	4746	4752	4758	4764	4770	4776	4782	4788	4794	4800
7	5537	5544	5551	5558	5565	5572	5579	5586	5593	5600
8	6328	6336	6344	6352	6360	6368	6376	6384	6392	6400
9	7119	7128	7137	7146	7155	7164	7173	7182	7191	7200
10	7910	7920	7930	7940	7950	7960	7970	7980	7990	8000
11	8701	8712	8723	8734	8745	8756	8767	8778	8789	8800
12	9492	9504	9516	9528	9540	9552	9564	9576	9588	9600
13	10283	10296	10309	10322	10335	10348	10361	10374	10387	10400
14	11074	11088	11102	11116	11130	11144	11158	11172	11186	11200
15	11865	11880	11895	11910	11925	11940	11955	11970	11985	12000
16	12656	12672	12688	12704	12720	12736	12752	12768	12784	12800
17	13447	13464	13481	13498	13515	13532	13549	13566	13583	13600
18	14238	14256	14274	14292	14310	14328	14346	14364	14382	14400
19	15029	15048	15067	15086	15105	15124	15143	15162	15181	15200
20	15820	15840	15860	15880	15900	15920	15940	15960	15980	16000
21	16611	16632	16653	16674	16695	16716	16737	16758	16779	16800
22	17402	17424	17446	17468	17490	17512	17534	17556	17578	17600
23	18193	18216	18239	18262	18285	18308	18331	18354	18377	18400
24	18984	19008	19032	19056	19080	19104	19128	19152	19176	19200
25	19775	19800	19825	19850	19875	19900	19925	19950	19975	20000
26	20566	20592	20618	20644	20670	20696	20722	20748	20774	20800
27	21357	21384	21411	21438	21465	21492	21519	21546	21573	21600
28	22148	22176	22204	22232	22260	22288	22316	22344	22372	22400
29	22939	22968	23997	23026	23055	23084	23113	23142	23171	23200
30	23730	23760	23790	23820	23850	23880	23910	23940	23970	24000
31	24521	24552	24583	24614	24645	24676	24707	24738	24769	24800
32	25312	25344	25376	25408	25440	25472	25504	25536	25568	25600
33	26103	26136	26169	26202	26235	26268	26301	26334	26367	26400
34	26894	26928	26962	26996	27030	27064	27098	27132	27166	27200
35	27685	27720	27755	27790	27825	27860	27895	27930	27965	28000
36	28476	28512	28548	28584	28620	28656	28692	28728	28764	28800
37	29267	29304	29341	29378	29415	29452	29489	29526	29563	29600
38	30058	30096	30134	30172	30210	30248	30286	30324	30362	30400
39	30849	30888	30927	30966	31005	31044	31083	31122	31161	31200
40	31640	31680	31720	31760	31800	31840	31880	31920	31960	32000
41	32431	32472	32513	32554	32595	32636	32677	32718	32759	32800
42	33222	33264	33306	33348	33390	33432	33474	33516	33558	33600
43	34013	34056	34099	34142	34185	34228	34271	34314	34357	34400
44	34804	34848	34892	34936	34980	35024	35068	35112	35156	35200
45	35595	35640	35685	35730	35775	35820	35865	35910	35955	36000
46	36386	36432	36478	36524	36570	36616	36662	36708	36754	36800
47	37177	37224	37271	37318	37365	37412	37459	37506	37553	37600
48	37968	38016	38064	38112	38160	38208	38256	38304	38352	38400
49	38759	38808	38857	38906	38955	39004	39053	39102	39151	39200
50	39550	39600	39650	39700	39750	39800	39850	39900	39950	40000
51	40341	40392	40443	40494	40545	40596	40647	40698	40749	40800
52	41132	41184	41236	41288	41340	41392	41444	41496	41548	41600
53	41923	41976	42029	42082	42135	42188	42241	42294	42347	42400
54	42714	42768	42822	42876	42930	42984	43038	43092	43146	43200
55	43505	43560	43615	43670	43725	43780	43835	43890	43945	44000
56	44296	44352	44408	44464	44520	44576	44632	44688	44744	44800
57	45087	45144	45201	45258	45315	45372	45429	45486	45543	45600
58	45878	45936	45994	46052	46110	46168	46226	46284	46342	46400
59	46669	46728	46787	46846	46905	46964	47023	47082	47141	47200
60	47460	47520	47580	47640	47700	47760	47820	47880	47940	48000
61	48251	48312	48373	48434	48495	48556	48617	48678	48739	48800
62	49042	49104	49166	49228	49290	49352	49414	49476	49538	49600
63	49833	49896	40959	50022	50085	50148	50211	50274	50337	50400
64	50624	50688	50752	50816	50880	50944	51008	51072	51136	51200
65	51415	51480	51545	51610	51675	51740	51805	51870	51935	52000
66	52206	52272	52338	52404	52470	52536	52602	52668	52734	52800
67	52997	53064	53131	53198	53265	53332	53399	53466	53533	53600
68	53788	53856	53924	53992	54060	54128	54196	54264	54332	54400
69	54579	54648	54717	54786	54855	54924	54993	55062	55131	55200
70	55370	55440	55510	55580	55650	55720	55790	55860	55930	56000
71	56161	56232	56303	56374	56445	56516	56587	56658	56729	56800
72	56952	57024	57096	57168	57240	57312	57384	57456	57528	57600
73	57743	57816	57889	57962	58035	58108	58181	58254	58327	58400
74	58534	58608	58682	58756	58830	58904	58978	59052	59126	59200
75	59325	59400	59475	59550	59625	59700	59775	59850	59925	60000
76	60116	60192	60268	60344	60420	60496	60572	60648	60724	60800
77	60907	60984	61061	61138	61215	61292	61369	61446	61523	61600
78	61698	61776	61854	61932	62010	62088	62166	62244	62322	62400
79	62489	62568	62647	62726	62805	62884	62963	63042	63121	63200
80	63280	63360	63440	63520	63600	63680	63760	63840	63920	64000
81	64071	64152	64233	64314	64395	64476	64557	64638	64719	64800
82	64862	64944	65026	65108	65190	65272	65354	65436	65518	65600
83	65653	65736	65819	65902	65985	66068	66151	66234	66317	66400
84	66444	66528	66612	66696	66780	66864	66948	67032	67116	67200
85	67235	67320	67405	67490	67575	67660	67745	67830	67915	68000
86	68026	68112	68198	68284	68370	68456	68542	68628	68714	68800
87	68817	68904	68991	69078	69165	69252	69339	69426	69513	69600
88	69608	69696	69784	69872	69960	70048	70136	70224	70312	70400
89	70399	70488	70577	70666	70755	70844	70933	71022	71111	71200
90	71190	71280	71370	71460	71550	71640	71730	71820	71910	72000
91	71981	72072	72163	72254	72345	72436	72527	72618	72709	72800
92	72772	72864	72956	73048	73140	73232	73324	73416	73508	73600
93	73563	73656	73749	73842	73935	74028	74121	74214	74307	74400
94	74354	74448	74542	74636	74730	74824	74918	75012	75106	75200
95	75145	75240	75335	75430	75525	75620	75715	75810	75905	76000
96	75936	76032	76128	76224	76320	76416	76512	76608	76704	76800
97	76727	76824	76921	77018	77115	77212	77309	77406	77503	77600
98	77518	77616	77714	77812	77910	78008	78106	78204	78302	78400
99	78309	78408	78507	78606	78705	78804	78903	79002	79101	79200
100	79100	79200	79300	79400	79500	79600	79700	79800	79900	80000

1	801	802	803	804	805	806	807	808	809	810
2	1602	1604	1606	1608	1610	1612	1614	1616	1618	1620
3	2403	2406	2409	2412	2415	2418	2421	2424	2427	2430
4	3204	3208	3212	3216	3220	3224	3228	3232	3236	3240
5	4005	4010	4015	4020	4025	4030	4035	4040	4045	4050
6	4806	4812	4818	4824	4830	4836	4842	4848	4854	4860
7	5607	5614	5621	5628	5635	5642	5649	5656	5663	5670
8	6408	6416	6424	6432	6440	6448	6456	6464	6472	6480
9	7209	7218	7227	7236	7245	7254	7263	7272	7281	7290
10	8010	8020	8030	8040	8050	8060	8070	8080	8090	8100
11	8811	8822	8833	8844	8855	8866	8877	8888	8899	8910
12	9612	9624	9636	9648	9660	9672	9684	9696	9708	9720
13	10413	10426	10439	10452	10465	10478	10491	10504	10517	10530
14	11214	11228	11242	11256	11270	11284	11298	11312	11326	11340
15	12015	12030	12045	12060	12075	12090	12105	12120	12135	12150
16	12816	12832	12848	12864	12880	12896	12912	12928	12944	12960
17	13617	13634	13651	13668	13685	13702	13719	13736	13753	13770
18	14418	14436	14454	14472	14490	14508	14526	14544	14562	14580
19	15219	15238	15257	15276	15295	15314	15333	15352	15371	15390
20	16020	16040	16060	16080	16100	16120	16140	16160	16180	16200
21	16821	16842	16863	16884	16905	16926	16947	16968	16989	17010
22	17622	17644	17666	17688	17710	17732	17754	17776	17798	17820
23	18423	18446	18469	18492	18515	18538	18561	18584	18607	18630
24	19224	19248	19272	19296	19320	19344	19368	19392	19416	19440
25	20025	20050	20075	20100	20125	20150	20175	20200	20225	20250
26	20826	20852	20878	20904	20930	20956	20982	21008	21034	21060
27	21627	21654	21681	21708	21735	21762	21789	21816	21843	21870
28	22428	22456	22484	22512	22540	22568	22596	22624	22652	22680
29	23229	23258	23287	23316	23345	23374	23403	23432	23461	23490
30	24030	24060	24090	24120	24150	24180	24210	24240	24270	24300
31	24831	24862	24893	24924	24955	24986	25017	25048	25079	25110
32	25632	25664	25696	25728	25760	25792	25824	25856	25888	25920
33	26433	26466	26499	26532	26565	26598	26631	26664	26697	26730
34	27234	27268	27302	27336	27370	27404	27438	27472	27506	27540
35	28035	28070	28105	28140	28175	28210	28245	28280	28315	28350
36	28836	28872	28908	28944	28980	29016	29052	29088	29124	29160
37	29637	29674	29711	29748	29785	29822	29859	29896	29933	29970
38	30438	30476	30514	30552	30590	30628	30666	30704	30742	30780
39	31239	31278	31317	31356	31395	31434	31473	31512	31551	31590
40	32040	32080	32120	32160	32200	32240	32280	32320	32360	32400
41	32841	32882	32923	32964	33005	33046	33087	33128	33169	33210
42	33642	33684	33726	33768	33810	33852	33894	33936	33978	34020
43	34443	34486	34529	34572	34615	34658	34701	34744	34787	34830
44	35244	35288	35332	35376	35420	35464	35508	35552	35596	35640
45	36045	36090	36135	36180	36225	36270	36315	36360	36405	36450
46	36846	36892	36938	36984	37030	37076	37122	37168	37214	37260
47	37647	37694	37741	37788	37835	37882	37929	37976	38023	38070
48	38448	38496	38544	38592	38640	38688	38736	38784	38832	38880
49	39249	39298	39347	39396	39445	39494	39543	39592	39641	39690
50	40050	40100	40150	40200	40250	40300	40350	40400	40450	40500
51	40851	40902	40953	41004	41055	41106	41157	41208	41259	41310
52	41652	41704	41756	41808	41860	41912	41964	42016	42068	42120
53	42453	42506	42559	42612	42665	42718	42771	42824	42877	42930
54	43254	43308	43362	43416	43470	43524	43578	43632	43686	43740
55	44055	44110	44165	44220	44275	44330	44385	44440	44495	44550
56	44856	44912	44968	45024	45080	45136	45192	45248	45304	45360
57	45657	45714	45771	45828	45885	45942	45999	46056	46113	46170
58	46458	46516	46574	46632	46690	46748	46806	46864	46922	46980
59	47259	47318	47377	47436	47495	47554	47613	47672	47731	47790
60	48060	48120	48180	48240	48300	48360	48420	48480	48540	48600
61	48861	48922	48983	49044	49105	49166	49227	49288	49349	49410
62	49662	49724	49786	49848	49910	49972	50034	50096	50158	50220
63	50463	50526	50589	50652	50715	50778	50841	50904	50967	51030
64	51264	51328	51392	51456	51520	51584	51648	51712	51776	51840
65	52065	52130	52195	52260	52325	52390	52455	52520	52585	52650
66	52866	52932	52998	53064	53130	53196	53262	53328	53394	53460
67	53667	53734	53801	53868	53935	54002	54069	54136	54203	54270
68	54468	54536	54604	54672	54740	54808	54876	54944	55012	55080
69	55269	55338	55407	55476	55545	55614	55683	55752	55821	55890
70	56070	56140	56210	56280	56350	56420	56490	56560	56630	56700
71	56871	56942	57013	57084	57155	57226	57297	57368	57439	57510
72	57672	57744	57816	57888	57960	58032	58104	58176	58248	58320
73	58473	58546	58619	58692	58765	58838	58911	58984	59057	59130
74	59274	59348	59422	59496	59570	59644	59718	59792	59866	59940
75	60075	60150	60225	60300	60375	60450	60525	60600	60675	60750
76	60876	60952	61028	61104	61180	61256	61332	61408	61484	61560
77	61677	61754	61831	61908	61985	62062	62139	62216	62293	62370
78	62478	62556	62634	62712	62790	62868	62946	63024	63102	63180
79	63279	63358	63437	63516	63595	63674	63753	63832	63911	63990
80	64080	64160	64240	64320	64400	64480	64560	64640	64720	64800
81	64881	64962	65043	65124	65205	65286	65367	65448	65529	65610
82	65682	65764	65846	65928	66010	66092	66174	66256	66338	66420
83	66483	66566	66649	66732	66815	66898	66981	67064	67147	67230
84	67284	67368	67452	67536	67620	67704	67788	67872	67956	68040
85	68085	68170	68255	68340	68425	68510	68595	68680	68765	68850
86	68886	68972	69058	69144	69230	69316	69402	69488	69574	69660
87	69687	69774	69861	69948	70035	70122	70209	70296	70383	70470
88	70488	70576	70664	70752	70840	70928	71016	71104	71192	71280
89	71289	71378	71467	71556	71645	71734	71823	71912	72001	72090
90	72090	72180	72270	72360	72450	72540	72630	72720	72810	72900
91	72891	72982	73073	73164	73255	73346	73437	73528	73619	73710
92	73692	73784	73876	73968	74060	74152	74244	74336	74428	74520
93	74493	74586	74679	74772	74865	74958	75051	75144	75237	75330
94	75294	75388	75482	75576	75670	75764	75858	75952	76046	76140
95	76095	76190	76285	76380	76475	76570	76665	76760	76855	76950
96	76896	76992	77088	77184	77280	77376	77472	77568	77664	77760
97	77697	77794	77891	77988	78085	78182	78279	78376	78473	78570
98	78498	78596	78694	78792	78890	78988	79086	79184	79282	79380
99	79299	79398	79497	79596	79695	79794	79893	79992	80091	80190
100	80100	80200	80300	80400	80500	80600	80700	80800	80900	81000

I	811	812	813	814	815	816	817	818	819	820
1	811	812	813	814	815	816	817	818	819	820
2	1622	1624	1626	1628	1630	1632	1634	1636	1638	1640
3	2433	2436	2439	2442	2445	2448	2451	2454	2457	2460
4	3244	3248	3252	3256	3260	3264	3268	3272	3276	3280
5	4055	4060	4065	4070	4075	4080	4085	4090	4095	4100
6	4866	4872	4878	4884	4890	4896	4902	4908	4914	4920
7	5677	5684	5691	5698	5705	5712	5719	5726	5733	5740
8	6488	6496	6504	6512	6520	6528	6536	6544	6552	6560
9	7299	7308	7317	7326	7335	7344	7353	7362	7371	7380
10	8110	8120	8130	8140	8150	8160	8170	8180	8190	8200
11	8921	8932	8943	8954	8965	8976	8987	8998	9009	9020
12	9732	9744	9756	9768	9780	9792	9804	9816	9828	9840
13	10543	10556	10569	10582	10595	10608	10621	10634	10647	10660
14	11354	11368	11382	11396	11410	11424	11438	11452	11466	11480
15	12165	12180	12195	12210	12225	12240	12255	12270	12285	12300
16	12976	12992	13008	13024	13040	13056	13072	13088	13104	13120
17	13787	13804	13821	13838	13855	13872	13889	13906	13923	13940
18	14598	14616	14634	14652	14670	14688	14706	14724	14742	14760
19	15409	15428	15447	15466	15485	15504	15523	15542	15561	15580
20	16220	16240	16260	16280	16300	16320	16340	16360	16380	16400
21	17031	17052	17073	17094	17115	17136	17157	17178	17199	17220
22	17842	17864	17886	17908	17930	17952	17974	17996	18018	18040
23	18653	18676	18699	18722	18745	18768	18791	18814	18837	18860
24	19464	19488	19512	19536	19560	19584	19608	19632	19656	19680
25	20275	20300	20325	20350	20375	20400	20425	20450	20475	20500
26	21086	21112	21138	21164	21190	21216	21242	21268	21294	21320
27	21897	21924	21951	21978	22005	22032	22059	22086	22113	22140
28	22708	22736	22764	22792	22820	22848	22876	22904	22932	22960
29	23519	23548	23577	23606	23635	23664	23693	23722	23751	23780
30	24330	24360	24390	24420	24450	24480	24510	24540	24570	24600
31	25141	25172	25203	25234	25265	25296	25327	25358	25389	25420
32	25952	25984	26016	26048	26080	26112	26144	26176	26208	26240
33	26763	26796	26829	26862	26895	26928	26961	26994	27027	27060
34	27574	27608	27642	27676	27710	27744	27778	27812	27846	27880
35	28385	28420	28455	28490	28525	28560	28595	28630	28665	28700
36	29196	29232	29268	29304	29340	29376	29412	29448	29484	29520
37	30007	30044	30081	30118	30155	30192	30229	30266	30303	30340
38	30818	30856	30894	30932	30970	31008	31046	31084	31122	31160
39	31629	31668	31707	31746	31785	31824	31863	31902	31941	31980
40	32440	32480	32520	32560	32600	32640	32680	32720	32760	32800
41	33251	33292	33333	33374	33415	33456	33497	33538	33579	33620
42	34062	34104	34146	34188	34230	34272	34314	34356	34398	34440
43	34873	34916	34959	35002	35045	35088	35131	35174	35217	35260
44	35684	35728	35772	35816	35860	35904	35948	35992	36036	36080
45	36495	36540	36585	36630	36675	36720	36765	36810	36855	36900
46	37306	37352	37398	37444	37490	37536	37582	37628	37674	37720
47	38117	38164	38211	38258	38305	38352	38399	38446	38493	38540
48	38928	38976	39024	39072	39120	39168	39216	39264	39312	39360
49	39739	39788	39837	39886	39935	39984	40033	40082	40131	40180
50	40550	40600	40650	40700	40750	40800	40850	40900	40950	41000
51	41361	41412	41463	41514	41565	41616	41667	41718	41769	41820
52	42172	42224	42276	42328	42380	42432	42484	42536	42588	42640
53	42983	43036	43089	43142	43195	43248	43301	43354	43407	43460
54	43794	43848	43902	43956	44010	44064	44118	44172	44226	44280
55	44605	44660	44715	44770	44825	44880	44935	44990	45045	45100
56	45416	45472	45528	45584	45640	45696	45752	45808	45864	45920
57	46227	46284	46341	46398	46455	46512	46569	46626	46683	46740
58	47038	47096	47154	47212	47270	47328	47386	47444	47502	47560
59	47849	47908	47967	48026	48085	48144	48203	48262	48321	48380
60	48660	48720	48780	48840	48900	48960	49020	49080	49140	49200
61	49471	49532	49593	49654	49715	49776	49837	49898	49959	50020
62	50282	50344	50406	50468	50530	50592	50654	50716	50778	50840
63	51093	51156	51219	51282	51345	51408	51471	51534	51597	51660
64	51904	51968	52032	52096	52160	52224	52288	52352	52416	52480
65	52715	52780	52845	52910	52975	53040	53105	53170	53235	53300
66	53526	53592	53658	53724	53790	53856	53922	53988	54054	54120
67	54337	54404	54471	54538	54605	54672	54739	54806	54873	54940
68	55148	55216	55284	55352	55420	55488	55556	55624	55692	55760
69	55959	56028	56097	56166	56235	56304	56373	56442	56511	56580
70	56770	56840	56910	56980	57050	57120	57190	57260	57330	57400
71	57581	57652	57723	57794	57865	57936	58007	58078	58149	58220
72	58392	58464	58536	58608	58680	58752	58824	58896	58968	59040
73	59203	59276	59349	59422	59495	59568	59641	59714	59787	59860
74	60014	60088	60162	60236	60310	60384	60458	60532	60606	60680
75	60825	60900	60975	61050	61125	61200	61275	61350	61425	61500
76	61636	61712	61788	61864	61940	62016	62092	62168	62244	62320
77	62447	62524	62601	62678	62755	62832	62909	62986	63063	63140
78	63258	63336	63414	63492	63570	63648	63726	63804	63882	63960
79	64069	64148	64227	64306	64385	64464	64543	64622	64701	64780
80	64880	64960	65040	65120	65200	65280	65360	65440	65520	65600
81	65691	65772	65853	65934	66015	66096	66177	66258	66339	66420
82	66502	66584	66666	66748	66830	66912	66994	67076	67158	67240
83	67313	67396	67479	67562	67645	67728	67811	67894	67977	68060
84	68124	68208	68292	68376	68460	68544	68628	68712	68796	68880
85	68935	69020	69105	69190	69275	69360	69445	69530	69615	69700
86	69746	69832	69918	70004	70090	70176	70262	70348	70434	70520
87	70557	70644	70731	70818	70905	70992	71079	71166	71253	71340
88	71368	71456	71544	71632	71720	71808	71896	71984	72072	72160
89	72179	72268	72357	72446	72535	72624	72713	72802	72891	72980
90	72990	73080	73170	73260	73350	73440	73530	73620	73710	73800
91	73801	73892	73983	74074	74165	74256	74347	74438	74529	74620
92	74612	74704	74796	74888	74980	75072	75164	75256	75348	75440
93	75423	75516	75609	75702	75795	75888	75981	76074	76167	76260
94	76234	76328	76422	76516	76610	76704	76798	76892	76986	77080
95	77045	77140	77235	77330	77425	77520	77615	77710	77805	77900
96	77856	77952	78048	78144	78240	78336	78432	78528	78624	78720
97	78667	78764	78861	78958	79055	79152	79249	79346	79443	79540
98	79478	79576	79674	79772	79870	79968	80066	80164	80262	80360
99	80289	80388	80487	80586	80685	80784	80883	80982	81081	81180
100	81100	81200	81300	81400	81500	81600	81700	81800	81900	82000

I	821	I	822	I	823	I	824	I	825	I	826	I	827	I	828	I	829	I	830
1	821	1	822	1	823	1	824	1	825	1	826	1	827	1	828	1	829	1	830
2	1642	2	1644	2	1646	2	1648	2	1650	2	1652	2	1654	2	1656	2	1658	2	1660
3	2463	3	2466	3	2469	3	2472	3	2475	3	2478	3	2481	3	2484	3	2487	3	2490
4	3284	4	3288	4	3292	4	3296	4	3300	4	3304	4	3308	4	3312	4	3316	4	3320
5	4105	5	4110	5	4115	5	4120	5	4125	5	4130	5	4135	5	4140	5	4145	5	4150
6	4926	6	4932	6	4938	6	4944	6	4950	6	4956	6	4962	6	4968	6	4974	6	4980
7	5747	7	5754	7	5761	7	5768	7	5775	7	5782	7	5789	7	5796	7	5803	7	5810
8	6568	8	6576	8	6584	8	6592	8	6600	8	6608	8	6616	8	6624	8	6632	8	6640
9	7389	9	7398	9	7407	9	7416	9	7425	9	7434	9	7443	9	7452	9	7461	9	7470
10	8210	10	8220	10	8230	10	8240	10	8250	10	8260	10	8270	10	8280	10	8290	10	8300
11	9031	11	9042	11	9053	11	9064	11	9075	11	9086	11	9097	11	9108	11	9119	11	9130
12	9852	12	9864	12	9876	12	9888	12	9900	12	9912	12	9924	12	9936	12	9948	12	9960
13	10673	13	10686	13	10699	13	10722	13	10725	13	10738	13	10751	13	10764	13	10777	13	10790
14	11494	14	11508	14	11522	14	11536	14	11550	14	11564	14	11578	14	11592	14	11606	14	11620
15	12315	15	12330	15	12345	15	12360	15	12375	15	12390	15	12405	15	12420	15	12435	15	12450
16	13136	16	13152	16	13168	16	13184	16	13200	16	13216	16	13232	16	13248	16	13264	16	13280
17	13957	17	13974	17	13991	17	14008	17	14025	17	14042	17	14059	17	14076	17	14093	17	14110
18	14778	18	14796	18	14814	18	14832	18	14850	18	14868	18	14886	18	14904	18	14922	18	14940
19	15599	19	15618	19	15637	19	15656	19	15675	19	15694	19	15713	19	15732	19	15751	19	15770
20	16420	20	16440	20	16460	20	16480	20	16500	20	16520	20	16540	20	16560	20	16580	20	16600
21	17241	21	17262	21	17283	21	17304	21	17325	21	17346	21	17367	21	17388	21	17409	21	17430
22	18062	22	18084	22	18106	22	18128	22	18150	22	18172	22	18194	22	18216	22	18238	22	18260
23	18883	23	18906	23	18929	23	18952	23	18975	23	18998	23	19021	23	19044	23	19067	23	19090
24	19704	24	19728	24	19752	24	19776	24	19800	24	19824	24	19848	24	19872	24	19896	24	19920
25	20525	25	20550	25	20575	25	20600	25	20625	25	20650	25	20675	25	20700	25	20725	25	20750
26	21346	26	21372	26	21398	26	21424	26	21450	26	21476	26	21502	26	21528	26	21554	26	21580
27	22167	27	22194	27	22221	27	22248	27	22275	27	22302	27	22329	27	22356	27	22383	27	22410
28	22988	28	23016	28	23044	28	23072	28	23100	28	23128	28	23156	28	23184	28	23212	28	23240
29	23809	29	23838	29	23867	29	23896	29	23925	29	23954	29	23983	29	24012	29	24041	29	24070
30	24630	30	24660	30	24690	30	24720	30	24750	30	24780	30	24810	30	24840	30	24870	30	24900
31	25451	31	25482	31	25513	31	25544	31	25575	31	25606	31	25637	31	25668	31	25699	31	25730
32	26272	32	26304	32	26336	32	26368	32	26400	32	26432	32	26464	32	26496	32	26528	32	26560
33	27093	33	27126	33	27159	33	27192	33	27225	33	27258	33	27291	33	27324	33	27357	33	27390
34	27914	34	27948	34	27982	34	28016	34	28050	34	28084	34	28118	34	28152	34	28186	34	28220
35	28735	35	28770	35	28805	35	28840	35	28875	35	28910	35	28945	35	28980	35	29015	35	29050
36	29556	36	29592	36	29628	36	29664	36	29700	36	29736	36	29772	36	29808	36	29844	36	29880
37	30377	37	30414	37	30451	37	30488	37	30525	37	30562	37	30599	37	30636	37	30673	37	30710
38	31198	38	31236	38	31274	38	31312	38	31350	38	31388	38	31426	38	31464	38	31502	38	31540
39	32019	39	32058	39	32097	39	32136	39	32175	39	32214	39	32253	39	32292	39	32331	39	32370
40	32840	40	32880	40	32920	40	32960	40	33000	40	33040	40	33080	40	33120	40	33160	40	33200
41	33661	41	33702	41	33743	41	33784	41	33825	41	33866	41	33907	41	33948	41	33989	41	34030
42	34482	42	34524	42	34566	42	34608	42	34650	42	34692	42	34734	42	34776	42	34818	42	34860
43	35303	43	35346	43	35389	43	35432	43	35475	43	35518	43	35561	43	35604	43	35647	43	35690
44	36124	44	36168	44	36212	44	36256	44	36300	44	36344	44	36388	44	36432	44	36476	44	36520
45	36945	45	36990	45	37035	45	37080	45	37125	45	37170	45	37215	45	37260	45	37305	45	37350
46	37766	46	37812	46	37858	46	37904	46	37950	46	37996	46	38042	46	38088	46	38134	46	38180
47	38587	47	38634	47	38681	47	38728	47	38775	47	38822	47	38869	47	38916	47	38963	47	39010
48	39408	48	39456	48	39504	48	39552	48	39600	48	39648	48	39696	48	39744	48	39792	48	39840
49	40229	49	40278	49	40327	49	40376	49	40425	49	40474	49	40523	49	40572	49	40621	49	40670
50	41050	50	41100	50	41150	50	41200	50	41250	50	41300	50	41350	50	41400	50	41450	50	41500
51	41871	51	41922	51	41973	51	42024	51	42075	51	42126	51	42177	51	42228	51	42279	51	42330
52	42692	52	42744	52	42796	52	42848	52	42900	52	42952	52	43004	52	43056	52	43108	52	43160
53	43513	53	43566	53	43619	53	43672	53	43725	53	43778	53	43831	53	43884	53	43937	53	43990
54	44334	54	44388	54	44442	54	44496	54	44550	54	44604	54	44658	54	44712	54	44766	54	44820
55	45155	55	45210	55	45265	55	45320	55	45375	55	45430	55	45485	55	45540	55	45595	55	45650
56	45976	56	46032	56	46088	56	46144	56	46200	56	46256	56	46312	56	46368	56	46424	56	46480
57	46797	57	46854	57	46911	57	46968	57	47025	57	47082	57	47139	57	47196	57	47253	57	47310
58	47618	58	47676	58	47734	58	47792	58	47850	58	47908	58	47966	58	48024	58	48082	58	48140
59	48439	59	48498	59	48557	59	48616	59	48675	59	48734	59	48793	59	48852	59	48911	59	48970
60	49260	60	49320	60	49380	60	49440	60	49500	60	49560	60	49620	60	49680	60	49740	60	49800
61	50081	61	50142	61	50203	61	50264	61	50325	61	50386	61	50447	61	50508	61	50569	61	50630
62	50902	62	50964	62	51026	62	51088	62	51150	62	51212	62	51274	62	51336	62	51398	62	51460
63	51723	63	51786	63	51849	63	51912	63	51975	63	52038	63	52101	63	52164	63	52227	63	52290
64	52544	64	52608	64	52672	64	52736	64	52800	64	52864	64	52928	64	52992	64	53056	64	53120
65	53365	65	53430	65	53495	65	53560	65	53625	65	53690	65	53755	65	53820	65	53885	65	53950
66	54186	66	54252	66	54318	66	54384	66	54450	66	54516	66	54582	66	54648	66	54714	66	54780
67	55007	67	55074	67	55141	67	55208	67	55275	67	55342	67	55409	67	55476	67	55543	67	55610
68	55828	68	55896	68	55964	68	56032	68	56100	68	56168	68	56236	68	56304	68	56372	68	56440
69	56649	69	56718	69	56787	69	56856	69	56925	69	56994	69	57063	69	57132	69	57201	69	57270
70	57470	70	57540	70	57610	70	57680	70	57750	70	57820	70	57890	70	57960	70	58030	70	58100
71	58291	71	58362	71	58433	71	58504	71	58575	71	58646	71	58717	71	58788	71	58859	71	58930
72	59112	72	59184	72	59256	72	59328	72	59400	72	59472	72	59544	72	59616	72	59688	72	59760
73	59933	73	60006	73	60079	73	60152	73	60225	73	60298	73	60371	73	60444	73	60517	73	60590
74	60754	74	60828	74	60902	74	60976	74	61050	74	61124	74	61198	74	61272	74	61346	74	61420
75	61575	75	61650	75	61725	75	61800	75	61875	75	61950	75	62025	75	62100	75	62175	75	62250
76	62396	76	62472	76	62548	76	62624	76	62700	76	62776	76	62852	76	62928	76	63004	76	63080
77	63217	77	63294	77	63371	77	63448	77	63525	77	63602	77	63679	77	63756	77	63833	77	63910
78	64038	78	64116	78	64194	78	64272	78	64350	78	64428	78	64506	78	64584	78	64662	78	64740
79	64859	79	64938	79	65017	79	65096	79	65175	79	65254	79	65333	79	65412	79	65491	79	65570
80	65680	80	65760	80	65840	80	65920	80	66000	80	66080	80	66160	80	66240	80	66320	80	66400
81	66501	81	66582	81	66663	81	66744	81	66825	81	66906	81	66987	81	67068	81	67149	81	67230
82	67322	82	67404	82	67486	82	67568	82	67650	82	67732	82	67814	82	67896	82	67978	82	68060
83	68143	83	68226	83	68309	83	68392	83	68475	83	68558	83	68641	83	68724	83	68807	83	68890
84	68964	84	69048	84	69132	84	69216	84	69300	84	69384	84	69468	84	69552	84	69636	84	69720
85	69785	85	69870	85	69955	85	70040	85	70125	85	70210	85	70295	85	70380	85	70465	85	70550
86	70606	86	70692	86	70778	86	70864	86	70950	86	71036	86	71122	86	71208	86	71294	86	71380
87	71427	87	71514	87	71601	87	71688	87	71775	87	71862	87	71949	87	72036	87	72123	87	72210
88	72248	88	72336	88	72424	88	72512	88	72600	88	72688	88	72776	88	72864	88	72952	88	73040
89	73069	89	73158	89	73247	89	73336	89	73425	89	73514	89	73603	89	73692	89	73781	89	73870
90	73890	90	73980	90	74070	90	74160	90	74250	90	74340	90	74430	90	74520	90	74610	90	74700
91	74711	91	74802	91	74893	91	74984	91	75075	91	75166	91	75257	91	75348	91	75439	91	75530
92	75532	92	75624	92	75716	92	75808	92	75900	92	75992	92	76084	92	76176	92	76268	92	76360
93	76353	93	76446	93	76539	93	76632	93	76725	93	76818	93	76911	93	77004	93	77097	93	77190
94	77174	94	77268	94	77362	94	77456	94	77550	94	77644	94	77738	94	77832	94	77926	94	78020
95	77995	95	78090	95	78185	95	78280	95	78375	95	78470	95	78565	95	78660	95	78755	95	78850
96	78816	96	78912	96	79008	96	79104	96	79200	96	79296	96	79392	96	79488	96	79584	96	79680
97	79637	97	79734	97	79831	97	79928	97	80025	97	80122	97	80219	97	80316	97	80413	97	80510
98	80458	98	80556	98	80654	98	80752	98	80850	98	80948	98	81046	98	81144	98	81242	98	81340
99	81279	99	81378	99	81477	99	81576	99	81675	99	81774	99	81873	99	81972	99	82071	99	82170
100	82100	100	82200	100	82300	100	82400	100	82500	100	82600	100	82700	100	82800	100	82900	100	83000

I	831	832	833	834	835	836	837	838	839	840
1	831	832	833	834	835	836	837	838	839	840
2	1662	1664	1666	1668	1670	1672	1674	1676	1678	1680
3	2493	2496	2499	2502	2505	2508	2511	2514	2517	2520
4	3324	3328	3332	3336	3340	3344	3348	3352	3356	3360
5	4155	4160	4165	4170	4175	4180	4185	4190	4195	4200
6	4986	4992	4998	5004	5010	5016	5022	5028	5034	5040
7	5817	5824	5831	5838	5845	5852	5859	5866	5873	5880
8	6648	6656	6664	6672	6680	6688	6696	6704	6712	6720
9	7479	7488	7497	7506	7515	7524	7533	7542	7551	7560
10	8310	8320	8330	8340	8350	8360	8370	8380	8390	8400
11	9141	9152	9163	9174	9185	9196	9207	9218	9229	9240
12	9972	9984	9996	10008	10020	10032	10044	10056	10068	10080
13	10803	10816	10829	10842	10855	10868	10881	10894	10907	10920
14	11634	11648	11662	11676	11690	11704	11718	11732	11746	11760
15	12465	12480	12495	12510	12525	12540	12555	12570	12585	12600
16	13296	13312	13328	13344	13360	13376	13392	13408	13424	13440
17	14127	14144	14161	14178	14195	14212	14229	14246	14263	14280
18	14958	14976	14994	15012	15030	15048	15066	15084	15102	15120
19	15789	15808	15827	15846	15865	15884	15903	15922	15941	15960
20	16620	16640	16660	16680	16700	16720	16740	16760	16780	16800
21	17451	17472	17493	17514	17535	17556	17577	17598	17619	17640
22	18282	18304	18326	18348	18370	18392	18414	18436	18458	18480
23	19113	19136	19159	19182	19205	19228	19251	19274	19297	19320
24	19944	19968	19992	20016	20040	20064	20088	20112	20136	20160
25	20775	20800	20825	20850	20875	20900	20925	20950	20975	21000
26	21606	21632	21658	21684	21710	21736	21762	21788	21814	21840
27	22437	22464	22491	22518	22545	22572	22599	22626	22653	22680
28	23268	23296	23324	23352	23380	23408	23436	23464	23492	23520
29	24099	24128	24157	24186	24215	24244	24273	24302	24331	24360
30	24930	24960	24990	25020	25050	25080	25110	25140	25170	25200
31	25761	25792	25823	25854	25885	25916	25947	25978	26009	26040
32	26592	26624	26656	26688	26720	26752	26784	26816	26848	26880
33	27423	27456	27489	27522	27555	27588	27621	27654	27687	27720
34	28254	28288	28322	28356	28390	28424	28458	28492	28526	28560
35	29085	29120	29155	29190	29225	29260	29295	29330	29365	29400
36	29916	29952	29988	30024	30060	30096	30132	30168	30204	30240
37	30747	30784	30821	30858	30895	30932	30969	31006	31043	31080
38	31578	31616	31654	31692	31730	31768	31806	31844	31882	31920
39	32409	32448	32487	32526	32565	32604	32643	32682	32721	32760
40	33240	33280	33320	33360	33400	33440	33480	33520	33560	33600
41	34071	34112	34153	34194	34235	34276	34317	34358	34399	34440
42	34902	34944	34986	35028	35070	35112	35154	35196	35238	35280
43	35733	35776	35819	35862	35905	35948	35991	36034	36077	36120
44	36564	36608	36652	36696	36740	36784	36828	36872	36916	36960
45	37395	37440	37485	37530	37575	37620	37665	37710	37755	37800
46	38226	38272	38318	38364	38410	38456	38502	38548	38594	38640
47	39057	39104	39151	39198	39245	39292	39339	39386	39433	39480
48	39888	39936	39984	40032	40080	40128	40176	40224	40272	40320
49	40719	40768	40817	40866	40915	40964	41013	41062	41111	41160
50	41550	41600	41650	41700	41750	41800	41850	41900	41950	42000
51	42381	42432	42483	42534	42585	42636	42687	42738	42789	42840
52	43212	43264	43316	43368	43420	43472	43524	43576	43628	43680
53	44043	44096	44149	44202	44255	44308	44361	44414	44467	44520
54	44874	44928	44982	45036	45090	45144	45198	45252	45306	45360
55	45705	45760	45815	45870	45925	45980	46035	46090	46145	46200
56	46536	46592	46648	46704	46760	46816	46872	46928	46984	47040
57	47367	47424	47481	47538	47595	47652	47709	47766	47823	47880
58	48198	48256	48314	48372	48430	48488	48546	48604	48662	48720
59	49029	49088	49147	49206	49265	49324	49383	49442	49501	49560
60	49860	49920	49980	50040	50100	50160	50220	50280	50340	50400
61	50691	50752	50813	50874	50935	50996	51057	51118	51179	51240
62	51522	51584	51646	51708	51770	51832	51894	51956	52018	52080
63	52353	52416	52479	52542	52605	52668	52731	52794	52857	52920
64	53184	53248	53312	53376	53440	53504	53568	53632	53696	53760
65	54015	54080	54145	54210	54275	54340	54405	54470	54535	54600
66	54846	54912	54978	55044	55110	55176	55242	55308	55374	55440
67	55677	55744	55811	55878	55945	56012	56079	56146	56213	56280
68	56508	56576	56644	56712	56780	56848	56916	56984	57052	57120
69	57339	57408	57477	57546	57615	57684	57753	57822	57891	57960
70	58170	58240	58310	58380	58450	58520	58590	58660	58730	58800
71	59001	59072	59143	59214	59285	59356	59427	59498	59569	59640
72	59832	59904	59976	60048	60120	60192	60264	60336	60408	60480
73	60663	60736	60809	60882	60955	61028	61101	61174	61247	61320
74	61494	61568	61642	61716	61790	61864	61938	62012	62086	62160
75	62325	62400	62475	62550	62625	62700	62775	62850	62925	63000
76	63156	63232	63308	63384	63460	63536	63612	63688	63764	63840
77	63987	64064	64141	64218	64295	64372	64449	64526	64603	64680
78	64818	64896	64974	65052	65130	65208	65286	65364	65442	65520
79	65649	65728	65807	65886	65965	66044	66123	66202	66281	66360
80	66480	66560	66640	66720	66800	66880	66960	67040	67120	67200
81	67311	67392	67473	67554	67635	67716	67797	67878	67959	68040
82	68142	68224	68306	68388	68470	68552	68634	68716	68798	68880
83	68973	69056	69139	69222	69305	69388	69471	69554	69637	69720
84	69804	69888	69972	70056	70140	70224	70308	70392	70476	70560
85	70635	70720	70805	70890	70975	71060	71145	71230	71315	71400
86	71466	71552	71638	71724	71810	71896	71982	72068	72154	72240
87	72297	72384	72471	72558	72645	72732	72819	72906	72993	73080
88	73128	73216	73304	73392	73480	73568	73656	73744	73832	73920
89	73959	74048	74137	74226	74315	74404	74493	74582	74671	74760
90	74790	74880	74970	75060	75150	75240	75330	75420	75510	75600
91	75621	75712	75803	75894	75985	76076	76167	76258	76349	76440
92	76452	76544	76636	76728	76820	76912	77004	77096	77188	77280
93	77283	77376	77469	77562	77655	77748	77841	77934	78027	78120
94	78114	78208	78302	78396	78490	78584	78678	78772	78866	78960
95	78945	79040	79135	79230	79325	79420	79515	79610	79705	79800
96	79776	79872	79968	80064	80160	80256	80352	80448	80544	80640
97	80607	80704	80801	80898	80995	81092	81189	81286	81383	81480
98	81438	81536	81634	81732	81830	81928	82026	82124	82222	82320
99	82269	82368	82467	82566	82665	82764	82863	82962	83061	83160
100	83100	83200	83300	83400	83500	83600	83700	83800	83900	84000

×	841	842	843	844	845	846	847	848	849	850
1	841	842	843	844	845	846	847	848	849	850
2	1682	1684	1686	1688	1690	1692	1694	1696	1698	1700
3	2523	2526	2529	2532	2535	2538	2541	2544	2547	2550
4	3364	3368	3372	3376	3380	3384	3388	3392	3396	3400
5	4205	4210	4215	4220	4225	4230	4235	4240	4245	4250
6	5046	5052	5058	5064	5070	5076	5082	5088	5094	5100
7	5887	5894	5901	5908	5915	5922	5929	5936	5943	5950
8	6728	6736	6744	6752	6760	6768	6776	6784	6792	6800
9	7569	7578	7587	7596	7605	7614	7623	7632	7641	7650
10	8410	8420	8430	8440	8450	8460	8470	8480	8490	8500
11	9251	9262	9273	9284	9295	9306	9317	9328	9339	9350
12	10092	10104	10116	10128	10140	10152	10164	10176	10188	10200
13	10933	10946	10959	10972	10985	10998	11011	11024	11037	11050
14	11774	11788	11802	11816	11830	11844	11858	11872	11886	11900
15	12615	12630	12645	12660	12675	12690	12705	12720	12735	12750
16	13456	13472	13488	13504	13520	13536	13552	13568	13584	13600
17	14297	14314	14331	14348	14365	14382	14399	14416	14433	14450
18	15138	15156	15174	15192	15210	15228	15246	15264	15282	15300
19	15979	15998	16017	16036	16055	16074	16093	16112	16131	16150
20	16820	16840	16860	16880	16900	16920	16940	16960	16980	17000
21	17661	17682	17703	17724	17745	17766	17787	17808	17829	17850
22	18502	18524	18546	18568	18590	18612	18634	18656	18678	18700
23	19343	19366	19389	19412	19435	19458	19481	19504	19527	19550
24	20184	20208	20232	20256	20280	20304	20328	20352	20376	20400
25	21025	21050	21075	21100	21125	21150	21175	21200	21225	21250
26	21866	21892	21918	21944	21970	21996	22022	22048	22074	22100
27	22707	22734	22761	22788	22815	22842	22869	22896	22923	22950
28	23548	23576	23604	23632	23660	23688	23716	23744	23772	23800
29	24389	24418	24447	24476	24505	24534	24563	24592	24621	24650
30	25230	25260	25290	25320	25350	25380	25410	25440	25470	25500
31	26071	26102	26133	26164	26195	26226	26257	26288	26319	26350
32	26912	26944	26976	27008	27040	27072	27104	27136	27168	27200
33	27753	27786	27819	27852	27885	27918	27951	27984	28017	28050
34	28594	28628	28662	28696	28730	28764	28798	28832	28866	28900
35	29435	29470	29505	29540	29575	29610	29645	29680	29715	29750
36	30276	30312	30348	30384	30420	30456	30492	30528	30564	30600
37	31117	31154	31191	31228	31265	31302	31339	31376	31413	31450
38	31958	31996	32034	32072	32110	32148	32186	32224	32262	32300
39	32799	32838	32877	32916	32955	32994	33033	33072	33111	33150
40	33640	33680	33720	33760	33800	33840	33880	33920	33960	34000
41	34481	34522	34563	34604	34645	34686	34727	34768	34809	34850
42	35322	35364	35406	35448	35490	35532	35574	35616	35658	35700
43	36163	36206	36249	36292	36335	36378	36421	36464	36507	36550
44	37004	37048	37092	37136	37180	37224	37268	37312	37356	37400
45	37845	37890	37935	37980	38025	38070	38115	38160	38205	38250
46	38686	38732	38778	38824	38870	38916	38962	39008	39054	39100
47	39527	39574	39621	39668	39715	39762	39809	39856	39903	39950
48	40368	40416	40464	40512	40560	40608	40656	40704	40752	40800
49	41209	41258	41307	41356	41405	41454	41503	41552	41601	41650
50	42050	42100	42150	42200	42250	42300	42350	42400	42450	42500
51	42891	42942	42993	43044	43095	43146	43197	43248	43299	43350
52	43732	43784	43836	43888	43940	43992	44044	44096	44148	44200
53	44573	44626	44679	44732	44785	44838	44891	44944	44997	45050
54	45414	45468	45522	45576	45630	45684	45738	45792	45846	45900
55	46255	46310	46365	46420	46475	46530	46585	46640	46695	46750
56	47096	47152	47208	47264	47320	47376	47432	47488	47544	47600
57	47937	47994	48051	48108	48165	48222	48279	48336	48393	48450
58	48778	48836	48894	48952	49010	49068	49126	49184	49242	49300
59	49619	49678	49737	49796	49855	49914	49973	50032	50091	50150
60	50460	50520	50580	50640	50700	50760	50820	50880	50940	51000
61	51301	51362	51423	51484	51545	51606	51667	51728	51789	51850
62	52142	52204	52266	52328	52390	52452	52514	52576	52638	52700
63	52983	53046	53109	53172	53235	53298	53361	53424	53487	53550
64	53824	53888	53952	54016	54080	54144	54208	54272	54336	54400
65	54665	54730	54795	54860	54925	54990	55055	55120	55185	55250
66	55506	55572	55638	55704	55770	55836	55902	55968	56034	56100
67	56347	56414	56481	56548	56615	56682	56749	56816	56883	56950
68	57188	57256	57324	57392	57460	57528	57596	57664	57732	57800
69	58029	58098	58167	58236	58305	58374	58443	58512	58581	58650
70	58870	58940	59010	59080	59150	59220	59290	59360	59430	59500
71	59711	59782	59853	59924	59995	60066	60137	60208	60279	60350
72	60552	60624	60696	60768	60840	60912	60984	61056	61128	61200
73	61393	61466	61539	61612	61685	61758	61831	61904	61977	62050
74	62234	62308	62382	62456	62530	62604	62678	62752	62826	62900
75	63075	63150	63225	63300	63375	63450	63525	63600	63675	63750
76	63916	63992	64068	64144	64220	64296	64372	64448	64524	64600
77	64757	64834	64911	64988	65065	65142	65219	65296	65373	65450
78	65598	65676	65754	65832	65910	65988	66066	66144	66222	66300
79	66439	66518	66597	66676	66755	66834	66913	66992	67071	67150
80	67280	67360	67440	67520	67600	67680	67760	67840	67920	68000
81	68121	68202	68283	68364	68445	68526	68607	68688	68769	68850
82	68962	69044	69126	69208	69290	69372	69454	69536	69618	69700
83	69803	69886	69969	70052	70135	70218	70301	70384	70467	70550
84	70644	70728	70812	70896	70980	71064	71148	71232	71316	71400
85	71485	71570	71655	71740	71825	71910	71995	72080	72165	72250
86	72326	72412	72498	72584	72670	72756	72842	72928	73014	73100
87	73167	73254	73341	73428	73515	73602	73689	73776	73863	73950
88	74008	74096	74184	74272	74360	74448	74536	74624	74712	74800
89	74849	74938	75027	75116	75205	75294	75383	75472	75561	75650
90	75690	75780	75870	75960	76050	76140	76230	76320	76410	76500
91	76531	76622	76713	76804	76895	76986	77077	77168	77259	77350
92	77372	77464	77556	77648	77740	77832	77924	78016	78108	78200
93	78213	78306	78399	78492	78585	78678	78771	78864	78957	79050
94	79054	79148	79242	79336	79430	79524	79618	79712	79806	79900
95	79895	79990	80085	80180	80275	80370	80465	80560	80655	80750
96	80736	80832	80928	81024	81120	81216	81312	81408	81504	81600
97	81577	81674	81771	81868	81965	82062	82159	82256	82353	82450
98	82418	82516	82614	82712	82810	82908	83006	83104	83202	83300
99	83259	83358	83457	83556	83655	83754	83853	83952	84051	84150
100	84100	84200	84300	84400	84500	84600	84700	84800	84900	85000

	851	852	853	854	855	856	857	858	859	860
1	851	852	853	854	855	856	857	858	859	860
2	1702	1704	1706	1708	1710	1712	1714	1716	1718	1720
3	2553	2556	2559	2562	2565	2568	2571	2574	2577	2580
4	3404	3408	3412	3416	3420	3424	3428	3432	3436	3440
5	4255	4260	4265	4270	4275	4280	4285	4290	4295	4300
6	5106	5112	5118	5124	5130	5136	5142	5148	5154	5160
7	5957	5964	5971	5978	5985	5992	5999	6006	6013	6020
8	6808	6816	6824	6832	6840	6848	6856	6864	6872	6880
9	7659	7668	7677	7686	7695	7704	7713	7722	7731	7740
10	8510	8520	8530	8540	8550	8560	8570	8580	8590	8600
11	9361	9372	9383	9394	9405	9416	9427	9438	9449	9460
12	10212	10224	10236	10248	10260	10272	10284	10296	10308	10320
13	11063	11076	11089	11102	11115	11128	11141	11154	11167	11180
14	11914	11928	11942	11956	11970	11984	11998	12012	12026	12040
15	12765	12780	12795	12810	12825	12840	12855	12870	12885	12900
16	13616	13632	13648	13664	13680	13696	13712	13728	13744	13760
17	14467	14484	14501	14518	14535	14552	14569	14586	14603	14620
18	15318	15336	15354	15372	15390	15408	15426	15444	15462	15480
19	16169	16188	16207	16226	16245	16264	16283	16302	16321	16340
20	17020	17040	17060	17080	17100	17120	17140	17160	17180	17200
21	17871	17892	17913	17934	17955	17976	17997	18018	18039	18060
22	18722	18744	18766	18788	18810	18832	18854	18876	18898	18920
23	19573	19596	19619	19642	19665	19688	19711	19734	19757	19780
24	20424	20448	20472	20496	20520	20544	20568	20592	20616	20640
25	21275	21300	21325	21350	21375	21400	21425	21450	21475	21500
26	22126	22152	22178	22204	22230	22256	22282	22308	22334	22360
27	22977	23004	23031	23058	23085	23112	23139	23166	23193	23220
28	23828	23856	23884	23912	23940	23968	23996	24024	24052	24080
29	24679	24708	24737	24766	24795	24824	24853	24882	24911	24940
30	25530	25560	25590	25620	25650	25680	25710	25740	25770	25800
31	26381	26412	26443	26474	26505	26536	26567	26598	26629	26660
32	27232	27264	27296	27328	27360	27392	27424	27456	27488	27520
33	28083	28116	28149	28182	28215	28248	28281	28314	28347	28380
34	28934	28968	29002	29036	29070	29104	29138	29172	29206	29240
35	29785	29820	29855	29890	29925	29960	29995	30030	30065	30100
36	30636	30672	30708	30744	30780	30816	30852	30888	30924	30960
37	31487	31524	31561	31598	31635	31672	31709	31746	31783	31820
38	32338	32376	32414	32452	32490	32528	32566	32604	32642	32680
39	33189	33228	33267	33306	33345	33384	33423	33462	33501	33540
40	34040	34080	34120	34160	34200	34240	34280	34320	34360	34400
41	34891	34932	34973	35014	35055	35096	35137	35178	35219	35260
42	35742	35784	35826	35868	35910	35952	35994	36036	36078	36120
43	36593	36636	36679	36722	36765	36808	36851	36894	36937	36980
44	37444	37488	37532	37576	37620	37664	37708	37752	37796	37840
45	38295	38340	38385	38430	38475	38520	38565	38610	38655	38700
46	39146	39192	39238	39284	39330	39376	39422	39468	39514	39560
47	39997	40044	40091	40138	40185	40232	40279	40326	40373	40420
48	40848	40896	40944	40992	41040	41088	41136	41184	41232	41280
49	41699	41748	41797	41846	41895	41944	41993	42042	42091	42140
50	42550	42600	42650	42700	42750	42800	42850	42900	42950	43000
51	43401	43452	43503	43554	43605	43656	43707	43758	43809	43860
52	44252	44304	44356	44408	44460	44512	44564	44616	44668	44720
53	45103	45156	45209	45262	45315	45368	45421	45474	45527	45580
54	45954	46008	46062	46116	46170	46224	46278	46332	46386	46440
55	46805	46860	46915	46970	47025	47080	47135	47190	47245	47300
56	47656	47712	47768	47824	47880	47936	47992	48048	48104	48160
57	48507	48564	48621	48678	48735	48792	48849	48906	48963	49020
58	49358	49416	49474	49532	49590	49648	49706	49764	49822	49880
59	50209	50268	50327	50386	50445	50504	50563	50622	50681	50740
60	51060	51120	51180	51240	51300	51360	51420	51480	51540	51600
61	51911	51972	52033	52094	52155	52216	52277	52338	52399	52460
62	52762	52824	52886	52948	53010	53072	53134	53196	53258	53320
63	53613	53676	53739	53802	53865	53928	53991	54054	54117	54180
64	54464	54528	54592	54656	54720	54784	54848	54912	54976	55040
65	55315	55380	55445	55510	55575	55640	55705	55770	55835	55900
66	56166	56232	56298	56364	56430	56496	56562	56628	56694	56760
67	57017	57084	57151	57218	57285	57352	57419	57486	57553	57620
68	57868	57936	58004	58072	58140	58208	58276	58344	58412	58480
69	58719	58788	58857	58926	58995	59064	59133	59202	59271	59340
70	59570	59640	59710	59780	59850	59920	59990	60060	60130	60200
71	60421	60492	60563	60634	60705	60776	60847	60918	60989	61060
72	61272	61344	61416	61488	61560	61632	61704	61776	61848	61920
73	62123	62196	62269	62342	62415	62488	62561	62634	62707	62780
74	62974	63048	63122	63196	63270	63344	63418	63492	63566	63640
75	63825	63900	63975	64050	64125	64200	64275	64350	64425	64500
76	64676	64752	64828	64904	64980	65056	65132	65208	65284	65360
77	65527	65604	65681	65758	65835	65912	65989	66066	66143	66220
78	66378	66456	66534	66612	66690	66768	66846	66924	67002	67080
79	67229	67308	67387	67466	67545	67624	67703	67782	67861	67940
80	68080	68160	68240	68320	68400	68480	68560	68640	68720	68800
81	68931	69012	69093	69174	69255	69336	69417	69498	69579	69660
82	69782	69864	69946	70028	70110	70192	70274	70356	70438	70520
83	70633	70716	70799	70882	70965	71048	71131	71214	71297	71380
84	71484	71568	71652	71736	71820	71904	71988	72072	72156	72240
85	72335	72420	72505	72590	72675	72760	72845	72930	73015	73100
86	73186	73272	73358	73444	73530	73616	73702	73788	73874	73960
87	74037	74124	74211	74298	74385	74472	74559	74646	74733	74820
88	74888	74976	75064	75152	75240	75328	75416	75504	75592	75680
89	75739	75828	75917	76006	76095	76184	76273	76362	76451	76540
90	76590	76680	76770	76860	76950	77040	77130	77220	77310	77400
91	77441	77532	77623	77714	77805	77896	77987	78078	78169	78260
92	78292	78384	78476	78568	78660	78752	78844	78936	79028	79120
93	79143	79236	79329	79422	79515	79608	79701	79794	79887	79980
94	79994	80088	80182	80276	80370	80464	80558	80652	80746	80840
95	80845	80940	81035	81130	81225	81320	81415	81510	81605	81700
96	81696	81792	81888	81984	82080	82176	82272	82368	82464	82560
97	82547	82644	82741	82838	82935	83032	83129	83226	83323	83420
98	83398	83496	83594	83692	83790	83888	83986	84084	84182	84280
99	84249	84348	84447	84546	84645	84744	84843	84942	85041	85140
100	85100	85200	85300	85400	85500	85600	85700	85800	85900	86000

	861	862	863	864	865	866	867	868	869	870
1	861	862	863	864	865	866	867	868	869	870
2	1722	1724	1726	1728	1730	1732	1734	1736	1738	1740
3	2583	2586	2589	2592	2595	2598	2601	2604	2607	2610
4	3444	3448	3452	3456	3460	3464	3468	3472	3476	3480
5	4305	4310	4315	4320	4325	4330	4335	4340	4345	4350
6	5166	5172	5178	5184	5190	5196	5202	5208	5214	5220
7	6027	6034	6041	6048	6055	6062	6069	6016	6083	6090
8	6888	6896	6904	6912	6920	6928	6936	6944	6952	6960
9	7749	7758	7767	7776	7785	7794	7803	7872	7821	7830
10	8610	8620	8630	8640	8650	8660	8670	8680	8690	8700
11	9471	9482	9493	9504	9515	9526	9537	9548	9559	9570
12	10332	10344	10356	10368	10380	10392	10404	10416	10428	10440
13	11193	11206	11219	11232	11245	11258	11271	11284	11297	11310
14	12054	12068	12082	12096	12110	12124	12138	12152	12166	12180
15	12915	12930	12945	12960	12975	12990	13005	13020	13035	13050
16	13776	13792	13808	13824	13840	13856	13872	13888	13904	13920
17	14637	14654	14671	14688	14705	14722	14739	14756	14773	14790
18	15498	15516	15534	15552	15570	15588	15606	15624	15642	15660
19	16359	16378	16397	16416	16435	16454	16473	16492	16511	16530
20	17220	17240	17260	17280	17300	17320	17340	17360	17380	17400
21	18081	18102	18123	18144	18165	18186	18207	18228	18249	18270
22	18942	18964	18986	19008	19030	19052	19074	19096	19118	19140
23	19803	19826	19849	19872	19895	19918	19941	19964	19987	20010
24	20664	20688	20712	20736	20760	20784	20808	20832	20856	20880
25	21525	21550	21575	21600	21625	21650	21675	21700	21725	21750
26	22386	22412	22438	22464	22490	22516	22542	22568	22594	22620
27	23247	23274	23301	23328	23355	23382	23409	23436	23463	23490
28	24108	24136	24164	24192	24220	24248	24276	24304	24332	24360
29	24969	24998	25027	25056	25085	25114	25143	25172	25201	25230
30	25830	25860	25890	25920	25950	25980	26010	26040	26070	26100
31	26691	26722	26753	26784	26815	26846	26877	26908	26939	26970
32	27552	27584	27616	27648	27680	27712	27744	27776	27808	27840
33	28413	28446	28479	28512	28545	28578	28611	28644	28677	28710
34	29274	29308	29342	29376	29410	29444	29478	29512	29546	29580
35	30135	30170	30205	30240	30275	30310	30345	30380	30415	30450
36	30996	31032	31068	31104	31140	31176	31212	31248	31284	31320
37	31857	31894	31931	31968	32005	32042	32079	32116	32153	32190
38	32718	32756	32794	32832	32870	32908	32946	32984	33022	33060
39	33579	33618	33657	33696	33735	33774	33813	33852	33891	33930
40	34440	34480	34520	34560	34600	34640	34680	34720	34760	34800
41	35301	35342	35383	35424	35465	35506	35547	35588	35629	35670
42	36162	36204	36246	36288	36330	36372	36414	36456	36498	36540
43	37023	37066	37109	37152	37195	37238	37281	37324	37367	37410
44	37884	37928	37972	38016	38060	38104	38148	38192	38236	38280
45	38745	38790	38835	38880	38925	38970	39015	39060	39105	39150
46	39606	39652	39698	39744	39790	39836	39882	39928	39974	40020
47	40467	40514	40561	40608	40655	40702	40749	40796	40843	40890
48	41328	41376	41424	41472	41520	41568	41616	41664	41712	41760
49	42189	42238	42287	42336	42385	42434	42483	42532	42581	42630
50	43050	43100	43150	43200	43250	43300	43350	43400	43450	43500
51	43911	43962	44013	44064	44115	44166	44217	44268	44319	44370
52	44772	44824	44876	44928	44980	45032	45084	45136	45188	45240
53	45633	45686	45739	45792	45845	45898	45951	46004	46057	46110
54	46494	46548	46602	46656	46710	46764	46818	46872	46926	46980
55	47355	47410	47465	47520	47575	47630	47685	47740	47795	47850
56	48216	48272	48328	48384	48440	48496	48552	48608	48664	48720
57	49077	49134	49191	49248	49305	49362	49419	49476	49533	49590
58	49938	49996	50054	50112	50170	50228	50286	50344	50402	50460
59	50799	50858	50917	50976	51035	51094	51153	51212	51271	51330
60	51660	51720	51780	51840	51900	51960	52020	52080	52140	52200
61	52521	52582	52643	52704	52765	52826	52887	52948	53009	53070
62	53382	53444	53506	53568	53630	53692	53754	53816	53878	53940
63	54243	54306	54369	54432	54495	54558	54621	54684	54747	54810
64	55104	55168	55232	55296	55360	55424	55488	55552	55616	55680
65	55965	56030	56095	56160	56225	56290	56355	56420	56485	56550
66	56826	56892	56958	57024	57090	57156	57222	57288	57354	57420
67	57687	57754	57821	57888	57955	58022	58089	58156	58223	58290
68	58548	58616	58684	58752	58820	58888	58956	59024	59092	59160
69	59409	59478	59547	59616	59685	59754	59823	59892	59961	60030
70	60270	60340	60410	60480	60550	60620	60690	60760	60830	60900
71	61131	61202	61273	61344	61415	61486	61557	61628	61699	61770
72	61992	62064	62136	62208	62280	62352	62424	62496	62568	62640
73	62853	62926	62999	63072	63145	63218	63291	63364	63437	63510
74	63714	63788	63862	63936	64010	64084	64158	64232	64306	64380
75	64575	64650	64725	64800	64875	64950	65025	65100	65175	65250
76	65436	65512	65588	65664	65740	65816	65892	65968	66044	66120
77	66297	66374	66451	66528	66605	66682	66759	66836	66913	66990
78	67158	67236	67314	67392	67470	67548	67626	67704	67782	67860
79	68019	68098	68177	68256	68335	68414	68493	68572	68651	68730
80	68880	68960	69040	69120	69200	69280	69360	69440	69520	69600
81	69741	69832	69903	69984	70065	70146	70227	70308	70389	70470
82	70602	70684	70766	70848	70930	71012	71094	71176	71258	71340
83	71463	71546	71629	71712	71795	71878	71961	72044	72127	72210
84	72324	72408	72492	72576	72660	72744	72828	72912	72996	73080
85	73185	73270	73355	73440	73525	73610	73695	73780	73865	73950
86	74046	74132	74218	74304	74390	74476	74562	74648	74734	74820
87	74907	74994	75081	75168	75255	75342	75429	75516	75603	75690
88	75768	75856	75944	76032	76120	76208	76296	76384	76472	76560
89	76629	76718	76807	76896	76985	77074	77163	77252	77341	77430
90	77490	77580	77670	77760	77850	77940	78030	78120	78210	78300
91	78351	78442	78533	78624	78715	78806	78897	78988	79079	79170
92	79212	79304	79396	79488	79580	79672	79764	79856	79948	80040
93	80073	80166	80259	80352	80445	80538	80631	80724	80817	80910
94	80934	81028	81122	81216	81310	81404	81498	81592	81686	81780
95	81795	81890	81985	82080	82175	82270	82365	82460	82555	82650
96	82656	82752	82848	82944	83040	83136	83232	83328	83424	83520
97	83517	83614	83711	83808	83905	84002	84099	84196	84293	84390
98	84378	84476	84574	84672	84770	84868	84966	85064	85162	85260
99	85239	85338	85437	85536	85635	85734	85833	85932	86031	86130
100	86100	86200	86300	86400	86500	86600	86700	86800	86900	87000

	871	872	873	874	875	876	877	878	879	880
1	871	872	873	874	875	876	877	878	879	880
2	1742	1744	1746	1748	1750	1752	1754	1756	1758	1760
3	2613	2616	2619	2622	2625	2628	2631	2634	2637	2640
4	3484	3488	3492	3496	3500	3504	3508	3512	3516	3520
5	4355	4360	4365	4370	4375	4380	4385	4390	4395	4400
6	5226	5232	5238	5244	5250	5256	5262	5268	5274	5280
7	6097	6104	6111	6118	6125	6132	6139	6146	6153	6160
8	6968	6976	6984	6992	7000	7008	7016	7024	7032	7040
9	7839	7848	7857	7866	7875	7884	7893	7902	7911	7920
10	8710	8720	8730	8740	8750	8760	8770	8780	8790	8800
11	9581	9592	9603	9614	9625	9636	9647	9658	9669	9680
12	10452	10464	10476	10488	10500	10512	10524	10536	10548	10560
13	11323	11336	11349	11362	11375	11388	11401	11414	11427	11440
14	12194	12208	12222	12236	12250	12264	12278	12292	12306	12320
15	13065	13080	13095	13110	13125	13140	13155	13170	13185	13200
16	13936	13952	13968	13984	14000	14016	14032	14048	14064	14080
17	14807	14824	14841	14858	14875	14892	14909	14926	14943	14960
18	15678	15696	15714	15732	15750	15768	15786	15804	15822	15840
19	16549	16568	16587	16606	16625	16644	16663	16682	16701	16720
20	17420	17440	17460	17480	17500	17520	17540	17560	17580	17600
21	18291	18312	18333	18354	18375	18396	18417	18438	18459	18480
22	19162	19184	19206	19228	19250	19272	19294	19316	19338	19360
23	20033	20056	20079	20102	20125	20148	20171	20194	20217	20240
24	20904	20928	20952	20976	21000	21024	21048	21072	21096	21120
25	21775	21800	21825	21850	21875	21900	21925	21950	21975	22000
26	22646	22672	22698	22724	22750	22776	22802	22828	22854	22880
27	23517	23544	23571	23598	23625	23652	23679	23706	23733	23760
28	24388	24416	24444	24472	24500	24528	24556	24584	24612	24640
29	25259	25288	25317	25346	25375	25404	25433	25462	25491	25520
30	26130	26160	26190	26220	26250	26280	26310	26340	26370	26400
31	27001	27032	27063	27094	27125	27156	27187	27218	27249	27280
32	27872	27904	27936	27968	28000	28032	28064	28096	28128	28160
33	28743	28776	28809	28842	28875	28908	28941	28974	29007	29040
34	29614	29648	29682	29716	29750	29784	29818	29852	29886	29920
35	30485	30520	30555	30590	30625	30660	30695	30730	30765	30800
36	31356	31392	31428	31464	31500	31536	31572	31608	31644	31680
37	32227	32264	32301	32338	32375	32412	32449	32486	32523	32560
38	33098	33136	33174	33212	33250	33288	33326	33364	33402	33440
39	33969	34008	34047	34086	34125	34164	34203	34242	34281	34320
40	34840	34880	34920	34960	35000	35040	35080	35120	35160	35200
41	35711	35752	35793	35834	35875	35916	35957	35998	36039	36080
42	36582	36624	36666	36708	36750	36792	36834	36876	36918	36960
43	37453	37496	37539	37582	37625	37668	37711	37754	37797	37840
44	38324	38368	38412	38456	38500	38544	38588	38632	38676	38720
45	39195	39240	39285	39330	39375	39420	39465	39510	39555	39600
46	40066	40112	40158	40204	40250	40296	40342	40388	40434	40480
47	40937	40984	41031	41078	41125	41172	41219	41266	41313	41360
48	41808	41856	41904	41952	42000	42048	42096	42144	42192	42240
49	42679	42728	42777	42826	42875	42924	42973	43022	43071	43120
50	43550	43600	43650	43700	43750	43800	43850	43900	43950	44000
51	44421	44472	44523	44574	44625	44676	44727	44778	44829	44880
52	45292	45344	45396	45448	45500	45552	45604	45656	45708	45760
53	46163	46216	46269	46322	46375	46428	46481	46534	46587	46640
54	47034	47088	47142	47196	47250	47304	47358	47412	47466	47520
55	47905	47960	48015	48070	48125	48180	48235	48290	48345	48400
56	48776	48832	48888	48944	49000	49056	49112	49168	49224	49280
57	49647	49704	49761	49818	49875	49932	49989	50046	50103	50160
58	50518	50576	50634	50692	50750	50808	50866	50924	50982	51040
59	51389	51448	51507	51566	51625	51684	51743	51802	51861	51920
60	52260	52320	52380	52440	52500	52560	52620	52680	52740	52800
61	53131	53192	53253	53314	53375	53436	53497	53558	53619	53680
62	54002	54064	54126	54188	54250	54312	54374	54436	54498	54560
63	54873	54936	54999	55062	55125	55188	55251	55314	55377	55440
64	55744	55808	55872	55936	56000	56064	56128	56192	56256	56320
65	56615	56680	56745	56810	56875	56940	57005	57070	57135	57200
66	57486	57552	57618	57684	57750	57816	57882	57948	58014	58080
67	58357	58424	58491	58558	58625	58692	58759	58826	58893	58960
68	59228	59296	59364	59432	59500	59568	59636	59704	59772	59840
69	60099	60168	60237	60306	60375	60444	60513	60582	60651	60720
70	60970	61040	61110	61180	61250	61320	61390	61460	61530	61600
71	61841	61912	61983	62054	62125	62196	62267	62338	62409	62480
72	62712	62784	62856	62928	63000	63072	63144	63216	63288	63360
73	63583	63656	63729	63802	63875	63948	64021	64094	64167	64240
74	64454	64528	64602	64676	64750	64824	64898	64972	65046	65120
75	65325	65400	65475	65550	65625	65700	65775	65850	65925	66000
76	66196	66272	66348	66424	66500	66576	66652	66728	66804	66880
77	67067	67144	67221	67298	67375	67452	67529	67606	67683	67760
78	67938	68016	68094	68172	68250	68328	68406	68484	68562	68640
79	68809	68888	68967	69046	69125	69204	69283	69362	69441	69520
80	69680	69760	69840	69920	70000	70080	70160	70240	70320	70400
81	70551	70632	70713	70794	70875	70956	71037	71118	71199	71280
82	71422	71504	71586	71668	71750	71832	71914	71996	72078	72160
83	72293	72376	72459	72542	72625	72708	72791	72874	72957	73040
84	73164	73248	73332	73416	73500	73584	73668	73752	73836	73920
85	74035	74120	74205	74290	74375	74460	74545	74630	74715	74800
86	74906	74992	75078	75164	75250	75336	75422	75508	75594	75680
87	75777	75864	75951	76038	76125	76212	76299	76386	76473	76560
88	76648	76736	76824	76912	77000	77088	77176	77264	77352	77440
89	77519	77608	77697	77786	77875	77964	78053	78142	78231	78320
90	78390	78480	78570	78660	78750	78840	78930	79020	79110	79200
91	79261	79352	79443	79534	79625	79716	79807	79898	79989	80080
92	80132	80224	80316	80408	80500	80592	80684	80776	80868	80960
93	81003	81096	81189	81282	81375	81468	81561	81654	81747	81840
94	81874	81968	82062	82156	82250	82344	82438	82532	82626	82720
95	82745	82840	82935	83030	83125	83220	83315	83410	83505	83600
96	83616	83712	83808	83904	84000	84096	84192	84288	84384	84480
97	84487	84584	84681	84778	84875	84972	85069	85166	85263	85360
98	85358	85456	85554	85652	85750	85848	85946	86044	86142	86240
99	86229	86328	86427	86526	86625	86724	86823	86922	87021	87120
100	87100	87200	87300	87400	87500	87600	87700	87800	87900	88000

	881	882	883	884	885	886	887	888	889	890
1	881	882	883	884	885	886	887	888	889	890
2	1762	1764	1766	1768	1770	1772	1774	1776	1778	1780
3	2643	2646	2649	2652	2655	2658	2661	2664	2667	2670
4	3524	3528	3532	3536	3540	3544	3548	3552	3556	3560
5	4405	4410	4415	4420	4425	4430	4435	4440	4445	4450
6	5286	5292	5298	5304	5310	5316	5322	5328	5334	5340
7	6167	6174	6181	6188	6195	6202	6209	6216	6223	6230
8	7048	7056	7064	7072	7080	7088	7096	7104	7112	7120
9	7929	7938	7947	7956	7965	7974	7983	7992	8001	8010
10	8810	8820	8830	8840	8850	8860	8870	8880	8890	8900
11	9691	9702	9713	9724	9735	9746	9757	9768	9779	9790
12	10572	10584	10596	10608	10620	10632	10644	10656	10668	10680
13	11453	11466	11479	11492	11505	11518	11531	11544	11557	11570
14	12334	12348	12362	12376	12390	12404	12418	12432	12446	12460
15	13215	13230	13245	13260	13275	13290	13305	13320	13335	13350
16	14096	14112	14128	14144	14160	14176	14192	14208	14224	14240
17	14977	14994	15011	15028	15045	15062	15079	15096	15113	15130
18	15858	15876	15894	15912	15930	15948	15966	15984	16002	16020
19	16739	16758	16777	16796	16815	16834	16853	16872	16891	16910
20	17620	17640	17660	17680	17700	17720	17740	17760	17780	17800
21	18501	18522	18543	18564	18585	18606	18627	18648	18669	18690
22	19382	19404	19426	19448	19470	19492	19514	19536	19558	19580
23	20263	20286	20309	20332	20355	20378	20401	20424	20447	20470
24	21144	21168	21192	21216	21240	21264	21288	21312	21336	21360
25	22025	22050	22075	22100	22125	22150	22175	22200	22225	22250
26	22906	22932	22958	22984	23010	23036	23062	23088	23114	23140
27	23787	23814	23841	23868	23895	23922	23949	23976	24003	24030
28	24668	24696	24724	24752	24780	24808	24836	24864	24892	24920
29	25549	25578	25607	25636	25665	25694	25723	25752	25781	25810
30	26430	26460	26490	26520	26550	26580	26610	26640	26670	26700
31	27311	27342	27373	27404	27435	27466	27497	27528	27559	27590
32	28192	28224	28256	28288	28320	28352	28384	28416	28448	28480
33	29073	29106	29139	29172	29205	29238	29271	29304	29337	29370
34	29954	29988	30022	30056	30090	30124	30158	30192	30226	30260
35	30835	30870	30905	30940	30975	31010	31045	31080	31115	31150
36	31716	31752	31788	31824	31860	31896	31932	31968	32004	32040
37	32597	32634	32671	32708	32745	32782	32819	32856	32893	32930
38	33478	33516	33554	33592	33630	33668	33706	33744	33782	33820
39	34359	34398	34437	34476	34515	34554	34593	34632	34671	34710
40	35240	35280	35320	35360	35400	35440	35480	35520	35560	35600
41	36121	36162	36203	36244	36285	36326	36367	36408	36449	36490
42	37002	37044	37086	37128	37170	37212	37254	37296	37338	37380
43	37883	37926	37969	38012	38055	38098	38141	38184	38227	38270
44	38764	38808	38852	38896	38940	38984	39028	39072	39116	39160
45	39645	39690	39735	39780	39825	39870	39915	39960	40005	40050
46	40526	40572	40618	40664	40710	40756	40802	40848	40894	40940
47	41407	41454	41501	41548	41595	41642	41689	41736	41783	41830
48	42288	42336	42384	42432	42480	42528	42576	42624	42672	42720
49	43169	43218	43267	43316	43365	43414	43463	43512	43561	43610
50	44050	44100	44150	44200	44250	44300	44350	44400	44450	44500
51	44931	44982	45033	45084	45135	45186	45237	45288	45339	45390
52	45812	45864	45916	45968	46020	46072	46124	46176	46228	46280
53	46693	46746	46799	46852	46905	46958	47011	47064	47117	47170
54	47574	47628	47682	47736	47790	47844	47898	47952	48006	48060
55	48455	48510	48565	48620	48675	48730	48785	48840	48895	48950
56	49336	49392	49448	49504	49560	49616	49672	49728	49784	49840
57	50217	50274	50331	50388	50445	50502	50559	50616	50673	50730
58	51098	51156	51214	51272	51330	51388	51446	51504	51562	51620
59	51979	52038	52097	52156	52215	52274	52333	52392	52451	52510
60	52860	52920	52980	53040	53100	53160	53220	53280	53340	53400
61	53741	53802	53863	53924	53985	54046	54107	54168	54229	54290
62	54622	54684	54746	54808	54870	54932	54994	55056	55118	55180
63	55503	55566	55629	55692	55755	55818	55881	55944	56007	56070
64	56384	56448	56512	56576	56640	56704	56768	56832	56896	56960
65	57265	57330	57395	57460	57525	57590	57655	57720	57785	57850
66	58146	58212	58278	58344	58410	58476	58542	58608	58674	58740
67	59027	59094	59161	59228	59295	59362	59429	59496	59553	59630
68	59908	59976	60044	60112	60180	60248	60316	60384	60452	60520
69	60789	60858	60927	60996	61065	61134	61203	61272	61341	61410
70	61670	61740	61810	61880	61950	62020	62090	62160	62230	62300
71	62551	62622	62693	62764	62835	62906	62977	63048	63119	63190
72	63432	63504	63576	63648	63720	63792	63864	63936	64008	64080
73	64313	64386	64459	64532	64605	64678	64751	64824	64897	64970
74	65194	65268	65342	65416	65490	65564	65638	65712	65786	65860
75	66075	66150	66225	66300	66375	66450	66525	66600	66675	66750
76	66956	67032	67108	67184	67260	67336	67412	67488	67564	67640
77	67837	67914	67991	68068	68145	68222	68299	68376	68453	68530
78	68718	68796	68874	68952	69030	69108	69186	69264	69342	69420
79	69599	69678	69757	69836	69915	69994	70073	70152	70231	70310
80	70480	70560	70640	70720	70800	70880	70960	71040	71120	71200
81	71361	71442	71523	71604	71685	71766	71847	71928	72009	72090
82	72242	72324	72406	72488	72570	72652	72734	72816	72898	72980
83	73123	73206	73289	73372	73455	73538	73621	73704	73787	73870
84	74004	74088	74172	74256	74340	74424	74508	74592	74676	74760
85	74885	74970	75055	75140	75225	75310	75395	75480	75565	75650
86	75766	75852	75938	76024	76110	76196	76282	76368	76454	76540
87	76647	76734	76821	76908	76995	77082	77169	77256	77343	77430
88	77528	77616	77704	77792	77880	77968	78056	78144	78232	78320
89	78409	78498	78587	78676	78765	78854	78943	79032	79121	79210
90	79290	79380	79470	79560	79650	79740	79830	79920	80010	80100
91	80171	80262	80353	80444	80535	80626	80717	80808	80899	80990
92	81052	81144	81236	81328	81420	81512	81604	81696	81788	81880
93	81933	82026	82119	82212	82305	82398	82491	82584	82677	82770
94	82814	82908	83002	83096	83190	83284	83378	83472	83566	83660
95	83695	83790	83885	83980	84075	84170	84265	84360	84455	84550
96	84576	84672	84768	84864	84960	85056	85152	85248	85344	85440
97	85457	85554	85651	85748	85845	85942	86039	86136	86233	86330
98	86338	86436	86534	86632	86730	86828	86926	87024	87122	87220
99	87219	87318	87417	87516	87615	87714	87813	87912	88011	88110
100	88100	88200	88300	88400	88500	88600	88700	88800	88900	89000

n	891	892	893	894	895	896	897	898	899	900
1	891	892	893	894	895	896	897	898	899	900
2	1782	1784	1786	1788	1790	1792	1794	1796	1798	1800
3	2673	2676	2679	2682	2685	2688	2691	2694	2697	2700
4	3564	3568	3572	3576	3580	3584	3588	3592	3596	3600
5	4455	4460	4465	4470	4475	4480	4485	4490	4495	4500
6	5346	5352	5358	5364	5370	5376	5382	5388	5394	5400
7	6237	6244	6251	6258	6265	6272	6279	6286	6293	6300
8	7128	7136	7144	7152	7160	7168	7176	7184	7192	7200
9	8019	8028	8037	8046	8055	8064	8073	8082	8091	8100
10	8910	8920	8930	8940	8950	8960	8970	8980	8990	9000
11	9801	9812	9823	9834	9845	9856	9867	9878	9889	9900
12	10692	10704	10716	10728	10740	10752	10764	10776	10788	10800
13	11583	11596	11609	11622	11635	11648	11661	11674	11687	11700
14	12474	12488	12502	12516	12530	12544	12558	12572	12586	12600
15	13365	13380	13395	13410	13425	13440	13455	13470	13485	13500
16	14256	14272	14288	14304	14320	14336	14352	14368	14384	14400
17	15147	15164	15181	15198	15215	15232	15249	15266	15283	15300
18	16038	16056	16074	16092	16110	16128	16146	16164	16182	16200
19	16929	16948	16967	16986	17005	17024	17043	17062	17081	17100
20	17820	17840	17860	17880	17900	17920	17940	17960	17980	18000
21	18711	18732	18753	18774	18795	18816	18837	18858	18879	18900
22	19602	19624	19646	19668	19690	19712	19734	19756	19778	19800
23	20493	20516	20539	20562	20585	20608	20631	20654	20677	20700
24	21384	21408	21432	21456	21480	21504	21528	21552	21576	21600
25	22275	22300	22325	22350	22375	22400	22425	22450	22475	22500
26	23166	23192	23218	23244	23270	23296	23322	23348	23374	23400
27	24057	24084	24111	24138	24165	24192	24219	24246	24273	24300
28	24948	24976	25004	25032	25060	25088	25116	25144	25172	25200
29	25839	25868	25897	25926	25955	25984	26013	26042	26071	26100
30	26730	26760	26790	26820	26850	26880	26910	26940	26970	27000
31	27621	27652	27683	27714	27745	27776	27807	27838	27869	27900
32	28512	28544	28576	28608	28640	28672	28704	28736	28768	28800
33	29403	29436	29469	29502	29535	29568	29601	29634	29667	29700
34	30294	30328	30362	30396	30430	30464	30498	30532	30566	30600
35	31185	31220	31255	31290	31325	31360	31395	31430	31465	31500
36	32076	32112	32148	32184	32220	32256	32292	32328	32364	32400
37	32967	33004	33041	33078	33115	33152	33189	33226	33263	33300
38	33858	33896	33934	33972	34010	34048	34086	34124	34162	34200
39	34749	34788	34827	34866	34905	34944	34983	35022	35061	35100
40	35640	35680	35720	35760	35800	35840	35880	35920	35960	36000
41	36531	36572	36613	36654	36695	36736	36777	36818	36859	36900
42	37422	37464	37506	37548	37590	37632	37674	37716	37758	37800
43	38313	38356	38399	38442	38485	38528	38571	38614	38657	38700
44	39204	39248	39292	39336	39380	39424	39468	39512	39556	39600
45	40095	40140	40185	40230	40275	40320	40365	40410	40455	40500
46	40986	41032	41078	41124	41170	41216	41262	41308	41354	41400
47	41877	41924	41971	42018	42065	42112	42159	42206	42253	42300
48	42768	42816	42864	42912	42960	43008	43056	43104	43152	43200
49	43659	43708	43757	43806	43855	43904	43953	44002	44051	44100
50	44550	44600	44650	44700	44750	44800	44850	44900	44950	45000
51	45441	45492	45543	45594	45645	45696	45747	45798	45849	45900
52	46332	46384	46436	46488	46540	46592	46644	46696	46748	46800
53	47223	47276	47329	47382	47435	47488	47541	47594	47647	47700
54	48114	48168	48222	48276	48330	48384	48438	48492	48546	48600
55	49005	49060	49115	49170	49225	49280	49335	49390	49445	49500
56	49896	49952	50008	50064	50120	50176	50232	50288	50344	50400
57	50787	50844	50901	50958	51015	51072	51129	51186	51243	51300
58	51678	51736	51794	51852	51910	51968	52026	52084	52142	52200
59	52569	52628	52687	52746	52805	52864	52923	52982	53041	53100
60	53460	53520	53580	53640	53700	53760	53820	53880	53940	54000
61	54351	54412	54473	54534	54595	54656	54717	54778	54839	54900
62	55242	55304	55366	55428	55490	55552	55614	55676	55738	55800
63	56133	56196	56259	56322	56385	56448	56511	56574	56637	56700
64	57024	57088	57152	57216	57280	57344	57408	57472	57536	57600
65	57915	57980	58045	58110	58175	58240	58305	58370	58435	58500
66	58806	58872	58938	59004	59070	59136	59202	59268	59334	59400
67	59697	59764	59831	59898	59965	60032	60099	60166	60233	60300
68	60588	60656	60724	60792	60860	60928	60996	61064	61132	61200
69	61479	61548	61617	61686	61755	61824	61893	61962	62031	62100
70	62370	62440	62510	62580	62650	62720	62790	62860	62930	63000
71	63261	63332	63403	63474	63545	63616	63687	63758	63829	63900
72	64152	64224	64296	64368	64440	64512	64584	64656	64728	64800
73	65043	65116	65189	65262	65335	65408	65481	65554	65627	65700
74	65934	66008	66082	66156	66230	66304	66378	66452	66526	66600
75	66825	66900	66975	67050	67125	67200	67275	67350	67425	67500
76	67716	67792	67868	67944	68020	68096	68172	68248	68324	68400
77	68607	68684	68761	68838	68915	68992	69069	69146	69223	69300
78	69498	69576	69654	69732	69810	69888	69966	70044	70122	70200
79	70389	70468	70547	70626	70705	70784	70863	70942	71021	71100
80	71280	71360	71440	71520	71600	71680	71760	71840	71920	72000
81	72171	72252	72333	72414	72495	72576	72657	72738	72819	72900
82	73062	73144	73226	73308	73390	73472	73554	73636	73718	73800
83	73953	74026	74119	74202	74285	74368	74451	74534	74617	74700
84	74844	74928	75012	75096	75180	75264	75348	75432	75516	75600
85	75735	75820	75905	75990	76075	76160	76245	76330	76415	76500
86	76626	76712	76798	76884	76970	77056	77142	77228	77314	77400
87	77517	77604	77691	77778	77865	77952	78039	78126	78213	78300
88	78408	78496	78584	78672	78760	78848	78936	79024	79112	79200
89	79299	79388	79477	79566	79655	79744	79833	79922	80011	80100
90	80190	80280	80370	80460	80550	80640	80730	80820	80910	81000
91	81081	81172	81263	81354	81445	81536	81627	81718	81809	81900
92	81972	82064	82156	82248	82340	82432	82524	82616	82708	82800
93	82863	82956	83049	83142	83235	83328	83421	83514	83607	83700
94	83754	83848	83942	84036	84130	84224	84318	84412	84506	84600
95	84645	84740	84835	84930	85025	85120	85215	85310	85405	85500
96	85536	85632	85728	85824	85920	86016	86112	86208	87304	86400
97	86427	86524	86621	86718	86815	86912	87009	87106	86203	87300
98	87318	87416	87514	87612	87710	87808	87906	88004	88102	88200
99	88209	88308	88407	88506	88605	88704	88803	88902	89001	89100
100	89100	89200	89300	89400	89500	89600	89700	89800	89900	90000

n	901	902	903	904	905	906	907	908	909	910
1	901	902	903	904	905	906	907	908	909	910
2	1802	1804	1806	1808	1810	1812	1814	1816	1818	1820
3	2703	2706	2709	2712	2715	2718	2721	2724	2727	2730
4	3604	3608	3612	3616	3620	3624	3628	3632	3636	3640
5	4505	4510	4515	4520	4525	4530	4535	4540	4545	4550
6	5406	5412	5418	5424	5430	5436	5442	5448	5454	5460
7	6307	6314	6321	6328	6335	6342	6349	6356	6363	6370
8	7208	7216	7224	7232	7240	7248	7256	7264	7272	7280
9	8109	8118	8127	8136	8145	8154	8163	8172	8181	8190
10	9010	9020	9030	9040	9050	9060	9070	9080	9090	9100
11	9911	9922	9933	9944	9955	9966	9977	9988	9999	10010
12	10812	10824	10836	10848	10860	10872	10884	10896	10908	10920
13	11713	11726	11739	11752	11765	11778	11791	11804	11817	11830
14	12614	12628	12642	12656	12670	12684	12698	12712	12726	12740
15	13515	13530	13545	13560	13575	13590	13605	13620	13635	13650
16	14416	14432	14448	14464	14480	14496	14512	14528	14544	14560
17	15317	15334	15351	15368	15385	15402	15419	15436	15453	15470
18	16218	16236	16254	16272	16290	16308	16326	16344	16362	16380
19	17119	17138	17157	17176	17195	17214	17233	17252	17271	17290
20	18020	18040	18060	18080	18100	18120	18140	18160	18180	18200
21	18921	18942	18963	18984	19005	19026	19047	19068	19089	19110
22	19822	19844	19866	19888	19910	19932	19954	19976	19998	20020
23	20723	20746	20769	20792	20815	20838	20861	20884	20907	20930
24	21624	21648	21672	21696	21720	21744	21768	21792	21816	21840
25	22525	22550	22575	22600	22625	22650	22675	22700	22725	22750
26	23426	23452	23478	23504	23530	23556	23582	23608	23634	23660
27	24327	24354	24381	24408	24435	24462	24489	24516	24543	24570
28	25228	25256	25284	25312	25340	25368	25396	25424	25452	25480
29	26129	26158	26187	26216	26245	26274	26303	26332	26361	26390
30	27030	27060	27090	27120	27150	27180	27210	27240	27270	27300
31	27931	27962	27993	28024	28055	28086	28117	28148	28179	28210
32	28832	28864	28896	28928	28960	28992	29024	29056	29088	29120
33	29733	29766	29799	29832	29865	29898	29931	29964	29997	30030
34	30634	30668	30702	30736	30770	30804	30838	30872	30906	30940
35	31535	31570	31605	31640	31675	31710	31745	31780	31815	31850
36	32436	32472	32508	32544	32580	32616	32652	32688	32724	32760
37	33337	33374	33411	33448	33485	33522	33559	33596	33633	33670
38	34238	34276	34314	34352	34390	34428	34466	34504	34542	34580
39	35139	35178	35217	35256	35295	35334	35373	35412	35451	35490
40	36040	36080	36120	36160	36200	36240	36280	36320	36360	36400
41	36941	36982	37023	37064	37105	37146	37187	37228	37269	37310
42	37842	37884	37926	37968	38010	38052	38094	38136	38178	38220
43	38743	38786	38829	38872	38915	38958	39001	39044	39087	39130
44	39644	39688	39732	39776	39820	39864	39908	39952	39996	40040
45	40545	40590	40635	40680	40725	40770	40815	40860	40905	40950
46	41446	41492	41538	41584	41630	41676	41722	41768	41814	41860
47	42347	42394	42441	42488	42535	42582	42629	42676	42723	42770
48	43248	43296	43344	43392	43440	43488	43536	43584	43632	43680
49	44149	44198	44247	44296	44345	44394	44443	44492	44541	44590
50	45050	45100	45150	45200	45250	45300	45350	45400	45450	45500
51	45951	46002	46053	46104	46155	46206	46257	46308	46359	46410
52	46852	46904	46956	47008	47060	47112	47164	47216	47268	47320
53	47753	47806	47859	47912	47965	48018	48071	48124	48177	48230
54	48654	48708	48762	48816	48870	48924	48978	49032	49086	49140
55	49555	49610	49665	49720	49775	49830	49885	49940	49995	50050
56	50456	50512	50568	50624	50680	50736	50792	50848	50904	50960
57	51357	51414	51471	51528	51585	51642	51699	51756	51813	51870
58	52258	52316	52374	52432	52490	52548	52606	52664	52722	52780
59	53159	53218	53277	53336	53395	53454	53513	53572	53631	53690
60	54060	54120	54180	54240	54300	54360	54420	54480	54540	54600
61	54961	55022	55083	55144	55205	55266	55327	55388	55449	55510
62	55862	55924	55986	56048	56110	56172	56234	56296	56358	56420
63	56763	56826	56889	56952	57015	57078	57141	57204	57267	57330
64	57664	57728	57792	57856	57920	57984	58048	58112	58176	58240
65	58565	58630	58695	58760	58825	58890	58955	59020	59085	59150
66	59466	59532	59598	59664	59730	59796	59862	59928	59994	60060
67	60367	60434	60501	60568	60635	60702	60769	60836	60903	60970
68	61268	61336	61404	61472	61540	61608	61676	61744	61812	61880
69	62169	62238	62307	62376	62445	62514	62583	62652	62721	62790
70	63070	63140	63210	63280	63350	63420	63490	63560	63630	63700
71	63971	64042	64113	64184	64255	64326	64397	64468	64539	64610
72	64872	64944	65016	65088	65160	65232	65304	65376	65448	65520
73	65773	65846	65919	65992	66065	66138	66211	66284	66357	66430
74	66674	66748	66822	66896	66970	67044	67118	67192	67266	67340
75	67575	67650	67725	67800	67875	67950	68025	68100	68175	68250
76	68476	68552	68628	68704	68780	68856	68932	69008	69084	69160
77	69377	69454	69531	69608	69685	69762	69839	69916	69993	70070
78	70278	70356	70434	70512	70590	70668	70746	70824	70902	70980
79	71179	71258	71337	71416	71495	71574	71653	71732	71811	71890
80	72080	72160	72240	72320	72400	72480	72560	72640	72720	72800
81	72981	73062	73143	73224	73305	73386	73467	73548	73629	73710
82	73882	73964	74046	74128	74210	74292	74374	74456	74538	74620
83	74783	74866	74949	75032	75115	75198	75281	75364	75447	75530
84	75684	75768	75852	75936	76020	76104	76188	76272	76356	76440
85	76585	76670	76755	76840	76925	77010	77095	77180	77265	77350
86	77486	77572	77658	77744	77830	77916	78002	78088	78174	78260
87	78387	78474	78561	78648	78735	78822	78909	78996	79083	79170
88	79288	79376	79464	79552	79640	79728	79816	79904	79992	80080
89	80189	80278	80367	80456	80545	80634	80723	80812	80901	80990
90	81090	81180	81270	81360	81450	81540	81630	81720	81810	81900
91	81991	82082	82173	82264	82355	82446	82537	82628	82719	82810
92	82892	82984	83076	83168	83260	83352	83444	83536	83628	83720
93	83793	83886	83979	84072	84165	84258	84351	84444	84537	84630
94	84694	84788	84882	84976	85070	85164	85258	85352	85446	85540
95	85595	85690	85785	85880	85975	86070	86165	86260	86355	86450
96	86496	86592	86688	86784	86880	86976	87072	87168	87264	87360
97	87397	87494	87591	87688	87785	87882	87979	88076	88173	88270
98	88298	88396	88494	88592	88690	88788	88886	88984	89082	89180
99	89199	89298	89397	89496	89595	89694	89793	89892	89991	90090
100	90100	90200	90300	90400	90500	90600	90700	90800	90900	91000

X

	911	912	913	914	915	916	917	918	919	920
1	911	912	913	914	915	916	917	918	919	920
2	1822	1824	1826	1828	1830	1832	1834	1836	1838	1840
3	2733	2736	2739	2742	2745	2748	2751	2754	2757	2760
4	3644	3648	3652	3656	3660	3664	3668	3672	3676	3680
5	4555	4560	4565	4570	4575	4580	4585	4590	4595	4600
6	5466	5472	5478	5484	5490	5496	5502	5508	5514	5520
7	6377	6384	6391	6398	6405	6412	6419	6426	6433	6440
8	7288	7296	7304	7312	7320	7328	7336	7344	7352	7360
9	8199	8208	8217	8226	8235	8244	8253	8262	8271	8280
10	9110	9120	9130	9140	9150	9160	9170	9180	9190	9200
11	10021	10032	10043	10054	10065	10076	10087	10098	10109	10120
12	10932	10944	10956	10968	10980	10992	11004	11016	11028	11040
13	11843	11856	11869	11882	11895	11908	11921	11934	11947	11960
14	12754	12768	12782	12796	12810	12824	12838	12852	12866	12880
15	13665	13680	13695	13710	13725	13740	13755	13770	13785	13800
16	14576	14592	14608	14624	14640	14656	14672	14688	14704	14720
17	15487	15504	15521	15538	15555	15572	15589	15606	15623	15640
18	16398	16416	16434	16452	16470	16488	16506	16524	16542	16560
19	17309	17328	17347	17366	17385	17404	17423	17442	17461	17480
20	18220	18240	18260	18280	18300	18320	18340	18360	18380	18400
21	19131	19152	19173	19194	19215	19236	19257	19278	19299	19320
22	20042	20064	20086	20108	20130	20152	20174	20196	20218	20240
23	20953	20976	20999	21022	21045	21068	21091	21114	21137	21160
24	21864	21888	21912	21936	21960	21984	22008	22032	22056	22080
25	22775	22800	22825	22850	22875	22900	22925	22950	22975	23000
26	23686	23712	23738	23764	23790	23816	23842	23868	23894	23920
27	24597	24624	24651	24678	24705	24732	24759	24786	24813	24840
28	25508	25536	25564	25592	25620	25648	25676	25704	25732	25760
29	26419	26448	26477	26506	26535	26564	26593	26622	26651	26680
30	27330	27360	27390	27420	27450	27480	27510	27540	27570	27600
31	28241	28272	28303	28334	28365	28396	28427	28458	28489	28520
32	29152	29184	29216	29248	29280	29312	29344	29376	29408	29440
33	30063	30096	30129	30162	30195	30228	30261	30294	30327	30360
34	30974	31008	31042	31076	31110	31144	31178	31212	31246	31280
35	31885	31920	31955	31990	32025	32060	32095	32130	32165	32200
36	32796	32832	32868	32904	32940	32976	33012	33048	33084	33120
37	33707	33744	33781	33818	33855	33892	33929	33966	34003	34040
38	34618	34656	34694	34732	34770	34808	34846	34884	34922	34960
39	35529	35568	35607	35646	35685	35724	35763	35802	35841	35880
40	36440	36480	36520	36560	36600	36640	36680	36720	36760	36800
41	37351	37392	37433	37474	37515	37556	37597	37638	37679	37720
42	38262	38304	38346	38388	38430	38472	38514	38556	38598	38640
43	39173	39216	39259	39302	39345	39388	39431	39474	39517	39560
44	40084	40128	40172	40216	40260	40304	40348	40392	40436	40480
45	40995	41040	41085	41130	41175	41220	41265	41310	41355	41400
46	41906	41952	41998	42044	42090	42136	42182	42228	42274	42320
47	42817	42864	42911	42958	43005	43052	43099	43146	43193	43240
48	43728	43776	43824	43872	43920	43968	44016	44064	44112	44160
49	44639	44688	44737	44786	44835	44884	44933	44982	45031	45080
50	45550	45600	45650	45700	45750	45800	45850	45900	45950	46000
51	46461	46512	46563	46614	46665	46716	46767	46818	46869	46920
52	47372	47424	47476	47528	47580	47632	47684	47736	47788	47840
53	48283	48336	48389	48442	48495	48548	48601	48654	48707	48760
54	49194	49248	49302	49356	49410	49464	49518	49572	49626	49680
55	50105	50160	50215	50270	50325	50380	50435	50490	50545	50600
56	51016	51072	51128	51184	51240	51296	51352	51408	51464	51520
57	51927	51984	52041	52098	52155	52212	52269	52326	52383	52440
58	52838	52896	52954	53012	53070	53128	53186	53244	53302	53360
59	53749	53808	53867	53926	53985	54044	54103	54162	54221	54280
60	54660	54720	54780	54840	54900	54960	55020	55080	55140	55200
61	55571	55632	55693	55754	55815	55876	55937	55998	56059	56120
62	56482	56544	56606	56668	56730	56792	56854	56916	56978	57040
63	57393	57456	57519	57582	57645	57708	57771	57834	57897	57960
64	58304	58368	58432	58496	58560	58624	58688	58752	58816	58880
65	59215	59280	59345	59410	59475	59540	59605	59670	59735	59800
66	60126	60192	60258	60324	60390	60456	60522	60588	60654	60720
67	61037	61104	61171	61238	61305	61372	61439	61506	61573	61640
68	61948	62016	62084	62152	62220	62288	62356	62424	62492	62560
69	62859	62928	62997	63066	63135	63204	63273	63342	63411	63480
70	63770	63840	63910	63980	64050	64120	64190	64260	64330	64400
71	64681	64752	64823	64894	64965	65036	65107	65178	65249	65320
72	65592	65664	65736	65808	65880	65952	66024	66096	66168	66240
73	66503	66576	66649	66722	66795	66868	66941	67014	67087	67160
74	67414	67488	67562	67636	67710	67784	67858	67932	68006	68080
75	68325	68400	68475	68550	68625	68700	68775	68850	68925	69000
76	69236	69312	69388	69464	69540	69616	69692	69768	69844	69920
77	70147	70224	70301	70378	70455	70532	70609	70686	70763	70840
78	71058	71136	71214	71292	71370	71448	71526	71604	71682	71760
79	71969	72048	72127	72206	72285	72364	72443	72522	72601	72680
80	72880	72960	73040	73120	73200	73280	73360	73440	73520	73600
81	73791	73872	73953	74034	74115	74196	74277	74358	74439	74520
82	74702	74784	74866	74948	75030	75112	75194	75276	75358	75440
83	75613	75696	75779	75862	75945	76028	76111	76194	76277	76360
84	76524	76608	76692	76776	76860	76944	77028	77112	77196	77280
85	77435	77520	77605	77690	77775	77860	77945	78030	78115	78200
86	78346	78432	78518	78604	78690	78776	78862	78948	79034	79120
87	79257	79344	79431	79518	79605	79692	79779	79866	79953	80040
88	80168	80256	80344	80432	80520	80608	80696	80784	80872	80960
89	81079	81168	81257	81346	81435	81524	81613	81702	81791	81880
90	81990	82080	82170	82260	82350	82440	82530	82620	82710	82800
91	82901	82992	83083	83174	83265	83356	83447	83538	83629	83720
92	83812	83904	83996	84088	84180	84272	84364	84456	84548	84640
93	84723	84816	84909	85002	85095	85188	85281	85374	85467	85560
94	85634	85728	85822	85916	86010	86104	86198	86292	86386	86480
95	86545	86640	86735	86830	86925	87020	87115	87210	87305	87400
96	87456	87552	87648	87744	87840	87936	88032	88128	88224	88320
97	88367	88464	88561	88658	88755	88852	88949	89046	89143	89240
98	89278	89376	89474	89572	89670	89768	89866	89964	90062	90160
99	90189	90288	90387	90486	90585	90684	90783	90882	90981	91080
100	91100	91200	91300	91400	91500	91600	91700	91800	91900	92000

	921		922		923		924		925		926		927		928		929		930
1	921	1	922	1	923	1	924	1	925	1	926	1	927	1	928	1	929	1	930
2	1842	2	1844	2	1846	2	1848	2	1850	2	1852	2	1854	2	1856	2	1858	2	1860
3	2763	3	2766	3	2769	3	2772	3	2775	3	2778	3	2781	3	2784	3	2787	3	2790
4	3684	4	3688	4	3692	4	3696	4	3700	4	3704	4	3708	4	3712	4	3716	4	3720
5	4605	5	4610	5	4615	5	4620	5	4625	5	4630	5	4635	5	4640	5	4645	5	4650
6	5526	6	5532	6	5538	6	5544	6	5550	6	5556	6	5562	6	5568	6	5574	6	5580
7	6447	7	6454	7	6461	7	6468	7	6475	7	6482	7	6489	7	6496	7	6503	7	6510
8	7368	8	7376	8	7384	8	7392	8	7400	8	7408	8	7416	8	7424	8	7432	8	7440
9	8289	9	8298	9	8307	9	8316	9	8325	9	8334	9	8343	9	8352	9	8361	9	8370
10	9210	10	9220	10	9230	10	9240	10	9250	10	9260	10	9270	10	9280	10	9290	10	9300
11	10131	11	10142	11	10153	11	10164	11	10175	11	10186	11	10197	11	10208	11	10219	11	10230
12	11052	12	11064	12	11076	12	11088	12	11100	12	11112	12	11124	12	11136	12	11148	12	11160
13	11973	13	11986	13	11999	13	12012	13	12025	13	12038	13	12051	13	12064	13	12077	13	12090
14	12894	14	12908	14	12922	14	12936	14	12950	14	12964	14	12978	14	12992	14	13006	14	13020
15	13815	15	13830	15	13845	15	13860	15	13875	15	13890	15	13905	15	13920	15	13935	15	13950
16	14736	16	14752	16	14768	16	14784	16	14800	16	14816	16	14832	16	14848	16	14864	16	14880
17	15657	17	15674	17	15691	17	15708	17	15725	17	15742	17	15759	17	15776	17	15793	17	15810
18	16578	18	16596	18	16614	18	16632	18	16650	18	16668	18	16686	18	16704	18	16722	18	16740
19	17499	19	17518	19	17537	19	17556	19	17575	19	17594	19	17613	19	17632	19	17651	19	17670
20	18420	20	18440	20	18460	20	18480	20	18500	20	18520	20	18540	20	18560	20	18580	20	18600
21	19341	21	19362	21	19383	21	19404	21	19425	21	19446	21	19467	21	19488	21	19509	21	19530
22	20262	22	20284	22	20306	22	20328	22	20350	22	20372	22	20394	22	20416	22	20438	22	20460
23	21183	23	21206	23	21229	23	21252	23	21275	23	21298	23	21321	23	21344	23	21367	23	21390
24	22104	24	22128	24	22152	24	22176	24	22200	24	22224	24	22248	24	22272	24	22296	24	22320
25	23025	25	23050	25	23075	25	23100	25	23125	25	23150	25	23175	25	23200	25	23225	25	23250
26	23946	26	23972	26	23998	26	24024	26	24050	26	24076	26	24102	26	24128	26	24154	26	24180
27	24867	27	24894	27	24921	27	24948	27	24975	27	25002	27	25029	27	25056	27	25083	27	25110
28	25788	28	25816	28	25844	28	25872	28	25900	28	25928	28	25956	28	25984	28	26012	28	26040
29	26709	29	26738	29	26767	29	26796	29	26825	29	26854	29	26883	29	26912	29	26941	29	26970
30	27630	30	27660	30	27690	30	27720	30	27750	30	27780	30	27810	30	27840	30	27870	30	27900
31	28551	31	28582	31	28613	31	28644	31	28675	31	28706	31	28737	31	28768	31	28799	31	28830
32	29472	32	29504	32	29536	32	29568	32	29600	32	29632	32	29664	32	29696	32	29728	32	29760
33	30393	33	30426	33	30459	33	30492	33	30525	33	30558	33	30591	33	30624	33	30657	33	30690
34	31314	34	31348	34	31382	34	31416	34	31450	34	31484	34	31518	34	31552	34	31586	34	31620
35	32235	35	32270	35	32305	35	32340	35	32375	35	32410	35	32445	35	32480	35	32515	35	32550
36	33156	36	33192	36	33228	36	33264	36	33300	36	33336	36	33372	36	33408	36	33444	36	33480
37	34077	37	34114	37	34151	37	34188	37	34225	37	34262	37	34299	37	34336	37	34373	37	34410
38	34998	38	35036	38	35074	38	35112	38	35150	38	35188	38	35226	38	35264	38	35302	38	35340
39	35919	39	35958	39	35997	39	36036	39	36075	39	36114	39	36153	39	36192	39	36231	39	36270
40	36840	40	36880	40	36920	40	36960	40	37000	40	37040	40	37080	40	37120	40	37160	40	37200
41	37761	41	37802	41	37843	41	37884	41	37925	41	37966	41	38007	41	38048	41	38089	41	38130
42	38682	42	38724	42	38766	42	38808	42	38850	42	38892	42	38934	42	38976	42	39018	42	39060
43	39603	43	39646	43	39689	43	39732	43	39775	43	39818	43	39861	43	39904	43	39947	43	39990
44	40524	44	40568	44	40612	44	40656	44	40700	44	40744	44	40788	44	40832	44	40876	44	40920
45	41445	45	41490	45	41535	45	41580	45	41625	45	41670	45	41715	45	41760	45	41805	45	41850
46	42366	46	42412	46	42458	46	42504	46	42550	46	42596	46	42642	46	42688	46	42734	46	42780
47	43287	47	43334	47	43381	47	43428	47	43475	47	43522	47	43569	47	43616	47	43663	47	43710
48	44208	48	44256	48	44304	48	44352	48	44400	48	44448	48	44496	48	44544	48	44592	48	44640
49	45129	49	45178	49	45227	49	45276	49	45325	49	45374	49	45423	49	45472	49	45521	49	45570
50	46050	50	46100	50	46150	50	46200	50	46250	50	46300	50	46350	50	46400	50	46450	50	46500
51	46971	51	47022	51	47073	51	47124	51	47175	51	47226	51	47277	51	47328	51	47379	51	47430
52	47892	52	47944	52	47996	52	48048	52	48100	52	48152	52	48204	52	48256	52	48308	52	48360
53	48813	53	48866	53	48919	53	48972	53	49025	53	49078	53	49131	53	49184	53	49237	53	49290
54	49734	54	49788	54	49842	54	49896	54	49950	54	50004	54	50058	54	50112	54	50166	54	50220
55	50655	55	50710	55	50765	55	50820	55	50875	55	50930	55	50985	55	51040	55	51095	55	51150
56	51576	56	51632	56	51688	56	51744	56	51800	56	51856	56	51912	56	51968	56	52024	56	52080
57	52497	57	52554	57	52611	57	52668	57	52725	57	52782	57	52839	57	52896	57	52953	57	53010
58	53418	58	53476	58	53534	58	53592	58	53650	58	53708	58	53766	58	53824	58	53882	58	53940
59	54339	59	54398	59	54457	59	54516	59	54575	59	54634	59	54693	59	54752	59	54811	59	54870
60	55260	60	55320	60	55380	60	55440	60	55500	60	55560	60	55620	60	55680	60	55740	60	55800
61	56181	61	56242	61	56303	61	56364	61	56425	61	56486	61	56547	61	56608	61	56669	61	56730
62	57102	62	57164	62	57226	62	57288	62	57350	62	57412	62	57474	62	57536	62	57598	62	57660
63	58023	63	58086	63	58149	63	58212	63	58275	63	58338	63	58401	63	58464	63	58527	63	58590
64	58944	64	59008	64	59072	64	59136	64	59200	64	59264	64	59328	64	59392	64	59456	64	59520
65	59865	65	59930	65	59995	65	60060	65	60125	65	60190	65	60255	65	60320	65	60385	65	60450
66	60786	66	60852	66	60918	66	60984	66	61050	66	61116	66	61182	66	61248	66	61314	66	61380
67	61707	67	61774	67	61841	67	61908	67	61975	67	62042	67	62109	67	62176	67	62243	67	62310
68	62628	68	62696	68	62764	68	62832	68	62900	68	62968	68	63036	68	63104	68	63172	68	63240
69	63549	69	63618	69	63687	69	63756	69	63825	69	63894	69	63963	69	64032	69	64101	69	64170
70	64470	70	64540	70	64610	70	64680	70	64750	70	64820	70	64890	70	64960	70	65030	70	65100
71	65391	71	65462	71	65533	71	65604	71	65675	71	65746	71	65817	71	65888	71	65959	71	66030
72	66312	72	66384	72	66456	72	66528	72	66600	72	66672	72	66744	72	66816	72	66888	72	66960
73	67233	73	67306	73	67379	73	67452	73	67525	73	67598	73	67671	73	67744	73	67817	73	67890
74	68154	74	68228	74	68302	74	68376	74	68450	74	68524	74	68598	74	68672	74	68746	74	68820
75	69075	75	69150	75	69225	75	69300	75	69375	75	69450	75	69525	75	69600	75	69675	75	69750
76	69996	76	70072	76	70148	76	70224	76	70300	76	70376	76	70452	76	70528	76	70604	76	70680
77	70917	77	70994	77	71071	77	71148	77	71225	77	71302	77	71379	77	71456	77	71533	77	71610
78	71838	78	71916	78	71994	78	72072	78	72150	78	72228	78	72306	78	72384	78	72462	78	72540
79	72759	79	72838	79	72917	79	72996	79	73075	79	73154	79	73233	79	73312	79	73391	79	73470
80	73680	80	73760	80	73840	80	73920	80	74000	80	74080	80	74160	80	74240	80	74320	80	74400
81	74601	81	74682	81	74763	81	74844	81	74925	81	75006	81	75087	81	75168	81	75249	81	75330
82	75522	82	75604	82	75686	82	75768	82	75850	82	75932	82	76014	82	76096	82	76178	82	76260
83	76443	83	76526	83	76609	83	76692	83	76775	83	76858	83	76941	83	77024	83	77107	83	77190
84	77364	84	77448	84	77532	84	77616	84	77700	84	77784	84	77868	84	77952	84	78036	84	78120
85	78285	85	78370	85	78455	85	78540	85	78625	85	78710	85	78795	85	78880	85	78965	85	79050
86	79206	86	79292	86	79378	86	79464	86	79550	86	79636	86	79722	86	79808	86	79894	86	79980
87	80127	87	80214	87	80301	87	80388	87	80475	87	80562	87	80649	87	80736	87	80823	87	80910
88	81048	88	81136	88	81224	88	81312	88	81400	88	81488	88	81576	88	81664	88	81752	88	81840
89	81969	89	82058	89	82147	89	82236	89	82325	89	82414	89	82503	89	82592	89	82681	89	82770
90	82890	90	82980	90	83070	90	83160	90	83250	90	83340	90	83430	90	83520	90	83610	90	83700
91	83811	91	83902	91	83993	91	84084	91	84175	91	84266	91	84357	91	84448	91	84539	91	84630
92	84732	92	84824	92	84916	92	85008	92	85100	92	85192	92	85284	92	85376	92	85468	92	85560
93	85653	93	85746	93	85839	93	85932	93	86025	93	86118	93	86211	93	86304	93	86397	93	86490
94	86574	94	86668	94	86762	94	86856	94	86950	94	87044	94	87138	94	87232	94	87326	94	87420
95	87495	95	87590	95	87685	95	87780	95	87875	95	87970	95	88065	95	88160	95	88255	95	88350
96	88416	96	88512	96	88608	96	88704	96	88800	96	88896	96	88992	96	89088	96	89184	96	89280
97	89337	97	89434	97	89531	97	89628	97	89725	97	89822	97	89919	97	90016	97	90113	97	90210
98	90258	98	90356	98	90454	98	90552	98	90650	98	90748	98	90846	98	90944	98	91042	98	91140
99	91179	99	91278	99	91377	99	91476	99	91575	99	91674	99	91773	99	91872	99	91971	99	92070
100	92100	100	92200	100	92300	100	92400	100	92500	100	92600	100	92700	100	92800	100	92900	100	93000

	931	932	933	934	935	936	937	938	939	940
1	931	932	933	934	935	936	937	938	939	940
2	1862	1864	1866	1868	1870	1872	1874	1876	1878	1880
3	2793	2796	2799	2802	2805	2808	2811	2814	2817	2820
4	3724	3728	3732	3736	3740	3744	3748	3752	3756	3760
5	4655	4660	4665	4670	4675	4680	4685	4690	4695	4700
6	5586	5592	5598	5604	5610	5616	5622	5628	5634	5640
7	6517	6524	6531	6538	6545	6552	6559	6566	6573	6580
8	7448	7456	7464	7472	7480	7488	7496	7504	7512	7520
9	8379	8388	8397	8406	8415	8424	8433	8442	8451	8460
10	9310	9320	9330	9340	9350	9360	9370	9380	9390	9400
11	10241	10252	10263	10274	10285	10296	10307	10318	10329	10340
12	11172	11184	11196	11208	11220	11232	11244	11256	11268	11280
13	12103	12116	12129	12142	12155	12168	12181	12194	12207	12220
14	13034	13048	13062	13076	13090	13104	13118	13132	13146	13160
15	13965	13980	13995	14010	14025	14040	14055	14070	14085	14100
16	14896	14912	14928	14944	14960	14976	14992	15008	15024	15040
17	15827	15844	15861	15878	15895	15912	15929	15946	15963	15980
18	16758	16776	16794	16812	16830	16848	16866	16884	16902	16920
19	17689	17708	17727	17746	17765	17784	17803	17822	17841	17860
20	18620	18640	18660	18680	18700	18720	18740	18760	18780	18800
21	19551	19572	19593	19614	19635	19656	19677	19698	19719	19740
22	20482	20504	20526	20548	20570	20592	20614	20636	20658	20680
23	21413	21436	21459	21482	21505	21528	21551	21574	21597	21620
24	22344	22368	22392	22416	22440	22464	22488	22512	22536	22560
25	23275	23300	23325	23350	23375	23400	23425	23450	23475	23500
26	24206	24232	24258	24284	24310	24336	24362	24388	24414	24440
27	25137	25164	25191	25218	25245	25272	25299	25326	25353	25380
28	26068	26096	26124	26152	26180	26208	26236	26264	26292	26320
29	26999	27028	27057	27086	27115	27144	27173	27202	27231	27260
30	27930	27960	27990	28020	28050	28080	28110	28140	28170	28200
31	28861	28892	28923	28954	28985	29016	29047	29078	29109	29140
32	29792	29824	29856	29888	29920	29952	29984	30016	30048	30080
33	30723	30756	30789	30822	30855	30888	30921	30954	30987	31020
34	31654	31688	31722	31756	31790	31824	31858	31892	31926	31960
35	32585	32620	32655	32690	32725	32760	32795	32830	32865	32900
36	33516	33552	33588	33624	33660	33696	33732	33768	33804	33840
37	34447	34484	34521	34558	34595	34632	34669	34706	34743	34780
38	35378	35416	35454	35492	35530	35568	35606	35644	35682	35720
39	36309	36348	36387	36426	36465	36504	36543	36582	36621	36660
40	37240	37280	37320	37360	37400	37440	37480	37520	37560	37600
41	38171	38212	38253	38294	38335	38376	38417	38458	38499	38540
42	39102	39144	39186	39228	39270	39312	39354	39396	39438	39480
43	40033	40076	40119	40162	40205	40248	40291	40334	40377	40420
44	40964	41008	41052	41096	41140	41184	41228	41272	41316	41360
45	41895	41940	41985	42030	42075	42120	42165	42210	42255	42300
46	42826	42872	42918	42964	43010	43056	43102	43148	43194	43240
47	43757	43804	43851	43898	43945	43992	44039	44086	44133	44180
48	44688	44736	44784	44832	44880	44928	44976	45024	45072	45120
49	45619	45668	45717	45766	45815	45864	45913	45962	46011	46060
50	46550	46600	46650	46700	46750	46800	46850	46900	46950	47000
51	47481	47532	47583	47634	47685	47736	47787	47838	47889	47940
52	48412	48464	48516	48568	48620	48672	48724	48776	48828	48880
53	49343	49396	49449	49502	49555	49608	49661	49714	49767	49820
54	50274	50328	50382	50436	50490	50544	50598	50652	50706	50760
55	51205	51260	51315	51370	51425	51480	51535	51590	51645	51700
56	52136	52192	52248	52304	52360	52416	52472	52528	52584	52640
57	53067	53124	53181	53238	53295	53352	53409	53466	53523	53580
58	53998	54056	54114	54172	54230	54288	54346	54404	54462	54520
59	54929	54988	55047	55106	55165	55224	55283	55342	55401	55460
60	55860	55920	55980	56040	56100	56160	56220	56280	56340	56400
61	56791	56852	56913	56974	57035	57096	57157	57218	57279	57340
62	57722	57784	57846	57908	57970	58032	58094	58156	58218	58280
63	58653	58716	58779	58842	58905	58968	59031	59094	59157	59220
64	59584	59648	59712	59776	59840	59904	59968	60032	60096	60160
65	60515	60580	60645	60710	60775	60840	60905	60970	61035	61100
66	61446	61512	61578	61644	61710	61776	61842	61908	61974	62040
67	62377	62444	62511	62578	62645	62712	62779	62846	62913	62980
68	63308	63376	63444	63512	63580	63648	63716	63784	63852	63920
69	64239	64308	64377	64446	64515	64584	64653	64722	64791	64860
70	65170	65240	65310	65380	65450	65520	65590	65660	65730	65800
71	66101	66172	66243	66314	66385	66456	66527	66598	66669	66740
72	67032	67104	67176	67248	67320	67392	67464	67536	67608	67680
73	67963	68036	68109	68182	68255	68328	68401	68474	68547	68620
74	68894	68968	69042	69116	69190	69264	69338	69412	69486	69560
75	69825	69900	69975	70050	70125	70200	70275	70350	70425	70500
76	70756	70832	70908	70984	71060	71136	71212	71288	71364	71440
77	71687	71764	71841	71918	71995	72072	72149	72226	72303	72380
78	72618	72696	72774	72852	72930	73008	73086	73164	73242	73320
79	73549	73628	73707	73786	73865	73944	74023	74102	74181	74260
80	74480	74560	74640	74720	74800	74880	74960	75040	75120	75200
81	75411	75492	75573	75654	75735	75816	75897	75978	76059	76140
82	76342	76424	76506	76588	76670	76752	76834	76916	76998	77080
83	77273	77356	77439	77522	77605	77688	77771	77854	77937	78020
84	78204	78288	78372	78456	78540	78624	78708	78792	78876	78960
85	79135	79220	79305	79390	79475	79560	79645	79730	79815	79900
86	80066	80152	80238	80324	80410	80496	80582	80668	80754	80840
87	80997	81084	81171	81258	81345	81432	81519	81606	81693	81780
88	81928	82016	82104	82192	82280	82368	82456	82544	82632	82720
89	82859	82948	83037	83126	83215	83304	83393	83482	83571	83660
90	83790	83880	83970	84060	84150	84240	84330	84420	84510	84600
91	84721	84812	84903	84994	85085	85176	85267	85358	85449	85540
92	85652	85744	85836	85928	86020	86112	86204	86296	86388	86480
93	86583	86676	86769	86862	86955	87048	87141	87234	87327	87420
94	87514	87608	87702	87796	87890	87984	88078	88172	88266	88360
95	88445	88540	88635	88730	88825	88920	89015	89110	89205	89300
96	89376	89472	89568	89664	89760	89856	89952	90048	90144	90240
97	90307	90404	90501	90598	90695	90792	90889	90986	91083	91180
98	91238	91336	91434	91532	91630	91728	91826	91924	92022	92120
99	92169	92268	92367	92466	92565	92664	92763	92862	92961	93060
100	93100	93200	93300	93400	93500	93600	93700	93800	93900	94000

	941	942	943	944	945	946	947	948	949	950
1	941	942	943	944	945	946	947	948	949	950
2	1882	1884	1886	1888	1890	1892	1894	1896	1898	1900
3	2823	2826	2829	2832	2835	2838	2841	2844	2847	2850
4	3764	3768	3772	3776	3780	3784	3788	3792	3796	3800
5	4705	4710	4715	4720	4725	4730	4735	4740	4745	4750
6	5646	5652	5658	5664	5670	5676	5682	5688	5694	5700
7	6587	6594	6601	6608	6615	6622	6629	6636	6643	6650
8	7528	7536	7544	7552	7560	7568	7576	7584	7592	7600
9	8469	8478	8487	8496	8505	8514	8523	8532	8541	8550
10	9410	9420	9430	9440	9450	9460	9470	9480	9490	9500
11	10351	10362	10373	10384	10395	10406	10417	10428	10439	10450
12	11292	11304	11316	11328	11340	11352	11364	11376	11388	11400
13	12233	12246	12259	12272	12285	12298	12311	12324	12337	12350
14	13174	13188	13202	13216	13230	13244	13258	13272	13286	13300
15	14115	14130	14145	14160	14175	14190	14205	14220	14235	14250
16	15056	15072	15088	15104	15120	15136	15152	15168	15184	15200
17	15997	16014	16031	16048	16065	16082	16099	16116	16133	16150
18	16938	16956	16974	16992	17010	17028	17046	17064	17082	17100
19	17879	17898	17917	17936	17955	17974	17993	18012	18031	18050
20	18820	18840	18860	18880	18900	18920	18940	18960	18980	19000
21	19761	19782	19803	19824	19845	19866	19887	19908	19929	19950
22	20702	20724	20746	20768	20790	20812	20834	20856	20878	20900
23	21643	21666	21689	21712	21735	21758	21781	21804	21827	21850
24	22584	22608	22632	22656	22680	22704	22728	22752	22776	22800
25	23525	23550	23575	23600	23625	23650	23675	23700	23725	23750
26	24466	24492	24518	24544	24570	24596	24622	24648	24674	24700
27	25407	25434	25461	25488	25515	25542	25569	25596	25623	25650
28	26348	26376	26404	26432	26460	26488	26516	26544	26572	26600
29	27289	27318	27347	27376	27405	27434	27463	27492	27521	27550
30	28230	28260	28290	28320	28350	28380	28410	28440	28470	28500
31	29171	29202	29233	29264	29295	29326	29357	29388	29419	29450
32	30112	30144	30176	30208	30240	30272	30304	30336	30368	30400
33	31053	31086	31119	31152	31185	31218	31251	31284	31317	31350
34	31994	32028	32062	32096	32130	32164	32198	32232	32266	32300
35	32935	32970	33005	33040	33075	33110	33145	33180	33215	33250
36	33876	33912	33948	33984	34020	34056	34092	34128	34164	34200
37	34817	34854	34891	34928	34965	35002	35039	35076	35113	35150
38	35758	35796	35834	35872	35910	35948	35986	36024	36062	36100
39	36699	36738	36777	36816	36855	36894	36933	36972	37011	37050
40	37640	37680	37720	37760	37800	37840	37880	37920	37960	38000
41	38581	38622	38663	38704	38745	38786	38827	38868	38909	38950
42	39522	39564	39606	39648	39690	39732	39774	39816	39858	39900
43	40463	40506	40549	40592	40635	40678	40721	40764	40807	40850
44	41404	41448	41492	41536	41580	41624	41668	41712	41756	41800
45	42345	42390	42435	42480	42525	42570	42615	42660	42705	42750
46	43286	43332	43378	43424	43470	43516	43562	43608	43654	43700
47	44227	44274	44321	44368	44415	44462	44509	44556	44603	44650
48	45168	45216	45264	45312	45360	45408	45456	45504	45552	45600
49	46109	46158	46207	46256	46305	46354	46403	46452	46501	46550
50	47050	47100	47150	47200	47250	47300	47350	47400	47450	47500
51	47991	48042	48093	48144	48195	48246	48297	48348	48399	48450
52	48932	48984	49036	49088	49140	49192	49244	49296	49348	49400
53	49873	49926	49979	50032	50085	50138	50191	50244	50297	50350
54	50814	50868	50922	50976	51030	51084	51138	51192	51246	51300
55	51755	51810	51865	51920	51975	52030	52085	52140	52195	52250
56	52696	52752	52808	52864	52920	52976	53032	53088	53144	53200
57	53637	53694	53751	53808	53865	53922	53979	54036	54093	54150
58	54578	54636	54694	54752	54810	54868	54926	54984	55042	55100
59	55519	55578	55637	55696	55755	55814	55873	55932	55991	56050
60	56460	56520	56580	56640	56700	56760	56820	56880	56940	57000
61	57401	57462	57523	57584	57645	57706	57767	57828	57889	57950
62	58342	58404	58466	58528	58590	58652	58714	58776	58838	58900
63	59283	59346	59409	59472	59535	59598	59661	59724	59787	59850
64	60224	60288	60352	60416	60480	60544	60608	60672	60736	60800
65	61165	61230	61295	61360	61425	61490	61555	61620	61685	61750
66	62106	62172	62238	62304	62370	62436	62502	62568	62634	62700
67	63047	63114	63181	63248	63315	63382	63449	63516	63583	63650
68	63988	64056	64124	64192	64260	64328	64396	64464	64532	64600
69	64929	64998	65067	65136	65205	65274	65343	65412	65481	65550
70	65870	65940	66010	66080	66150	66220	66290	66360	66430	66500
71	66811	66882	66953	67024	67095	67166	67237	67308	67379	67450
72	67752	67824	67896	67968	68040	68112	68184	68256	68328	68400
73	68693	68766	68839	68912	68985	69058	69131	69204	69277	69350
74	69634	69708	69782	69856	69930	70004	70078	70152	70226	70300
75	70575	70650	70725	70800	70875	70950	71025	71100	71175	71250
76	71516	71592	71668	71744	71820	71896	71972	72048	72124	72200
77	72457	72534	72611	72688	72765	72842	72919	72996	73073	73150
78	73398	73476	73554	73632	73710	73788	73866	73944	74022	74100
79	74339	74418	74497	74576	74655	74734	74813	74892	74971	75050
80	75280	75360	75440	75520	75600	75680	75760	75840	75920	76000
81	76221	76302	76383	76464	76545	76626	76707	76788	76869	76950
82	77162	77244	77326	77408	77490	77572	77654	77736	77818	77900
83	78103	78186	78269	78352	78435	78518	78601	78684	78767	78850
84	79044	79128	79212	79296	79380	79464	79548	79632	79716	79800
85	79985	80070	80155	80240	80325	80410	80495	80580	80665	80750
86	80926	81012	81098	81184	81270	81356	81442	81528	81614	81700
87	81867	81954	82041	82128	82215	82302	82389	82476	82563	82650
88	82808	82896	82984	83072	83160	83248	83336	83424	83512	83600
89	83749	83838	83927	84016	84105	84194	84283	84372	84461	84550
90	84690	84780	84870	84960	85050	85140	85230	85320	85410	85500
91	85631	85722	85813	85904	85995	86086	86177	86268	86359	86450
92	86572	86664	86756	86848	86940	87032	87124	87216	87308	87400
93	87513	87606	87699	87792	87885	87978	88071	88164	88257	88350
94	88454	88548	88642	88736	88830	88924	89018	89112	89206	89300
95	89395	89490	89585	89680	89775	89870	89965	90060	90155	90250
96	90336	90432	90528	90624	90720	90816	90912	91008	91104	91200
97	91277	91374	91471	91568	91665	91762	91859	91956	92053	92150
98	92218	92316	92414	92512	92610	92708	92806	92904	93002	93100
99	93159	93258	93357	93456	93555	93654	93753	93852	93951	94050
100	94100	94200	94300	94400	94500	94600	94700	94800	94900	95000

	951		952		953		954		955		956		957		958		959		960
1	951	1	952	1	953	1	954	1	955	1	956	1	957	1	958	1	959	1	960
2	1902	2	1904	2	1906	2	1908	2	1910	2	1912	2	1914	2	1916	2	1918	2	1920
3	2853	3	2856	3	2859	3	2862	3	2865	3	2868	3	2871	3	2874	3	2877	3	2880
4	3804	4	3808	4	3812	4	3816	4	3820	4	3824	4	3828	4	3832	4	3836	4	3840
5	4755	5	4760	5	4765	5	4770	5	4775	5	4780	5	4785	5	4790	5	4795	5	4800
6	5706	6	5712	6	5718	6	5724	6	5730	6	5736	6	5742	6	5748	6	5754	6	5760
7	6657	7	6664	7	6671	7	6678	7	6685	7	6692	7	6699	7	6706	7	6713	7	6720
8	7608	8	7616	8	7624	8	7632	8	7640	8	7648	8	7656	8	7664	8	7672	8	7680
9	8559	9	8568	9	8577	9	8586	9	8595	9	8604	9	8613	9	8622	9	8631	9	8640
10	9510	10	9520	10	9530	10	9540	10	9550	10	9560	10	9570	10	9580	10	9590	10	9600
11	10461	11	10472	11	10483	11	10494	11	10505	11	10516	11	10527	11	10538	11	10549	11	10560
12	11412	12	11424	12	11436	12	11448	12	11460	12	11472	12	11484	12	11496	12	11508	12	11520
13	12363	13	12376	13	12389	13	12402	13	12415	13	12428	13	12441	13	12454	13	12467	13	12480
14	13314	14	13328	14	13342	14	13356	14	13370	14	13384	14	13398	14	13412	14	13426	14	13440
15	14265	15	14280	15	14295	15	14310	15	14325	15	14340	15	14355	15	14370	15	14385	15	14400
16	15216	16	15232	16	15248	16	15264	16	15280	16	15296	16	15312	16	15328	16	15344	16	15360
17	16167	17	16184	17	16201	17	16218	17	16235	17	16252	17	16269	17	16286	17	16303	17	16320
18	17118	18	17136	18	17154	18	17172	18	17190	18	17208	18	17226	18	17244	18	17262	18	17280
19	18069	19	18088	19	18107	19	18126	19	18145	19	18164	19	18183	19	18202	19	18221	19	18240
20	19020	20	19040	20	19060	20	19080	20	19100	20	19120	20	19140	20	19160	20	19180	20	19200
21	19971	21	19992	21	20013	21	20034	21	20055	21	20076	21	20097	21	20118	21	20139	21	20160
22	20922	22	20944	22	20966	22	20988	22	21010	22	21032	22	21054	22	21076	22	21098	22	21120
23	21873	23	21896	23	21919	23	21942	23	21965	23	21988	23	22011	23	22034	23	22057	23	22080
24	22824	24	22848	24	22872	24	22896	24	22920	24	22944	24	22968	24	22992	24	23016	24	23040
25	23775	25	23800	25	23825	25	23850	25	23875	25	23900	25	23925	25	23950	25	23975	25	24000
26	24726	26	24752	26	24778	26	24804	26	24830	26	24856	26	24882	26	24908	26	24934	26	24960
27	25677	27	25704	27	25731	27	25758	27	25785	27	25812	27	25839	27	25866	27	25893	27	25920
28	26628	28	26656	28	26684	28	26712	28	26740	28	26768	28	26796	28	26824	28	26852	28	26880
29	27579	29	27608	29	27637	29	27666	29	27695	29	27724	29	27753	29	27782	29	27811	29	27840
30	28530	30	28560	30	28590	30	28620	30	28650	30	28680	30	28710	30	28740	30	28770	30	28800
31	29481	31	29512	31	29543	31	29574	31	29605	31	29636	31	29667	31	29698	31	29729	31	29760
32	30432	32	30464	32	30496	32	30528	32	30560	32	30592	32	30624	32	30656	32	30688	32	30720
33	31383	33	31416	33	31449	33	31482	33	31515	33	31548	33	31581	33	31614	33	31647	33	31680
34	32334	34	32368	34	32402	34	32436	34	32470	34	32504	34	32538	34	32572	34	32606	34	32640
35	33285	35	33320	35	33355	35	33390	35	33425	35	33460	35	33495	35	33530	35	33565	35	33600
36	34236	36	34272	36	34308	36	34344	36	34380	36	34416	36	34452	36	34488	36	34524	36	34560
37	35187	37	35224	37	35261	37	35298	37	35335	37	35372	37	35409	37	35446	37	35483	37	35520
38	36138	38	36176	38	36214	38	36252	38	36290	38	36328	38	36366	38	36404	38	36442	38	36480
39	37089	39	37128	39	37167	39	37206	39	37245	39	37284	39	37323	39	37362	39	37401	39	37440
40	38040	40	38080	40	38120	40	38160	40	38200	40	38240	40	38280	40	38320	40	38360	40	38400
41	38991	41	39032	41	39073	41	39114	41	39155	41	39196	41	39237	41	39278	41	39319	41	39360
42	39942	42	39984	42	40026	42	40068	42	40110	42	40152	42	40194	42	40236	42	40278	42	40320
43	40893	43	40936	43	40979	43	41022	43	41065	43	41108	43	41151	43	41194	43	41237	43	41280
44	41844	44	41888	44	41932	44	41976	44	42020	44	42064	44	42108	44	42152	44	42196	44	42240
45	42795	45	42840	45	42885	45	42930	45	42975	45	43020	45	43065	45	43110	45	43155	45	43200
46	43746	46	43792	46	43838	46	43884	46	43930	46	43976	46	44022	46	44068	46	44114	46	44160
47	44697	47	44744	47	44791	47	44838	47	44885	47	44932	47	44979	47	45026	47	45073	47	45120
48	45648	48	45696	48	45744	48	45792	48	45840	48	45888	48	45936	48	45984	48	46032	48	46080
49	46599	49	46648	49	46697	49	46746	49	46795	49	46844	49	46893	49	46942	49	46991	49	47040
50	47550	50	47600	50	47650	50	47700	50	47750	50	47800	50	47850	50	47900	50	47950	50	48000
51	48501	51	48552	51	48603	51	48654	51	48705	51	48756	51	48807	51	48858	51	48909	51	48960
52	49452	52	49504	52	49556	52	49608	52	49660	52	49712	52	49764	52	49816	52	49868	52	49920
53	50403	53	50456	53	50509	53	50562	53	50615	53	50668	53	50721	53	50774	53	50827	53	50880
54	51354	54	51408	54	51462	54	51516	54	51570	54	51624	54	51678	54	51732	54	51786	54	51840
55	52305	55	52360	55	52415	55	52470	55	52525	55	52580	55	52635	55	52690	55	52745	55	52800
56	53256	56	53312	56	53368	56	53424	56	53480	56	53536	56	53592	56	53648	56	53704	56	53760
57	54207	57	54264	57	54321	57	54378	57	54435	57	54492	57	54549	57	54606	57	54663	57	54720
58	55158	58	55216	58	55274	58	55332	58	55390	58	55448	58	55506	58	55564	58	55622	58	55680
59	56109	59	56168	59	56227	59	56286	59	56345	59	56404	59	56463	59	56522	59	56581	59	56640
60	57060	60	57120	60	57180	60	57240	60	57300	60	57360	60	57420	60	57480	60	57540	60	57600
61	58011	61	58072	61	58133	61	58194	61	58255	61	58316	61	58377	61	58438	61	58499	61	58560
62	58962	62	59024	62	59086	62	59148	62	59210	62	59272	62	59334	62	59396	62	59458	62	59520
63	59913	63	59976	63	60039	63	60102	63	60165	63	60228	63	60291	63	60354	63	60417	63	60480
64	60864	64	60928	64	60992	64	61056	64	61120	64	61184	64	61248	64	61312	64	61376	64	61440
65	61815	65	61880	65	61945	65	62010	65	62075	65	62140	65	62205	65	62270	65	62335	65	62400
66	62766	66	62832	66	62898	66	62964	66	63030	66	63096	66	63162	66	63228	66	63294	66	63360
67	63717	67	63784	67	63851	67	63918	67	63985	67	64052	67	64119	67	64186	67	64253	67	64320
68	64668	68	64736	68	64804	68	64872	68	64940	68	65008	68	65076	68	65144	68	65212	68	65280
69	65619	69	65688	69	65757	69	65826	69	65895	69	65964	69	66033	69	66102	69	66171	69	66240
70	66570	70	66640	70	66710	70	66780	70	66850	70	66920	70	66990	70	67060	70	67130	70	67200
71	67521	71	67592	71	67663	71	67734	71	67805	71	67876	71	67947	71	68018	71	68089	71	68160
72	68472	72	68544	72	68616	72	68688	72	68760	72	68832	72	68904	72	68976	72	69048	72	69120
73	69423	73	69496	73	69569	73	69642	73	69715	73	69788	73	69861	73	69934	73	70007	73	70080
74	70374	74	70448	74	70522	74	70596	74	70670	74	70744	74	70818	74	70892	74	70966	74	71040
75	71325	75	71400	75	71475	75	71550	75	71625	75	71700	75	71775	75	71850	75	71925	75	72000
76	72276	76	72352	76	72428	76	72504	76	72580	76	72656	76	72732	76	72808	76	72884	76	72960
77	73227	77	73304	77	73381	77	73458	77	73535	77	73612	77	73689	77	73766	77	73843	77	73920
78	74178	78	74256	78	74334	78	74412	78	74490	78	74568	78	74646	78	74724	78	74802	78	74880
79	75129	79	75208	79	75287	79	75366	79	75445	79	75524	79	75603	79	75682	79	75761	79	75840
80	76080	80	76160	80	76240	80	76320	80	76400	80	76480	80	76560	80	76640	80	76720	80	76800
81	77031	81	77112	81	77193	81	77274	81	77355	81	77436	81	77517	81	77598	81	77679	81	77760
82	77982	82	78064	82	78146	82	78228	82	78310	82	78392	82	78474	82	78556	82	78638	82	78720
83	78933	83	79016	83	79099	83	79182	83	79265	83	79348	83	79431	83	79514	83	79597	83	79680
84	79884	84	79968	84	80052	84	80136	84	80220	84	80304	84	80388	84	80472	84	80556	84	80640
85	80835	85	80920	85	81005	85	81090	85	81175	85	81260	85	81345	85	81430	85	81515	85	81600
86	81786	86	81872	86	81958	86	82044	86	82130	86	82216	86	82302	86	82388	86	82474	86	82560
87	82737	87	82824	87	82911	87	82998	87	83085	87	83172	87	83259	87	83346	87	83433	87	83520
88	83688	88	83776	88	83864	88	83952	88	84040	88	84128	88	84216	88	84304	88	84392	88	84480
89	84639	89	84728	89	84817	89	84906	89	84995	89	85084	89	85173	89	85262	89	85351	89	85440
90	85590	90	85680	90	85770	90	85860	90	85950	90	86040	90	86130	90	86220	90	86310	90	86400
91	86541	91	86632	91	86723	91	86814	91	86905	91	86996	91	87087	91	87178	91	87269	91	87360
92	87492	92	87584	92	87676	92	87768	92	87860	92	87952	92	88044	92	88136	92	88228	92	88320
93	88443	93	88536	93	88629	93	88722	93	88815	93	88908	93	89001	93	89094	93	89187	93	89280
94	89394	94	89488	94	89582	94	89676	94	89770	94	89864	94	89958	94	90052	94	90146	94	90240
95	90345	95	90440	95	90535	95	90630	95	90725	95	90820	95	90915	95	91010	95	91105	95	91200
96	91296	96	91392	96	91488	96	91584	96	91680	96	91776	96	91872	96	91968	96	92064	96	92160
97	92247	97	92344	97	92441	97	92538	97	92635	97	92732	97	92829	97	92926	97	93023	97	93120
98	93198	98	93296	98	93394	98	93492	98	93590	98	93688	98	93786	98	93884	98	93982	98	94080
99	94149	99	94248	99	94347	99	94446	99	94545	99	94644	99	94743	99	94842	99	94941	99	95040
100	95100	100	95200	100	95300	100	95400	100	95500	100	95600	100	95700	100	95800	100	95900	100	96000

	961	962	963	964	965	966	967	968	969	970
1	961	962	963	964	965	966	967	968	969	970
2	1922	1924	1926	1928	1930	1932	1934	1936	1938	1940
3	2883	2886	2889	2892	2895	2898	2901	2904	2907	2910
4	3844	3848	3852	3856	3860	3864	3868	3872	3876	3880
5	4805	4810	4815	4820	4825	4830	4835	4840	4845	4850
6	5766	5772	5778	5784	5790	5796	5802	5808	5814	5820
7	6727	6734	6741	6748	6755	6762	6769	6776	6783	6790
8	7688	7696	7704	7712	7720	7728	7736	7744	7752	7760
9	8649	8658	8667	8676	8685	8694	8703	8712	8721	8730
10	9610	9620	9630	9640	9650	9660	9670	9680	9690	9700
11	10571	10582	10593	10604	10615	10626	10637	10648	10659	10670
12	11532	11544	11556	11568	11580	11592	11604	11616	11628	11640
13	12493	12506	12519	12532	12545	12558	12571	12584	12597	12610
14	13454	13468	13482	13496	13510	13524	13538	13552	13566	13580
15	14415	14430	14445	14460	14475	14490	14505	14520	14535	14550
16	15376	15392	15408	15424	15440	15456	15472	15488	15504	15520
17	16337	16354	16371	16388	16405	16422	16439	16456	16473	16490
18	17298	17316	17334	17352	17370	17388	17406	17424	17442	17460
19	18259	18278	18297	18316	18335	18354	18373	18392	18411	18430
20	19220	19240	19260	19280	19300	19320	19340	19360	19380	19400
21	20181	20202	20223	20244	20265	20286	20307	20328	20349	20370
22	21142	21164	21186	21208	21230	21252	21274	21296	21318	21340
23	22103	22126	22149	22172	22195	22218	22241	22264	22287	22310
24	23064	23088	23112	23136	23160	23184	23208	23232	23256	23280
25	24025	24050	24075	24100	24125	24150	24175	24200	24225	24250
26	24986	25012	25038	25064	25090	25116	25142	25168	25194	25220
27	25947	25974	26001	26028	26055	26082	26109	26136	26163	26190
28	26908	26936	26964	26992	27020	27048	27076	27104	27132	27160
29	27869	27898	27927	27956	27985	28014	28043	28072	28101	28130
30	28830	28860	28890	28920	28950	28980	29010	29040	29070	29100
31	29791	29822	29853	29884	29915	29946	29977	30008	30039	30070
32	30752	30784	30816	30848	30880	30912	30944	30976	31008	31040
33	31713	31746	31779	31812	31845	31878	31911	31944	31977	32010
34	32674	32708	32742	32776	32810	32844	32878	32912	32946	32980
35	33635	33670	33705	33740	33775	33810	33845	33880	33915	33950
36	34596	34632	34668	34704	34740	34776	34812	34848	34884	34920
37	35557	35594	35631	35668	35705	35742	35779	35816	35853	35890
38	36518	36556	36594	36632	36670	36708	36746	36784	36822	36860
39	37479	37518	37557	37596	37635	37674	37713	37752	37791	37830
40	38440	38480	38520	38560	38600	38640	38680	38720	38760	38800
41	39401	39442	39483	39524	39565	39606	39647	39688	39729	39770
42	40362	40404	40446	40488	40530	40572	40614	40656	40698	40740
43	41323	41366	41409	41452	41495	41538	41581	41624	41667	41710
44	42284	42328	42372	42416	42460	42504	42548	42592	42636	42680
45	43245	43290	43335	43380	43425	43470	43515	43560	43605	43650
46	44206	44252	44298	44344	44390	44436	44482	44528	44574	44620
47	45167	45214	45261	45308	45355	45402	45449	45496	45543	45590
48	46128	46176	46224	46272	46320	46368	46416	46464	46512	46560
49	47089	47138	47187	47236	47285	47334	47383	47432	47481	47530
50	48050	48100	48150	48200	48250	48300	48350	48400	48450	48500
51	49011	49062	49113	49164	49215	49266	49317	49368	49419	49470
52	49972	50024	50076	50128	50180	50232	50284	50336	50388	50440
53	50933	50986	51039	51092	51145	51198	51251	51304	51357	51410
54	51894	51948	52002	52056	52110	52164	52218	52272	52326	52380
55	52855	52910	52965	53020	53075	53130	53185	53240	53295	53350
56	53816	53872	53928	53984	54040	54096	54152	54208	54264	54320
57	54777	54834	54891	54948	55005	55062	55119	55176	55233	55290
58	55738	55796	55854	55912	55970	56028	56086	56144	56202	56260
59	56699	56758	56817	56876	56935	56994	57053	57112	57171	57230
60	57660	57720	57780	57840	57900	57960	58020	58080	58140	58200
61	58621	58682	58743	58804	58865	58926	58987	59048	59109	59170
62	59582	59644	59706	59768	59830	59892	59954	60016	60078	60140
63	60543	60606	60669	60732	60795	60858	60921	60984	61047	61110
64	61504	61568	61632	61696	61760	61824	61888	61952	62016	62080
65	62465	62530	62595	62660	62725	62790	62855	62920	62985	63050
66	63426	63492	63558	63624	63690	63756	63822	63888	63954	64020
67	64387	64454	64521	64588	64655	64722	64789	64856	64923	64990
68	65348	65416	65484	65552	65620	65688	65756	65824	65892	65960
69	66309	66378	66447	66516	66585	66654	66723	66792	66861	66930
70	67270	67340	67410	67480	67550	67620	67690	67760	67830	67900
71	68231	68302	68373	68444	68515	68586	68657	68728	68799	68870
72	69192	69264	69336	69408	69480	69552	69624	69696	69768	69840
73	70153	70226	70299	70372	70445	70518	70591	70664	70737	70810
74	71114	71188	71262	71336	71410	71484	71558	71632	71706	71780
75	72075	72150	72225	72300	72375	72450	72525	72600	72675	72750
76	73036	73112	73188	73264	73340	73416	73492	73568	73644	73720
77	73997	74074	74151	74228	74305	74382	74459	74536	74613	74690
78	74958	75036	75114	75192	75270	75348	75426	75504	75582	75660
79	75919	75998	76077	76156	76235	76314	76393	76472	76551	76630
80	76880	76960	77040	77120	77200	77280	77360	77440	77520	77600
81	77841	77922	78003	78084	78165	78246	78327	78408	78489	78570
82	78802	78884	78966	79048	79130	79212	79294	79376	79458	79540
83	79763	79846	79929	80012	80095	80178	80261	80344	80427	80510
84	80724	80808	80892	80976	81060	81144	81228	81312	81396	81480
85	81685	81770	81855	81940	82025	82110	82195	82280	82365	82450
86	82646	82732	82818	82904	82990	83076	83162	83248	83334	83420
87	83607	83694	83781	83868	83955	84042	84129	84216	84303	84390
88	84568	84656	84744	84832	84920	85008	85096	85184	85272	85360
89	85529	85618	85707	85796	85885	85974	86063	86152	86241	86330
90	86490	86580	86670	86760	86850	86940	87030	87120	87210	87300
91	87451	87542	87633	87724	87815	87906	87997	88088	88179	88270
92	88412	88504	88596	88688	88780	88872	88964	89056	89148	89240
93	89373	89466	89559	89652	89745	89838	89931	90024	90117	90210
94	90334	90428	90522	90616	90710	90804	90898	90992	91086	91180
95	91295	91390	91485	91580	91675	91770	91865	91960	92055	92150
96	92256	92352	92448	92544	92640	92736	92832	92928	93024	93120
97	93217	93314	93411	93508	93605	93702	93799	93896	93993	94090
98	94178	94276	94374	94472	94570	94668	94766	94864	94962	95060
99	95139	95238	95337	95436	95535	95634	95733	95832	95931	96030
100	96100	96200	96300	96400	96500	96600	96700	96800	96900	97000

I	971	972	973	974	975	976	977	978	979	980
1	971	972	973	974	975	976	977	978	979	980
2	1942	1944	1946	1948	1950	1952	1954	1956	1958	1960
3	2913	2916	2919	2922	2925	2928	2931	2934	2937	2940
4	3884	3888	3892	3896	3900	3904	3908	3912	3916	3920
5	4855	4860	4865	4870	4875	4880	4885	4890	4895	4900
6	5826	5832	5838	5844	5850	5856	5862	5868	5874	5880
7	6797	6804	6811	6818	6825	6832	6839	6846	6853	6860
8	7768	7776	7784	7792	7800	7808	7816	7824	7832	7840
9	8739	8748	8757	8766	8775	8784	8793	8802	8811	8820
10	9710	9720	9730	9740	9750	9760	9770	9780	9790	9800
11	10681	10692	10703	10714	10725	10736	10747	10758	10769	10780
12	11652	11664	11676	11688	11700	11712	11724	11736	11748	11760
13	12623	12636	12649	12662	12675	12688	12701	12714	12727	12740
14	13594	13608	13622	13636	13650	13664	13678	13692	13706	13720
15	14565	14580	14595	14610	14625	14640	14655	14670	14685	14700
16	15536	15552	15568	15584	15600	15616	15632	15648	15664	15680
17	16507	16524	16541	16558	16575	16592	16609	16626	16643	16660
18	17478	17496	17514	17532	17550	17568	17586	17604	17622	17640
19	18449	18468	18487	18506	18525	18544	18563	18582	18601	18620
20	19420	19440	19460	19480	19500	19520	19540	19560	19580	19600
21	20391	20412	20433	20454	20475	20496	20517	20538	20559	20580
22	21362	21384	21406	21428	21450	21472	21494	21516	21538	21560
23	22333	22356	22379	22402	22425	22448	22471	22494	22517	22540
24	23304	23328	23352	23376	23400	23424	23448	23472	23496	23520
25	24275	24300	24325	24350	24375	24400	24425	24450	24475	24500
26	25246	25272	25298	25324	25350	25376	25402	25428	25454	25480
27	26217	26244	26271	26298	26325	26352	26379	26406	26433	26460
28	27188	27216	27244	27272	27300	27328	27356	27384	27412	27440
29	28159	28188	28217	28246	28275	28304	28333	28362	28391	28420
30	29130	29160	29190	29220	29250	29280	29310	29340	29370	29400
31	30101	30132	30163	30194	30225	30256	30287	30318	30349	30380
32	31072	31104	31136	31168	31200	31232	31264	31296	31328	31360
33	32043	32076	32109	32142	32175	32208	32241	32274	32307	32340
34	33014	33048	33082	33116	33150	33184	33218	33252	33286	33320
35	33985	34020	34055	34090	34125	34160	34195	34230	34265	34300
36	34956	34992	35028	35064	35100	35136	35172	35208	35244	35280
37	35927	35964	36001	36038	36075	36112	36149	36186	36223	36260
38	36898	36936	36974	37012	37050	37088	37126	37164	37202	37240
39	37869	37908	37947	37986	38025	38064	38103	38142	38181	38220
40	38840	38880	38920	38960	39000	39040	39080	39120	39160	39200
41	39811	39852	39893	39934	39975	40016	40057	40098	40139	40180
42	40782	40824	40866	40908	40950	40992	41034	41076	41118	41160
43	41753	41796	41839	41882	41925	41968	42011	42054	42097	42140
44	42724	42768	42812	42856	42900	42944	42988	43032	43076	43120
45	43695	43740	43785	43830	43875	43920	43965	44010	44055	44100
46	44666	44712	44758	44804	44850	44896	44942	44988	45034	45080
47	45637	45684	45731	45778	45825	45872	45919	45966	46013	46060
48	46608	46656	46704	46752	46800	46848	46896	46944	46992	47040
49	47579	47628	47677	47726	47775	47824	47873	47922	47971	48020
50	48550	48600	48650	48700	48750	48800	48850	48900	48950	49000
51	49521	49572	49623	49674	49725	49776	49827	49878	49929	49980
52	50492	50544	50596	50648	50700	50752	50804	50856	50908	50960
53	51463	51516	51569	51622	51675	51728	51781	51834	51887	51940
54	52434	52488	52542	52596	52650	52704	52758	52812	52866	52920
55	53405	53460	53515	53570	53625	53680	53735	53790	53845	53900
56	54376	54432	54488	54544	54600	54656	54712	54768	54824	54880
57	55347	55404	55461	55518	55575	55632	55689	55746	55803	55860
58	56318	56376	56434	56492	56550	56608	56666	56724	56782	56840
59	57289	57348	57407	57466	57525	57584	57643	57702	57761	57820
60	58260	58320	58380	58440	58500	58560	58620	58680	58740	58800
61	59231	59292	59353	59414	59475	59536	59597	59658	59719	59780
62	60202	60264	60326	60388	60450	60512	60574	60636	60698	60760
63	61173	61236	61299	61362	61425	61488	61551	61614	61677	61740
64	62144	62208	62272	62336	62400	62464	62528	62592	62656	62720
65	63115	63180	63245	63310	63375	63440	63505	63570	63635	63700
66	64086	64152	64218	64284	64350	64416	64482	64548	64614	64680
67	65057	65124	65191	65258	65325	65392	65459	65526	65593	65660
68	66028	66096	66164	66232	66300	66368	66436	66504	66572	66640
69	66999	67068	67137	67206	67275	67344	67413	67482	67551	67620
70	67970	68040	68110	68180	68250	68320	68390	68460	68530	68600
71	68941	69012	69083	69154	69225	69296	69367	69438	69509	69580
72	69912	69984	70056	70128	70200	70272	70344	70416	70488	70560
73	70883	70956	71029	71102	71175	71248	71321	71394	71467	71540
74	71854	71928	72002	72076	72150	72224	72298	72372	72446	72520
75	72825	72900	72975	73050	73125	73200	73275	73350	73425	73500
76	73796	73872	73948	74024	74100	74176	74252	74328	74404	74480
77	74767	74844	74921	74998	75075	75152	75229	75306	75383	75460
78	75738	75816	75894	75972	76050	76128	76206	76284	76362	76440
79	76709	76788	76867	76946	77025	77104	77183	77262	77341	77420
80	77680	77760	77840	77920	78000	78080	78160	78240	78320	78400
81	78651	78732	78813	78894	78975	79056	79137	79218	79299	79380
82	79622	79704	79786	79868	79950	80032	80114	80196	80278	80360
83	80593	80676	80759	80842	80925	81008	81091	81174	81257	81340
84	81564	81648	81732	81816	81900	81984	82068	82152	82236	82320
85	82535	82620	82705	82790	82875	82960	83045	83130	83215	83300
86	83506	83592	83678	83764	83850	83936	84022	84108	84194	84280
87	84477	84564	84651	84738	84825	84912	84999	85086	85173	85260
88	85448	85536	85624	85712	85800	85888	85976	86064	86152	86240
89	86419	86508	86597	86686	86775	86864	86953	87042	87131	87220
90	87390	87480	87570	87660	87750	87840	87930	88020	88110	88200
91	88361	88452	88543	88634	88725	88816	88907	88998	89089	89180
92	89332	89424	89516	89608	89700	89792	89884	89976	90068	90160
93	90303	90396	90489	90582	90675	90768	90861	90954	91047	91140
94	91274	91368	91462	91556	91650	91744	91838	91932	92026	92120
95	92245	92340	92435	92530	92625	92720	92815	92910	93005	93100
96	93216	93312	93408	93504	93600	93696	93792	93888	93984	94080
97	94187	94284	94381	94478	94575	94672	94769	94866	94963	95060
98	95158	95256	95354	95452	95550	95648	95746	95844	95942	96040
99	96129	96228	96327	96426	96525	96624	96723	96822	96921	97020
100	97100	97200	97300	97400	97500	97600	97700	97800	97900	98000

	981	982	983	984	985	986	987	988	989	990
1	981	982	983	984	985	986	987	988	989	990
2	1962	1964	1966	1968	1970	1972	1974	1976	1978	1980
3	2943	2946	2949	2952	2955	2958	2961	2964	2967	2970
4	3924	3928	3932	3936	3940	3944	3948	3952	3956	3960
5	4905	4910	4915	4920	4925	4930	4935	4940	4945	4950
6	5886	5892	5898	5904	5910	5916	5922	5928	5934	5940
7	6867	6874	6881	6888	6895	6902	6909	6916	6923	6930
8	7848	7856	7864	7872	7880	7888	7896	7904	7912	7920
9	8829	8838	8847	8856	8865	8874	8883	8892	8901	8910
10	9810	9820	9830	9840	9850	9860	9870	9880	9890	9900
11	10791	10802	10813	10824	10835	10846	10857	10868	10879	10890
12	11772	11784	11796	11808	11820	11832	11844	11856	11868	11880
13	12753	12766	12779	12792	12805	12818	12831	12844	12857	12870
14	13734	13748	13762	13776	13790	13804	13818	13832	13846	13860
15	14715	14730	14745	14760	14775	14790	14805	14820	14835	14850
16	15696	15712	15728	15744	15760	15776	15792	15808	15824	15840
17	16677	16694	16711	16728	16745	16762	16779	16796	16813	16830
18	17658	17676	17694	17712	17730	17748	17766	17784	17802	17820
19	18639	18658	18677	18696	18715	18734	18753	18772	18791	18810
20	19620	19640	19660	19680	19700	19720	19740	19760	19780	19800
21	20601	20622	20643	20664	20685	20706	20727	20748	20769	20790
22	21582	21604	21626	21648	21670	21692	21714	21736	21758	21780
23	22563	22586	22609	22632	22655	22678	22701	22724	22747	22770
24	23544	23568	23592	23616	23640	23664	23688	23712	23736	23760
25	24525	24550	24575	24600	24625	24650	24675	24700	24725	24750
26	25506	25532	25558	25584	25610	25636	25662	25688	25714	25740
27	26487	26514	26541	26568	26595	26622	26649	26676	26703	26730
28	27468	27496	27524	27552	27580	27608	27636	27664	27692	27720
29	28449	28478	28507	28536	28565	28594	28623	28652	28681	28710
30	29430	29460	29490	29520	29550	29580	29610	29640	29670	29700
31	30411	30442	30473	30504	30535	30566	30597	30628	30659	30690
32	31392	31424	31456	31488	31520	31552	31584	31616	31648	31680
33	32373	32406	32439	32472	32505	32538	32571	32604	32637	32670
34	33354	33388	33422	33456	33490	33524	33558	33592	33626	33660
35	34335	34370	34405	34440	34475	34510	34545	34580	34615	34650
36	35316	35352	35388	35424	35460	35496	35532	35568	35604	35640
37	36297	36334	36371	36408	36445	36482	36519	36556	36593	36630
38	37278	37316	37354	37392	37430	37468	37506	37544	37582	37620
39	38259	38298	38337	38376	38415	38454	38493	38532	38571	38610
40	39240	39280	39320	39360	39400	39440	39480	39520	39560	39600
41	40221	40262	40303	40344	40385	40426	40467	40508	40549	40590
42	41202	41244	41286	41328	41370	41412	41454	41496	41538	41580
43	42183	42226	42269	42312	42355	42398	42441	42484	42527	42570
44	43164	43208	43252	43296	43340	43384	43428	43472	43516	43560
45	44145	44190	44235	44280	44325	44370	44415	44460	44505	44550
46	45126	45172	45218	45264	45310	45356	45402	45448	45494	45540
47	46107	46154	46201	46248	46295	46342	46389	46436	46483	46530
48	47088	47136	47184	47232	47280	47328	47376	47424	47472	47520
49	48069	48118	48167	48216	48265	48314	48363	48412	48461	48510
50	49050	49100	49150	49200	49250	49300	49350	49400	49450	49500
51	50031	50082	50133	50184	50235	50286	50337	50388	50439	50490
52	51012	51064	51116	51168	51220	51272	51324	51376	51428	51480
53	51993	52046	52099	52152	52205	52258	52311	52364	52417	52470
54	52974	53028	53082	53136	53190	53244	53298	53352	53406	53460
55	53955	54010	54065	54120	54175	54230	54285	54340	54395	54450
56	54936	54992	55048	55104	55160	55216	55272	55328	55384	55440
57	55917	55974	56031	56088	56145	56202	56259	56316	56373	56430
58	56898	56956	57014	57072	57130	57188	57246	57304	57362	57420
59	57879	57938	57997	58056	58115	58174	58233	58292	58351	58410
60	58860	58920	58980	59040	59100	59160	59220	59280	59340	59400
61	59841	59902	59963	60024	60085	60146	60207	60268	60329	60390
62	60822	60884	60946	61008	61070	61132	61194	61256	61318	61380
63	61803	61866	61929	61992	62055	62118	62181	62244	62307	62370
64	62784	62848	62912	62976	63040	63104	63168	63232	63296	63360
65	63765	63830	63895	63960	64025	64090	64155	64220	64285	64350
66	64746	64812	64878	64944	65010	65076	65142	65208	65274	65340
67	65727	65794	65861	65928	65995	66062	66129	66196	66263	66330
68	66708	66776	66844	66912	66980	67048	67116	67184	67252	67320
69	67689	67758	67827	67896	67965	68034	68103	68172	68241	68310
70	68670	68740	68810	68880	68950	69020	69090	69160	69230	69300
71	69651	69722	69793	69864	69935	70006	70077	70148	70219	70290
72	70632	70704	70776	70848	70920	70992	71064	71136	71208	71280
73	71613	71686	71759	71832	71905	71978	72051	72124	72197	72270
74	72594	72668	72742	72816	72890	72964	73038	73112	73186	73260
75	73575	73650	73725	73800	73875	73950	74025	74100	74175	74250
76	74556	74632	74708	74784	74860	74936	75012	75088	75164	75240
77	75537	75614	75691	75768	75845	75922	75999	76076	76153	76230
78	76518	76596	76674	76752	76830	76908	76986	77064	77142	77220
79	77499	77578	77657	77736	77815	77894	77973	78052	78131	78210
80	78480	78560	78640	78720	78800	78880	78960	79040	79120	79200
81	79461	79542	79623	79704	79785	79866	79947	80028	80109	80190
82	80442	80524	80606	80688	80770	80852	80934	81016	81098	81180
83	81423	81506	81589	81672	81755	81838	81921	82004	82087	82170
84	82404	82488	82572	82656	82740	82824	82908	82992	83076	83160
85	83385	83470	83555	83640	83725	83810	83895	83980	84065	84150
86	84366	84452	84538	84624	84710	84796	84882	84968	85054	85140
87	85347	85434	85521	85608	85695	85782	85869	85956	86043	86130
88	86328	86416	86504	86592	86680	86768	86856	86944	87032	87120
89	87309	87398	87487	87576	87665	87754	87843	87932	88021	88110
90	88290	88380	88470	88560	88650	88740	88830	88920	89010	89100
91	89271	89362	89453	89544	89635	89726	89817	89908	89999	90090
92	90252	90344	90436	90528	90620	90712	90804	90896	90988	91080
93	91233	91326	91419	91512	91605	91698	91791	91884	91977	92070
94	92214	92308	92402	92496	92590	92684	92778	92872	92966	93060
95	93195	93290	93385	93480	93575	93670	93765	93860	93955	94050
96	94176	94272	94368	94464	94560	94656	94752	94848	94944	95040
97	95157	95254	95351	95448	95545	95642	95739	95836	95933	96030
98	96138	96236	96334	96432	96530	96628	96726	96824	96922	97020
99	97119	97218	97317	97416	97515	97614	97713	97812	97911	98010
100	98100	98200	98300	98400	98500	98600	98700	98800	98900	99000

1	991	1	992	1	993	1	994	1	995	1	996	1	997	1	998	1	999	1	1000
2	1982	2	1984	2	1986	2	1988	2	1990	2	1992	2	1994	2	1996	2	1998	2	2000
3	2973	3	2976	3	2979	3	2982	3	2985	3	2988	3	2991	3	2994	3	2997	3	3000
4	3964	4	3968	4	3972	4	3976	4	3980	4	3984	4	3988	4	3992	4	3996	4	4000
5	4955	5	4960	5	4965	5	4970	5	4975	5	4980	5	4985	5	4990	5	4995	5	5000
6	5946	6	5952	6	5958	6	5964	6	5970	6	5976	6	5982	6	5988	6	5994	6	6000
7	6937	7	6944	7	6951	7	6958	7	6965	7	6972	7	6979	7	6986	7	6993	7	7000
8	7928	8	7936	8	7944	8	7952	8	7960	8	7968	8	7976	8	7984	8	7992	8	8000
9	8919	9	8928	9	8937	9	8946	9	8955	9	8964	9	8973	9	8982	9	8991	9	9000
10	9910	10	9920	10	9930	10	9940	10	9950	10	9960	10	9970	10	9980	10	9990	10	10000
11	10901	11	10912	11	10923	11	10934	11	10945	11	10956	11	10967	11	10978	11	10989	11	11000
12	11892	12	11904	12	11916	12	11928	12	11940	12	11952	12	11964	12	11976	12	11988	12	12000
13	12883	13	12896	13	12909	13	12922	13	12935	13	12948	13	12961	13	12974	13	12987	13	13000
14	13874	14	13888	14	13902	14	13916	14	13930	14	13944	14	13958	14	13972	14	13986	14	14000
15	14865	15	14880	15	14895	15	14910	15	14925	15	14940	15	14955	15	14970	15	14985	15	15000
16	15856	16	15872	16	15888	16	15904	16	15920	16	15936	16	15952	16	15968	16	15984	16	16000
17	16847	17	16864	17	16881	17	16898	17	16915	17	16932	17	16949	17	16966	17	16983	17	17000
18	17838	18	17856	18	17874	18	17892	18	17910	18	17928	18	17946	18	17964	18	17982	18	18000
19	18829	19	18848	19	18867	19	18886	19	18905	19	18924	19	18943	19	18962	19	18981	19	19000
20	19820	20	19840	20	19860	20	19880	20	19900	20	19920	20	19940	20	19960	20	19980	20	20000
21	20811	21	20832	21	20853	21	20874	21	20895	21	20916	21	20937	21	20958	21	20979	21	21000
22	21802	22	21824	22	21846	22	21868	22	21890	22	21912	22	21934	22	21956	22	21978	22	22000
23	22793	23	22816	23	22839	23	22862	23	22885	23	22908	23	22931	23	22954	23	22977	23	23000
24	23784	24	23808	24	23832	24	23856	24	23880	24	23904	24	23928	24	23952	24	23976	24	24000
25	24775	25	24800	25	24825	25	24850	25	24875	25	24900	25	24925	25	24950	25	24975	25	25000
26	25766	26	25792	26	25818	26	25844	26	25870	26	25896	26	25922	26	25948	26	25974	26	26000
27	26757	27	26784	27	26811	27	26838	27	26865	27	26892	27	26919	27	26946	27	26973	27	27000
28	27748	28	27776	28	27804	28	27832	28	27860	28	27888	28	27916	28	27944	28	27972	28	28000
29	28739	29	28768	29	28797	29	28826	29	28855	29	28884	29	28913	29	28942	29	28971	29	29000
30	29730	30	29760	30	29790	30	29820	30	29850	30	29880	30	29910	30	29940	30	29970	30	30000
31	30721	31	30752	31	30783	31	30814	31	30845	31	30876	31	30907	31	30938	31	30969	31	31000
32	31712	32	31744	32	31776	32	31808	32	31840	32	31872	32	31904	32	31936	32	31968	32	32000
33	32703	33	32736	33	32769	33	32802	33	32835	33	32868	33	32901	33	32934	33	32967	33	33000
34	33694	34	33728	34	33762	34	33796	34	33830	34	33864	34	33898	34	33932	34	33966	34	34000
35	34685	35	34720	35	34755	35	34790	35	34825	35	34860	35	34895	35	34930	35	34965	35	35000
36	35676	36	35712	36	35748	36	35784	36	35820	36	35856	36	35892	36	35928	36	35964	36	36000
37	36667	37	36704	37	36741	37	36778	37	36815	37	36852	37	36889	37	36926	37	36963	37	37000
38	37658	38	37696	38	37734	38	37772	38	37810	38	37848	38	37886	38	37924	38	37962	38	38000
39	38649	39	38688	39	38727	39	38766	39	38805	39	38844	39	38883	39	38922	39	38961	39	39000
40	39640	40	39680	40	39720	40	39760	40	39800	40	39840	40	39880	40	39920	40	39960	40	40000
41	40631	41	40672	41	40713	41	40754	41	40795	41	40836	41	40877	41	40918	41	40959	41	41000
42	41622	42	41664	42	41706	42	41748	42	41790	42	41832	42	41874	42	41916	42	41958	42	42000
43	42613	43	42656	43	42699	43	42742	43	42785	43	42828	43	42871	43	42914	43	42957	43	43000
44	43604	44	43648	44	43692	44	43736	44	43780	44	43824	44	43868	44	43912	44	43956	44	44000
45	44595	45	44640	45	44685	45	44730	45	44775	45	44820	45	44865	45	44910	45	44955	45	45000
46	45586	46	45632	46	45678	46	45724	46	45770	46	45816	46	45862	46	45908	46	45954	46	46000
47	46577	47	46624	47	46671	47	46718	47	46765	47	46812	47	46859	47	46906	47	46953	47	47000
48	47568	48	47616	48	47664	48	47712	48	47760	48	47808	48	47856	48	47904	48	47952	48	48000
49	48559	49	48608	49	48657	49	48706	49	48755	49	48804	49	48853	49	48902	49	48951	49	49000
50	49550	50	49600	50	49650	50	49700	50	49750	50	49800	50	49850	50	49900	50	49950	50	50000
51	50541	51	50592	51	50643	51	50694	51	50745	51	50796	51	50847	51	50898	51	50949	51	51000
52	51532	52	51584	52	51636	52	51688	52	51740	52	51792	52	51844	52	51896	52	51948	52	52000
53	52523	53	52576	53	52629	53	52682	53	52735	53	52788	53	52841	53	52894	53	52947	53	53000
54	53514	54	53568	54	53622	54	53676	54	53730	54	53784	54	53838	54	53892	54	53946	54	54000
55	54505	55	54560	55	54615	55	54670	55	54725	55	54780	55	54835	55	54890	55	54945	55	55000
56	55496	56	55552	56	55608	56	55664	56	55720	56	55776	56	55832	56	55888	56	55944	56	56000
57	56487	57	56544	57	56601	57	56658	57	56715	57	56772	57	56829	57	56886	57	56943	57	57000
58	57478	58	57536	58	57594	58	57652	58	57710	58	57768	58	57826	58	57884	58	57942	58	58000
59	58469	59	58528	59	58587	59	58646	59	58705	59	58764	59	58823	59	58882	59	58941	59	59000
60	59460	60	59520	60	59580	60	59640	60	59700	60	59760	60	59820	60	59880	60	59940	60	60000
61	60451	61	60512	61	60573	61	60634	61	60695	61	60756	61	60817	61	60878	61	60939	61	61000
62	61442	62	61504	62	61566	62	61628	62	61690	62	61752	62	61814	62	61876	62	61938	62	62000
63	62433	63	62496	63	62559	63	62622	63	62685	63	62748	63	62811	63	62874	63	62937	63	63000
64	63424	64	63488	64	63552	64	63616	64	63680	64	63744	64	63808	64	63872	64	63936	64	64000
65	64415	65	64480	65	64545	65	64610	65	64675	65	64740	65	64805	65	64870	65	64935	65	65000
66	65406	66	65472	66	65538	66	65604	66	65670	66	65736	66	65802	66	65868	66	65934	66	66000
67	66397	67	66464	67	66531	67	66598	67	66665	67	66732	67	66799	67	66866	67	66933	67	67000
68	67388	68	67456	68	67524	68	67592	68	67660	68	67728	68	67796	68	67864	68	67932	68	68000
69	68379	69	68448	69	68517	69	68586	69	68655	69	68724	69	68793	69	68862	69	68931	69	69000
70	69370	70	69440	70	69510	70	69580	70	69650	70	69720	70	69790	70	69860	70	69930	70	70000
71	70361	71	70432	71	70503	71	70574	71	70645	71	70716	71	70787	71	70858	71	70929	71	71000
72	71352	72	71424	72	71496	72	71568	72	71640	72	71712	72	71784	72	71856	72	71928	72	72000
73	72343	73	72416	73	72489	73	72562	73	72635	73	72708	73	72781	73	72854	73	72927	73	73000
74	73334	74	73408	74	73482	74	73556	74	73630	74	73704	74	73778	74	73852	74	73926	74	74000
75	74325	75	74400	75	74475	75	74550	75	74625	75	74700	75	74775	75	74850	75	74925	75	75000
76	75316	76	75392	76	75468	76	75544	76	75620	76	75696	76	75772	76	75848	76	75924	76	76000
77	76307	77	76384	77	76461	77	76538	77	76615	77	76692	77	76769	77	76846	77	76923	77	77000
78	77298	78	77376	78	77454	78	77532	78	77610	78	77688	78	77766	78	77844	78	77922	78	78000
79	78289	79	78368	79	78447	79	78526	79	78605	79	78684	79	78763	79	78842	79	78921	79	79000
80	79280	80	79360	80	79440	80	79520	80	79600	80	79680	80	79760	80	79840	80	79920	80	80000
81	80271	81	80352	81	80433	81	80514	81	80595	81	80676	81	80757	81	80838	81	80919	81	81000
82	81262	82	81344	82	81426	82	81508	82	81590	82	81672	82	81754	82	81836	82	81918	82	82000
83	82253	83	82336	83	82419	83	82502	83	82585	83	82668	83	82751	83	82834	83	82917	83	83000
84	83244	84	83328	84	83412	84	83496	84	83580	84	83664	84	83748	84	83832	84	83916	84	84000
85	84235	85	84320	85	84405	85	84490	85	84575	85	84660	85	84745	85	84830	85	84915	85	85000
86	85226	86	85312	86	85398	86	85484	86	85570	86	85656	86	85742	86	85828	86	85914	86	86000
87	86217	87	86304	87	86391	87	86478	87	86565	87	86652	87	86739	87	86826	87	86913	87	87000
88	87208	88	87296	88	87384	88	87472	88	87560	88	87648	88	87736	88	87824	88	87912	88	88000
89	88199	89	88288	89	88377	89	88466	89	88555	89	88644	89	88733	89	88822	89	88911	89	89000
90	89190	90	89280	90	89370	90	89460	90	89550	90	89640	90	89730	90	89820	90	89910	90	90000
91	90181	91	90272	91	90363	91	90454	91	90545	91	90636	91	90727	91	90818	91	90909	91	91000
92	91172	92	91264	92	91356	92	91448	92	91540	92	91632	92	91724	92	91816	92	91908	92	92000
93	92163	93	92256	93	92349	93	92442	93	92535	93	92628	93	92721	93	92814	93	92907	93	93000
94	93154	94	93248	94	93342	94	93436	94	93530	94	93624	94	93718	94	93812	94	93906	94	94000
95	94145	95	94240	95	94335	95	94430	95	94525	95	94620	95	94715	95	94810	95	94905	95	95000
96	95136	96	95232	96	95328	96	95424	96	95520	96	95616	96	95712	96	95808	96	95904	96	96000
97	96127	97	96224	97	96321	97	96418	97	96515	97	96612	97	96709	97	96806	97	96903	97	97000
98	97118	98	97216	98	97314	98	97412	98	97510	98	97608	98	97706	98	97804	98	97902	98	98000
99	98109	99	98208	99	98307	99	98406	99	98505	99	98604	99	98703	99	98802	99	98901	99	99000
100	99100	100	99200	100	99300	100	99400	100	99500	100	99600	100	99700	100	99800	100	99900	100	100000